So löst du die Arbeitsaufträge in diesem Buch:

(Fortsetzung auf der hinteren Umschlagklappe)

Arbeitsauftrag = Operator (alphabetisch) AFB	Das tust du:	Tipps und Formulierungsvorschläge:
analysieren II, III	Du untersuchst einen historischen Sachverhalt oder eine Quelle, indem du gezielt Fragen stellst und Materialien auswertest.	**Tipp:** Nutze die Methodentabellen im Buch, z. B. Sachtext, S. 202 Bildquelle, S. 203 f. Textquelle, S. 202 f. Statistik, S. 207 Karte, S. 205 f. Schaubild, S. 207 f.
begründen II	Du führst Argumente und Quellenzitate an, die deine Aussage untermauern. Wenn du eine Aussage oder das Handeln einer anderen Person begründen sollst, führst du Motive und passende Quellenzitate der Person an.	*Die Aussage in Zeile xy zeigt, dass …* *Seine politische Einstellung änderte sich, weil …*
belegen II	siehe **begründen**	
beschreiben I	Du gibst den Inhalt eines Materials (z. B. Bild, Text, Karte) mit eigenen Worten schlüssig wieder.	*Es zeigt …/In der Mitte sieht man …* *Mir fällt auf, …* *Hier wird deutlich, …*
beurteilen III	Du schätzt die Aussagen, Maßnahmen oder Vorschläge einer Person/Personengruppe in ihrem historischen Zusammenhang ein. Berücksichtige dafür die unterschiedlichen Sichtweisen und den Kenntnisstand der Personen. Auf dieser Grundlage formulierst du ein begründetes „**Sachurteil**".	*Die eigentliche Absicht des Redners war es, …* *Diese Sichtweise führte dazu, dass, …* *Diese Entscheidung hatte negative Folgen: …*
bewerten III	Du entwickelst zu einem historischen Sachverhalt oder Ereignis eine eigene Meinung und formulierst aus dem Blickwinkel heutiger Maßstäbe und Werte ein begründetes „**Werturteil**."	*Aus meiner Sicht …* *Nach heutigen Maßstäben (z. B. demokratisch, christlich, muslimisch) …* *Andere sind möglicherweise der Ansicht, dass …*
charakterisieren III	Du bestimmst einen historischen Sachverhalt oder eine Situation in ihren Grundzügen und nennst die typischen Merkmale.	*Ein typisches Kennzeichen für …* *Allgemeine Merkmale waren …*
darstellen II	Du verdeutlichst einen historischen Sachverhalt oder ein historisches Ereignis und zeigst dessen Zusammenhänge in chronologischer Reihenfolge auf.	*Es ging um die Frage …* *Daraus entwickelte sich …* *Die Folgen waren …*

Left map (Asia, Africa, Oceania)

Franz-Josef-Land
(Russland)

Russland

...nd
...and
...Weißland

Ukraine
Mol.

Kasachstan

Mongolei

Nord-korea

Süd-korea

Japan

Georgien
Ar. As.

Usbe-kistan

Kirgisistan

Turk-menistan

Tadschikistan

Türkei

Zyp. Lib.
Isr.
Jd.

Irak

Iran

Afgha-nistan

Pakistan

China

Pazifischer Ozean

Ku. Ba.
Kt.
VAE.

Ägypten

Saudi-Arabien

Oman

Jemen

Nepal

Bhutan

Bangla-desch

Indien

Taiwan

Myan-mar

Laos

Thai-land

Vietnam

Kam-bodscha

Philippinen

Mikronesien

Palau

Sudan

Eritrea

Dschibuti

Äthiopien

Somalia

Sri Lanka

Malediven

Süd-sudan

Uganda

Kenia

...sche
...blik
...go

Ru.
Bu.

Tansania

Seychellen

Malaysia

Brunei

Indonesien

Papua-Neuguinea

Sambia

Malawi

Komoren

Ost-Timor

Salo-monen

Simbabwe

Mosam-bik

Mada-gaskar

Mauritius

Réunion
(Frankreich)

Indischer Ozean

...frika

Swasiland
Lesotho

Australien

Neu-kaledonien
(Frankreich)

Kerguelen
(Frankreich)

Neuseeland

Abkürzungen in Afrika:
ÄGu. = Äquatorial Guinea
Be. = Benin
Bu. = Burundi
Ru. = Ruanda
To. = Togo
ZAR. = Zentralafrikanische Republik

Abkürzungen in Asien:
Ar. = Armenien
As. = Aserbaidschan
Ba. = Bahrain
Isr. = Israel
Jd. = Jordanien
Kt. = Katar
Ku. = Kuwait
Lib. = Libanon
Syr. = Syrien
VAE. = Vereinigte Arabische Emirate

Right map

Europa heute

Aral-see

Usbekistan

Turk-menistan

Iran

Kasachstan

Ob

Ural

Kaspisches Meer

Aser-baidschan

Armenien

Irak

Tigris

Euphrat

Syrien

Lib.

Russland

Ural

Wolga

Wolga

Wolga

Don

Moskau

Georgien

Türkei

Schwarzes Meer

Ankara

Nikosia

Zypern

Barents-see

Finnland

Weiß-russland

Minsk

Ukraine

Kiew

Mol.

Chisinau

Bosporus

Bukarest

Bulgarien

Sofia

Dnjepr

Rumänien

Griechen-land

Athen

Kreta

Estland

Tallinn

Lettland

Riga

Litauen

Wilna

Russland

Ostsee

Polen

Warschau

Belgrad

Ser-bien

Mt. K.

Mz.

Alb.

Tirana

Schweden

Stockholm

Helsinki

Oslo

Kopenhagen

Oder

Berlin

Elbe

Prag

Tschechien

Slowakei

Bratislava

Wien

Budapest

Ungarn

Österreich

Slw.

Kro-atien

BH.

Sarajevo

SM.

Donau

Donau

Mittel-meer

Norwegen

Europäisches Nordmeer

Dänemark

Nordsee

Deutsch-land

Nieder-lande

Amsterdam

Rhein

Bern

Schweiz

Li.

Mc.

Italien

Rom

Sizilien

Malta

Tune-sien

Färöer-Inseln

Island

Reykjavik

Groß-britannien

London

Irland

Dublin

Brüssel

Belgien

Lux.

Paris

Frankreich

Loire

And.

Madrid

Spanien

Tajo

Portugal

Lissabon

Balearen

Korsika

Sardinien

Algerien

Marokko

Atlantischer Ozean

500 km

Alb. = Albanien
And. = Andorra
BH. = Bosnien und Herzegowina
K. = Kosovo (zzt. nur von 62 Staaten anerkannt)
Li. = Liechtenstein
Lib. = Libanon
Lux. = Luxemburg
Mc. = Monaco
Mol. = Moldawien
Mt. = Montenegro
Mz. = Mazedonien
Slw. = Slowenien
SM. = San Marino

Karte 2

Forum Geschichte

4

Rheinland-Pfalz

Die Welt nach 1945

Herausgegeben von
Hans-Joachim Cornelißen und Kai Willig

Impressum

Forum Geschichte

Band 4 wurde erarbeitet von:
Dagmar Bäuml-Stosiek, Hans-Joachim Cornelißen, Irene Hufschmid, Jens Langbein,
Dr. Matthias Steinbrink, Dr. Sonja Tophofen, Dirk Urbach, Kai Willig

Redaktion: Karin Friedrich
Bildassistenz: Franziska Becker, Berlin
Grafik: Erfurth Kluger Infografik GbR, Berlin
Karten: Carlos Borrell Eiköter, Berlin
Technische Umsetzung: Arnold & Domnick, Leipzig
Layoutkonzept und Umschlaggestaltung: Ungermeyer – grafische Angelegenheiten, Berlin
Umschlagbild: „Dominosteine" errichtet in Berlin zwischen dem Brandenburger Tor und dem Potsdamer Platz
anlässlich der 20. Wiederkehr des Mauerfalls, Foto, 2009, Jacques Witt/picture-alliance/abaca

www.cornelsen.de

Die Webseiten Dritter, deren Internetadressen in diesem Lehrwerk angegeben sind,
wurden vor Drucklegung sorgfältig geprüft. Der Verlag übernimmt
keine Gewähr für die Aktualität und den Inhalt dieser Seiten oder solcher, die mit ihnen
verlinkt sind

1. Auflage, 1. Druck 2016

Alle Drucke dieser Auflage sind inhaltlich unverändert
und können im Unterricht nebeneinander verwendet werden.

Druck: Mohn Media Mohndruck, Gütersloh

ISBN 978-3-06-064233-5

PEFC zertifiziert
Dieses Produkt stammt aus nachhaltig
bewirtschafteten Wäldern und kontrollierten
Quellen.

PEFC
PEFC/04-31-1033

www.pefc.de

So arbeitest du erfolgreich mit Forum Geschichte

Fragen stellen und sich orientieren

Jedes Kapitel beginnt mit der **Auftaktseite**. Sie zeigt, worum es in dem Kapitel geht.

Auf der **Orientierungsseite** erfährst du mehr: Die Zeitleiste gibt den Zeitraum an, mit dem du dich beschäftigen wirst, die Karte zeigt dir den Ort. Der Orientierungstext führt dich in das Kapitelthema ein.

Ein Thema untersuchen

Auf den **Themenseiten** erklärt dir der Moderationstext, um welche Fragen es auf der Doppelseite geht. Der Darstellungstext, die Abbildungen, Quellentexte oder Begriffserklärungen helfen dir, ein geschichtliches Thema zu untersuchen. Die Arbeitsaufträge sind vielfältig: Oft kannst du eine Aufgabe auswählen oder du findest Hinweise zu Partner- oder Gruppenarbeit.

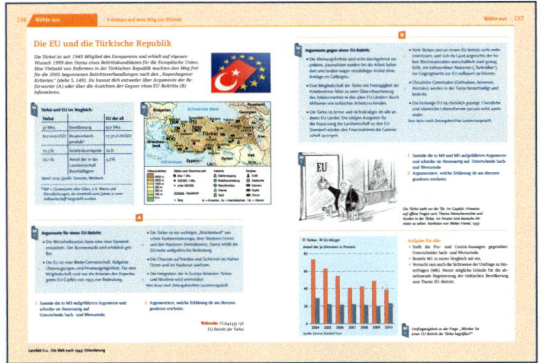

Unterschiedlich lernen

Auf den orangefarbenen **Wähle-aus-Seiten** ist deine Entscheidung gefragt: Traust du dir zu, eine längere Textquelle zu bearbeiten? Arbeitest du lieber mit Bildquellen? Interessieren dich Zahlen und Statistiken? Wähle aus, was zu dir passt!

Mit Methoden arbeiten

Auf den **Methodenseiten** findest du die Arbeitsschritte, mit denen z. B. Geschichtskarten oder schriftliche Quellen fachgerecht ausgewertet werden. Hier lernst du auch, wie man Quellentexte oder Bilder vergleicht und Präsentationen vorbereitet.

Zusammenfassen und Kompetenzen prüfen

Auf der **Zusammenfassungsseite** am Schluss des Kapitels findest du einen Text mit den wichtigsten Ereignissen und Entwicklungen, die im Kapitel vorgekommen sind. Die Zeitleiste hilft dir, die wichtigsten Daten zu wiederholen. Wenn du wissen möchtest, was du im Kapitel gelernt hast, solltest du die Aufgaben auf der Seite **Kompetenzen prüfen** lösen. Falls du mit einzelnen Aufgaben Schwierigkeiten hast, liest du im Kapitel noch einmal nach. Lösungshilfen findest du im Anhang.

Der Webcode leitet dich zu einem **Selbsteinschätzungsbogen**.

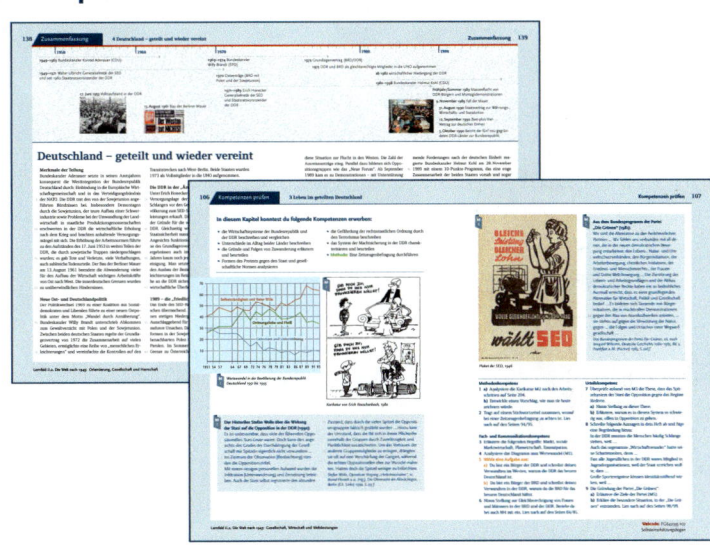

Hilfen im Anhang und im Umschlag

Der **Anhang** unterstützt dich bei der Arbeit mit dem Buch. Hier findest du:

- eine Methodenübersicht
- ein Lexikon mit Erklärungen schwieriger Begriffe
- ein ausführliches Register zum schnellen Nachschlagen
- die Lösungen zu den Seiten „Kompetenzen prüfen"

In den vorderen und hinteren **Umschlagklappen** kannst du die „Operatoren" nachschlagen, die in den Arbeitsaufträgen verwendet werden.

Audiovisuelle Materialien

Passend zu diesem Buch gibt es Filme, Tonquellen, virtuelle Museen und Archive im Internet. Du findest sie mithilfe der **Webcodes**, die auf den Schulbuchseiten abgedruckt sind, z. B.

FG642335-053

So geht es:

1. Gehe auf die Seite www.cornelsen.de
2. Gib dort den Webcode ein, der auf der Schulbuchseite abgedruckt ist, und du findest ein passendes Internetangebot.

1
Deutschland 1945–1949: Vier Zonen, eine Nation?

Sommer 1946 in Berlin: Seit einem Jahr ist der Krieg beendet. Die meisten deutschen Städte liegen in Schutt und Asche. Es fehlt noch immer an allem: Nahrungsmittel, Energie, Transportmöglichkeiten. Auf den „totalen Krieg" des NS-Regimes folgte die „totale Niederlage". Mit der Kapitulation vom 8. auf den 9. Mai 1945 hat das Deutsche Reich zu bestehen aufgehört. Die Siegermächte USA, Sowjetunion, Großbritannien und Frankreich haben Deutschland besetzt und regieren es in ihren Zonen.

Beschreibt zunächst das Foto und diskutiert über mögliche Gründe, warum gerade dieses Foto für die Auftaktseite ausgewählt wurde.

Frauen legen im abgeholzten Berliner Tiergarten vor dem Brandenburger Tor Gemüsebeete an. Foto, 1946

1945	1946	1947

8./9. Mai 1945 Kapitulation der deutschen Wehrmacht

17. Juni–2. August 1945 Potsdamer Konferenz: Deutschland wird in vier Besatzungszonen aufgeteilt

1945/46 Nürnberger Prozess gegen die NS-Hauptkriegsverbrecher

1. Januar 1947 Zusammenschluss der britischen und amerikanischen Zone zur Bizone

ab 1947 Marshallplan der USA für Westeuropa (wirtschaftliche Aufbauhilfe)

Deutschland 1945–1949:
Vier Zonen, eine Nation?

Aus heutiger Sicht ist es schwer vorstellbar, wie aus dem kriegszerstörten und besetzten Deutschland mit der BRD und der DDR zwei neue Staaten entstehen konnten. Viele Städte waren Trümmerberge, die Wohnungen aus-
5 gebrannt, Straßen und Eisenbahnlinien sowie Wasser- und Gasleitungen zerstört. Gemeindeverwaltungen gab es nicht mehr. Verzweifelte Menschen suchten nach Angehörigen und Nahrung; Millionen waren auf der Flucht. Die doppelte Staatsgründung lässt sich nicht ohne das
10 Handeln der vier Siegermächte erklären. Die Teilung Deutschlands 1949 gehörte zunächst nicht zum Plan der Alliierten. So ist die Geschichte Deutschlands nach 1945 immer auch eine Geschichte der internationalen Ent-

wicklung vor dem Hintergrund des aufkommenden Ost-
15 West-Konflikts.
Am Ende dieses Kapitels kannst du folgende Fragen beantworten:

- Wie hat die deutsche Bevölkerung die Niederlage 1945 und die Nachkriegsjahre erlebt?
20 - Welche politischen Ziele verfolgten die Siegermächte mit Blick auf Deutschland?
- Wie entwickelte sich das gesellschaftliche Leben in den Besatzungszonen?
- Welche Ursachen führten zur Teilung Deutschlands
25 und den Staatsgründungen der DDR und BRD?
- Wie entstand das Land Rheinland-Pfalz?

Deutschland unter den Besatzungsmächten (1945 bis 1949)

1948	1949	1950

Juni 1948 Währungsreform in den Westzonen und in der Sowjetischen Besatzungszone (SBZ)

Juni 1948–Mai 1949 (West-)Berlin-Blockade durch die sowjetische Besatzungsmacht

April 1949 Gründung der Trizone: französische Zone schließt sich der Bizone an

23. Mai 1949 Gründung der Bundesrepublik

7. Oktober 1949 Gründung der DDR

17. Juni 1953 Volksaufstand in der DDR

Obdachlose Familie in einer Stadt in Deutschland, Foto, 1945

Schaufenster nach Einführung der D-Mark in den Westzonen, Foto, 20. Juni 1948

„Ja, der hat's gut, der lebt unter einem besserem Himmel!" Titelbild der Zeitschrift „Ulenspiegel", Nummer 24 vom 2. November 1946, Karikatur von Karl Holtz

1 **a)** Betrachte die Karte M1 und zeige auf, wie das Deutsche Reich 1945 aufgeteilt wurde.
b) Zähle weitere Gebietsänderungen auf, die du aus der Karte ablesen kannst.

2 **a)** Untersuche den Zeitstrahl und formuliere eine erste Antwort auf die Frage, wie es 1949 zur Teilung Deutschlands kam.
b) Diskutiert, inwiefern ein Zeitstrahl dabei helfen kann, Geschichte zu verstehen.

3 Stelle Fragen zu M2 und M3, die du beantwortet haben möchtest.

4 Analysiere M4. Welche Aussagen über die Entwicklung im Nachkriegsdeutschland vermittelt die Karikatur?
Tipp: Beachte die Entstehungszeit und vergleiche mit M1.

Der 8. Mai 1945 –
Niederlage oder Befreiung?

Viele Nationen feiern bis heute den Tag der deutschen Kapitulation. In Russland gilt er noch immer als wichtigster Feiertag. In der Bundesrepublik sprach der damalige Bundespräsident Richard von Weizsäcker 1985 in seiner Gedenkrede im Bundestag – erstmals aus der Sicht der Deutschen – von einem „Tag der Befreiung" statt vom Tag der totalen Niederlage. Doch wie erlebten die Zeitgenossen das Kriegsende und die Zeit danach in Deutschland?

Die „Zusammenbruchsgesellschaft"

Mit der bedingungslosen Kapitulation Deutschlands endete in der Nacht vom 8. auf den 9. Mai der Zweite Weltkrieg in Europa. Bereits am 27. Januar hatte die sowjetische Armee die von Schwerstarbeit, Folter und
5 medizinischen Versuchen gekennzeichneten Überlebenden des Konzentrationslagers Auschwitz befreit; die Welt erfuhr nun vom systematischen Völkermord der Nationalsozialisten. Viele Deutsche folgten bis zum Schluss den Durchhalteparolen der Nazis, leisteten Wi-
10 derstand gegen den Vormarsch der Alliierten und verzögerten die deutsche Kapitulation. Unzählige starben noch in den letzten Kriegswochen, weil sie sich den Alliierten anschlossen und keine weiteren Opfer akzeptieren wollten. Durch den Bombenkrieg waren viele deut-
15 sche Städte schon vor der Ankunft der alliierten Soldaten zerstört worden. In den riesigen Trümmerlandschaften schien Leben kaum noch möglich. Allein in Berlin lagen 15 Millionen Kubikmeter Schutt.

Zwei Drittel der deutschen Bevölkerung war auf der
20 Flucht und auf der Suche nach Verwandten. Aus den östlichen Reichsgebieten strömten rund 15 Millionen Menschen nach Westen. Soldaten kehrten von der Front, in ländliche Gegenden Evakuierte in ihre meist zerstörten Heimatstädte zurück. Die Alliierten befreiten
25 Gefangene und Millionen von Zwangsarbeitern, die nun als „Displaced Persons"* auf eine Rückkehrmöglichkeit in ihre Heimatländer warteten.

Während heutige Historiker eher von der „Zusammenbruchsgesellschaft" sprechen, bezeichneten viele Zeit-
30 genossen das Kriegsende als „Stunde null".

M2	**Auswirkungen des Krieges auf die Bevölkerungszahlen:**	
Soldaten (gefallen; vermisst)		≈ 4 Mio.
Soldaten in Gefangenschaft		≈ 7 Mio.
Kriegsversehrte (Soldaten u. Zivilisten)		≈ 2 Mio.
Zivile Kriegstote		≈ 3,8 Mio.
Flüchtlinge/Vertriebene		≈ 15 Mio.
Evakuierte		≈ 10 Mio.
Displaced Persons		≈ 9–10 Mio.
Gesamtbevölkerung:		
1939		≈ 59,8 Mio.
1946		≈ 65,9 Mio.
davon Männer		≈ 29,3 Mio.
davon Frauen		≈ 36,6 Mio.
Einwohnerdichte je m²:		
1939		167,5
1946		184,6

Vom Verfasser aus verschiedenen Quellen zusammengestellt.

Frauen kam in der Nachkriegsgesellschaft eine besondere Bedeutung zu. Hier sortieren sogenannte „Trümmerfrauen" noch brauchbare Ziegelsteine aus den Schuttbergen. Foto, Berlin 1945

Aus den Erinnerungen einer 18-jährigen Schülerin, die in das ländliche Sudentenland (heute Tschechische Republik) evakuiert wurde:

Kein Sirenengeheul schreckte uns hier [Sudetenland] aus dem Schlaf, es begann wieder eine Zeit mit geordneten Verhältnissen, eine Zeit der Ruhe ... Doch nur ein Jahr dauerte dies ... Flucht hieß das furcht-
5 bare Wort, Flucht vor den Russen ... Und weiter ging es auf der Straße, rechts und links an Feldern entlang, die bedeckt waren mit erschossenen Soldaten. Ein grauenhaftes Bild! ... Ein Stück weiter wurden dann andere Soldaten vollkommen nackt über spitze
10 Glasscherben gejagt. Und auch die deutschen Frauen, was mussten sie ... alles erleiden ... Ich z. B. habe es selbst gesehen, wie junge Frauen von Russen vergewaltigt wurden. Obwohl ich damals erst sieben

Jahre alt war, nie werde ich all das Erlebte verges-
15 sen ...
Doch dann waren wir nach über drei Monaten Wanderschaft endlich wieder zu Hause ... Keinen Löffel, gar nichts brachten wir mehr mit, unsere Wohnung in Bochum war zerstört, auf einem Zimmer mit zwei
20 Betten hausten wir mit fünf Personen; aber wir waren wenigstens wieder zu Hause. Das tägliche Brot war zuerst einmal das Wichtigste. Wie glücklich war man damals, wenn man ein halbes Pfund Mehl oder ein Maisbrot erstand. Ungeheure Schätze waren das
25 in dieser Zeit.

Zit. nach Alexander von Plato/Almut Leh, Ein unglaublicher Frühling. Erfahrene Geschichte im Nachkriegsdeutschland 1945–1948, Bonn (Bundeszentrale für politische Bildung) 2011, S. 210f.

Auszug aus einem Brief einer Ehefrau an ihren Mann in amerikanischer Kriegsgefangenschaft:

Heinrich, wir müssen eben Geduld haben ... Außerdem weiß ich nicht, wie sie sich überhaupt Dir gegenüber als SS-Mann verhalten werden ... Wenn ich Dir schonungslos die Wahrheit sagen soll, so
5 muss ich sagen, dass sie [Soldaten der Alliierten] Dich, wenn Du als gesunder Mensch zurückgekommen wärst, schon abgeholt hätten ... Im ganzen Leben wird keine Politik wieder getrieben, es kommt keine Fahne wieder aus dem Fenster.
10 Deutschland ist ja leider sowieso erst mal fertig ... Lieber Heinrich, ich schreibe Dir das alles, weil Du darum batest, es hat ja keinen Zweck, dass Du Dich falschen Hoffnungen hingibst. Unsere Existenz ist auch hin.

Zit. nach Bernhard Gelderblom, Hameln zum Beispiel. Zusammenbruch und Neubeginn in einer deutschen Kleinstadt, in: Praxis Geschichte 2/2005, S. 20.

Soldatengräber und Badende an der Havel in Berlin, Foto, 1945

1 **Vorschlag für eine Gruppenarbeit:**
a) Untersucht M1 und M3–M5. Beschreibt die jeweilige Situation und ordnet jedem Material Gefühle und Stimmungen zu.
b) Entwerft eine Mindmap, welche die Probleme und den Alltag der Nachkriegsgesellschaft aufzeigt. Berücksichtigt dabei auch M2 und den Darstellungstext.

2 Diskutiert auf der Grundlage eurer Ergebnisse in der Klasse, inwiefern die Begriffe der „Stunde null", „Befreiung" oder „Niederlage" die Situation der deutschen Nachkriegsgesellschaft treffend beschreiben.

Webcode: FG642335-013
8. Mai 1945

Was wird aus Deutschland?

Die Situation in Deutschland beschrieb der sowjetische Staatschef Josef Stalin auf der Potsdamer Konferenz 1945 so: „Das ist ein Land, das keine Regierung und keine festgelegten Grenzen hat. Es ist in Besatzungszonen aufgeteilt. Es ist ein zerschlagenes Land."

• *Doch wie sollte Deutschland in Zukunft aussehen? Und wer sollte es regieren?*

Die Konferenz von Potsdam 1945

Bereits während des Krieges hatten die Vertreter der späteren Siegermächte USA, Sowjetunion und Großbritannien auf den Konferenzen von Teheran (Ende 1943) und Jalta (Februar 1945) entschieden, Deutschland
5 nach der Niederlage in Besatzungszonen aufzuteilen. Außerdem hatten sie vereinbart, Deutschland gemeinsam zu regieren und Polen auf Kosten der deutschen Gebiete östlich der Flüsse Oder und Lausitzer Neiße nach Westen zu „verschieben".
10 Vom 17. Juli bis zum 2. August 1945 trafen sich die „Großen Drei" in Potsdam zur ersten Nachkriegskonferenz; Frankreich wurde erst nach der Konferenz zur vierten Besatzungsmacht. Trotz der gemeinsamen Ziele, wie der Beseitigung des Nationalsozialismus und der
15 Entmilitarisierung Deutschlands, wurden jedoch bald unterschiedliche Ansichten und Interessen der Besatzungsmächte deutlich.
Das Ergebnis der Konferenz, die Potsdamer Beschlüsse, war kein Friedensvertrag, sondern lediglich eine Über-
20 einkunft zwischen den drei Siegermächten, die in der Folgezeit unterschiedlich interpretiert wurde und zu massiven Konflikten führte.

Ungelöste Fragen

Wo sollte die deutsche Ostgrenze künftig verlaufen? Wel-
25 che Summen hatten die Deutschen an Kriegsentschädigungen (Reparationen) zu bezahlen? Die Sowjetunion forderte zunächst 20 Milliarden US-Dollar für sich. Am Ende einigten sich die Alliierten darauf, Reparationsleistungen aus ihren jeweiligen Zonen zu entnehmen. Die So-
30 wjetunion erhielt aber wegen der hohen Kriegsschäden durch den deutschen Überfall zusätzliche Industrieanlagen aus den Westzonen zugesprochen. Angesichts fortschreitender Uneinigkeit der Besatzungsmächte war Mitte 1946 jede Zone zu einem eigenständigen Wirt-
35 schaftsraum geworden, in der die Bestimmungen von Potsdam unterschiedlich umgesetzt wurden.
Auch in der Grenzfrage erfolgte keine Einigung. Bis zu einer endgültigen vertraglichen Regelung kamen die deutschen Ostgebiete unter polnische Verwaltung, das Gebiet
40 um Königsberg unter sowjetische Kontrolle (siehe S. 10, M1). Polnische Flüchtlinge aus dem sowjetisch gewordenen Osten Polens wurden in die ehemaligen deutschen Gebiete umgesiedelt. Die „ordnungsgemäße Aussiedlung" der Deutschen in diesen Gebieten geriet in den meisten
45 Fällen zu einer unkontrollierten Vertreibung. Ein Friedensvertrag rückte in weite Ferne.

M1

Großbritanniens Premierminister Churchill, US-Präsident Truman und der sowjetische Staatschef Stalin (von links) während einer Verhandlungspause vor Schloss Cecilienhof in Potsdam bei Berlin am 28. Juli 1945, Foto.
Nach der Niederlage Churchills bei den britischen Parlamentswahlen vertrat der neue Premierminister Clemens Attlee Großbritannien.

Auszug aus dem Protokoll der Potsdamer Konferenz vom 2. August 1945:

III: ... Es ist nicht die Absicht der Alliierten, das deutsche Volk zu vernichten oder zu versklaven. Die Alliierten wollen dem deutschen Volk die Möglichkeit geben, sein Leben auf einer demo-
5 kratischen und friedlichen Grundlage von Neuem aufzubauen ...

1. Entsprechend der Übereinkunft ... wird die höchste Regierungsgewalt in Deutschland durch die Oberkommandierenden der Streitkräfte [USA,
10 UdSSR, GB, Frankreich] ... ausgeübt, und zwar von jedem in seiner Besatzungszone, sowie gemein-sam in ihrer Eigenschaft als Mitglieder des Kon-trollrates in den Deutschland als Ganzes betref-fenden Fragen.

15 2. Soweit dies durchführbar ist, muss die Behand-lung der deutschen Bevölkerung in ganz Deutsch-land gleich sein.

3. Die Ziele der Besetzung Deutschlands ... sind:
(I) völlige Abrüstung und Entmilitarisierung ...
20 (II) Das deutsche Volk muss überzeugt werden, dass es ... sich seiner Verantwortung nicht entzie-hen kann ... für das, was seine eigene mitleidslose Kriegführung ... Chaos und Elend unvermeidlich gemacht haben.

25 (III) Die nationalsozialistische Partei mit ihren angeschlossenen Gliederungen ... ist zu vernich-ten ...

(IV) Die endgültige Umgestaltung des deutschen politischen Lebens auf demokratischer Grundlage
30 ... [ist] vorzubereiten ...

5. Kriegsverbrecher und alle ..., die an ... nazisti-schen Maßnahmen, die Gräuel und Kriegsverbre-chen nach sich gezogen ... hatten, teilgenommen haben, sind zu verhaften und dem Gericht zu
35 übergeben ...

12. In praktisch kürzester Frist ist das deutsche Wirtschaftsleben zu dezentralisieren ...

14. Während der Besatzungszeit ist Deutschland als eine wirtschaftliche Einheit zu betrachten ...
40 IV. 6. Die Entnahme der industriellen Ausrüstung soll so bald wie möglich beginnen ...

XIII. ... Die Überführung der deutschen Bevölke-rung ..., die in Polen, der Tschechoslowakei und Ungarn zurückgeblieben ist, [muss] ordnungs-
45 gemäß und human durchgeführt werden ...

Zit. nach www.documentarchiv.de/in/1945/
potsdamer-abkommen.html (Stand: 10. 04. 2015).

Der Historiker Rolf Steininger urteilte 1988:

Keiner der „Großen Drei" sprach in Potsdam von der Zerstückelung Deutschlands in Einzelstaaten; diese Frage galt als erledigt. Dennoch, als das Thema Reparationen von Stalin angeschnitten
5 wurde, stand für Churchill fest, dass die Idee eines einheitlichen Deutschlands nicht mehr existierte. Die Sowjets hatten seiner Meinung nach ihre Zone ausgeplündert und erwarteten nun, dass die Briten und Amerikaner in ihren Zonen dasselbe
10 tun würden; in einem offiziellen amerikanischen Bericht hieß es, das russische Vorgehen komme organisiertem Vandalismus gleich, der sich nicht nur gegen Deutschland, sondern auch gegen die amerikanische Besatzungsmacht richte ... Am
15 31. Juli waren sich Truman und Stalin einig, auch Attlee stimmte der Vereinbarung schließlich zu. Auch wenn sich möglicherweise nicht alle Konfe-renzteilnehmer der Tatsache bewusst waren: An diesem Tag wurde de facto die Teilung Deutsch-
20 lands beschlossen. Deutschland wurde in ein westliches und ein östliches Reparationsgebiet geteilt ....

Rolf Steininger, Deutsche Geschichte 1945–1961, Bd. 1,
Frankfurt a. M. (Fischer) 1988, S. 61ff.

. . . .

1 Die Ziele der Potsdamer Beschlüsse werden häufig mit den 5 Ds beschrieben: Demilitarisierung, Denazi-fizierung, Dezentralisierung, Demokratisierung, De-montage. Untersuche M2 und ordne die Begriffe passenden Textpassagen zu.

2 Wähle eine Aufgabe aus:

a) Entwirf ein Schaubild, welches die Ziele, Maß-nahmen und möglichen Auswirkungen der Potsda-mer Beschlüsse aufzeigt (M2–M3, Karte S. 10, M1 und Darstellungstext).

b) Du bist Reporter. Berichte den deutschen Lesern oder Zuhörern über die Inhalte und möglichen Aus-wirkungen der Potsdamer Beschlüsse für die deut-sche Bevölkerung (M2–M3, Karte S. 10, M1 und Darstellungstext).

Tipp: Achte darauf, die Perspektive der Zeitgenossen einzuhalten.

c) Untersuche M1 mithilfe der Arbeitsschritte auf S. 204. Welche Botschaft vermittelt das Bild?

3 Analysiere M3. Wie wird die Potsdamer Konferenz von dem Historiker Steininger bewertet?

Webcode: FG642335-015
Potsdamer Konferenz

Arbeiten im Archiv – Beispiel: Flüchtlinge und Vertriebene in Rheinland-Pfalz

Archive sind wichtige Orte für die Geschichtsforschung. Das Wort Archiv ist von dem griechischen Wort „archeion" (= Regierungsgebäude in der griechischen Polis) abgeleitet. Dort wurden wichtige Schriftstücke aufbewahrt. In Archiven können historische Ereignisse und Prozesse mithilfe originaler Quellen (Dokumente) rekonstruiert werden. Auf dieser Doppelseite lernst du, wie man einen Archivbesuch plant, geeignete Quellen findet und auswertet.

Flucht und Vertreibung aus den Ostgebieten

Nachdem es bereits während des Zweiten Weltkrieges enorme Zwangsumsiedlungen und Vertreibungen vor allem von Polen gegeben hatte, folgte mit dem Vordringen der sowjetischen Truppen ab Sommer 1944 eine
5 gegenläufige Bewegung der deutschstämmigen Bevölkerung Richtung Westen. In besonderem Maße setzte seit dem Frühjahr 1945 der Prozess der Vertreibung von Deutschen aus vorher besetzten Siedlungsgebieten in der Tschechoslowakei und Polen ein. Dieser Prozess ging
10 häufig mit gewaltsamen Aktionen vonseiten der einheimischen Bevölkerung und der russischen Soldaten einher. Im Potsdamer Abkommen wurde „die Überführung der deutschen Bevölkerung" angeordnet (siehe S. 15/ M2), die auch mit hohen Opfern verbunden war. Allein
15 in den Jahren 1944–1948 ließen über zwölf Millionen Menschen ihre Heimat, Besitz und damit ein Stück ihrer Identität zurück, um im zerstörten und besetzten Deutschland eine neue Heimat zu finden. Die Verteilung auf die verschiedenen Zonen fiel dabei jedoch sehr un-
20 terschiedlich aus. Auch wenn dieser enorme Zuwachs der Bevölkerung mit Blick auf die spätere wirtschaftliche Entwicklung Deutschlands von den meisten Historikern positiv bewertet wird, so führte er zunächst zu einer deutlichen Verschärfung der Probleme.

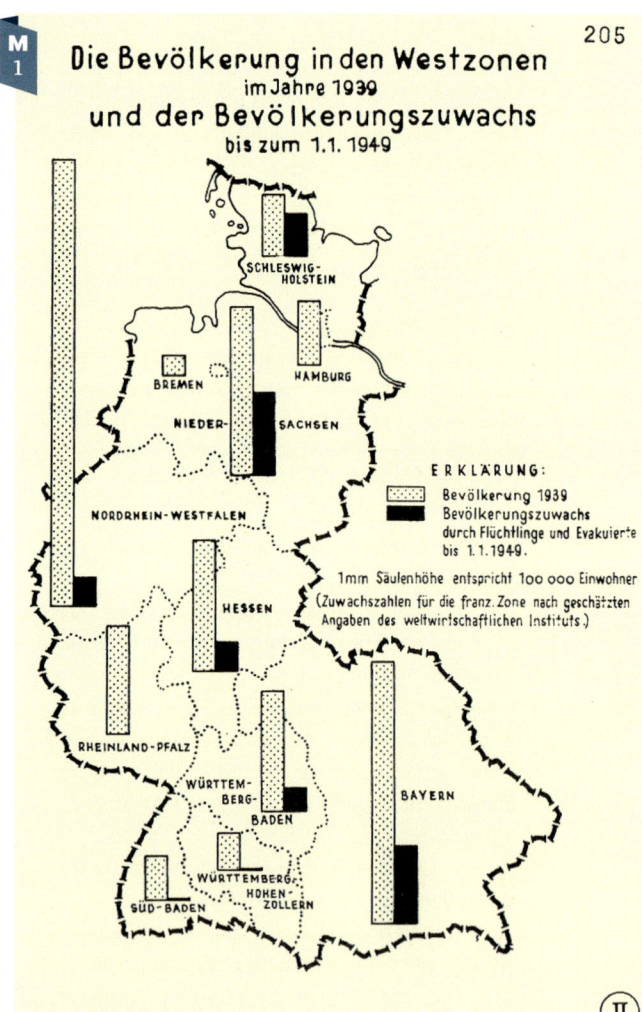

Dokument aus dem Landeshauptarchiv Koblenz, Bestand 860, Nr. 84, Staatskanzlei Rheinland-Pfalz, Flüchtlingswesen.
Die französische Besatzungsmacht nahm anfangs kaum Flüchtlinge auf. Bis Ende 1953 betrug der Anteil der Flüchtlinge und Vertriebenen in Rheinland-Pfalz acht Prozent (= 255 000 Pers.) der Gesamtbevölkerung.

M 1 205
Die Bevölkerung in den Westzonen
im Jahre 1939
und der Bevölkerungszuwachs
bis zum 1.1.1949

SCHLESWIG-HOLSTEIN
BREMEN
HAMBURG
NIEDERSACHSEN
NORDRHEIN-WESTFALEN
HESSEN
RHEINLAND-PFALZ
WÜRTTEMBERG-BADEN
SÜD-BADEN
WÜRTTEMBERG-HOHENZOLLERN
BAYERN

ERKLÄRUNG:
Bevölkerung 1939
Bevölkerungszuwachs durch Flüchtlinge und Evakuierte bis 1.1.1949.

1mm Säulenhöhe entspricht 100 000 Einwohner
(Zuwachszahlen für die franz. Zone nach geschätzten Angaben des weltwirtschaftlichen Instituts.)

II

1 Bereitet mithilfe der Methodenschritte einen Archivbesuch mit anschließender Ausstellung zum Thema „Flüchtlinge und Vertriebene in Rheinland-Pfalz" vor. Bildet kleine Gruppen und formuliert Fragen, die euch zu dem Thema interessieren. Nutzt hierzu den Darstellungstext und M1.

2 Für Historiker ist es interessant, die Ergebnisse der Quellenarbeit mit den Erinnerungen von Zeitzeugen zu vergleichen. Sucht in eurem Familien- und Bekanntenkreis nach möglichen Zeitzeugen und befragt diese zu eurem Thema (siehe S. 95).

Arbeitsschritte „Arbeiten im Archiv"

Thema und Fragestellung(en) formulieren	
1. Um welchen Gegenstand geht es? Welcher Zeitraum soll untersucht werden?	• *Legt fest, welches Thema ihr untersuchen wollt. Besonders hilfreich ist es, wenn bereits erste Fragestellungen formuliert wurden, die untersucht und geklärt werden sollen. Was an der Thematik erscheint euch interessant und fragwürdig? So lassen sich bereits Überlegungen anstellen, welche Dokumente hier besonders interessant sein könnten.*

Ein geeignetes Archiv finden	
2. Welche Archive gibt es in meiner Nähe und welches ist für unser Thema besonders interessant (z. B. Landeshauptarchiv, Stadtarchiv, Zeitungsarchiv)?	• *Recherchiert in eurer Umgebung nach Archiven.* • *Holt telefonisch oder per Internet Informationen über die Archive ein (Bestände zur Thematik, Öffnungszeiten, Anmeldeverfahren), vereinbart einen Termin, notiert evtl. vorher schon Fragen).*

Archivalien sichten und analysieren	
3. Wie finde ich geeignete Materialien?	• *In vielen Archiven suchen die Mitarbeiter geeignete Bestände/einzelne Dokumente zu einem verabredeten Termin heraus. Ansonsten könnt ihr mithilfe der Findbücher gewünschte Dokumente in den Lesesaal bestellen. Plant für diesen Schritt entsprechend Zeit ein.*
4. Originale: Was ist im Umgang mit Originalen zu beachten? Wie kann ich Wichtiges festhalten?	• *Archivalien sind einmalige Schriftstücke. Geht entsprechend sorgsam mit ihnen um. Fragt, ob ihr kopieren oder fotografieren dürft.* • *Notiert für eure Fragestellungen interessante Inhalte oder schreibt wichtige Passagen vollständig ab. Schreibt immer die vollständigen Quellenangaben und den Fundort (Signatur/Dokumenttitel) auf.*
5. Welche Schwierigkeiten erwarten mich?	• *Die Arbeit mit Originalquellen birgt häufig Schwierigkeiten der Lesbarkeit (alte Schrift oder schlechte Qualität) und Verständlichkeit (veraltete Begrifflichkeiten oder fehlender Zusammenhang). Hier können euch Archivmitarbeiter weiterhelfen.*

Ergebnisse auswerten und präsentieren	
6. Wie und wo können wir die gesammelten Informationen und Auswertungen präsentieren?	• *Tragt eure Fragen, Quellen und Ergebnisse nach dem Archivbesuch zusammen und bereitet eine Ausstellung im Klassenraum oder an einem anderen geeigneten Ort in der Schule vor (Wandzeitung, Stellwände, Vitrinen).*

3 Auch heute stellen die Aufnahme und Integration von Flüchtlingen enorme Herausforderungen dar. Recherchiert zur gegenwärtigen Flüchtlingsproblematik und vergleicht mit euren Ergebnissen.

Webcode: FG642335-017
Arbeiten im Archiv
Flucht und Vertreibung

Gesellschaft und Alltag im Nachkriegsdeutschland

Du kannst dich auf dieser Doppelseite anhand der Materialien über die Auswir-kungen des Krieges auf die Bevölkerungstruktur (A), das Alltagsleben während der Besatzungszeit (B) oder aber über die Umerziehungsmaßnahmen der ameri-kanischen Besatzer (C) informieren.

A

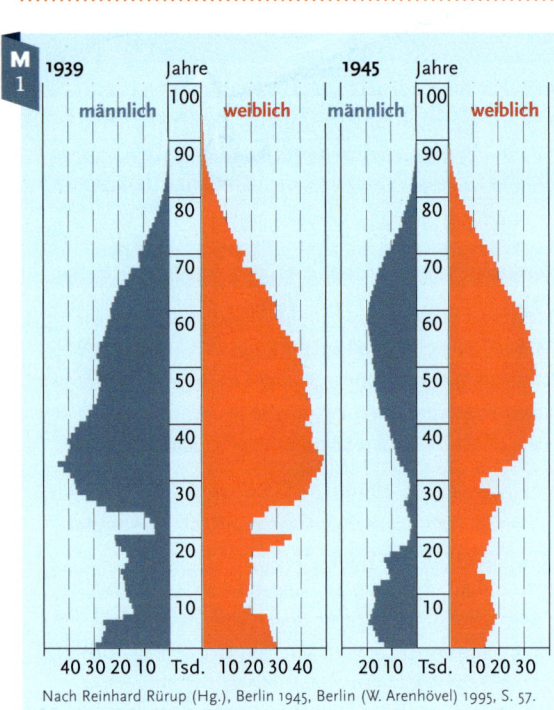

Nach Reinhard Rürup (Hg.), Berlin 1945, Berlin (W. Arenhövel) 1995, S. 57.

Auswirkungen des Krieges auf die Alters- und Geschlechterstruk-tur der Berliner Bevölkerung

M3

Scheidungsfälle auf 10 000 Einwohner in den Westzonen/BRD. In der SBZ/DDR verlief die Entwicklung ähnlich:

1939	1946	1947	1948	1949	1950	1951	1952
8,9	11,2	16,8	18,8	16,9	15,7	11,6	10,5

Nach Plato/Leh, a. a. O., S. 49.

Zerstörungsgrad von Wohnraum:
- über 75%
- 50%–75%
- 25%–50%
- total zerstörte Stadtzentren

Zerstörungsgrad von Wohnraum nach Ländern:
- über 20%
- 15%–20%
- 10%–15%
- unter 10%

----- heutige Bundesländergrenzen

B = Belgien, L = Luxemburg, FL = Liechtenstein

Grad der Zerstörung deutscher Städte 1945

1 a) Werte M1 und M2 aus. Halte deine Beobachtun-gen jeweils in wenigen Sätzen fest.

b) Suche nach Erklärungen für deine Beobachtun-gen. Unterscheide zwischen Behauptungen und Ver-mutungen.

2 Untersuche M3. Erläutere die möglichen Folgen auf das alltägliche Leben der Menschen.

Webcode: FG642335-018
Alltag im Nachkriegsdeutschland

B

In den Jahren nach dem Zweiten Weltkrieg litten die Menschen unter großer materieller Not. Viele Dinge waren nur auf dem Schwarzmarkt* und im Tauschhandel zu bekommen.

Tagesration eines Normalverbrauchers im Oktober/November 1946/47: Die durch eine Lebensmittelkarte (im Bild rechts unten) zugeteilte Menge pro Tag bestand aus 350 g Brot, 5 g Butter, 14 g Fleisch, 52 g Käse, 43 g Gemüse, 2 Kartoffeln und 1/8 l Magermilch. Dies entsprach etwa 1550 Kalorien.

M5

Preise 1946/47 (in Reichsmark):

Ware 1 kg	offizieller Preis	Schwarzmarktpreis
Fleisch	2,20	60–80
Brot	0,37	20–30
Kartoffeln	0,12	4–12
Zucker	1,07	120–180
Butter	4,00	350–550
Magermilch-pulver	nicht im Angebot	140–160
1 Glühlampe	nicht im Angebot	40
1 Paar Schuhe	nicht im Angebot	500–800

Nach Karl-Heinz Rothenberger, Die Hungerjahre nach dem Zweiten Weltkrieg. Ernährungs- und Landwirtschaft in Rheinland-Pfalz 1945–1950, Boppard (Boldt) 1980, S. 140.

Zum Vergleich: Ein Arbeiter verdiente in der Zeit von 1945 bis 1948 zwischen 150 und 200 RM im Monat.

1 Werte M4 und M5 aus. Erläutere die möglichen Folgen auf das alltägliche Leben der Menschen.

2 Gib kurz wieder, welche Bedeutung der Schwarzmarkt für die Nachkriegszeit hatte (M5, Lexikon).

C

1 Das Plakat (M6) soll im besetzten Deutschland verbreitet werden. Erstelle eine Übersetzung.
2 **Methode:** Analysiere M6 nach den Arbeitsschritten zu „Propagandaplakate untersuchen" (siehe S. 205).
   Tipp: Finde heraus, was die Deutschen lernen sollten.
3 Formuliere mögliche Ziele, die hinter der Plakataktion der Amerikaner stehen. Lies auch nach im Lexikon unter „Reeducation" nach.

Aufgabe für alle:
Erstellt aus den gewonnenen Informationen eine Mindmap, in der ihr die unterschiedlichen Aspekte des Alltags in der Nachkriegszeit aufzeigt.

Plakat der amerikanischen Militärregierung, um 1947
Texte auf dem linken Schild: Resentment of Americans/ Persecution of Minorities/Disrespect for US Army/Contempt for Democracy/Black Market Actvities/An Outcast Nation.
Texte auf dem rechten Schild: Fairness/Respect for Rights of Others/Honesty/Democracy/Peacefulness/A Respected Nation

Entnazifizierung und Nürnberger Prozesse

Unmittelbar nach dem Zusammenbruch des Dritten Reichs im Mai 1945 begannen die Besatzungsmächte mit dem Prozess der Entnazifizierung*.

- *Doch wie unterschied man zwischen aktiven und überzeugten Nationalsozialisten und solchen, die unter Druck oder aus Opportunismus – als Mitläufer – der Partei beigetreten waren? Wer gehörte zu den Tätern, wer zu den Opfern? Ließ sich das genaue Maß der Schuld oder Verstrickung bestimmen?*

Die Einwohner der Neunburg vorm Wald in der Oberpfalz/Bayern werden an den Leichen ermordeter KZ-Insassen vorbeigeführt. Foto, 1945

Abrechnung mit dem Nationalsozialismus

Die Alliierten wollten den Militarismus und das nationalsozialistische Denken so schnell wie möglich beseitigen. So wurden zum Beispiel Schulbücher der NS-Zeit eingezogen und größtenteils entsorgt. Die Erwachsenen
5 mussten Filme ansehen, die die Verbrechen der Nazis dokumentierten.

Die Entnazifizierung in den Besatzungszonen verlief unterschiedlich: In der Sowjetischen Besatzungszone wurden bis 1948, dem offiziellen Ende dieser Aktion,
10 etwa 520 000 Personen aus ihren Stellen entfernt, darunter 85 Prozent aller Juristen. Unbedeutende ehemalige NSDAP-Mitglieder verschonte man, wenn sie sich zum kommunistischen System bekannten. Oft wurde die Entnazifizierung auch dazu genutzt, politische Gegner
15 auszuschalten.

In den Westzonen mussten die zwölf Millionen ehemaligen Mitglieder der NSDAP einen umfangreichen Fragebogen zu ihrer Tätigkeit im NS-Regime ausfüllen. Spruchkammern stellten den Grad der Verstrickung fest.
20 Etwa zehn Prozent der Angeklagten wurden verurteilt. Dabei kam es auch zu Fehlentscheidungen in Bezug auf die Schuld und das Strafausmaß. Unbeteiligte gerieten in die Mühlen der Strafgerichtsbarkeit, Schuldige beschafften sich „Persilscheine"*, indem ihnen Dritte politische
25 Harmlosigkeit und Unbedenklichkeit bescheinigten.

Im Zuge des sich verschärfenden Ost-West-Konflikts und der Schwierigkeiten der Verfahren kam der Entnazifizierungsprozess im Laufe des Jahres 1948 auch in den Westzonen langsam zum Erliegen. Hinzu kam, dass
30 Wirtschaft und Verwaltung unter einem Mangel an Fachkräften litten. Dadurch endeten die noch anstehenden Prozesse gegen Nationalsozialisten abrupt. Viele von ihnen konnten trotz ihrer NS-Vergangenheit hohe Ämter in Industrie und Verwaltung der Bundesrepublik
35 besetzen und die westdeutsche Politik der Nachkriegszeit mitbestimmen. Zahlreiche, ehemals hohe NS-Funktionäre hatten sich in den Wirren des Kriegsendes nach Südamerika oder in arabische Länder abgesetzt und wurden in den meisten Fällen nie mehr angeklagt.

Blick auf die Anklagebank im Prozess gegen die Hauptkriegsverbrecher. Vorne sitzen die Verteidiger, dahinter in zwei Reihen die Angeklagten.
In dem Gerichtssaal 600 finden bis heute Prozesse statt. Im Dachgeschoss des Gerichtsgebäudes ist seit 2010 eine Informations- und Dokumentationsstätte eingerichtet.

Die Nürnberger Prozesse

Am 20. November 1945 begann in der Stadt der NSDAP-Reichsparteitage das Verfahren der vier Siegermächte gegen führende Nationalsozialisten. Es war der erste Kriegsverbrecherprozess der Geschichte und daher ein weltweites Medienereignis. Angeklagt waren 24 deutsche Hauptkriegsverbrecher, darunter führende Mitglieder von Partei, Staat und Wehrmacht. Die Vorwürfe lauteten wie folgt: 1. Verschwörung, 2. Verbrechen gegen den Frieden, 3. Kriegsverbrechen, 4. Verbrechen gegen die Menschlichkeit.

In nachfolgenden Prozessen wurden zwischen 1946 und 1949 weitere 177 hochrangige Mediziner, Juristen, Industrielle, SS- und Polizeiführer, Militärs, Beamte und Diplomaten angeklagt.

„Schwarz wird weiß oder mechanische Entnazifizierung", Karikatur von Max Radler, 1946

M 3 **Auszug aus einem Gerichtsverfahren gegen einen Zugführer der Reichsbahn (1945):**

Ankläger: Ist es wahr, dass bei dem sechstägigen Bahntransport von Nordhausen nach Belsen ... zweiundvierzig Menschen tatsächlich an Durst gestorben sind?

Angeklagter: Wir hatten eine Portion Tote, aber mich ging es nichts an. Ich war nicht Dienstältester.

Ankläger: Es ist überhaupt nicht zu verstehen, dass sie die Gefangenen verdursten ließen ... Sie konnten doch den Zug halten und Wasser holen lassen.

Angeklagter: Ich meine, das geht ja nicht, dass jeder über einen Zug bestimmen kann, wie er will. Es ist doch so, dass der Zugführer seinen bestimmten Plan hatte, nach dem er fahren musste ... Die Gefangenen hatten es auf dem Transport ganz gemütlich. Je hundert Stück Häftlinge auf einem Waggon.

Ankläger: Warum haben Sie auf den Bahnhöfen kein Wasser für die Gefangenen geholt?

Angeklagter: Diese Bahnhöfe, dieses Wasser ... es gibt da Bestimmungen, das ist nur für die Lokomotiven da. Auch hatte ich ja gar nicht das Kommando.

Zit. nach Hanna Lévy-Hass, Vielleicht war das alles erst der Anfang, Tagebuch aus dem KZ Bergen-Belsen 1944 bis 1945, hg. v. Eike Geisel, Berlin (Rotbuch), 1982. Text auf dem Umschlag.

1 „Umerziehung durch Anschauung der Verbrechen" (M1). Bewerte die Absichten der Amerikaner.

2 Beschreibe die mögliche Wirkung der Aussagen in M3 auf einen Überlebenden des Transports und bewerte die Aussagen des Zugführers.

3 Beschreibe M4. Wie stellt der Karikaturist den Vorgang der Entnazifizierung dar? Vergleiche mit dem Verfahren in der SBZ und den westlichen Besatzungszonen (Darstellungstext).

4 **Wähle eine Aufgabe aus:**

Recherchiere zu einer der folgenden Biografien:

a) Hermann Josef Abs b) Hans Filbinger
c) Reinhard Gehlen d) Kurt Säuberlich
e) Ernst Großmann

Stellt sie euch gegenseitig vor.

Webcode: FG642335-021
Entnazifizierung
Nürnberger Prozesse

Die Entwicklungen in der Ostzone

Bereits vor den gemeinsamen Beschlüssen der Siegermächte auf der Potsdamer Konferenz unternahm die Sowjetische Militäradministration (SMAD) in ihrer Besatzungszone erste Maßnahmen zur Neugestaltung von Wirtschaft und Politik.
• Welche Ausrichtung hatte diese und welche Folgen brachte sie mit sich?

Die sowjetische Besatzungspolitik

Die Politik der Sowjetunion war darauf ausgerichtet, ein Deutschland zu schaffen, von dem keine erneute Bedrohung für die UdSSR ausgehen konnte. Noch während der letzten Kämpfe in Berlin kamen kommunistische Emig-
5 ranten nach Deutschland zurück, die in sowjetischen Parteischulen auf ihre neue Aufgabe vorbereitet worden waren, eine „antifaschistisch-demokratische Ordnung" in Deutschland aufzubauen. An der Spitze der bekanntesten Gruppe stand der spätere Staatsratsvorsitzende der
10 DDR, Walter Ulbricht. Neben den beiden Arbeiterparteien KPD und SPD entstanden die Christlich-Demokratische Union (CDU), die Liberal-Demokratische Partei Deutschlands (LPDP) und die National-Demokratische Partei Deutschlands (NDPD). Diese Parteien konnten sich
15 nicht frei entfalten, da sie in der sogenannten „Einheitsfront antifaschistisch-demokratischer Parteien", in der die KPD die Führungsrolle innehatte, zusammengefasst waren. Nach dem Grundsatz „Es muss demokratisch aussehen, aber wir müssen alles in der Hand haben" (Anwei-
20 sung von Walter Ulbricht, 1945) nahmen Kommunisten die entscheidenden Positionen ein.

Bodenreform und Verstaatlichungen

Zu den ersten Maßnahmen in der Sowjetischen Besatzungszone (SBZ) gehörte eine Neuverteilung der land-
25 wirtschaftlichen Flächen unter dem Motto „Junkerland in Bauernhand". Diese Bodenreform war sowohl eine Entnazifizierungsmaßnahme wie eine Strukturreform: Unter den Großgrundbesitzern befanden sich ehemalige NS-Größen, die nun enteignet wurden, um das Land an
30 Kleinbauern, landlose Bauern und Umsiedler zu übergeben. Die Enteigneten wurden vertrieben, verhaftet, viele von ihnen in sowjetische Arbeitslager verschleppt. Wirtschaftlich war diese Bodenreform nicht erfolgreich. Die viel zu kleinen Betriebe konnten den Erfordernissen
35 der modernen Landwirtschaft nicht genügen. Ab 1952 erfolgte daher der Zusammenschluss von Bauernhöfen zu landwirtschaftlichen Produktionsgenossenschaften (LPG), die dann von den Bauern gemeinsam bewirtschaftet wurden.
40 Nach ähnlichem Muster erfolgte die Auflösung und Umwandlung der Industriebetriebe in „Volkseigene Betrie-

Plakat zur Bodenreform, 1945

be" (VEB). Der wirtschaftliche Aufschwung ließ jedoch auf sich warten, da viele Industriebetriebe zerstört und funktionierende Produktionsanlagen demontiert und als
45 Reparationen in die Sowjetunion transportiert wurden.

M 2 Demontage in Ost und West:

	SBZ	Westzonen
Wert der Industrieanlagen in Milliarden Reichsmark	6,1	2,7
Kapazitätsverlust	≈ 30 %	≈ 3 %
Betriebe	≈ 2400	≈ 800
Demontagestopp	Anfang 1954	Ende 1950

Zahlen vom Verfasser aus verschiedenen Statistiken zusammengestellt.

Die Gründung der SED

Gegen den Widerstand von Teilen der SPD erfolgte im April 1946 die Zwangsvereinigung der beiden Arbeiterparteien KPD und SPD zur neuen „Sozialistischen Einheitspartei Deutschlands" (SED), weil die KPD bei den bevorstehenden Länderwahlen mit einem schlechten Wahlergebnis rechnete. Otto Grotewohl (SPD) und Wilhelm Pieck (KPD) wurden zu gleichberechtigten Vorsitzenden gewählt.

Aufruf der Ost-Berliner SPD gegen die geplante Vereinigung mit der KPD zur SED (1946):

Werte Genossin! Werter Genosse!
Allen Machenschaften des Zentralausschusses zum Trotz hat sich die große Mehrheit der Berliner Parteigenossen für die Weiterführung einer
5 selbstständigen Sozialdemokratie entschieden. Unsere Organisation steht unerschüttert! Wir beugen uns nicht! Wir bleiben, wie wir waren! Vorkämpfer für Demokratie und Sozialismus, für den sozialistischen Aufbau Deutschlands!
10 Bist Du, Genossin oder Genosse, bereit, weiterhin mit uns zusammenzuarbeiten, dann gib diesen Schein mit Deiner Unterschrift versehen Deinem Bezirksführer zurück.
Im Auftrage der Funktionäre der 5. Abteilung ...
15 *Erklärung:* Ich bleibe weiterhin Mitglied der selbstständigen Sozialdemokratischen Partei.
Groß-Berlin, den ...
[Unterschrift]
Zit. nach Plato/Leh, a. a. O., S. 305. Quelle zur Verfügung gestellt von Rüdiger Thomas, Bonn.

Die Vereinigung von KPD und SPD aus der Sicht eines KPD-Experten (Februar 1946):

[Die Werktätigen werden] der Einheitspartei zweifellos in großen Massen zuströmen, weil diese wie ein Magnet auf all jene Arbeiter ... wirken wird, die ... auf der Seite der sozialistischen Bewegung
5 stehen, sich aber heute weder für die SPD noch für die KPD entscheiden können ... Das Positivste aber ist ... der wachsende Drang zur Schaffung der Einheitspartei der Arbeiter. Nur die Vereinigung der KPD und SPD ... kann die Garantie
10 schaffen, dass nicht das reaktionäre Großbürgertum, sondern die Arbeiterschaft ... den Gang der weiteren Entwicklung bestimmen ... Die Stunde drängt zur Entscheidung ... Denn die spätere Entwicklung dürfte mir kaum unrecht geben, wenn
15 ich feststelle: Auf welchem Wege und in welchem Tempo Deutschland künftig zum Sozialismus schreiten wird, das hängt ausschließlich davon ab, in welchem Tempo jetzt die Einheitspartei verwirklicht wird.
Zit. nach Merith Niehuss/Ulrike Lindner (Hg.), Besatzungszeit. Bundesrepublik und DDR 1945–1969 (= Deutsche Geschichte in Quellen und Darstellung, Bd. 10), Stuttgart (Reclam) 1998, S. 8off.

....

1 **Methode:** Analysiere M1 mit Blick auf die Botschaft des Plakats.
   Tipp: Nutze die Arbeitsschritte zu „Propagandaplakate untersuchen" auf S. 205.
2 Gib eine Antwort auf M4 aus der Sicht eines Skeptikers der Vereinigung von SPD und KPD.
3 **Recherche:** Stelle die Biografie von Walter Ulbricht vor. Konzentriere dich dabei vor allem auf die Nachkriegsjahre.
4 **Wähle eine Aufgabe aus:**
   a) Entwirf ein Schaubild/eine Skizze, um die politische Entwicklung in der SBZ nach 1945 aufzuzeigen (M3–M5 und Darstellungstext).
   b) Entwirf ein Schaubild/eine Skizze, um die wirtschaftlichen Veränderungen in der SBZ nach 1945 aufzuzeigen (M1, M2 und Darstellungstext).

Die Vorsitzenden Wilhelm Pieck (KPD, links) und Otto Grotewohl (SPD, rechts) beim symbolischen Händedruck zur Vereinigung beider Parteien zur SED am 22. April 1946 in der Berliner Staatsoper (vorne rechts: Walter Ulbricht, später Staatsoberhaupt der DDR), Foto

Webcode: FG642335-023
Sowjetische Besatzungszone

Die Entwicklungen in den Westzonen

Nur 13 Monate nach der Potsdamer Konferenz, im September 1946, vertrat US-Außenminister Byrnes in einer Rede den Standpunkt, „dass jetzt dem deutschen Volk innerhalb ganz Deutschlands die Hauptverantwortung für die Behandlung seiner eigenen Angelegenheiten … übertragen werden sollte".
- *Doch wie war dieses Ziel im Spannungsfeld der unterschiedlichen Interessen der Siegermächte zu erreichen?*

Der Neubeginn des politischen Lebens im Westen
In den drei Westzonen ließen die Besatzer Parteien und Verbände zunächst nur auf örtlicher Ebene zu. Die SPD und KPD wurden wieder begründet. Neue Parteien wa-
5 ren die liberale FDP (Freie Demokratische Partei), die CDU (Christlich-Demokratische Partei) und die bayerische CSU (Christlich-Soziale Union). Um ein geordnetes politisches, gesellschaftliches und wirtschaftliches Leben zu ermöglichen, richteten die westlichen Alliierten Kommunalverwaltungen ein. An ihre Spitze beriefen sie
10 nach Möglichkeit Gegner des NS-Regimes. Die Kommunalwahlen von 1946 waren ein erster Schritt zum Aufbau der Demokratie „von unten".

Mit der Gründung neuer Länder wie Rheinland-Pfalz 1946/1947 (siehe S. 30/31) entstanden größere Ver-
15 waltungseinheiten. Die Bevölkerung stimmte in Wahlen über die Zusammensetzung der Länderparlamente und die Annahme der Länderverfassungen ab.
Die Amerikaner verfolgten in erster Linie das Ziel der Errichtung einer deutschen Zentralregierung mit der
20 Einbindung in ein westliches Bündnissystem. Die Briten hingegen hatten vor, Deutschland wirtschaftlich zu stabilisieren, da Großbritannien angesichts der eigenen Not die Kosten für die Unterstützung der Deutschen in der britischen Zone reduzieren wollte. Frankreich ließ ange-
25 sichts der negativen historischen Erfahrungen mit dem deutschen Nachbarn zunächst keine gemeinsame wirtschaftliche und politische Entwicklung über die Zonengrenzen zu. Dennoch waren sich die westlichen Alliierten darüber einig, ein demokratisches System auf der
30 Grundlage freier Wahlen zu schaffen.

Wirtschaftliche Hilfe durch den Marshallplan*
Im „Hungerwinter" von 1946/47 konnten die Alliierten nur durch massive Lebensmittelhilfen das Sterben in Deutschland eindämmen. Den Westmächten war klar,
35 dass vor allem eine stabile Versorgungslage und eine wachsende Wirtschaft Freiheit und Demokratie als Zukunftsmodell für Deutschland Anerkennung bei der Bevölkerung finden würde. Im September 1946 schlug der amerikanische Außenminister Byrnes in einer Rede
40 in Stuttgart vor, dass alle Besatzungszonen eine wirtschaftliche Einheit bilden sollten. Da die Sowjetunion ablehnte und Frankreich zögerte, schlossen Anfang 1947 Amerikaner und Briten ihre Besatzungszonen 1947 zur sogenannten Bizone zusammen. Ein gemeinsa-
45 mer Wirtschaftsrat verwaltete von Frankfurt am Main aus diese neu geschaffene Zone. Dem Wirtschaftsrat gehörten deutsche Abgeordnete aus Länderparlamenten beider Zonen an. Die französische Zone trat im April 1949 bei; aus der Bizone wurde eine Trizone. Der neu
50 geschaffene Wirtschaftsraum sollte von dem amerikanischen Hilfsprogramm profitieren, das nach seinem Gründer, US-Außenminister George Marshall, Marshallplan

 SPD-Wahlplakat (links); Plakat der CDU (rechts).
Plakate von Parteien, die 1946/47 bei Gemeinde- und Landtagswahlen um Wähler warben

 Gesamtergebnis der Landtagswahlen 1946 in den drei Westzonen (ohne Berlin und Saarland):

CDU/CSU	37,7 %
SPD	35,0 %
Liberale	9,5 % (ab 1948 FDP)
KPD	9,4 %

Nach Klaus Wasmund, Politische Plakate aus dem Nachkriegsdeutschland, Frankfurt a. M. (Fischer) 1986, S. 57.

oder auch ERP (European Recovery Program) genannt wurde. Die USA stellten den europäischen Staaten Sach-
55 und Geldmittel zur Verfügung, mithilfe derer sie den Wiederaufbau leisten sollten. Die sowjetische Besatzungsmacht deutete dies als „imperialistische Strategie" und untersagte der SBZ wie auch den osteuropäischen Ländern die Teilnahme an dem Hilfsprogramm.

 Plakate zum Marshallplan in den Westzonen und in der Ostzone, 1947

60 **Währungsreform und Berlin-Blockade**
Der Konflikt verschärfte sich, als in den Westzonen am 21. Juni 1948 eine Währungsreform mit der Einführung der Deutschen Mark durchgeführt wurde. Die neue Währung ermöglichte binnen Kurzem, dass sich die Ge-
65 schäfte mit Waren füllten und der Schwarzmarkt bedeutungslos wurde (siehe S. 11/M3). Zugleich hatten die Westmächte die Gründung eines westdeutschen Staates ohne die SBZ noch stärker ins Auge gefasst. Die Sowjetunion antwortete mit einer eigenen Währungsreform in
70 ihrer Zone und der Blockade aller Zufahrtswege zu den Westsektoren der geteilten Stadt Berlin am 24. Juni 1948. Der Versuch, die separate Entwicklung in den Westzonen aufzuhalten, scheiterte jedoch. Die Amerikaner und Briten versorgten die 2,1 Millionen Westberli-
75 ner bis zum Ende der Blockade im Mai 1949 über eine „Luftbrücke", die zum Freiheitssymbol wurde.

M 4 Aus der Stuttgarter Rede des US-Außenministers James F. Byrnes vom 6. September 1946:

Die Vereinigten Staaten sind der festen Überzeugung, dass Deutschland als Wirtschaftseinheit verwaltet werden muss und dass die Zollschranken, soweit sie das Wirtschaftsleben und die wirtschaft-
5 liche Betätigung in Deutschland betreffen, vollständig fallen müssen.
Die jetzigen Verhältnisse in Deutschland machen es unmöglich, den Stand der industriellen Erzeugung zu erreichen, auf den sich die Besatzungs-
10 mächte als absolutes Mindestmaß einer deutschen Friedenswirtschaft geeinigt hatten … Die Schranken zwischen den vier Zonen Deutschlands sind weit schwieriger zu überwinden als die zwischen normalen unabhängigen Staaten.
15 [Die amerikanische Regierung] hat offiziell die Absicht ausgedrückt, die Wirtschaft in ihrer eigenen Zone mit einer oder mit allen anderen zu vereinigen, die hierzu bereit sind. Bis jetzt hat sich nur die britische Regierung bereit erklärt, mit ihrer Zone
20 daran teilzunehmen … Selbstverständlich soll diese Vereinigungspolitik nicht jene Regierungen ausschließen, die heute noch nicht zum Beitritt bereit sind, die Vereinigung steht ihnen jederzeit frei … Wir treten für eine wirtschaftliche Vereinigung
25 Deutschlands ein. Wenn eine vollständige Vereinigung nicht erreicht werden kann, werden wir alles tun, was in unseren Kräften steht, um eine größtmögliche Vereinigung zu sichern …
Das amerikanische Volk wünscht, dem deutschen
30 Volk die Regierung zurückzugeben. Das amerikanische Volk will dem deutschen Volk helfen, seinen Weg zurückzufinden zu einem ehrenvollen Platz unter den freien und friedliebenden Nationen der Welt.
Zit. nach www.byrnes-rede.de/index-php?id=3271 (Stand: 29.04.2015).

---

1 Erarbeite aus dem Darstellungstext die unterschiedlichen Vorstellungen der Siegermächte. Wo konnte es zu Konflikten kommen?
2 **Methode:** Interpretiere die beiden Plakate (M1) mithilfe der Arbeitsschritte zu „Propagandaplakate untersuchen" (siehe S. 205).
3 **a)** Verfasse zur Byrnes-Rede (M4) eine Zeitungsschlagzeile mit zwei Unterpunkten.
  b) Erläutere, wie die sowjetische Haltung zu dieser Rede ausgesehen haben könnte.

4 **a)** Vergleiche die Aussagen der beiden Plakate (M3).
  b) Recherche: Bereite einen Vortrag zu den Inhalten und der Bedeutung des Marshallplans vor.
5 Diskutiert die These, die Gründung der Bi- bzw. Trizone durch die Westmächte habe die Spaltung Deutschlands vertieft.

Webcode: FG642335-025
Marshallplan

Die Gründung der Bundesrepublik Deutschland

Angesichts der Bildung kommunistischer Staaten in Mittel- und Osteuropa unter sowjetischer Vormacht beschlossen die drei westlichen Alliierten, die Gründung eines westdeutschen Staates voranzutreiben.

- *Wie kam es zu der Gründung und welche Staatsform erhielt die Bundesrepublik?*

Die Westzonen werden zur Bundesrepublik

Mit dem Zusammenschluss der drei westlichen Zonen zur Trizone (siehe S. 24) wurden erstmals die Umrisse eines künftigen westdeutschen Staates erkennbar. Dieser neue Staat sollte nach amerikanischen Vorgaben ein
5 „Bollwerk gegen den Kommunismus" darstellen. Nach dem Scheitern der Londoner Außenministerkonferenz Ende Dezember 1947 verhandelten die westlichen Alliierten auf der Sechsmächtekonferenz (die drei Benelux-Staaten waren als direkte Nachbarn beteiligt) Anfang
10 1948 über die Gründung eines westdeutschen Teilstaates. Bedenken der Franzosen wurden auf Druck der USA verworfen. Am 1. Juli 1948 übergaben die drei Westmächte den Ministerpräsidenten ihrer Zonen die sogenannten „Frankfurter Dokumente". Diese enthielten
15 den Auftrag, eine Verfassung für den neu zu gründenden Staat zu erarbeiten. Die Abgeordneten des „Parlamentarischen Rats", 65 Vertreter der Länderparlamente, berieten über ein halbes Jahr lang den von Experten erarbeiteten Verfassungsentwurf. Sie hatten Bedenken
20 gegen die Schaffung eines westdeutschen Teilstaates und verstanden daher das Werk als eine vorläufige Verfassung. Zur Unterstreichung des provisorischen Charakters hieß die Verfassung „Grundgesetz". Nachdem alle Länderparlamente mit Ausnahme Bayerns dem Ent-
25 wurf zugestimmt und die alliierten Militärgouverneure diesen genehmigt hatten, trat das „Grundgesetz für die Bundesrepublik Deutschland" am 23. Mai 1949 in Kraft. Vorangestellt wurde dem Text eine Präambel, in der das Ziel einer künftigen Wiedervereinigung Deutschlands
30 festgesetzt wurde. Das Grundgesetz sollte dem „staatlichen Leben für eine Übergangszeit eine neue Ordnung

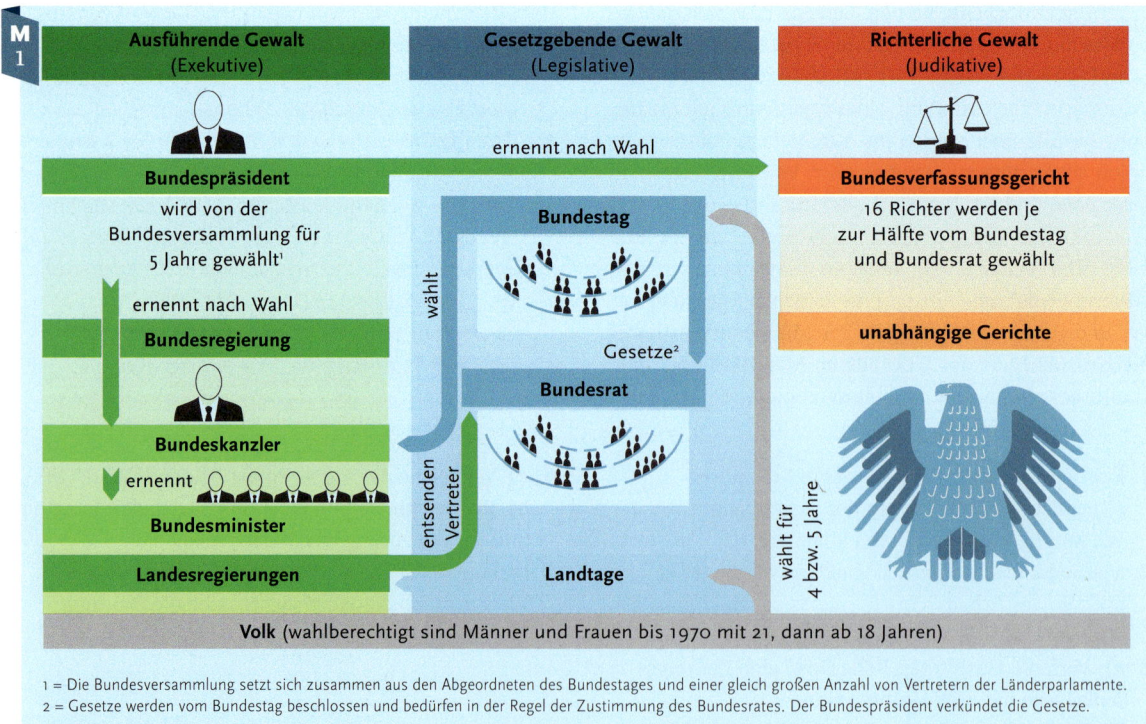

M1

| Ausführende Gewalt (Exekutive) | Gesetzgebende Gewalt (Legislative) | Richterliche Gewalt (Judikative) |

ernennt nach Wahl

Bundespräsident wird von der Bundesversammlung für 5 Jahre gewählt[1]

ernennt nach Wahl

Bundesregierung

Bundeskanzler

ernennt

Bundesminister

Landesregierungen

wählt

Bundestag

Gesetze[2]

Bundesrat

entsenden Vertreter

Landtage

Bundesverfassungsgericht 16 Richter werden je zur Hälfte vom Bundestag und Bundesrat gewählt

unabhängige Gerichte

wählt für 4 bzw. 5 Jahre

Volk (wahlberechtigt sind Männer und Frauen bis 1970 mit 21, dann ab 18 Jahren)

1 = Die Bundesversammlung setzt sich zusammen aus den Abgeordneten des Bundestages und einer gleich großen Anzahl von Vertretern der Länderparlamente.
2 = Gesetze werden vom Bundestag beschlossen und bedürfen in der Regel der Zustimmung des Bundesrates. Der Bundespräsident verkündet die Gesetze.

Staatsaufbau der Bundesrepublik Deutschland

geben". Bonn wurde mit knapper Mehrheit gegenüber Frankfurt zur neuen Hauptstadt bestimmt. Zum ersten Kanzler der Bundesrepublik wurde am 15. September
35 1949 Konrad Adenauer (CDU) gewählt; das Amt des ersten Bundespräsidenten übernahm Theodor Heuss (FDP). Die Bundesrepublik war damit jedoch kein souveräner Staat. Die westlichen Siegermächte behielten – insbesondere in der Außenpolitik – die oberste Kontrollauf-
40 sicht, die im Besatzungsstatut festgeschrieben wurde.

Die Gründung der BRD am 23. Mai 1949 in Bonn. Konrad Adenauer bei der Verkündung des Grundgesetzes. Links neben Adenauer: Helene Weber, Hermann Schäfer, rechts von ihm: Adolf Schönfelder und Jean Stock, alle Mitglieder des „Parlamentarischen Rats", Foto

....

1 Lege anhand des Darstellungstextes einen Zeitstrahl zu den Entwicklungen der Westzonen bis zur Gründung der BRD an. Beziehe auch die Seiten 24/25 mit ein.

2 Zeige anhand von M1 auf, dass die Bundesrepublik als parlamentarische Demokratie gegründet wurde.
Tipp: Analysiere M1 nach den Arbeitsschritten zur Methode „Ein Verfassungsschaubild auswerten" (siehe S. 207/208).

3 Wähle eine Aufgabe aus:
Verfasse einen Zeitungsartikel zur Regierungserklärung Konrad Adenauers (M3)
a) aus der Sicht eines Befürworters,
b) aus der Sicht eines Kritikers der Gründung der Bundesrepublik Deutschland.

M3 Aus der Regierungserklärung Konrad Adenauers (CDU) vom 20. September 1949:

Der Fortschritt gegenüber den Verhältnissen, die seit 1945 bei uns bestanden, auch gegenüber den Zuständen des nationalsozialistischen Reichs, ist groß. Zwar müssen wir uns immer bewusst sein,
5 dass Deutschland und das deutsche Volk noch nicht frei sind, dass es noch nicht gleichberechtigt neben den anderen Völkern steht, dass es ... in zwei Teile zerrissen ist. Aber wir erfreuen uns doch einer wenigstens relativen staatlichen Frei-
10 heit ...
Niemand kann bei uns, wie das im nationalsozialistischen Reich der Fall war, und wie es jetzt zu unserem Bedauern in weiten Teilen Deutschlands in der Ostzone der Fall ist, durch geheime Staats-
15 polizei ... der Freiheit und des Lebens beraubt werden ...
Wenn wir auch kein Ministerium des Auswärtigen haben, so bedeutet das keineswegs, dass wir damit auf jede Betätigung auf diesem Gebiete Ver-
20 zicht leisten ... Deutschland ist infolge Marshallplan, Besatzungsstatut ... enger mit dem Ausland verflochten als jemals zuvor ...
Durch die Denazifizierung ist viel ... Unheil angerichtet worden. Die wirklich Schuldigen ... sollen
25 mit aller Strenge betraft werden. Aber im Übrigen dürfen wir nicht mehr zwei Klassen von Menschen ... unterscheiden: die politisch Einwandfreien und die nicht Einwandfreien ...
Und nun lassen Sie mich übergehen zu Fragen,
30 die ... für unser gesamtes Volk Lebensfragen sind. Es handelt sich um ... die Oder-Neiße-Linie. Im Potsdamer Abkommen heißt es ausdrücklich ..., dass die endgültige Bestimmung der polnischen Westgrenzen bis zur Friedenskonferenz vertagt
35 werden muss. Wir können uns daher unter keinen Umständen abfinden mit einer von Sowjetrussland und Polen später einseitig vorgenommenen Abtrennung dieser Gebiete ... Alles das soll im Rahmen der Europäischen Union – deren Mitglied
40 wir möglichst bald zu werden wünschen – in Ordnung und Übereinstimmung gebracht werden.
Zit. nach www.konrad-adenauer.de/dokumente/ erklarungen/regierungserklarung (Stand: 15. 07. 2015).

Webcode: FG642335-027
*Entstehung der Bundesrepublik;
Film: Die Gründung der Bundesrepublik 1949*

Die Gründung der Deutschen Demokratischen Republik

Als Reaktion auf die Gründung der Bundesrepublik Deutschland im Mai 1949 veranlasste die Sowjetunion die Umwandlung ihrer Besatzungszone in die Deutsche Demokratische Republik (DDR) am 7. Oktober 1949.
- *Wie kam es zur Gründung der DDR und wie war die Herrschaft geregelt?*

Staatsgründung im Osten

In der SBZ hatte die SED im Dezember 1947 einen Deutschen Volkskongress zur Zukunft Deutschlands einberufen, an dem auch über 2000 ausgesuchte Delegierte aus den Westzonen teilnahmen. Der zweite Volkskongress
5 (100 der 400 Delegierten kamen aus dem Westen) erhielt den Auftrag, eine Verfassung für ganz Deutschland auszuarbeiten. Der Anspruch auf einen gesamtdeutschen Staat nach sozialistischem Vorbild entsprach auch den Zielen der Sowjetunion, den eigenen Einflussbereich
10 zu vergrößern und eine „Pufferzone" gegen die Westmächte zu errichten. Der Verfassungsentwurf wurde im Oktober 1948 vorgelegt. Nachdem im Westen die Gründung eines Teilstaates im Laufe des Jahres 1948 von den Alliierten vorangetrieben und am 23. Mai 1949 verwirk-
15 licht wurde, verabschiedete der nach einer Einheitsliste gewählte dritte Volkskongress Ende Mai 1949 die neue

Verfassung und wurde in die Nationale Front umbenannt. Am 7. Oktober konstituierte sich aus dem Volksrat die Provisorische Volkskammer als Parlament. Somit
20 entstand der zweite deutsche Staat, die DDR. Präsident wurde Wilhelm Pieck, Ministerpräsident Otto Grotewohl, beide SED-Vorsitzende. Wie in der Bundesrepublik lag auch in der DDR die oberste Entscheidung in zentralen Fragen der Politik bei der sowjetischen
25 Besatzungsmacht. Ähnlich wie das Grundgesetz sollte auch die DDR-Verfassung nur provisorischen Charakter haben bzw. für ein vereintes Deutschland gelten.

Die Verfassung der DDR – eine demokratische Ordnung?

30 Die Verfassungspassagen glichen denen der westlichen demokratischen Staaten. Sie enthielten u.a. die Festlegung der Einhaltung der Grundrechte, gaben die

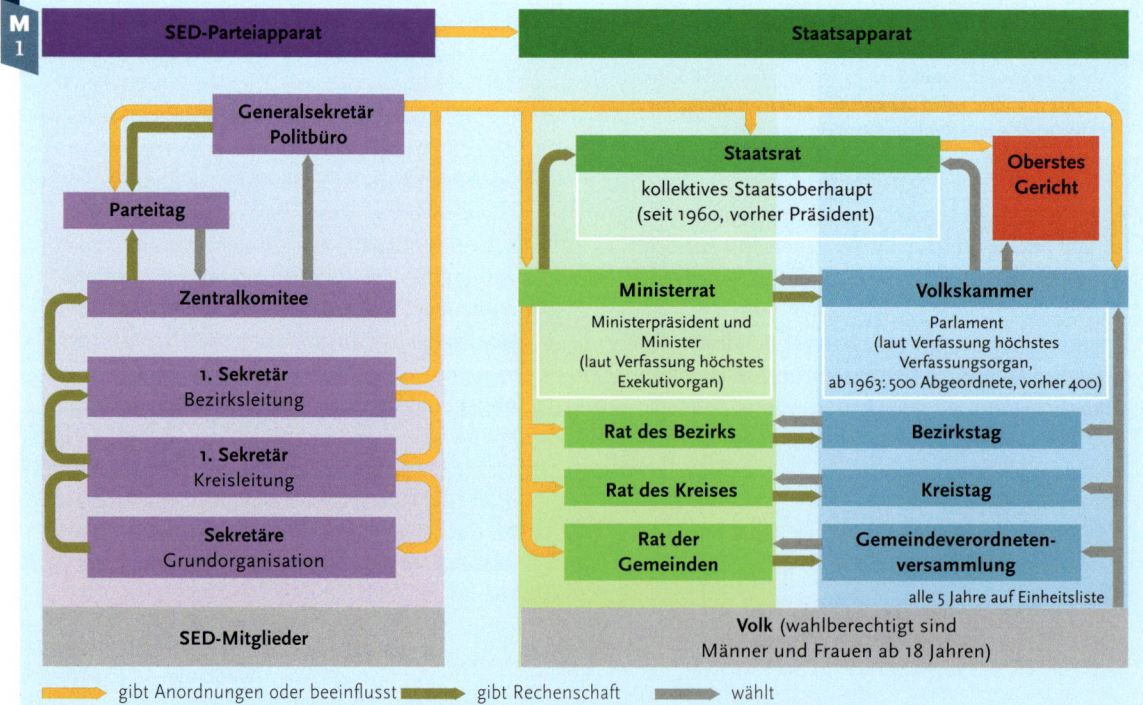

Staatsaufbau und Herrschaftsverhältnisse in der Deutschen Demokratischen Republik bis 1989

Grundsätze der allgemeinen, gleichen, unmittelbaren und geheimen Wahlen der Abgeordneten an und legten
35 auch die Mitsprache der Länder fest. Dies alles war jedoch nur Schein, denn in der Realität wurden mit denselben Begriffen völlig unterschiedliche politische Systeme benannt. Die SED diktierte sämtliche Bereiche, ob politisch, wirtschaftlich oder gesellschaftlich. Die Wah-
40 len erfolgten nach Einheitslisten, die Kandidaten wurden ausschließlich von der SED oder der SMAD festgelegt, die Wähler konnten nur mit „Ja" oder „Nein" abstimmen. Das eigentliche Machtzentrum bildete das Politbüro der SED mit ihrem Generalsekretär Walter
45 Ulbricht.

 M 2 *Die Gründung der DDR am 7. Oktober 1949 in Ost-Berlin. Wilhelm Pieck bei der Verlesung der Proklamation, Foto*

1 Trage die Ereignisse und Daten zur Gründung der DDR in den Zeitstrahl von Aufgabe 1 auf S. 27 ein. Untersuche nun, wie die Gründung beider deutscher Staaten miteinander zusammenhängt.

2 **Methode:** Interpretiere M1 nach den Arbeitsschritten zur Methode „Ein Verfassungsschaubild auswerten" (siehe S. 207/208).
Tipp: Achte besonders auf die Vernetzung von SED-Partei- und Staatsapparat.

3 **Wählt eine Aufgabe aus:**
a) Partnerarbeit: Vergleicht die Verfassungsschemata der DDR (M1) und der Bundesrepublik (siehe S. 26, M1) und benennt die Unterschiede.
b) Partnerarbeit: Vergleicht die Regierungserklärung Otto Grotewohls (M3) mit der von Konrad Adenauer (siehe S. 27, M3).

Webcode: FG642335-029
Entstehung der DDR;
Film: Die Gründung der DDR 1949

M 3 **Auszug aus der Regierungserklärung Otto Grotewohls (SED) vom 7. Oktober 1949:**

Als die Sowjetregierung feststellen musste, dass infolge der systematischen Verletzung des Potsdamer Abkommens durch die Westmächte, infolge der mit Bildung des separaten Weststaates voll-
5 zogenen Spaltung Deutschlands eine neue Lage entstanden war, die neue grundlegende Entscheidungen erforderlich machte, hat die Sowjetregierung nicht gezögert, ... dem deutschen Volke die im Potsdamer Abkommen zugebilligten Rechte
10 zu gewähren ...
Die befreiende Tat der Sowjetunion, die uns die Bildung einer eigenen deutschen Regierung ermöglichte, verpflichtet uns, in Zukunft noch mehr als bisher für die Freundschaft mit der
15 Sowjetunion einzutreten ...
Die Politik des Friedens und der Freundschaft zur Sowjetunion findet ihre Ergänzung im Verhältnis ... mit unseren Nachbarn, dem neuen Polen und der Tschechoslowakischen Republik ... Die Oder-
20 Neiße-Grenze ist für uns eine Friedensgrenze, die ein freundschaftliches Verhältnis mit dem polnischen Volke ermöglicht ... Wer übrigens dem Besatzungsstatut zugestimmt und damit seine Bereitschaft bewiesen hat, ganz Deutschland als
25 Kolonie an die imperialistischen Mächte auszuliefern, hat auch kein Recht, über Grenzfragen im Osten zu zetern ...
Die Größe der ... Gefahren, die das deutsche Volk bedrohen, erfordert eine neue Art der Beziehun-
30 gen zwischen den Parteien ..., erfordert enge freundschaftliche Zusammenarbeit und Einmütigkeit in den Beschlüssen und Handlungen ... Die Zusammenfassung aller Kräfte des deutschen Volkes, ... die Politik des Blocks der demokratischen
35 Parteien hat bereits große Erfolge gezeigt ... Während sich in Westdeutschland die Anzeichen der herannahenden Wirtschaftskrise bemerkbar machen, ... Millionen Menschen ohne Arbeit und ausreichenden Verdienst leben müssen, ist es uns
40 dank der Hilfe der Sowjetunion ... gelungen, unsere Wirtschaft von der krisenhaften Entwicklung der kapitalistischen Welt freizuhalten ... Wir sind an unseren Aufbau herangegangen, ohne uns durch Dollarkredite in die Abhängigkeit ausländischer
45 Finanzkreise zu begeben.
Zit. nach Otto Grotewohl, Im Kampf um die einige Deutsche Demokratische Republik, Reden und Aufsätze, Bd. 1: 1945–1949, Berlin (Dietz Verlag) 1954, S. 521–526.

Rheinland-Pfalz – ein Nachkriegsbundesland

„Il est créé un Land …" (Es wird ein Land geschaffen …) *heißt es in einer Verordnung des Oberkommandierenden der französischen Besatzungszone, General Pierre Koenig vom 30. August 1946. Rheinland-Pfalz war also kein historisch gewachsenes Land, sondern es wurde von der Besatzungsmacht neu errichtet. Nur wenige Menschen glaubten daran, dass das künstlich geschaffene territoriale Gebilde Bestand haben würde.*

- *Weshalb war das so? Wieso war Koblenz und nicht Mainz der erste Regierungssitz? Gehe hier auf Spurensuche.*

Situation nach dem Krieg

Die Amerikaner bildeten bereits vor der Kapitulation am 8./9. Mai 1945 eine Militärregierung für die Bezirke Koblenz, Trier, Pfalz, Rheinhessen und das Saarland. Einen Monat später einigten sich die Besatzungsmächte über
5 die Grenzziehung der französischen Zone. Infolgedessen ging im Juli die Besatzungshoheit im Gebiet des heutigen Rheinland-Pfalz von den Amerikanern auf die Franzosen über, die das Saarland 1946 aus der kurz zuvor geschaffenen Verwaltungsregion Mittelrhein-Saar aus-
10 gliederten.

Gründung per Verordnung

Rheinland-Pfalz wurde als letztes Land in den westlichen Besatzungszonen geschaffen. Historisch und wirtschaftlich zusammengehörige Gebiete der ehemaligen
15 preußischen Rheinprovinz – wie Koblenz-Bonn, Rhein-Main – wurden getrennt. Ursprünglich wollte sich die französische Regierung die Möglichkeit offenlassen, nach der Umwandlung des Saarlandes in ein Protektorat noch weitere linksrheinische Gebiete zu annektieren. Als
20 Amerikaner und Briten jedoch mit der Bildung deutscher Länder vorangegangen waren, gerieten die Franzosen zunehmend unter Handlungsdruck.

Koblenz als erster Regierungssitz

Mainz war nach den Luftangriffen in den letzten Kriegs-
25 monaten zu 80 Prozent zerstört worden, sodass es an notwendigen Dienstgebäuden für die Verwaltung, das Parlament und die Regierung fehlte. In Koblenz hingegen standen zahlreiche Räumlichkeiten der ehemaligen preußischen Verwaltung zur Verfügung. Daher richtete
30 die Landesregierung in Übereinstimmung mit der Besatzungsmacht ihren Sitz in Koblenz ein. Erst im Mai 1950 erfolgte der Umzug in die gesetzlich vorgesehene Hauptstadt Mainz.

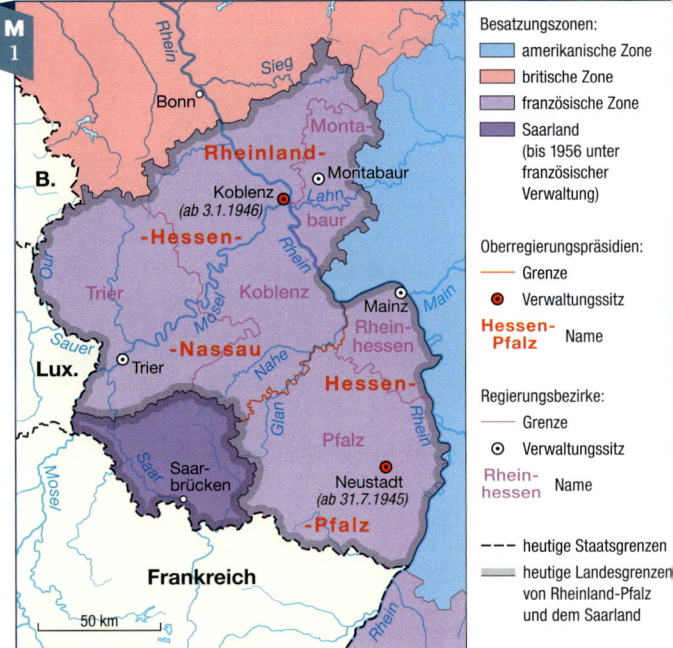

Rheinland-Pfalz und das Saarland 1945/46

Demokratischer Aufbau

35 Bereits 1946 gab es Gemeinde- und Kreistagswahlen. Außerdem fand die Wahl für eine beratende Landesversammlung, die eine Verfassung erarbeiten sollte, statt. In einer Volksabstimmung wurde am 18. Mai 1947 die neue Landesverfassung angenommen. Am gleichen Tag
40 fand auch die erste Wahl zum rheinland-pfälzischen Landtag statt. Wilhelm Boden, der bereits am 1. Dezember 1946 von den französischen Militärbehörden provisorisch zum ersten Ministerpräsidenten von Rheinland-Pfalz ernannt worden war, wurde am 13. Juni 1947 auch
45 in dieses Amt gewählt. Einen Monat später folgte ihm Peter Altmeier, der das Land bis 1969 regierte.

Die Gründung von Rheinland-Pfalz, militärische Verordnung Nr. 57 vom 30. August 1946:

Artikel 1 Es wird hiermit ein Land geschaffen, welches die Pfalz und die gegenwärtigen Regierungsbezirke Trier, Koblenz, Mainz und Montabaur umfasst.

5 **Artikel 2** Als Hauptstadt dieses Landes wird Mainz bestimmt ...

Artikel 3 Eine beratende Versammlung, die sich aus den erwählten Vertretern der im Artikel 1 bezeichneten Gebiete zusammensetzt, wird alsbald 10 nach den Wahlen am 13. Oktober gemäß den Bedingungen gebildet, die später bekannt gegeben werden.

Artikel 4 Die vorläufige Regierung des Landes wird nach Befragen der oben erwähnten Ver- 15 sammlung und zwar spätestens am 30. November gebildet werden.

Artikel 5 Die beratende Versammlung wird im Einvernehmen mit der vorläufigen Regierung einen Verfassungsentwurf ausarbeiten, der insbe- 20 sondere die Beziehungen zwischen den verschiedenen Teilen des neuen Landes festlegen soll. Über den Verfassungsentwurf wird durch Volksentscheid entschieden werden ...

Baden-Baden, 30. August 1946, Le Général 25 d'Armée P. Koenig

Zit. nach www.verfassungen.de/de/rlp/rlp46.htm (Stand: 02. 03. 2015).

Bericht aus Landau (Juli 1946):

Täglich sprechen Hunderte von Personen beim Wirtschaftsamt vor, die flehentlichst bitten, sie doch nicht verhungern zu lassen. Sie versichern, dass sie sich schon wochenlang ohne Kartoffeln 5 und tagelang ohne Brot durchgeschlagen haben, sich von gemahlenem Salat und ebenso behandelten Kartoffelschalen ernähren. Das Durchsuchen von Müllkästen nach Abfällen ist die tägliche Beschäftigung hungernder Kinder.

Rede des Landtagspräsidenten Joachim Mertes, zit. nach 60 Jahre Parlament in Rheinland-Pfalz (= Schriftenreihe des Landtags Rheinland-Pfalz, Heft 33) 2006, S. 8.

Peter Altmeier während der dritten Lesung der neuen Verfassung am 25. April 1947:

Dieses Land ist nicht aus dem Willen des Volkes geboren, sondern stellt ein Ergebnis der Zonen- und Besatzungspolitik dar. Für uns hat das Land Rheinland-Pfalz also durchaus keinen Ewigkeits- 5 wert.

Zit. nach Rudolf Morsey, Vom Land aus der Retorte zu einem Land mit eigenem Profil. Die Ära Peter Altmeier 1947–1969, in: Rheinland-Pfalz ist 60. Vorträge zu den Etappen rheinland-pfälzischer Zeitgeschichte 1947–2007, hg. von der Landeszentrale für Politische Bildung in Rheinland-Pfalz, Mainz 2009, S. 10.

....

1 Lege anhand der Karte (M1) die Entstehung von Rheinland-Pfalz dar. Zeige auch auf, wie sich dies im Wappen des Landes widerspiegelt.

2 Erläutere die Situation des heutigen Rheinland-Pfalz am Vorabend seiner Gründung (M3, Darstellungstext).

3 Erarbeite die Inhalte der Verordnung Nr. 57 (M2) und notiere diese stichpunktartig.

4 Rheinland-Pfalz sei ein Land der „Staatsgründung durch Fremdbestimmung." Erkläre diese Äußerung auch unter Zuhilfenahme von M4.

5 Recherchiere die Biografie von Peter Altmeier und bewerte unter Bezugnahme von M4 dessen Rolle in der Geschichte von Rheinland-Pfalz.

Peter Altmeier begrüßt die Teilnehmer der Ministerpräsidentenkonferenz in Koblenz, Foto, 1948.
Von links: der bayerische Ministerpräsident Hans Ehard, die Oberbürgermeisterin von Berlin, Louise Schroeder, der Innenminister von Rheinland-Pfalz, Jakob Steffen (verdeckt).

Webcode: FG642335-031
Gründung Rheinland-Pfalz

1945	1946	1947

8./9. Mai Kapitulation der deutschen Wehrmacht

Juni Aufruf zur Parteiengründung in der SBZ

17. Juni–2. August Potsdamer Konferenz: Deutschland wird in Besatzungszonen aufgeteilt

Herbst/Winter Parteiengründungen in den Westzonen

ab November Nürnberger Prozess gegen 24 hauptverantwortliche NS-Täter

April (Zwangs-)Vereinigung von KPD und SPD in der sowjetischen Zone zur SED

30. August Gründung von Rheinland-Pfalz

1. Januar Zusammenschluss der britischen und amerikanischen Zone zur Bizone

Deutschland 1945–1949: Vier Zonen, eine Nation?

Blick aus der Gegenwart

Geschichte entsteht immer erst, wenn wir uns der Vergangenheit zuwenden und Fragen an sie stellen. Die Jahre 1945–1949 bieten dazu besonderen Anlass: Einerseits bilden sie den Zeitraum bis zur Gründung von zwei
5 deutschen Staaten. Andererseits stellen sie die Verbindung zu den zwölf Jahren der NS-Diktatur her, die wie ein Schatten bis in unsere Gegenwart ragt. Unser Blick auf die Geschichte wird also immer durch das Wissen um die folgenden Entwicklungen gelenkt. Für die Zeitge-
10 nossen war die Zukunft jedoch ungewiss und offen.

Die „Zusammenbruchsgesellschaft"

Die Nachkriegszeit begann mit der bedingungslosen Kapitulation der deutschen Wehrmacht am 8./9. Mai 1945: Die Sieger besetzten ein zerstörtes Land. Es gab keine
15 intakten Verkehrswege und Versorgungseinrichtungen. Etwa zwei Drittel der Bevölkerung in Deutschland war unterwegs, evakuiert, vertrieben oder auf der Flucht. Die Sorge um das tägliche Überleben, die Suche nach Familienangehörigen und die notdürftige Wiederherstel-
20 lung von Wohnraum bestimmten das Leben. Zugleich empfanden viele Menschen ein Gefühl der Befreiung von Zwangsherrschaft und Krieg. Während die Zeitgenossen den Neuanfang als „Stunde null" wahrnahmen, sprechen heutige Historiker, aus der zeitlichen Distanz,
25 von der „Zusammenbruchsgesellschaft".

Die Konferenz von Potsdam

Im Juli/August 1945 verhandelten die „Großen Drei", Truman (USA), Stalin (UdSSR) und Churchill/Attlee (GB) in Potsdam über die Zukunft Deutschlands. In ih-
30 rem Abkommen formulierten sie mit den fünf Ds (Demilitarisierung, Denazifizierung, Demokratisierung, Dezentralisierung, Demontage) ihre Pläne für Deutschlands Zukunft. Deutschland wurde in vier Besatzungszonen aufgeteilt. Frankreich erhielt erst im Anschluss an
35 die Konferenz den Status einer Besatzungsmacht. Berlin wurde als Sitz der Militärkommandantur in vier Sektoren aufgeteilt. Die oberste Gewalt lag bei der jeweiligen Besatzungsmacht. Ein Streitpunkt während der Konferenz war nicht nur die Höhe der Reparationen, sondern
40 auch die Frage der Ostgrenze Deutschlands. Tatsächlich hatte die UdSSR hier bereits Fakten geschaffen und die ehemaligen deutschen Gebiete jenseits der Oder-Neiße-Linie unter die eigene oder polnische Verwaltung gestellt. Eine endgültige Regelung sollte in einem künfti-
45 gen Friedensvertrag getroffen werden.

Besatzungspolitik und politischer Neubeginn

In den Westzonen wurden nach dem Potsdamer Abkommen Parteien neu gegründet. Die Sowjetische Militäradministration (SMAD) hingegen hatte in ihrer Zone
50 bereits vor der Konferenz dazu aufgerufen und dafür vorgesehene Parteimitglieder entsprechend in Moskau geschult. Für die weitere Entwicklung im Osten war die (Zwangs-)Vereinigung von KPD und SPD im April 1946

1948   1949

1947/1948 Marshallplan der USA für Europa (wirtschaftliche Aufbauhilfe) und Gegenprogramm der UdSSR

Juni Währungsreform in den Westzonen und in der SBZ

Juni 1948–Mai 1949 Berlin-Blockade durch die sowjetische Besatzungsmacht, „Luftbrücke" der westlichen Alliierten

Juli Übergabe der „Frankfurter Dokumente": Auftrag zur Staatsgründung an die Ministerpräsidenten der Westzonen

23. Mai Gründung der Bundesrepublik, Verkündung des Grundgesetzes

7. Oktober Gründung der DDR

zur Sozialistischen Einheitspartei Deutschlands (SED)
55 von zentraler Bedeutung; die anderen Parteien in der SBZ blieben bedeutungslos. In den Westzonen etablierte sich mit CDU, SPD, FDP und KPD ein ähnliches Parteienspektrum wie in der SBZ, wobei hier die ersten Kommunal- und Landtagswahlen eine deutliche Überlegenheit der
60 beiden großen Parteien CDU und SPD aufzeigten. Während in den westlichen Zonen der Aufbau einer demokratischen Ordnung erfolgte, war das langfristige Ziel der sowjetischen Besatzungspolitik, ein unter sowjetischem Einfluss stehendes Deutschland zu schaffen. Dazu sollten
65 auch die Enteignung des Großgrundbesitzes und die Verstaatlichung wichtiger Industriebetriebe beitragen.

Neben dem Nürnberger Prozess gegen die Hauptkriegsverbrecher (November 1945–April 1946) fanden in allen Zonen Maßnahmen der Alliierten zur Entnazifizierung
70 und Umerziehung (Reeducation) der Deutschen statt. Die Verfahren verliefen uneinheitlich lang und streng; zahlreiche Täter kamen ungestraft davon und erlangten später teilweise wieder hohe Ämter.

Neben der Entnazifizierung sorgten die Demontagen von
75 Industrieanlagen und Schienenwegen für Kritik der Deutschen an der alliierten Besatzungspolitik. In der SBZ wurde ein Drittel der Industrieanlagen in die Sowjetunion verlegt.

Die Spaltung Deutschlands zeichnet sich ab

80 Die Spannungen zwischen den Besatzungsmächten verschärften sich durch die Vereinigung der amerikanischen und britischen Zone zur Bizone im Januar 1947. Die UdSSR sah darin eine Verletzung der Potsdamer Beschlüsse. Als die USA im Sommer 1947 den Marshallplan
85 verabschiedeten, der die vom Krieg zerstörten europäischen Staaten beim Wiederaufbau der Wirtschaft unterstützen sollte, deutete die UdSSR dies als „imperialistische Strategie" und rief für die Staaten in ihrem Einflussbereich ein ähnliches, jedoch weniger erfolgrei-
90 ches Programm ins Leben. Die Spaltung ganz Europas in Ost und West wurde erstmals deutlich sichtbar.

Die doppelte Staatsgründung

Die Staatsgründung in den westlichen Zonen wurde vor allem von den USA weiter vorangetrieben. Auf die Ein-
95 führung der Deutschen Mark als neues Zahlungsmittel im Juni 1948 in den drei Zonen einschließlich West-Berlin antwortete die Sowjetunion unmittelbar mit der Einführung einer eigenen Währung und der Blockade aller Zugangswege nach Berlin. Letztere wurde erst im
100 Mai 1949 aufgegeben. Dieser Konflikt um Berlin hatte gezeigt, dass mit einer einheitlichen Deutschlandpolitik nicht mehr zu rechnen war. Im Westen wie im Osten entstanden nun zwei deutsche Staaten. Die Befehlshaber der Westzonen hatten den Ministerpräsidenten am
105 1. Juli die „Frankfurter Dokumente" mit dem Auftrag eines Verfassungsentwurfs überreicht. Dem daraufhin entworfenen Grundgesetz stimmte der demokratisch legitimierte „Parlamentarische Rat" am 8. Mai 1949 zu. Die Verkündung des Grundgesetzes durch seinen Vorsit-
110 zenden und zukünftigen Bundeskanzler Konrad Adenauer (CDU) am 23. Mai war gleichzeitig die Staatsgründung der Bundesrepublik.

Der Staatsgründung in den westlichen Zonen folgte am 7. Oktober 1949 die Gründung der Deutschen Demo-
115 kratischen Republik. Wilhelm Pieck (SED-Vorsitzender) wurde zu ihrem Präsidenten, Otto Grotewohl (SED) zum Ministerpräsidenten gewählt. In Artikel 1 der DDR-Verfassung hieß es: „Deutschland ist eine unteilbare demokratische Republik."

In diesem Kapitel konntest du folgende Kompetenzen erwerben:

- den Begriff der „Stunde null" als Bezeichnung für die unmittelbare Nachkriegszeit in Deutschland erklären und kritisch bewerten
- die zentralen Ereignisse, die zur Teilung Deutschlands geführt haben, rekonstruieren

- die Maßnahmen und Ziele der Besatzungsmächte in den verschiedenen Zonen aus verschiedenen Perspektiven beurteilen
- **Methode:** Arbeiten im Archiv

Bundespräsident Richard von Weizsäcker in einer Rede vor dem Bundestag 1985 zum 40. Jahrestages des Endes des Zweiten Weltkrieges in Europa:

Viele Völker gedenken heute des Tages, an dem der Zweite Weltkrieg in Europa zu Ende ging. Seinem Schicksal gemäß hat jedes Volk dabei seine eigenen Gefühle ... Der 8. Mai ist für uns vor allem
5 ein Tag der Erinnerung an das, was Menschen erleiden mussten. Er ist zugleich ein Tag des Nachdenkens über den Gang unserer Geschichte. Je ehrlicher wir ihn begehen, desto freier sind wir, uns seinen Folgen verantwortlich zu stellen.
10 Die meisten Deutschen hatten geglaubt, für die gute Sache des eigenen Landes zu kämpfen und zu leiden. Und nun sollte sich herausstellen: Das alles war nicht nur vergeblich und sinnlos, sondern es hatte den unmenschlichen Zielen einer
15 verbrecherischen Regierung gedient .... Der Blick ging zurück in einen dunklen Abgrund der Vergangenheit und nach vorn in eine ungewisse, dunkle Zukunft. Und dennoch wurde von Tag zu Tag klarer, was es heute für uns alle gemeinsam zu sagen
20 gilt: Der 8. Mai war ein Tag der Befreiung. Er hat uns alle befreit von dem menschenverachtenden System der nationalsozialistischen Gewaltherrschaft ... Es gab keine „Stunde null", aber wir hatten die Chance zu einem Neubeginn. Wir haben
25 sie genutzt, so gut wir konnten. An die Stelle der Unfreiheit haben wir die demokratische Freiheit gesetzt ...

Zit. nach www.bundespraesident.de/SharedDocs/ Reden/DE/Richard-von-Weizsaecker/ Reden/1985/05/19850508_Rede.html (Stand 12. 04. 2015).

Straßenumbenennung in Trier unter der Aufsicht eines amerikanischen Soldaten, Foto, Mai 1945. Die Adolf-Hitler-Straße wird dabei wieder zur Bahnhofstraße.

Karikatur aus dem „Daily Herald" vom 2. August 1946

Antwort der westdeutschen Ministerpräsidenten vom 10. Juli 1948 an die Westmächte nach der Aufforderung, eine Verfassung zu entwerfen:

Die Ministerpräsidenten glauben jedoch, dass … alles vermieden werden müsste, was dem zu schaffenden Gebilde den Charakter eines Staates verleihen würde; sie sind daher der Ansicht, dass
5 … zum Ausdruck kommen müsste, dass es sich lediglich um ein Provisorium handelt … Die Ministerpräsidenten … betonen, dass ihrer Meinung nach eine deutsche Verfassung erst dann geschaffen werden kann, wenn das gesamte deutsche
10 Volk die Möglichkeit besitzt, sich in freier Selbstbestimmung zu konstituieren … Die Einberufung einer Nationalversammlung und die Ausarbeitung einer deutschen Verfassung sollen zurückgestellt werden, bis die Voraussetzungen für eine gesamt-
15 deutsche Regelung gegeben sind und die deutsche Souveränität in ausreichendem Maße wiederhergestellt ist. Die Ministerpräsidenten werden den Landtagen der drei Zonen empfehlen, eine Vertretung [Parlamentarischer Rat] zu wählen, die
20 die Aufgabe hat, ein Grundgesetz für die einheitliche Verwaltung des Besatzungsgebietes der Westmächte auszuarbeiten.

Zit. nach Theo Stammen, Einigkeit und Recht und Freiheit. Westdeutsche Innenpolitik 1945–1955, München (dtv) 1965, S. 181ff.

 Der DDR-Historiker Heinz Heitzer zur Staatsgründung der DDR (1979):

Die BRD war ein Ergebnis der Restaurations- und Spaltungspolitik der Westmächte … sowie rechter Führer der SPD … Mit der BRD entstand ein Staat, in dem erneut jene Klassenkräfte die Macht aus-
5 übten, die das deutsche Volk zweimal in die Katastrophe eines Weltkrieges gestürzt hatten … Entschiedene Gegenmaßnahmen waren erforderlich, um den Frieden und die revolutionären Errungenschaften der Werktätigen in der sowjetischen
10 Besatzungszone zu sichern. Ende September/ Anfang Oktober 1949 forderten zahlreiche Werktätige, eine demokratische Regierung in Berlin zu bilden. Die SED beriet mit der KPdSU [Kommunistische Partei der Sowjetunion] die notwendigen
15 Maßnahmen. Sie nahm mit den anderen Blockparteien[1] entsprechende Verhandlungen auf. Am 5. Oktober 1949 beschloss eine gemeinsame Tagung des Präsidiums des Deutschen Volksrates, … den Deutschen Volksrat für den 7. Oktober 1949
20 einzuberufen.

Heinz Heitzer, DDR – Geschichtlicher Überblick, Berlin-Ost (Dietz) 1979, S. 75f.

[1] *Blockparteien waren die Parteien des Demokratischen Blocks unter Führung der SED in der Nationalen Front der DDR.*

Methodenkompetenz

1 Erkläre, welche Bedeutung Archive für die Forschung haben.
2 Worauf muss man bei der Archivarbeit achten? Lies nach auf S. 17.

Fach- und Kommunikationskompetenz

3 Zeige die Bedeutung der 5 Ds der Potsdamer Beschlüsse für die Nachkriegszeit auf.
4 Erkläre, ausgehend von M2, die Begriffe „Entnazifizierung" und „Reeducation". Weise auch die Schwierigkeiten bei der Umsetzung der Entnazifizierung hin (siehe S. 20/21).
5 Nenne Gründe für die Zusammenlegung der westlichen Zonen und gib an, warum der östliche Teil nicht miteinbezogen wurde (M3).
6 a) Erarbeite aus M4 Haltung und Ziele der Ministerpräsidenten hinsichtlich der Gründung eines westdeutschen Staates.

b) Erläutere, inwiefern die genannten Ziele in der weiteren Entwicklung umgesetzt werden konnten. Lies nach auf den Seiten 26/27.

Urteilskompetenz

7 a) Untersuche die Rede Richard von Weizsäckers (M1). Welche Bedeutung schreibt er im Rückblick dem 8. Mai zu?

b) Setze dich kritisch mit seiner Aussage „Es gab keine ‚Stunde null'" (Z. 23) auseinander. Lies nach auf den Seiten 12/13 und 18/19.
8 Suche und erläutere Formulierungen, an denen deutlich wird, dass es sich bei der Quelle M5 um eine Geschichtsdarstellung aus der DDR handelt.
9 Stelle dar, inwiefern die Gründung der beiden deutschen Staaten auf die alliierte Besatzungspolitik zurückzuführen ist. Lies nach auf den Seiten 22–29.

2
Der Ost-West-Konflikt spaltet die Welt

Annähernd fünfzig Jahre lang beherrschte der Konflikt zwischen den beiden Supermächten USA und UdSSR sowie ihren jeweiligen Bündnissystemen das Weltgeschehen. Mehrfach stand die Welt am Abgrund eines Atomkrieges. Das Ringen um militärische und ideologische Vormachtstellung in der Welt wird oft als „Kalter Krieg" bezeichnet. Dabei ging es nicht nur um Drohungen, sondern auch um enorme Summen von Militärausgaben und kostete vielen Menschen das Leben. Erst 1990/91 endete der Ost-West-Konflikt.

Nenne die verschiedenen Elemente der Karikatur und ihre Bedeutung. Verknüpfe die Aussagen mit der Fotografie im Hintergrund.

„Rüstungswettlauf", Karikatur von Horst Haitzinger, 1981. Im Hintergrund die Luftbildaufnahme eines amerikanischen Atombombentest im Pazifik, 1946

1945	1950	1955	1960	1965

8. Mai 1945 Kriegsende in Europa

1947–1990/91 Ost-West-Konflikt/Kalter Krieg

1948/49 Berlinblockade

Gründung der BRD und der DDR

1950–1953 Koreakrieg

Bau der Berliner Mauer

Kuba-Krise

Beginn des militärischen Engagements der USA im Vietnamkrieg

Atomwaffensperrvertrag zwischen USA, GB und UdSSR

Der Ost-West-Konflikt spaltet die Welt

Aus Alliierten werden Gegner

Mit der Niederschlagung des NS-Regimes hatte die Anti-Hitler-Koalition aus Großbritannien, den USA und der Sowjetunion ihr Ziel, den gemeinsamen Feind zu bekämpfen, erreicht. Doch traten nun die bereits seit der
5 Russischen Revolution 1917 bestehenden unterschiedlichen politischen, gesellschaftlichen und wirtschaftlichen Gegensätze immer stärker zutage. Ab 1945 kristallisierten sich die kapitalistischen USA und die kommunistische UdSSR als die ideologisch und militä-
10 risch führenden Mächte heraus. Auch die UdSSR war seit 1949 im Besitz der Atombombe. Die beiden Supermächte standen sich im politischen und militärischen Wettkampf um Einfluss und Vormacht in der Welt gegenüber. Die Welt teilte sich in zwei gegensätzliche Blö-
15 cke (Bipolarität*). Diese als Ost-West-Konflikt bezeich-

nete Auseinandersetzung, auch mit der Bezeichnung Kalter Krieg verbunden, war seit dem Kriegsende bis 1990/91 das beherrschende Merkmal der Weltpolitik und wirkt bis in unsere Zeit hinein nach.
20 In diesem Kapitel findest du Antworten auf folgende Fragen:

- Welche Ausgangslage führte zur Bildung der beiden Blöcke? Wer stand sich gegenüber?
- Welche Ideen und welche Feindbilder waren in der
25 zweiten Hälfte des 20. Jahrhunderts vorherrschend?
- Wie kam es zur Dekolonisation und welche Auswirkungen brachte diese mit sich?
- Welche Phasen der Eskalation und Entspannung im Ost-West-Konflikt kann man feststellen?
30 - Welche Entwicklungen führten zum Ende des Ost-West-Konflikts?

Militärische Blöcke im Kalten Krieg

1970	1975	1980	1985	1990	1995

Konferenz für Sicherheit und Zusammenarbeit in Europa (KSZE)

Einmarsch sowjetischer Truppen in Afghanistan

Beginn der Reformbewegung in Polen

ab 1985 Reformpolitik in der UdSSR
und in vielen osteuropäischen Ländern

deutsche Wiedervereinigung

Ende der Sowjetunion

Aus dem Telegramm des britischen Premierministers Churchill an US-Präsident Truman, 12. Mai 1945:

Die Lage in Europa beunruhigt mich zutiefst ...
Die Zeitungen sind voll von Nachrichten über den
massiven Abzug der amerikanischen Armeen aus
Europa hinaus ... Es liegt offen zutage, dass unse-
5 re bewaffnete Macht auf dem europäischen Kontinent binnen Kurzem dahinschwinden wird und
dort nur bescheidene Kräfte zur Niederhaltung
Deutschlands verbleiben ... Was aber soll dann in
Bezug auf Russland geschehen?
10 Ich habe mich stets um die Freundschaft der Russen bemüht; aber ... die Verkoppelung ihrer Macht
mit der Besetzung und Kontrolle so ungeheurer
und weiter Gebiete, die von ihnen inspirierte,
kommunistische Taktik in so vielen anderen Län-
15 dern und vor allem ihre Fähigkeit, lange Zeit große
Armeen im Felde stehen zu lassen, beunruhigen
mich ebenso sehr wie Sie ...
Ein eiserner Vorhang ist vor ihrer Front niederge-
gangen. Was dahinter vorgeht, wissen wir nicht.
*Zit. nach Winston S. Churchill, Memoiren. Der Zweite
Weltkrieg, Bd. VI,2: Der Eiserne Vorhang, Bern (Scherz Verlag) 1954, S. 261ff. Übers. von Eduard Thorsch.*

*„Entwurf für ein Siegerdenkmal", „Schweizer Illustrierte" vom
11. April 1945. Die Karikatur zeigt Stalin auf der einen, Roosevelt
und Churchill auf der anderen Seite.*

*Der russische Ministerpräsident Michael Gorbat-
schow (geb. 1930) und der amerikanische Präsident George Bush (geb. 1924) besiegeln das Ende
des Kalten Krieges. Foto, Helsinki, 1990*

1 Untersuche mithilfe von M2, wie die westlichen
   Alliierten die Sowjetunion 1945 einschätzten.
2 Erstelle eine Tabelle und ordne unter Zuhilfenahme
   der Zeitleiste und der Karte M1 wichtige Ereignisse
   entweder unter der Überschrift „Kalter Krieg" oder
   „Entspannung" ein.

3 Vergleiche die Aussage der Karikatur M3 mit der
   Stimmung auf dem Foto M4.
4 Definiere den Begriff „Supermacht".

Blockbildung im Kalten Krieg

Die Teilung der Welt in zwei Blöcke von 1945 bis 1990 war bestimmt von dem ideologischen Gegensatz zwischen Kommunismus und liberal-westlichen Demokratievorstellungen einerseits, andererseits vom Streben nach Macht und Einfluss. Dies spiegelte sich besonders in Europa wider.

- *Wie kam es zur Aufspaltung der Welt in zwei Blöcke? Welche Rolle spielte dabei Europa?*

Politisch-militärische Zusammenschlüsse in Europa 1945 bis 1990

Den Kommunismus eindämmen?

Das wachsende Misstrauen, das zum Zusammenbrechen der Kriegsallianz führte, erhielt zusätzlich Nahrung durch die Angst des Westens vor kommunistischer Expansion bzw. die Furcht der UdSSR vor kapitalistischer Eingrenzung. In den durch die Sowjetarmee im Krieg befreiten Staaten Osteuropas drängten durch massive Unterstützung Moskaus kommunistische Kräfte an die jeweilige Regierung und unterdrückten die Opposition. Freie Wahlen fanden nicht statt oder wurden manipuliert, wie etwa in Polen 1947. Als die UdSSR ihren Einfluss im Mittelmeerraum ausbauen wollte, indem sie die beteiligten kommunistischen Parteien unterstützte als auch Ansprüche auf Gebiete in der Türkei und im Iran erhob, kam es zu einem Kurswechsel in der Politik der USA.

Der neue amerikanische Präsident Harry S. Truman (1884–1972) formulierte eine Strategie der Eindämmung* (engl. containment) des Kommunismus als neues Ziel amerikanischer Außenpolitik (siehe S. 45). Schwerpunkt der Truman-Doktrin war eine umfassende Wirtschaftshilfe. Mit dem Europäischen Wiederaufbauprogramm (ERP), dem sogenannten Marshallplan (siehe S. 24/25), sollten westeuropäische Staaten und insbesondere die westlichen Besatzungszonen in Deutschland an den Westen gebunden werden. Dieses Angebot stand auch osteuropäischen Staaten offen, doch verbot Moskau seinen Verbündeten die Teilnahme. Stattdessen sicherte die UdSSR ihren Machtbereich durch zweiseitige (bilaterale) Freundschafts- und Beistandsverträge ab.

Webcode: FG642335-040
Blockbildung – Kalter Krieg

M 2

Der amerikanische Außenminister Dean Acheson erklärte in einer Radioansprache am 18. März 1949:

Wir haben erfahren, dass die freien Nationen eine nach der anderen einem Angriff zum Opfer fallen, wenn sie sich nicht zusammenschließen. Die Strategie des Angreifers bezweckt die Aufrechterhaltung
5 der Spaltung zwischen seinen möglichen Opfern ... Die Regierung der Vereinigten Staaten und die freien Völker Europas sind entschlossen, eine Wiederholung dieser Erfahrungen der Weltgeschichte nicht zuzulassen ... In der heutigen Welt kann die Sicherheit
10 der Vereinigten Staaten nicht im Rahmen ihrer Grenzen gewährleistet werden. Jede ernste Bedrohung des internationalen Friedens und der Sicherheit in der ganzen Welt interessiert unmittelbar die Vereinigten Staaten. Unsere Politik besteht nun darin, den
15 freien Völkern zu helfen, ihre Integrität[1] und ihre Unabhängigkeit aufrechtzuerhalten. Das bezieht sich nicht nur auf Westeuropa oder auf den amerikanischen Kontinent, sondern auf alle Staaten, wo die Hilfe der Vereinigten Staaten wirksam sein kann.

Zit. nach www.trumanlibrary.org/nato/doc5b.htm (Stand: 02. 03. 2015). Übers. vom Autor.

....

[1] *Unverletzlichkeit der Grenzen eines Staates*

Blockbildung

Zunehmend zeichnete sich eine Weltordnung ab, die von einander feindlich gegenüberstehenden Supermächten, einem West- und einem Ostblock, beherrscht wurde (Bipolarität). Die Machtblöcke hatten maßgeblichen Einfluss auf die internationalen Beziehungen und kontrollierten damit auch die Außenpolitik anderer Staaten. Besonders in Europa, wo die Machtblöcke direkt aneinander grenzten, war dies deutlich zu spüren (siehe S. 24/25). Ein „Eiserner Vorhang"* begann sich zu bilden und den Kontinent zu spalten. Allerdings ordneten sich nicht alle Staaten den Blöcken unter. Es entstand eine „Bewegung der blockfreien Staaten", die sich im Ost-West-Konflikt neutral verhielt und keinem der beiden Blöcke angehörten, (z. B. Indien).

Kalter Krieg

Historiker bezeichnen die zweite Hälfte des 20. Jahrhunderts als Zeit des Kalten Krieges, weil sich zwei hochgerüstete Macht- und Militärblöcke gegenseitig bedrohten. Damit sollte ausgedrückt werden, dass die internationalen Beziehungen zwischen den Blöcken durch intensive Feindseligkeiten geprägt waren. Nicht immer handelte es sich dabei um Drohungen und gegenseitiges Ausspionieren: Der Korea- und Vietnamkrieg waren „heiße" Kriege und während der Kuba-Krise 1962 (siehe S. 52) stand die Welt am Rande eines Atomkrieges.

M 3

Karikatur aus der sowjetischen Zeitschrift „Krokodil", 1949. Abgebildet sind Uncle Sam, der britische Außenminister Ernest Bevin, der französische Außenminister Robert Schuman und die Außenminister der Benelux-Staaten. Auf dem Vertrag steht Nordatlantischer Pakt.

....

1 Beschreibe anhand von M1 die Bündnisstruktur in Europa zwischen 1945 und 1990. Zeige auf, welche heutigen Länder direkt vom „Eisernen Vorhang" betroffen waren.

2 Erkläre mithilfe von M1 und der Informationen im Begriffskasten den Begriff „Blockbildung".
Siehe auch S. 38/M1.

3 Stelle die Zielsetzungen der beiden Blöcke zu Beginn des Kalten Krieges in einem Schaubild dar.

4 Erarbeite wesentliche Ziele der amerikanischen Außenpolitik (M2).

5 Interpretiere die russische Karikatur M3 unter Einbeziehung des Darstellungstextes.

Bündnissysteme in einer bipolaren Welt

War bereits eine Blockbildung im wirtschaftlichen und politisch-ideologischen Bereich sichtbar, so zementierte sich diese durch die Gründung zweier Militärbündnisse: der North Atlantic Treaty Organization (NATO) und der Warschauer Pakt. Daran änderte sich auch nichts durch die Gründung einer Organisation zur Sicherung des Weltfriedens: die Vereinten Nationen (UNO).

- *Was waren die Ziele der beiden Militärbündnisse? Welche Rolle spielte die UNO?*

Militärblöcke – Ausdruck des Kalten Krieges

Der zunehmende Einfluss der Sowjetunion auf die osteuropäischen Staaten veranlasste Frankreich, Großbritannien und die Benelux-Staaten 1948, einen Verteidigungspakt (Brüsseler Verträge) zu bilden. Zwei
5 Ereignisse des Jahres 1948 gaben der militärischen Blockbildung einen starken Antrieb: der gewaltsame Sturz der bürgerlich-demokratischen Regierung in der Tschechoslowakei und die sowjetische Blockade Berlins (siehe S. 24/25). Die während der Berlinkrise 1948/49
10 begonnenen Verhandlungen endeten mit der Unterzeichnung eines Vertrages über ein westliches Verteidigungsbündnis: Am 4. April 1949 kam es in Washington zur Gründung der NATO (North Atlantic Treaty Organization). Unter Führung der USA schlossen sich zehn west-
15 europäische Staaten, Kanada und die USA zusammen. 1952 traten die Türkei und Griechenland bei, 1955 auch die Bundesrepublik (siehe S. 112/113).
Besonders die Aufnahme Deutschlands und die mit der Erlangung der Souveränität verbundene Wiederbewaff-
20 nung 1955 (Pariser Verträge) veranlasste die UdSSR ihrerseits, ein Verteidigungsbündnis zu schließen. So wurde am 14. Mai 1955 der Warschauer Pakt unterzeichnet. Beide Verteidigungsbündnisse festigten die Blockbildung und führten zu einem jahrzehntelangen
25 Wettrüsten.

Die UNO – Macht oder Ohnmacht?

Ein völlig anderer Gedanke, eine Weltordnung zu schaffen, war die Gründung eines kollektiven Sicherheitssystems. 1945 gründeten in San Francisco 51 Staaten die
30 „United Nations Organization" (UNO). Die UNO sollte eine stärkere Rolle als ihr Vorgänger, der Völkerbund, erhalten, konnte aber vielfach Konflikte nicht schlichten, weil insbesondere die fünf Mitglieder im Sicherheitsrat (F, GB, UdSSR, USA, China) mit ihrem Veto Ent-
35 scheidungen blockierten. Die von der UN entsandten UN-Friedenstruppen sind auch heute noch in vielen Ländern der Erde tätig (siehe S. 170/171).

Der Koreakrieg – der Kalte Krieg wird „heiß"

Der Koreakrieg stellte die erste große Herausforderung
40 für die UNO dar; hier sollte sich zeigen, ob sie in der Lage ist, den Frieden zu sichern und supranationale Interessen über nationale Hegemonien zu stellen. 1950 griff der kommunistische, von der Sowjetunion unterstützte Norden Koreas das unter dem Schutz der USA stehende
45 Südkorea an. Damit wurden die Vereinbarungen zur Teilung des Landes gebrochen. Der UN-Sicherheitsrat verurteilte diesen Schritt. Es kam zur Entsendung von Truppen aus 15 Mitgliedsstaaten, vorrangig US-Soldaten. Sie drängten die nordkoreanischen Kräfte zurück. Da auch
50 China in den Konflikt eingriff, erwogen die USA den Einsatz von Nuklearwaffen, was Präsident Truman aber ablehnte. 1953 wurde die alte Grenzlinie am 38. Breitengrad wiederhergestellt. Der Koreakrieg stellte den Auftakt zu einem immer wieder auch auf militärischer Ebene
55 ausgetragenen weltweiten Konflikt zwischen den Blöcken dar.

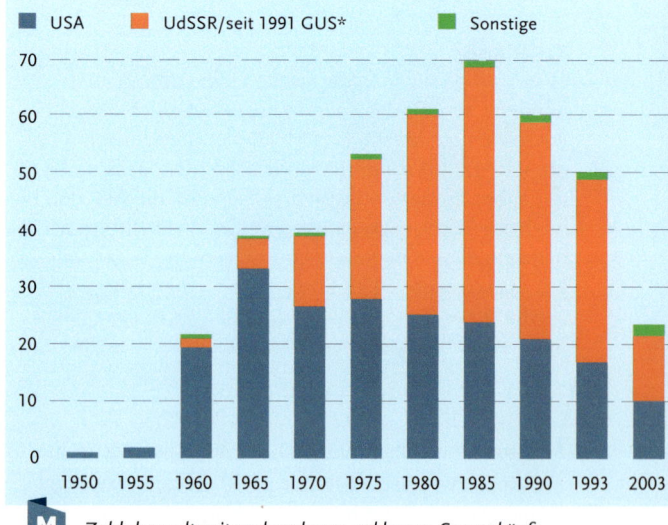

M 1 *Zahl der weltweit vorhandenen nuklearen Sprengköpfe 1950 bis 2003*
* GUS = Gemeinschaft Unabhängiger Staaten

Aus dem Gründungsvertrag der NATO vom 4. April 1949:

Die Parteien dieses Vertrages bekräftigen erneut ihren Glauben an die Ziele und Grundsätze der Satzung der Vereinten Nationen und ihren Wunsch, mit allen Völkern und Regie-
5 rungen in Frieden zu leben. Sie sind entschlossen, die Freiheit, das gemeinsame Erbe und die Zivilisation ihrer Völker, die auf den Grundsätzen der Demokratie, der Freiheit der Person und der Herrschaft des Rechts beruhen, zu gewährleisten ...
10 **Art. 1** Die Parteien verpflichten sich, ... jeden internationalen Streitfall, an dem sie beteiligt sind, durch friedliche Mittel ... beizulegen.
Art. 3 Um die Ziele dieses Vertrages besser zu verwirklichen, werden die Parteien ... ihre eigene
15 und die gemeinsame Widerstandskraft gegen bewaffnete Angriffe aufrechterhalten und ausbauen.
Art. 5 Die Parteien vereinbaren, dass ein bewaffneter Angriff gegen eine oder mehrere von ihnen in Europa oder Nordamerika als ein Angriff ge-
20 gen sie alle angesehen werden wird; sie vereinbaren daher, dass im Falle eines solchen bewaffneten Angriffs jede von Ihnen ... der Partei oder den Parteien, die angegriffen werden, Beistand leistet.

Zit. nach www.nato.diplo.de/Vertretung/nato/de/04/ Rechtliche_Grundlagen/Nordatlantikvertrag.html (Stand: 27. 02. 2015).

Aus dem Warschauer Vertrag vom 14. Mai 1955:

Art. 1 Die vertragschließenden Seiten verpflichten sich in Übereinstimmung mit der Satzung der Organisation der Vereinten Nationen, sich in ihren internationalen Beziehungen der
5 Drohung mit Gewalt oder ihrer Anwendung zu enthalten und ihre internationalen Streitfragen mit friedlichen Mitteln so zu lösen, dass der Weltfrieden und die Sicherheit nicht gefährdet werden.
Art. 4 Im Falle eines bewaffneten Überfalls in
10 Europa auf einen oder mehrere Teilnehmerstaaten des Vertrages seitens irgendeines oder einer Gruppe von Staaten wird jeder Teilnehmerstaat des Vertrages in Verwirklichung des Rechtes auf individuelle oder kollektive Selbstverteidigung ...
15 sofortigen Beistand individuell und in Vereinbarung mit den anderen Teilnehmerstaaten des Vertrages mit allen Mitteln, die ihnen erforderlich erscheinen, einschließlich der Anwendung von militärischer Gewalt, erweisen.

Zit. nach www.documentarchiv.de/ddr/1955/ warschauer-pakt.html (Stand: 27. 02. 2015).

Aus der Charta der Vereinten Nationen vom 26. Juni 1945:

Art. 1 Die Vereinten Nationen setzen sich folgende Ziele:
1. den Weltfrieden und die internationale Sicherheit zu wahren ...
5 2. freundschaftliche, auf der Achtung vor dem Grundsatz der Gleichberechtigung und Selbstbestimmung der Völker beruhende Beziehungen zwischen den Nationen zu entwickeln ...
Art. 2 Die Organisation und ihre Mitglieder
10 handeln ... nach folgenden Grundsätzen:
1. Die Organisation beruht auf dem Grundsatz der souveränen Gleichheit aller ihrer Mitglieder ...
3. Alle Mitglieder legen ihre internationalen Streitigkeiten durch friedliche Mittel ... bei ....
15 4. Alle Mitglieder unterlassen ... jede gegen die territoriale Unversehrtheit oder die politische Unabhängigkeit eines Staates gerichtete ... Androhung oder Anwendung von Gewalt.

Zit. nach www.documentarchiv.de/in/1945/ un-charta.html (Stand: 27. 02. 2015).

---

1 Nenne die Auslöser, die zur Gründung der beiden Verteidigungsbündnisse führten (Darstellungstext, siehe auch S. 40/41).

2 **Partnerarbeit:** Vergleicht die Gründungsverträge der NATO und des Warschauer Pakts (M2, M3). **Tipp:** Stellt Gemeinsamkeiten und Unterschiede heraus.

3 Bewerte die Ziele der NATO und des Warschauer Pakts (M2, M3) vor dem Hintergrund der Charta der Vereinten Nationen (M4).

4 UN-Soldaten im Koreakrieg. Lege dar, worauf sich dieser Einsatz begründete (M2, M4 und Darstellungstext).

5 Diskutiert, inwieweit sich an M1 Bedrohungspotenziale erkennen lassen und beschreibt deren Entwicklung.

Webcode: FG642335-043
Bündnissysteme

Das „Jahrhundert der Ideologien"

*Wie kein zweites Jahrhundert wurde das 20. Jahrhundert durch konkurrieren-
de Weltanschauungen (Ideologien) geprägt. Einige führten die Welt an den Abgrund, andere prägen unsere Gegenwart noch immer. An den folgenden Stationen untersuchst du Ausprägungen dieser Ideologien anhand ihrer jeweiligen
Hauptvertreter.*

Ideologien und ihre Umsetzung

Das 20. Jahrhundert ist von Wissenschaftlern als „Jahrhundert der Ideologien" bezeichnet worden. Damit ist
gemeint, dass die Zeit zwischen 1914 und 1989 in besonderer Weise durch politische Weltanschauungen ge-
5 prägt wurde. Diese gehen meist von einem bestimmten
Menschenbild aus und versuchen, auf politischer, gesellschaftlicher und wirtschaftlicher Ebene eine Veränderung herbeizuführen. Gefährlich werden Ideologien
dann, wenn nur eine zugelassen wird und Menschen, die
10 andere Ideologien vertreten, daran gehindert werden,
dafür einzustehen. Dies ist in Diktaturen der Fall. Mit
dem Nationalsozialismus kennst du bereits eine der fol-
genreichsten Ideologien.
Auch die Zeit des Ost-West-Konflikts wurde wesentlich
15 durch politische Weltanschauungen bestimmt. So ist die
bipolare Spaltung der Welt in einen Ost- und einen
Westblock das Ergebnis des Aufeinanderprallens unterschiedlicher Weltanschauungen. Interessant ist, dass
dieselbe Ideologie, wie der Kommunismus, in verschie-
20 denen Ländern unterschiedlich interpretiert und umgesetzt wurde. Das kommunistische Lager war gespalten.
China und die UdSSR gingen andere Wege und waren oft
erbitterte Gegner. Dies hing zum Teil von einzelnen Personen ab, die vor dem Hintergrund unterschiedlicher
25 politischer, wirtschaftlicher und gesellschaftlicher Rah-
menbedingungen ihre Vorstellungen durchsetzten. Sie
wurden zu herausragenden Vertretern ihrer jeweiligen
Ideologie.

Lernen an Stationen

Anhand der folgenden fünf Stationen könnt ihr das
Thema „Ideologien im 20. Jahrhundert" erarbeiten.
Es empfiehlt sich, die Stationen arbeitsteilig in
Gruppen zu bearbeiten, d. h. jede Gruppe übernimmt
ein oder zwei Teilthemen der Stationen und bearbei-
tet diese mithilfe der Arbeitsaufträge, die auf der
jeweiligen Seite abgedruckt sind. Entscheidet vor
Arbeitsbeginn, wie ihr eure Ergebnisse auswerten
und präsentieren wollt (Kurzreferate, Tafelskizze,
Wandzeitung, PowerPoint-Präsentation etc.).

M1 Laufzettel

Thema der Station	bearbeitet mit ... am ...	meine Meinung zum Thema
Station 1: Die Zwei-Lager-Theorie		
Station 2: Josef Stalin – der „große Führer"		
Station 3: Mao Zedong		
Station 4: Fidel Castro		
Station 5: Gandhi – die „große Seele" Indiens		

Station 1: Die Zwei-Lager-Theorie

 Aus der Rede des amerikanischen Präsidenten Truman vor dem Kongress, 12. März 1947:

Es ist eines der Hauptziele der Außenpolitik der Vereinigten Staaten, Bedingungen zu schaffen, die es uns und anderen Nationen ermöglichen, eine Lebensform zu gestalten, die frei ist von Zwang.

5 Hauptsächlich um diesen Punkt ging es in dem Krieg gegen Deutschland und Japan. Unser Sieg wurde über Länder errungen, die versuchten, anderen Nationen ihren Willen und ihre Lebensform aufzuzwingen ...

10 In jüngster Zeit wurden den Völkern einer Anzahl von Staaten gegen ihren Willen totalitäre Regierungsformen aufgezwungen. Die Regierung der Vereinigten Staaten hat immer wieder gegen den Zwang und die Einschüchterungen in Polen, Ru-

15 mänien und Bulgarien protestiert ...

Zum gegenwärtigen Zeitpunkt der Weltgeschichte muss fast jede Nation zwischen alternativen Lebensformen wählen ... Die eine Lebensform gründet sich auf den Willen der Mehrheit und ist

20 gekennzeichnet durch freie Institutionen, repräsentative Regierungsform, freie Wahlen, Garantien für die persönliche Freiheit, Rede- und Religionsfreiheit und Freiheit von politischer Unterdrückung. Die andere Lebensform gründet sich auf

25 den Willen einer Minderheit, den diese der Mehrheit gewaltsam aufzwingt. Sie stützt sich auf Terror und Unterdrückung, auf die Zensur von Presse und Rundfunk, auf manipulierte Wahlen und auf den Entzug der persönlichen Freiheiten.

Zit. nach http://avalon.law.yale.edu/20th_century/ trudoc.asp (Stand: 29.04.2015). Übers. vom Autor.

 **Aus der Erklärung der Kommunistischen Informationskonferenz, einer Versammlung der wichtigsten kommunistischen Parteien Europas, zur internationalen Lage, September 1947:**

Auf der einen Seite strebte [nach dem Zweiten Weltkrieg] die Politik der UdSSR und der demokratischen Länder nach der Überwindung des Imperialismus und der Konsolidierung [Festi-

5 gung] der Demokratie. Auf der anderen Seite strebte die Politik der Vereinigten Staaten und Großbritanniens nach der Stärkung des Imperialismus und der Abwürgung der Demokratie ... So sind zwei Lager entstanden: das imperialisti-

10 sche, antidemokratische Lager ... und das antiimperialistische, demokratische Lager ... Der Kampf zwischen den beiden entgegengesetzten Lagern ... vollzieht sich unter den Bedingungen einer weiteren Verschärfung der allgemeinen Krise

15 des Kapitalismus ... und der Festigung der Kräfte des Sozialismus und der Demokratie ... Die Nationen der Welt wünschen keinen Krieg ... Daher müssen die kommunistischen Parteien den Widerstand gegen die Pläne der imperialistischen

20 Aggression und Expansion in jeder Hinsicht leiten, sei es nun auf der staatlichen, der politischen, der wirtschaftlichen oder ideologischen Linie. Sie müssen ... ihre Anstrengungen auf der Grundlage einer gemeinsamen ... Plattform zusammenschlie-

25 ßen und alle demokratischen und patriotischen Kräfte des Volkes um sich sammeln.

Zit. nach Boris Meissner, Das Ostpakt-System. Dokumentensammlung, hg. von der Forschungsstelle für Völkerrecht und ausländisches öffentliches Recht der Universität Hamburg, Frankfurt a. M./Berlin (Metzner) 1955, S. 97f.

1 **a)** Analysiere M1 und M2.
Tipp: Lies nach auf den Seiten 40/41 und wiederhole kurz das Verhältnis der USA und der UdSSR nach 1945.
b) Vergleiche die außenpolitischen Ziele der beiden Weltmächte.
Tipp: Stelle die Argumentationsmuster gegenüber.
c) Erläutere, warum aus den in M1 und M2 geäußerten Ideen ein Kalter Krieg entstehen konnte.

2 **Wähle eine Aufgabe aus:**
a) Erstelle ein Schaubild, in dem die gegensätzlichen Argumente deutlich gemacht werden.
b) Gestalte ein Propagandaplakat für eine der beiden Seiten, das die eigene Bevölkerung von der Richtigkeit der Ideen überzeugt.

Webcode: FG642335-045
*Ursachen und Entstehung
des Kalten Krieges – Ideologien*

Station 2: Josef Stalin – der „große Führer"

Schon früh schloss sich der 1878 als Sohn eines Schuhmachers geborene Josef W. Dschugaschwili sozialrevolutionären Gruppen an. Als Gegner der Zarenherrschaft wurde er mehrfach verhaftet und nach Sibirien ver-
5 bannt. In dieser Zeit nahm er den Beinamen „Stalin" (der Stählerne) an. Als es 1917 zur Revolution in Russland kam, war Stalin ein enger Vertrauensmann von Lenin. Er übernahm rasch wichtige Aufgaben innerhalb der Partei und im folgenden Bürgerkrieg.
10 Nach Lenins Tod 1924 setzte sich Stalin gegen Widersacher innerhalb der Partei und in der Armee durch, indem er sie als Verräter in Schauprozessen verurteilen ließ. Die Zahl der Toten ist schwer zu ermitteln, Historiker sprechen von 800 000 Ermordeten durch Säuberungen und
15 von 7 bis 14 Millionen Toten in staatlichen Arbeitslagern. Ab 1927 war er uneingeschränkter Alleinherrscher der Sowjetunion. Er führte eine Zwangskollektivierung der Landwirtschaft und eine zentral geplante Industrialisierung mithilfe von Fünfjahresplänen durch,
20 was Enteignungen, Zwangsumsiedlungen, weitere Todesurteile und insbesondere ca. zehn Millionen Hungertote zur Folge hatte. Man spricht auch von der Zeit des „Großen Terrors". Unterstützt wurde seine Politik durch den mächtigen Geheimdienst und das Militär. Zugleich
25 nahm der Personenkult um Stalin immer größere Ausmaße an. Stalin ließ Statuen errichten und Städte mit seinem Namen gründen.
Trotz der Allianz mit den USA und Großbritannien gegen NS-Deutschland war der Diktator stets ein Gegner des Kapitalismus. Damit wurde Stalin zu einer wichtigen
30 Figur des Kalten Krieges, dessen Anfangszeit er bis zu seinem Tode 1953 wesentlich mitbestimmte. Nach dem Zweiten Weltkrieg brachte er, erneut mithilfe von Säuberungsaktionen und unter Druck, die Staaten Osteuropas unter sowjetische Kontrolle. Erst nach seinem Tod
35 distanzierten sich die Nachfolger von den Verbrechen seiner Regierungszeit.

....

1 Erkläre mithilfe von M2 und des Darstellungstextes die Ziele und Maßnahmen des Fünfjahresplans.

2 Antworte auf Stalins Bericht (M2) aus der Sicht eines Arbeiters oder Bauern.

3 Methode: Beschreibe, welche Eindrücke mit dem Plakat M1 vermittelt werden sollten. Welche Wirkung hat es auf dich heute?

Webcode: FG642335-046
Stalin

„*Unter der Führung des großen Stalin – vorwärts zum Kommunismus!*", *Propagandaplakat, 1951*

M2 **Stalin berichtete 1933 dem Zentralkomitee der Kommunistischen Partei über die Ergebnisse des ersten Fünfjahresplans:**

Die Wiederherstellung und Entwicklung der Schwerindustrie ist aber, besonders in einem so rückständigen und armen Lande, wie es unser Land zu Beginn des Fünfjahrplans war, die schwie-
5 rigste Sache, denn die Schwerindustrie erfordert bekanntlich gewaltige finanzielle Aufwendungen und das Vorhandensein eines gewissen Minimums an erfahrenen technischen Kräften, ohne die, allgemein gesprochen, die Wiederherstellung
10 der Schwerindustrie unmöglich ist ... Die Partei erklärte offen, dass dieses Werk große Opfer erfordern wird und dass wir, ohne etwas zu verhehlen, bewusst zu diesen Opfern bereit sein müssen, wenn wir unser Ziel erreichen wollen ... Aber man
15 muss wissen und sich Rechenschaft darüber ablegen, wohin uns eine Politik, die die Industrialisierungsaufgaben in den Hintergrund rückt, geführt hätte ... Wir hätten dann weder eine Traktorenindustrie noch eine Automobilindustrie,
20 hätten keine einigermaßen bedeutende Eisenhüttenindustrie, wir hätten kein Metall für den Maschinenbau und stünden der mit moderner Technik ausgerüsteten kapitalistischen Umwelt wehrlos gegenüber.

Josef W. Stalin, Werke, Band 13 (Juli 1930–Januar 1934), Berlin-Ost (Dietz) 1955, S. 157–163, zit. nach www.stalin-grad.com.ru/band13/b13-039.html (Stand: 16. 06. 2015).

Station 3: Mao Zedong

Jedes Jahr pilgern Millionen zu den Wirkungsstätten von Mao Zedong (1893–1976), dem Revolutionär Chinas. Warum wird dieser Mann so verehrt?

Die einstige Großmacht China war im Zeitalter des Impe-
5 rialismus unter die Kontrolle europäischer Mächte gelangt. Nach einer demokratischen Revolution im Jahre
1911 wurde der letzte Kaiser gestürzt. Der größte Teil
der Bevölkerung litt unter Hunger und bitterster Not. In
den folgenden Jahrzehnten kam es zu einem Bürgerkrieg
10 zwischen der republikanisch-nationalistischen Guo-
mindang unter General Chiang Kaishek (chin. Jiang Jie-
shi,1889–1975) und der Kommunistischen Partei unter
Mao Zedong. Für Mao, Sohn eines Bauern und Volks-
schullehrers, schien der Kommunismus die einzige Mög-
15 lichkeit zu sein, die bestehenden Verhältnisse zu verändern. Ihm gelang es, den Verfolgungen seiner Gegner zu
entkommen und die Führung im kommunistischen Lager
übernehmen. Mit dem Ende des Bürgerkrieges 1949 und
der Ausrufung der Volksrepublik begann für China eine
20 über viele Jahrzehnte während Schreckensherrschaft.
Mao wollte einen radikalen Umsturz und setzte unent-
wegt neue revolutionäre Ideen um.

China 1950–1976
- 1950 Landreformgesetz: Umverteilung von Groß-
25 grundbesitz an Bauern (Kleineigentümer)
- ab 1953: Überführung der Kleinbetriebe in Produktionsgenossenschaften, Kollektivierung
- 1956er-Bewegung „Lasst hundert Blumen blühen":
fordert die Elite zu Meinungsäußerungen über die Si-
30 tuation des Staates auf. Angesichts massiver Kritik
kommt es zu Verhaftungen, Deportationen und Hin-
richtungen hunderttausender Intellektueller.
- 1958–1960 „Großer Sprung nach vorn": Zusammenschluss der Kollektive zu großen Volkskommunen.
35 Massenmobilisierung für Großprojekte, um China innerhalb weniger Jahre auf das Niveau westlicher Industriestaaten zu bringen, vorwiegend in Handarbeit
und mit einfachen Maschinen. Folge: Wirtschaftskrise
und ca. 40 Millionen Hungertote.
40 - ab 1966: Die „Große Proletarische Kulturrevolution"
mit dem Ziel einer „Säuberung" Chinas von „kapitalistischen Einflüssen" endet mit Millionen von Toten, als
die von Mao beeinflussten Schüler und Studenten, die
sich als „Rote Garden" organisierten, mit willkürlichen
45 Gewaltakten Terror ausübten.
- 1976 Tod Maos. Als das Land im Chaos zu ersticken
droht, wird die „Kulturrevolution" beendet.

*Gedenkmarsch von Studenten in Erinnerung an den 120. Ge-
burtstag von Mao, Foto (Ausschnitt), 2013*

M2

Aus einer Rede Mao Zedongs (1949):
Alle Erfahrungen, die das chinesische Volk jahr-
zehntelang gesammelt hat, lehren uns, die ... demokratische Alleinherrschaft des Volkes durchzusetzen ... das heißt, den Reaktionären das Recht
5 auf Meinungsäußerung zu entziehen und nur
dem Volk dieses Recht vorzubehalten. Wer ist das
Volk? Im gegenwärtigen Stadium setzt sich das
Volk in China aus der Arbeiterklasse, der Bauern-
schaft, dem städtischen Kleinbürgertum und der
10 nationalen Bourgeoisie [Unternehmer, die seit
dem Krieg gegen Japan die Kommunisten unter-
stützten] zusammen. Unter der Führung der
Arbeiterklasse und der Kommunistischen Partei
schließen sich diese Klassen zusammen ... Sie
15 üben eine ... Diktatur über die Lakaien [Hand-
langer] des Imperialismus aus – über die Grund-
herrenklasse und die bürokratische Bourgeoisie
[Unterstützer der Guomindang] ... Um der Unterdrückung durch die Imperialisten zu begegnen
20 und die rückständige Wirtschaft auf ein höheres
Niveau zu heben, muss China alle Faktoren des
Kapitalismus ... ausnutzen, die der Volkswirtschaft
und der Lebenshaltung des Volkes Nutzen bringen ...
*Mao Zedong, Ausgewählte Werke, Bd. 4, Peking (Verlag
für fremdsprachige Literatur) 1969, S. 444.*

1 Erarbeite aus M2 und dem Darstellungstext die Ziele
 von Maos politischen Ideen.
2 Finde Erklärungen für Maos Ideologie in seiner Biografie (Darstellungstext).
3 Lege anhand der Chronologie dar, wie Mao versuchte, seine revolutionären Ideen umzusetzen.
4 Erstelle ein Flugblatt, das zum Widerstand gegen
 Mao aufruft.

Webcode: FG642335-047
Mao Zedong

Station 4: Fidel Castro

Kuba stand nach der Erlangung der Unabhängigkeit von der Kolonialmacht Spanien unter großem Einfluss der USA. Diese wirkten auf die Wahlen für die oft wechselnden Staatschefs ein und machten auch enge Vorgaben im
5 wirtschaftlichen Bereich. Unter dem Diktator Fulgencio Batista (1901–1973) wurde die Opposition im Land stark unterdrückt. Gegen diese Maßnahmen setzte sich besonders der aus wohlhabendem Hause stammende Rechtsanwalt Fidel Castro (geb. 1927) ein. Trotz seiner
10 Herkunft verschrieb er sich früh den kommunistischen Ideen und drängte auf eine Verbesserung der Lage der armen Landbevölkerung. Als seine zunächst noch legalen Mittel keinen Erfolg zeigten, plante er 1953 die gewaltsame Machtübernahme. Diese wurde zwar vom
15 Militär gestoppt und Castro verhaftet, doch erhielt seine Bewegung im Volk großen Zulauf. Nach einem kurzen Gefängnisaufenthalt verließ er Kuba und schloss sich in Mexiko kubanischen Exil-Rebellen an. Dort traf er auch auf den argentinischen Arzt und Revolutionär Che
20 Guevara (1928–1967), der sich Castros Rebellen anschloss. 1956 kehrte Castro nach Kuba zurück und begann einen zweijährigen Guerillakampf*, an dessen Ende der Staatsstreich gelang. Castro wurde Ministerpräsident und begann mit der Umgestaltung des Landes.
25 Die USA sahen ihre Interessen in Kuba gefährdet, besonders die der US-amerikanischen Wirtschaftsunternehmen. Sie bewaffneten proamerikanische Exilkubaner und planten eine Invasion, die aber 1961 scheiterte. Die USA verhängten schließlich ein Handelsembargo, was
30 wiederum eine stärkere Anbindung Kubas an die Sowjetunion und andere sozialistische Staaten zur Folge hatte. Die Streitigkeiten führten in der Folge zur Kuba-Krise 1962 (siehe S. 52/53).
Fidel Castros Machtposition innerhalb Kubas blieb auf
35 Jahre gestärkt, obwohl sein Land vom internationalen Handel weitgehend abgeschnitten war. Er wird als „Máximo Líder" („Größter Führer") verehrt und blieb bis zu seinem Rücktritt von offiziellen Ämtern 2008 Staatspräsident.

Kundgebung in Kuba 1997. Die Demonstranten halten Fotografien von Fidel Castro, Che Guevara und Raul Castro, dem Bruder Fidels, hoch (v. l. n. r.), Foto

M2 Aus der Deklaration von Havanna vom 2. September 1960:

2. Die Nationale Generalversammlung des kubanischen Volkes verurteilt energisch die offene und verbrecherische Interventionspolitik des nordamerikanischen Imperialismus, der seit mehr als ei-
5 nem Jahrhundert alle lateinamerikanischen Völker ausgesetzt sind …
6. … Aus diesem Grunde verurteilt die Nationale Generalversammlung des kubanischen Volkes:
• den Großgrundbesitz als Ursache des Elends
10 des Bauern und als rückschrittliches und menschenunwürdiges System der landwirtschaftlichen Produktion;
• die Hungerlöhne und die schamlose Ausbeutung der menschlichen Arbeit durch angemaß-
15 te, privilegierte Interessen …
Auf Grund dessen verkündet die Nationale Generalversammlung des kubanischen Volkes vor ganz Amerika …
das Recht der Staaten, die imperialistischen Mo-
20 nopole zu nationalisieren und so die Natur- und Bodenschätze wieder in Besitz zu nehmen …

Declaration of Havana (Litocuba) 1960, zit. nach www.archive.org/details/DeclarationOfHavana (Stand: 15. 03. 2015). Übers. vom Autor.

1 Erarbeite aus M2 die Ziele der kubanischen Revolution.
2 Erkläre mithilfe des Darstellungstextes die Position Castros in Bezug auf die USA.

3 **Wähle eine Aufgabe aus:**
a) Verfasse ein Streitgespräch zwischen einem geflohenen Exilkubaner und einem Revolutionär.
b) Schreibe eine Reportage über die Auswirkungen der Revolution für US-amerikanische Firmen.

Webcode: FG642335-048
Fidel Castro

Station 5: Gandhi – die „große Seele" Indiens

Eine völlig neue Lehre bestimmte den Weg Indiens, an dessen Ende die bis heute größte Demokratie der Welt nach 1945 entstehen sollte. Vater dieser Weltanschauung war Mohandas Karamchand Gandhi. Als er 1869
5 geboren wurde, war sein Vaterland Indien eine englische Kolonie. Aus einer der oberen Kasten* stammend, hatte er in England Jura studiert. Nach dem Studium arbeitete er in Südafrika, wo er sich gegen die Rassentrennung aussprach und für die Gleichberechtigung der dort le-
10 benden Inder einsetzte. Gandhi änderte sein Leben radikal: Er verzichtete auf jeglichen Luxus und verrichtete alle Arbeiten, auch die der untersten Kasten. Besonders die Lehre vom „Gewaltlosen Widerstand" sollte ihn von nun an prägen.
15 1914 nach Indien zurückgekehrt, wurde er zum Anführer der Unabhängigkeitsbewegung. Gandhi rief immer wieder zu zivilem Ungehorsam und gewaltfreien Protesten auf. Er forderte, einheimische Produkte zu verwenden, um das Land von britischen Importen unabhängig
20 zu machen. In dem spektakulären „Salzmarsch" von 1930 wanderte er knapp 400 km zu Fuß zum Meer, um dort aus dem Meerwasser Salz zu gewinnen. Damit wendete er sich gegen das britische Salzmonopol und zugleich gegen die hohe Besteuerung. Salzgewinnung,
25 -transport und -handel waren ausschließlich den Briten vorbehalten. Auch Massenverhaftungen konnten die zunehmende Begeisterung für den gewaltlosen indischen Freiheitskampf nicht stoppen. Gandhi forderte die Gleichberechtigung der Religionen* und die Aufwertung
30 der Frauen sowie der untersten Kaste. Mehrfach trat er in den Hungerstreik. Er forderte die Briten auf, das Land endgültig zu verlassen. Landesweite Proteste folgten auf die Inhaftierung Gandhis. Die Briten mussten schließlich nachgeben. 1947 erlangte Indien die Unabhängigkeit.
35 Gandhi, der sich um die Versöhnung der Religionen bemüht hatte, konnte aber nicht die Teilung des Landes in einen überwiegend hinduistischen Staat Indien und einen moslemischen Staat Pakistan verhindern. Im Januar 1948 wurde Gandhi, der den Beinamen Mahatma („gro-
40 ße Seele") erhalten hatte, von einem fanatischen Hindu erschossen.

M1
Aus der indischen Unabhängigkeitserklärung vom 26. Januar 1930
Das Dokument wurde maßgeblich von Gandhi und dem späteren Ministerpräsidenten Jawaharlal Nehru (1889–1964) verfasst:
Wir glauben, dass es das unbestreitbare Recht des indischen Volkes wie aller anderen Völker ist, frei zu sein, die Frucht der Arbeit zu genießen und ihren Lebensunterhalt zu verdienen, damit sie alle Mög-
5 lichkeiten haben, sich zu entwickeln. Wir glauben auch, dass, wenn irgendeine Regierung ein Volk dieser Rechte beraubt und es unterdrückt, das Volk das grundsätzliche Recht hat, sie zu verändern oder zu beseitigen. Die britische Regierung in Indien hat
10 nicht nur das indische Volk seiner Freiheit beraubt, sondern ihre Existenz beruht auf der Ausbeutung der Massen und hat Indien wirtschaftlich, politisch, kulturell und geistig ruiniert.
Wir sind der Überzeugung, dass es ein Verbrechen
15 gegen die Menschen und Gott ist, uns noch länger einer Herrschaft zu unterwerfen, die dieses vielfältige Unheil über unser Land gebracht hat. Wir anerkennen jedoch, dass der wirksamste Weg, unsere Freiheit zu gewinnen, nicht der gewaltsame ist.
Zit. nach Jawaharlal Nehru, Toward Freedom, The Autobiography of Jawaharlal Nehru, New York (The John Day Company) 1941, S. 385. Übers. vom Autor.

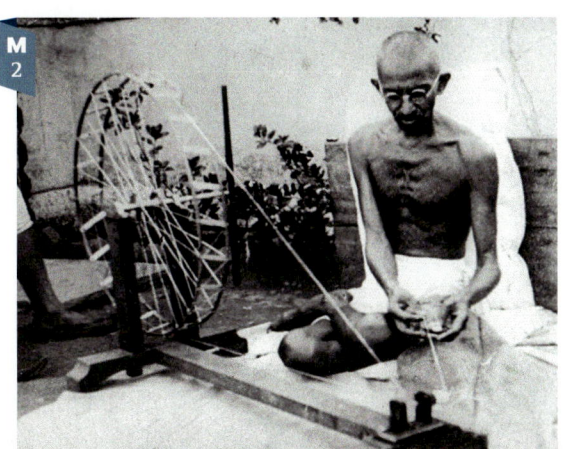
M2

1 Stelle gegenüber, welche politischen Ziele Gandhi verfolgte und mit welchen Maßnahmen er diese erreichen wollte (M1, Darstellungstext).
2 Schreibe einen Aufruf zur Teilnahme am „Salzmarsch".
3 Würdige Gandhis Leben in einer kurzen Biografie.

Um das Land von britischen Textileinfuhren unabhängig zu machen, warb Gandhi für eine Rückbesinnung auf alte Handwerkstraditionen wie die Heimspinnerei. Foto, um 1930

Webcode: FG642335-049
Gandhi

Dekolonisation:
Aus Kolonien werden Staaten

Noch bis ins 20. Jahrhundert besaßen zahlreiche europäische Staaten Kolonial-
besitz in Afrika und Asien. Immer mehr wurde die Herrschaft der Kolonialmächte
sowohl von den Kolonialvölkern als auch von vielen unabhängigen Ländern in-
frage gestellt. Das in der UN-Charta festgeschriebene Selbstbestimmungsrecht
der Völker sollte auch für die Menschen in den Kolonien gelten. Doch die erwor-
bene Freiheit erwies sich für viele Länder als schwierig.
* • *Mit welchen Problemen hatten die ehemaligen Kolonien zu kämpfen?*

Unabhängigkeit Indiens und Pakistans

Am 14. August 1947 entließ Großbritannien nach jahrzehntelangen Auseinandersetzungen seine größte Kolonie in die Selbstständigkeit (siehe S. 49). Die „Geburt der
Freiheit Indiens" wurde als Aufbruch in ein modernes
5 Asien gefeiert. Der weitgehend friedliche Machtüber-
gang löste in der Folgezeit aber erhebliche Spannungen
und Konflikte aus. Die willkürliche Grenzziehung zwischen Indien und Pakistan führte neben religiösen Konflikten zu Umsiedlung, Flucht und blutigen Vertreibun-
10 gen, denen über eine Million Menschen zum Opfer
fielen. Es folgten mehrere Kriege um Grenzregionen, die
bis heute noch anhalten.
Weitere Staaten Asiens folgten dem indischen Beispiel.
So wurden 1949 Indonesien, 1954 Kambodscha, Viet-
15 nam und Laos unabhängig. Die Staaten erlangten dadurch zwar politische Freiheit, wirtschaftlich blieben sie

aber oft abhängig. Zusätzlich gerieten sie in den Fokus
der beiden Supermächte, die sie nach Möglichkeit in die
Interessen ihres jeweiligen Blockes einbinden wollten
20 (siehe z. B. S. 58).

Afrikanische Kolonien – ein schwieriges Erbe

Auch in Afrika vollzog sich ein Wandel. Etwas später als
in Asien strebten die Kolonialvölker nach Loslösung von
ihren Kolonialherren. 1960, das als „Afrikanisches Jahr"
25 bezeichnet wird, erlangten 18 ehemalige Kolonien die
Unabhängigkeit. Bis 1980 wurden nahezu alle europäischen Besitzungen in Afrika unabhängig, zum Teil auch
durch blutige Unabhängigkeitskriege. In Algerien z. B.
tobte von 1954 bis 1962 ein mit brutaler Härte geführter
30 Krieg, in dem es zu schweren Menschenrechtsverletzungen auch durch das französische Militär kam und der
unzählige Tote auf beiden Seiten forderte. In vielen Ko-

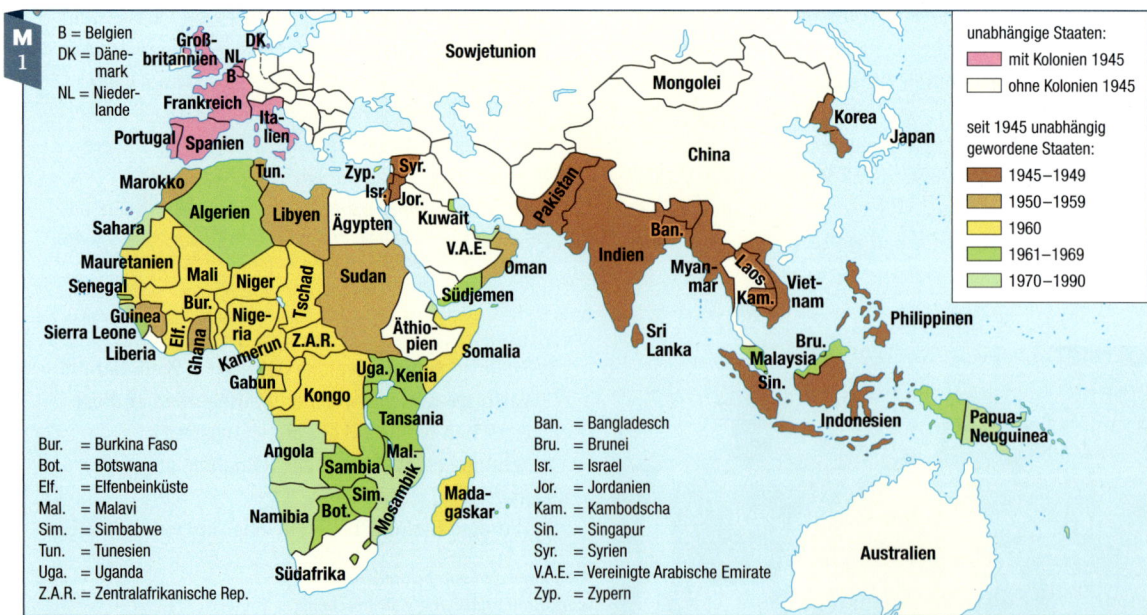

Dekolonisation 1945 bis 1990

lonien schien sich dennoch die Hoffnung auf Eigenständigkeit und erfolgreiche Entwicklung zunächst zu be-
35 wahrheiten. Demokratisch gewählte Regierungen entstanden und die Infrastruktur wurde verbessert.
Die künstlich gezogenen Grenzen bei der Schaffung neuer Staaten sorgten allerdings auch für Konflikte unter den verschiedenen Völkern und Religionen. Zudem be-
40 lastete die jahrhundertelange Ausbeutung des afrikanischen Kontinents belastete die neuen Staaten auch wirtschaftlich erheblich. Schnell wurde deutlich, dass ihre Industrie und Landwirtschaft häufig von ihren ehemaligen Mutterländern abhängig blieben und sie auf Ent-
45 wicklungshilfe angewiesen waren. Die Unmöglichkeit, eine eigenständige Wirtschaft aufzubauen, und der Preisverfall auf den Weltmärkten führten in vielen Ländern zur Verarmung. Die Folge waren Bürgerkriege, Gewalt und Diktaturen, Korruption und Misswirtschaft, die
50 Verelendung und Hunger großer Teile der Bevölkerung mit sich brachten.
So wurden die Kolonien zwar frei, blieben aber vielfach weiterhin von Entwicklungshilfe abhängig. Zusätzlich zum politischen Ost-West-Konflikt entstand dadurch ein
55 Nord-Süd-Konflikt* zwischen den Industrieländern auf der nördlichen Erdhalbkugel und den Entwicklungsländern* auf der südlichen.

 Der Unabhängigkeitsführer und spätere Ministerpräsident Kongos, Patrice Lumumba (1925–1961), erklärte auf einem Kongress in Nigeria am 22. März 1959:

Die Zersplitterung, auf die sich die Kolonialmächte bei der Ausbeutung Afrikas immer gestützt haben, hat erheblich – und bis heute – zum Selbstmord Afrikas beigetragen. Wie kommen wir
5 selbstständig aus dieser Sackgasse heraus? Für mich gibt es nur einen Weg: die Zusammenführung aller Afrikaner in Volksbewegungen und Einheitsparteien. Innerhalb dieser Parteien können alle Richtungen bestehen ... Wahre Demokratie
10 wird in diesen Parteien wirken und jeder die Möglichkeit haben, seine Meinung frei zu äußern. Je enger wir verbunden sind, umso besser können wir Unterdrückung, Korruption und den Spaltungsmanövern ... widerstehen ...
15 In dem friedlichen Kampf um unsere Unabhängigkeit wollen wir die Europäer nicht aus dem Kontinent vertreiben, uns ihren Besitz aneignen oder sie verhöhnen ... Im Gegenteil, wir respektieren die Menschen und ihre Rechte. Unser einziges
20 Ziel ... ist die Ausrottung des Kolonialismus und Imperialismus aus Afrika. Wir haben lange gelitten und heute wollen wir die Luft der Freiheit atmen. Der Schöpfer hat uns einen Teil der Erde mit dem Namen Afrika gegeben, er gehört uns und wir
25 sind seine einzigen Herren. Es ist unser Recht, daraus einen Kontinent der Gerechtigkeit, des Gesetzes und des Friedens zu machen.

Zit. nach www.blackpast.org/1959-patrice-lumumba-african-unity-and-national-independence (Stand: 15. 04. 2015). Übers. vom Autor.

 Karikatur aus der südafrikanischen Zeitung „Sowetan", 1998

1 Beschreibe mithilfe von M1, in welchen Regionen und Phasen die Dekolonisation ablief.
2 Erarbeite die Perspektive, die der Autor für seinen Kontinent entwickelt (M3). Überprüfe dein Ergebnis anhand des Darstellungstextes.
3 Interpretiere die Karikatur M2 vor dem Hintergrund der Dekolonisation und des Nord-Süd-Konflikts.

4 Wähle eine Aufgabe aus
Recherchiere den Weg einer ehemaligen Kolonie bis zu deren Befreiung:
a) in Afrika.
b) in Asien.
Stelle ihn in einem Kurzreferat der Klasse vor.
Tipp: Weise auch auf die heutige wirtschaftliche und politische Situation des jeweiligen Landes hin.

Webcode: FG642335-051
Britisch-Indien 1947

Die Kuba-Krise:
Die Welt hält den Atem an!

Im Oktober 1962 drohte direkt vor der Küste Amerikas der Kalte Krieg zu eskalieren und in einen Atomkrieg zu münden.
* *Wie kam es zu dem Konflikt und wie wurde er in letzter Minute verhindert?*

Filmtipp:
Thirteen Days, 2000, Regie: Roger Donaldson. Die Kuba-Krise aus amerikanischer Sicht.

Sowjetische Atomraketen auf Kuba

Nach der Machtübernahme 1959 (siehe S. 48) enteignete Fidel Castro im Sinne eines sozialistischen Staatsumbaus die Großgrundbesitzer und verstaatlichte das Eigentum von US-Firmen. Als der Versuch der Amerika-
5 ner, mithilfe von Exilkubanern Castro zu stürzen, misslang, durften auf Druck der USA westliche Staaten und Firmen mit Kuba keinen Handel mehr betreiben. Dieses Vorgehen und die Furcht vor einem weiteren Invasionsversuch seitens der USA führten zu einer Intensivierung
10 der Beziehungen zwischen Kuba und der Sowjetunion. Die UdSSR sah in Kuba den idealen strategischen Vorposten gegen die USA im Kalten Krieg. Sie lieferte Kuba neben Erdöl und Waren auch Waffen, u. a. Atomraketen zum Schutz des Landes. Mit letzteren antwortete der
15 sowjetische Regierungschef Nikita Chruschtschow (1894–1971) auch auf die Stationierung amerikanischer Mittelstreckenraketen in Italien und der Türkei. Außerdem wurden 42 000 sowjetische Soldaten stationiert.

Der Konflikt spitzt sich zu

20 Am 14. Oktober 1962 fotografierte ein Aufklärungsflugzeug den fast vollendeten Bau einer sowjetischen Basis für Mittelstreckenraketen auf Kuba. US-Präsident John F. Kennedy (1914–1963) informierte daraufhin die Weltöffentlichkeit durch eine Fernsehansprache am 22. Okto-
25 ber. Die amerikanische Marine sperrte den Seeraum vor Kuba für sowjetische Schiffe, um die weitere Anlieferung von Raketen zu unterbinden. Daraufhin zog Fidel Castro Truppen zusammen und die Sowjetunion entsandte Kriegsschiffe. Am 24. Oktober richtete Papst Johannes
30 XXIII. einen Friedensappell an die Supermächte.
Auf beiden Seiten drängten militärische Hardliner die Regierungschefs zum Angriff. Als am 27. Oktober ein US-Kriegsschiff vor Kuba ein mit Atomwaffen bestücktes sowjetisches U-Boot zum Auftauchen zwang und wenig
35 später ein amerikanisches Aufklärungsflugzeug über Kuba abgeschossen wurde, standen die Zeichen auf Krieg, die Welt hielt den Atem an!
Im letzten Moment einigten sich Kennedy und Chruschtschow in Geheimverhandlungen auf eine friedliche Lö-
40 sung des Konflikts. Die UdSSR zog ihre Raketen von Kuba ab, im Gegenzug verpflichteten sich die USA, Kuba nicht anzugreifen und die in der Türkei stationierten Mittelstreckenraketen abzubauen.

M1

Reichweite der sowjetischen Raketen auf Kuba und der amerikanischen Raketen in der Türkei

Ein sowjetischer Frachter (im Bild hinten) verlässt mit Raketen an Bord Kuba, beobachtet von einem Flugzeug und einem Zerstörer der Navy. Foto 10. November 1962

Folgen der Krise

45 Die Kuba-Krise hatte insbesondere den Großmächten klargemacht, dass eine Politik der Stärke die Welt an den Abgrund eines Atomkrieges geführt hatte. Statt weiterer Konfrontation musste eine Politik der Kriegsverhütung und Diplomatie angestrebt werden. Als ein erster Schritt
50 auf diesem Weg wurde im Juni 1963 zwischen dem Kreml und dem Weißen Haus eine direkte Fernschreiberverbindung, der sogenannte „Heiße Draht", eingerichtet. Die Krise wurde somit zum Auftakt einer beginnenden Entspannung zwischen den Großmächten (siehe
55 S. 56), wenngleich diese immer wieder durch vermehrte Rüstungsanstrengungen unterbrochen wurde. Aber es kam zumindest zu keiner direkten Konfrontation mehr.

In seiner Fernseh- und Rundfunkansprache an die Nation am 22. Oktober 1962 sagte der amerikanische Präsident John F. Kennedy:

Im Laufe der letzten Woche haben eindeutige Beweise die Tatsache erhärtet, dass momentan auf dieser unterdrückten Insel mehrere Anlagen zum Abschuss von Angriffsraketen errichtet werden.
5 Das Ziel dieser Anlagen ist kein anderes, als die Möglichkeit eines atomaren Angriffs auf die westliche Hemisphäre[1] zu schaffen ... Wir werden weder voreilig noch ohne Not einen weltweiten Atomkrieg riskieren ...
10 Unsere Politik war geduldig und zurückhaltend, wie sie einer friedlichen und starken Nation, die ein weltweites Bündnis führt, ansteht. Wir waren entschlossen, uns davon durch Störenfriede und Fanatiker nicht abbringen zu lassen. Aber jetzt
15 bedarf es weiterer Aktionen, die bereits im Gange sind; und diese Aktionen sind vielleicht nur der Anfang. Wir wollen weder voreilig oder unnötig einen weltweiten Atomkrieg riskieren, aber wir werden auch nicht vor diesem Risiko zurückschre-
20 cken, ... falls es zu irgendeinem Zeitpunkt eingegangen werden muss.

Zit. nach www.jfklibrary.org/Asset-Viewer/sUVmCh-sBomoLfrBcaHaSg.aspx (Stand: 28. 03. 2015). Übers. v. Autor.

[1] *hier: politisch zur Bezeichnung der Einflusssphäre von USA (West) und Sowjetunion (Ost) im Kalten Krieg*

Briefwechsel zur Lösung der Krise

4a *Während der Kuba-Krise kam es zu einem Briefwechsel zwischen Washington und Moskau. Auf die Vorschläge von Chruschtschow antwortete Kennedy am 26. Oktober:*

Wie ich Ihrem Schreiben entnehme, sind die Kernpunkte Ihrer Vorschläge ... die Folgenden: 1. Sie würden der Beseitigung dieser Waffensysteme auf Kuba unter angemessener Beobachtung und
5 Überwachung der Vereinten Nationen zustimmen und sich unter geeigneten Garantien verpflichten, die weitere Einfuhr solcher Waffen nach Kuba zu stoppen.
2. Wir würden unsererseits ... zustimmen: (a) so-
10 fort die jetzt bestehenden Sperrmaßnahmen aufzuheben, und (b) Garantien gegen eine Invasion Kubas zu geben.

4b *Chruschtschow antwortete Kennedy am 28. Oktober:*

15 Ich verstehe sehr wohl Ihre Befürchtung und die Befürchtung des Volkes der USA im Zusammenhang mit der Tatsache, dass die Waffen, die Sie als Angriffswaffen bezeichnen, tatsächlich furchtbare Waffen sind ... Um den gefährlichen Konflikt
20 schneller zu beenden, der Sache des Friedens zu dienen, allen mit Sehnsucht nach dem Frieden erfüllten Völkern mehr Vertrauen zu geben und das Volk Amerikas zu beruhigen, das, dessen bin ich sicher, den Frieden ebenso wünscht wie die Völker
25 der Sowjetunion, hat die sowjetische Regierung den Befehl ... zur Demontage der Waffen ..., zu ihrer Verpackung und Rückführung in die Sowjetunion erlassen.

Zit. nach Archiv der Gegenwart 32/1962, Königswinter (Siegler) S. 10 200 f.

----

1 Erläutere mithilfe von M1, M2 und M3, warum die Militäraktionen auf Kuba fast zu einem Atomkrieg geführt hätten.
2 **Partnerarbeit:** Untersucht anhand des Briefwechsels M4, wie Kennedy und Chruschtschow die Krise lösen konnten.
   Tipp: Achtet darauf, wie beide argumentieren.
3 Bewerte die Vorgehensweisen von Kennedy und Chruschtschow. Beziehe auch M3 ein.
   Tipp: Überlege auch, warum Kennedy die Weltöffentlichkeit informierte.

Webcode: FG642335-053
Kuba-Krise;
Film: Die Kuba-Krise 1962

Spielfilme auf Feindbilder untersuchen

Im Westen waren die James-Bond-Filme Kassenschlager, im Osten wurden sie verboten. Anhand eines Films um den britischen Geheimagenten kannst du herausfinden, wie während des Ost-West-Konflikts einem breiten Publikum Feindbilder unterhaltsam übermittelt wurden.

Politische Gegner im Film

Die Konflikte zwischen Ost und West wurden nicht nur durch politische Propaganda, sondern auch in Büchern und Spielfilmen verarbeitet. Die jeweils andere Seite wurde dabei in ein möglichst schlechtes Licht gerückt
5 und als „Feind" betrachtet, von dem Gefahr für die eigene Freiheit ausgehe. Oft waren diese Zuschreibungen sehr plakativ und klischeehaft. So wurden in westlichen Filmen die Russen meist als hart und gefühllos dargestellt, während die eigene Seite verständnisvoll und kul-
10 tiviert erschien. Jenseits des „Eisernen Vorhangs" galt der Westen oft als korrupt und faschistisch.

Besonders geeignet zum Transport dieser Feindbilder waren Spionagefilme mit James Bond. Von 1962 an ermittelte dieser Agent im Auftrag ihrer Majestät an exo-
15 tischen Orten in der ganzen Welt. Meist musste er die freie Welt vor Bösewichten retten. Die Filmreihe, deren Idee auf den Büchern des britischen Autoren Ian Fleming basiert, übernahm dabei oft aktuelle politische Verhältnisse und zeigte neueste technische Entwicklun-
20 gen.

James Bond in Istanbul

In dem 1963 erschienenen Film „Liebesgrüße aus Moskau" wird James Bond u. a. nach Istanbul gelockt. Hier nutzt die Verbrecherorganisation „Phantom" das Miss-
25 trauen der beiden Blöcke gegeneinander aus und will mit Bonds Hilfe an eine russische Verschlüsselungsmaschine kommen. Dafür setzt die ehemalige Leiterin des russischen Geheimdienstes Rosa Klebb die hübsche Botschaftsmitarbeiterin Tatiana Romanova ein, die, im Glau-
30 ben, Klebb sei noch immer im russischen Geheimdienst, Bond und die Dechiffriermaschine an das „Phantom" und deren Chef Blofeld ausliefern soll. Bond gelingt es, die Maschine aus der russischen Botschaft zu entwenden und flieht mit Romanova. Doch sie werden von ei-
35 nem Agenten des „Phantoms" verfolgt, Bond kann sich, Romanova und die Maschine nach mehreren Verfolgungsjagden retten. Blofeld schickt daraufhin Klebb, um Bond zu töten, doch er kann mithilfe von Romanova den Angriff erneut abwehren.

Collage zum Film „James Bond 007 – Liebesgrüße aus Moskau"

1 Stelle Überlegungen an, warum Feindbilder im Ost-West-Konflikt von beiden Seiten eingesetzt wurden (Darstellungstext).

2 **Vorschlag für eine Gruppenarbeit:**
   a) Seht euch den Film an und sucht Szenen heraus, in denen der Ost-West-Konflikt besonders thematisiert wird. Nutzt für die Interpretation auch die Arbeitsschritte rechts.
   b) Ergänzt die fehlenden Informationen in der Tabelle.

3 Analysiere M1 vor dem Hintergrund des Kalten Krieges und der eingesetzten Feindbilder.

Arbeitsschritte „Spielfilme auf Feindbilder untersuchen"

Formale Betrachtung	Lösungshinweise zu „Liebesgrüße aus Moskau"
1. Wer ist der Regisseur?	• *Terence Young*
2. Wer hat das Drehbuch geschrieben?	• *Richard Maibaum, basierend auf einem Roman von Ian Fleming (1908–1964)*
3. In welchem Land wurde der Film produziert?	• *…*
4. Welche Schauspieler sind beteiligt?	• *…*
Handlungsablauf untersuchen	
5. Welche Mächte sind beteiligt?	• *…*
6. Welche Ziele verfolgen diese?	• *GB: Aneignung einer russischen Dechiffriermaschine* • *UdSSR: Verhinderung des Diebstahls* • *„Phantom": …*
Feindbilder untersuchen	
7. Wie werden die beteiligten Personen und Nationen dargestellt?	• *UdSSR: hart, skrupellos, emotionslos …* • *GB: …* • *Türkei: …*
8. Welchen Einfluss nimmt der Ost-West-Konflikt auf den Ablauf des Filmes und die Charaktere?	• *…*
Technische Gestaltungsmittel	
9. Kameraführung und Kameraeinstellungen, Musik, Licht, Farbe	• *spektakuläre Verfolgungsjagden, geheimnisvolle Nachtszenen* • *berühmte Sehenswürdigkeiten steigern Glaubwürdigkeit der Aufnahmen* • *Musik unterstützt Dramatik oder Romantik der Szenen*
Botschaft des Films erfassen	
10. Wie wirkt der Film auf die Betrachter?	• *damals: actionreich, übertrieben, aber sehr spannend; Romanvorlage wurde 1961 noch als jugendgefährdend in Deutschland verboten* • *heute: …*
11. Welche gesellschaftlichen Anschauungen spiegelt der Film aus der Zeit wider, in der er entstanden ist?	• *Auseinandersetzung zwischen Ost und West, die jederzeit in einen Krieg ausarten könnte*
12. Welche Geschlechterrollen lassen sich im Film erkennen?	• *Männer als Gentlemen, Machos, tonangebend* • *Frauen entweder hübsch, naiv und romantisch oder hart und unweiblich*

Webcode: FG642335-055
James-Bond-Filme und Feindbilder

USA und UdSSR: Zwischen Sicherheitsdenken und Entspannung

Die Kuba-Krise hatte der Welt gezeigt, wie nah sie der Ost-West-Konflikt an den Rand der atomaren Vernichtung gebracht hatte. Die USA als auch die Sowjetunion erkannten die Gefahr und änderten ihre Strategien.
• *Wie sahen ihre neuen Strategien aus?*

Schritte zu neuen Sicherheitsstrukturen

Die Krisen von Berlin (siehe S. 25) und Kuba (siehe S. 52/53) bedeuteten einen Wendepunkt in der Geschichte des Kalten Krieges. Der Besitz von Atomwaffen und Langstreckenraketen auf beiden Seiten bedingte ein
5 „Gleichgewicht des Schreckens": Keine der Supermächte hätte, ohne die eigene Vernichtung in Kauf zu nehmen, einen Angriff starten können. So setzte sich die Erkenntnis durch, dass man nach Wegen suchen musste, die zu Sicherheit, Entspannung und Abrüstung führten.
10 Neben der Einrichtung des „Heißen Drahts" (siehe S. 53) wurde noch im selben Jahr ein Atomwaffenteststopp-Vertrag abgeschlossen, der Tests über der Erde, im Weltraum und unter Wasser verbot. 1968 folgte ein Atomwaffensperrvertrag zwischen den Nuklearmächten USA,
15 UdSSR, Großbritannien sowie weiteren 40 Staaten, der die Weitergabe von Nuklearwaffen untersagte.
Die starren Fronten zwischen Ost und West gerieten in der Folgezeit zunehmend in Bewegung. 1967 und 1969 vereinbarten die Staaten des Warschauer Pakts, „Maß-
20 nahmen zur Festigung der Sicherheit in Europa" zu unterstützen. Die NATO antwortete Ende 1967 mit dem nach ihrem Generalsekretär benannten Harmel-Report, der sich gleichermaßen zur militärischen Verteidigung wie zur politischen Entspannung bekannte. Dabei geriet
25 nie die Forderung nach eigener Sicherheit und Stärke aus dem Blick. So schlug die UdSSR 1968 aufgrund der Breschnew-Doktrin* Reformbemühungen in der Tschechoslowakei unter Alexander Dubček brutal nieder („Prager Frühling").
30 Auch der Vietnamkrieg bremste zwar noch einmal die Entspannungsbemühungen auf beiden Seiten, doch wurden die begonnenen Verhandlungen nicht vollständig abgebrochen. Parallel dazu füllten die beiden Supermächte ihre Waffenarsenale weiter auf: Sie entwickelten
35 z. B. Raketen mit Mehrfachsprengköpfen und prüften Pläne für die Raketenabwehr. 1972 übertraf die Sowjetunion die USA im Wettrüsten mit der Zahl ihrer Interkontinentalraketen. Da sich Amerika und China zwischenzeitlich etwas annäherten, befürchtete die
40 Sowjetunion Nachteile durch diese Verbindung. Vor diesem Hintergrund kam es 1972 zur Unterzeichnung der Vereinbarung zur Begrenzung der strategischen Rüstung (Strategic Arms Limitation Talks = SALT), in der Obergrenzen der Raketenrüstung festgelegt und der
45 Verzicht auf Raketenabwehrsysteme vereinbart wurden. Dabei handelte es sich weder bei SALT I noch bei dem 1979 formulierten SALT-II-Vertrag um echte Abrüstung, sondern vielmehr um eine Beschränkung der weiteren Aufrüstung. Dennoch führten die fortgesetzten Aus-
50 gleichsbemühungen zu einer gewissen Entspannung.

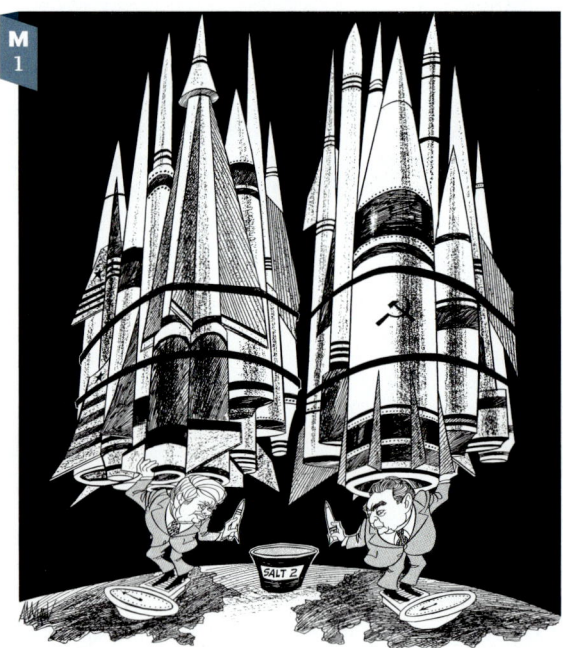

WEIGHT WATCHERS

„Weight Watchers". Abgebildet sind der amerikanische Präsident Jimmy Carter (geb. 1924) und der sowjetische Generalsekretär Leonid Breschnew (1906–1982). Karikatur aus der englischen Zeitschrift „Punch" vom 20. April 1977

Rüstungswettlauf
Wechselseitige Steigerung zweier Staaten oder Blöcke, durch mehr Waffen und bessere Militärtechnik militärische Übermacht zu gewinnen.

Der amerikanische Politiker Henry A. Kissinger (geb. 1923), ab 1969 Sicherheitsberater amerikanischer Präsidenten und Außenminister, schrieb 1969:

Die größte Herausforderung für uns liegt darin, die schöpferischen Kräfte einer pluralistischen [vielfältigen] Welt zu beschwören, um eine Ordnung auf politischer Multipolarität [mehreren
5 Positionen oder Mächten] zu gründen, selbst wenn die beiden Supermächte weiterhin über eine überragende militärische Stärke verfügen ... Die Stärke eines Staates konnte bis zum Zweiten Weltkrieg an der Fähigkeit gemessen werden, seine
10 Bevölkerung vor einem Angriff schützen zu können. Das Atomzeitalter hat diesen traditionellen Maßstab zerbrochen ... Kein denkbarer Rüstungsstand – nicht einmal ein umfassendes Raketenabwehrsystem – kann Schäden verhindern, die die
15 Verwüstung während der zwei Weltkriege weit in den Schatten stellen würden ... Das Widersinnige an der militärischen Stärke heute ist, dass die gewaltige Machtentfaltung in keinem Verhältnis mehr zur Politik steht ... Dieses Dilemma hat das
20 Interesse an Verhandlungen für eine Rüstungskontrolle neu belebt, besonders hinsichtlich strategischer Raketen.

Henry A. Kissinger, Amerikanische Außenpolitik, Düsseldorf/Wien (Goldmann Sachbuch) 1969, S. 80ff. Übers. v. Eduard Linpinsel u. a.

Der sowjetische Generalmajor und stellvertretende Chefredakteur der Armeezeitung „Krasnaya zvezda", Sidelnikov, schrieb 1973:

Die vermehrte Macht der sowjetischen Streitkräfte und der Armeen der übrigen Länder der sozialistischen Gemeinschaft kann nur diejenigen beunruhigen, denen die Interessen des Friedens, des so-
5 zialen Fortschritts und der Sicherheit der Völker fremd sind und die versuchen, die Entspannung zur Schwächung der Positionen des Sozialismus zu missbrauchen. Solange es auf der Erde aggressive, reaktionäre Kräfte des Imperialismus und
10 Abenteurer aller Art gibt, die fähig sind, einen neuen Kriegsbrand zu entfachen, wird die Festigung und Stärkung der Kampfmacht und Kampfbereitschaft der Streitkräfte der UdSSR mit allen Mitteln eine unserer wichtigsten Aufgaben sein und
15 bleiben ...
Nach manchen Artikeln der bürgerlichen Presse zu urteilen, hoffen unsere Klassenfeinde, dass die Entspannung zur Minderung unserer Kampfbereitschaft und Wachsamkeit und zur Abschwä-
20 chung unseres Augenmerks auf die weitere Vervollkommnung der Kampffähigkeit unserer Armee und Flotte führen werde. Das sind unerfüllbare Hoffnungen.

Zit. nach Manfred Görtemaker/Gerhard Wettig, USA–UdSSR. Dokumente zur Sicherheitspolitik, Hannover (Niedersächsische Landeszentrale für politische Bildung) 1986, S. 198.

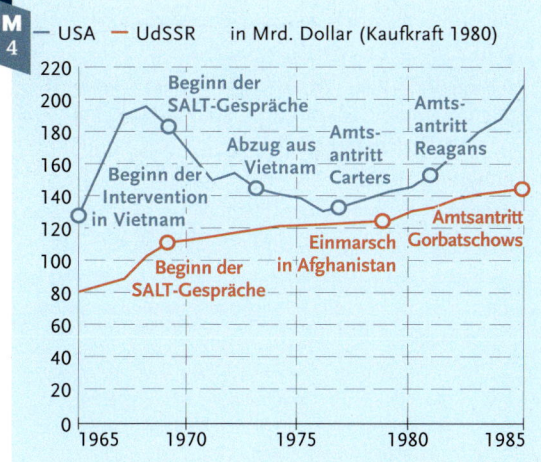

Verteidigungsausgaben der USA und der UdSSR 1965 bis 1985

Entspannungspolitik
Bestreben sowohl der USA als auch der UdSSR seit den 1960er Jahren um verstärkte Zusammenarbeit im Bereich der Rüstungsbegrenzung, auf dem Gebiet der Wirtschaft und auf kulturellem Gebiet, wenngleich beide Mächte daran festhielten, dass grundlegende Differenzen bestünden. Phasen der Entspannung wechselten sich immer wieder ab mit Phasen der Eskalation.

1 Setze M4 in Beziehung zu dem Darstellungstext.
2 **Partnerarbeit:** Untersucht arbeitsteilig M2 und M3 und vergleicht die beiden Positionen miteinander.
3 **Methode:** Interpretiere die Karikatur M1.
   Tipp: Beziehe auch das Diagramm M4 mit ein.
4 Diskutiert: Warum konnten sich die Supermächte nicht auf eine vollständige Abrüstung einigen?

Webcode: FG642335-057
Der „Heiße Draht"

Krieg in Vietnam

Von 1964 bis 1973 führten die USA in Vietnam einen Krieg gegen die kommunistischen Nordvietnamesen. Es sollte Amerikas bitterste Niederlage werden und Millionen Menschen das Leben kosten.

- *Wie kam es zu diesem Krieg? Welche Auswirkungen zeigte er? Kläre eine dieser Fragen, indem du entweder die Materialien A, B oder C bearbeitest. Nimm den Darstellungstext zu Hilfe.*

Aufgabe für alle:
Fasst die wesentlichen Eckpunkte des Vietnamkrieges in einer Tafelskizze zusammen.

Eine Weltmacht wird besiegt

In der ehemaligen französischen Kolonie Vietnam brach 1946 ein Unabhängigkeitskrieg aus, der mit der Teilung in ein kommunistisches Nordvietnam und ein westlich orientiertes Südvietnam 1954 beendet wurde. Die USA
5 hatten Südvietnam Unterstützung zugesichert, da sie eine Ausweitung des kommunistischen Einflusses in Asien fürchteten („Domino-Theorie"*). Die Amerikaner griffen 1964 Nordvietnam zunächst aus der Luft, ab 1965 auch mit Bodentruppen an. Trotz massiver Luftan-
10 griffe und Einsatz des giftigen Entlaubungsmittels „Agent Orange" und Napalmbrandbomben gelang es den USA nicht, sich gegen die im Dschungelkampf erprobten kämpfenden Vietcong* durchzusetzen. Nordvietnam wurde zudem von der UdSSR und China mit Waffen und
15 Ausrüstung massiv unterstützt. Man spricht daher auch von einem Stellvertreterkrieg*. Der lange Krieg und die hohe Zahl an Opfern (allein 58 000 amerikanische Soldaten) führten zu großen Antikriegsdemonstrationen in den USA und Europa (siehe S. 92). Der Rückzug der
20 US-Truppen 1973 rührte am amerikanischen Selbstverständnis als unbesiegbare Kriegsnation.

 A

 M 1

Der amerikanische Präsident Lyndon B. Johnson (1908–1973) erklärte am 7. April 1965 an der John Hopkins University:

Wir kämpfen, weil wir kämpfen müssen, wenn wir in einer Welt leben wollen, in der jedes Land sein Schicksal selbst bestimmen kann. Nur in einer solchen Welt wird unsere eigene Freiheit endgültig
5 gesichert sein. Diese Welt wird niemals durch Bomben und Kugeln gebaut werden. Aber die Schwächen des Menschen bringen es mit sich, dass Gewalt oft der Vernunft und die Zerstörungen des Krieges oft den Werken des Friedens vor-
10 ausgehen müssen ...
Warum sind wir in Vietnam? Wir sind dort, weil wir ein Versprechen zu halten haben ... Wir sind dort, um die Ordnung der Welt zu stärken. Auf der ganzen Erde ... leben Völker, deren Wohlstand
15 zum Teil auf dem Glauben beruht, dass sie auf uns zählen können, wenn sie angegriffen werden.
Zit. nach http//:1.scds.org/resources/US-History/1965_ LBJ%2oHopkins.pdf (Stand: 28.03.2015). Übers. vom Autor.

 M 2

Der Präsident des kommunistischen Nordvietnams, Ho Chi Minh (1890–1969), schrieb am 13. Februar 1967:

[Die Amerikaner] haben die furchtbarsten Waffen wie Napalm, chemische Produkte und giftige Gase benutzt, um unsere Dörfer, Kirchen, Krankenhäuser und Schulen niederzubrennen ...
5 Um seine Unabhängigkeit und seinen Frieden zu verteidigen, kämpft das vietnamesische Volk entschlossen gegen die Aggressoren. Sie vertrauen darauf, dass die Gerechtigkeit triumphieren wird. Die US-Imperialisten müssen ihre Aggression
10 gegen Vietnam beenden, bedingungslos und endgültig die Bombardierung und allen anderen Kriegshandlungen gegen die Demokratische Republik von Vietnam ein Ende setzen, von Südvietnam alle ... Truppen zurückziehen ... und das
15 vietnamesische Volk seine Angelegenheiten selbst bestimmen lassen.
Zit. nach The Dynamics of World Power. A documentary history of United States foreign policy, 1945–1973, ed. by Arthur Schlesinger, New York (Chelsea House Publisher) 1973, S. 524f. Übers. vom Autor.

1 Erkläre mithilfe von M1, wie die USA den Einsatz in Vietnam rechtfertigten.

2 Untersuche anhand von M2 die Kriegsziele der Nordvietnamesen.

3 Vergleiche M1 mit M2.

B

M3 **In der Fernsehdokumentation „Apokalypse Vietnam" von 1999 wurde der Zeitzeuge Mike Lake interviewt, der 1968 als amerikanischer Soldat nach Südvietnam kam:**

Ich hatte gerade das College mit sehr guten Noten abgeschlossen und mich freiwillig für ein Sonderkommando gemeldet ... Es war wie ein Abenteuer und ich war überzeugt, das Richtige zu tun ...
5 Wenn man älter wird, betrachtet man die Situation mit anderen Augen ... Man hat uns seinerzeit in Vietnam einfach ausgesetzt ... Dann kamen wir nach Hause zurück ... Inzwischen hatte sich die Öffentlichkeit völlig gegen den Krieg gewandt und
10 gesagt: „Es ist genug!" So schlug uns eisige Ablehnung entgegen; es war entsetzlich ... Erst später bemühte sich die Regierung um uns ...
Zit. nach Wolfgang Schneider, Apokalypse Vietnam, Berlin (Rowohlt) 2000, S. 188ff.

M4

Evakuierung von Fallschirmspringern. Nachdem die Soldaten direkt im Vietcong-Gebiet gelandet und unter heftigem Beschuss geraten sind, werden verwundete Soldaten abtransportiert. Foto

1 Erkläre anhand von M3 und des Darstellungstextes das Verhalten der Vietnamveteranen und der Öffentlichkeit bei der Heimkehr der Soldaten.
2 Beschreibe die Situation in M4.

3 Erläutere anhand von M3, M4 und des Darstellungstextes, weshalb Vietnam zum amerikanischen Trauma werden konnte.

C

M5

Das Mädchen Kim Phúc. Das Bild zeigt das damals neunjährige Mädchen Kim Phúc, das nach einem Napalmangriff südvietnamesischer Flugzeuge aus seinem Dorf flieht. Es hat sich die brennende Kleidung vom Leib gerissen. Das Foto ging 1972 um die Welt und steht seitdem wie kein anderes als Symbol für die Grausamkeit des Vietnamkrieges. Für die Veröffentlichung wählte man einen verkleinerten Bildausschnitt (roter Rahmen), der den Journalisten rechts, der seelenruhig einen Film in seine Kamera einlegt, ausblendete. Kim Phúc wurde von dem Fotografen ins Krankenhaus gebracht und überlebte mit schwersten Verbrennungen. Heute tritt sie für Versöhnung und Frieden zwischen den Völkern ein.

1 Beschreibe die Stimmung des Bildes. Welchen Eindruck macht es auf dich als?
2 Erörtere, wie sich die Wirkung des Bildes durch den gewählten Ausschnitt verändert.

3 Erkläre, warum dieses Bild eine solche Symbolkraft entwickeln konnte.
4 Bewerte das Verhalten der Journalisten.

Entspannungspolitik und neue Konfrontationen

Die Bemühungen um eine friedliche Koexistenz* führten zu einer schrittweisen Entspannung des Verhältnisses zwischen den USA und der Sowjetunion. Besonders die Staaten Europas sollten diese Entwicklung zu spüren bekommen.
- *Blieb es bei dieser Entwicklung? Handelte es sich um einen belastbaren Frieden?*

„Helsinki – Gipfel der Unverbindlichkeiten", Karikatur von Hanns E. Köhler in der „Frankfurter Allgemeinen Zeitung" vom 30. Juli 1975

Eine Schlussakte am Anfang

Neben den SALT-Abrüstungsgesprächen kam es seit 1969 zu Verhandlungen, die eine bessere Zusammenarbeit in Europa zum Ziel hatten. Ein wichtiger Schritt war die „Konferenz für Sicherheit und Zusammenarbeit in
5 Europa (KSZE)"*, die am 1. August 1975 mit der Unterzeichnung der Schlussakte von Helsinki ein Programm zur Stabilisierung und zum Ausbau der friedlichen Beziehungen formulierte. Nahezu alle europäischen Staaten, die UdSSR, die USA und Kanada nahmen an der
10 Konferenz teil.
Wichtiger Bestandteil der Schlussakte war ein Bereich, der Regelungen zur Verbesserung zwischenstaatlicher Kontakte beinhaltete. So wurde die Unverletzlichkeit der Grenzen festgeschrieben, die Nichteinmischung in
15 die Angelegenheiten anderer Staaten, Erleichterungen bei der Aus- und Einreise und die Einberufung von regelmäßigen Folgekonferenzen. Besonders die Zusicherung der Einhaltung der Menschen- und Grundrechte sollte sich als folgenreich erweisen. Denn obwohl die
20 Schlussakte keinen völkerrechtlich bindenden Vertrag darstellte, verwiesen Bürgerrechtsgruppen in den sozialistischen Ostblockstaaten immer wieder darauf, um ih-

ren Forderungen nach Meinungs- und Pressefreiheit Nachdruck zu verleihen. So etwa die Bürgerrechtsbewe-
25 gung Charta '77 in der Tschechoslowakei oder die Gewerkschaft Solidarność in Polen. Die Bundesrepublik, wie auch die DDR, gehörten zu den Unterzeichnerstaaten der Schlussakte. Den in den 1980er Jahren entstehenden oppositionellen Gruppen in der DDR bot sich ein
30 Hebel für politische Forderungen. Kritiker engagierten sich verstärkt in Friedens- und Umweltgruppen, häufig unter dem Dach der evangelischen Kirche.

Erneuter Rüstungswettlauf

Doch die Hoffnung auf eine weltweite Abrüstung erfüll-
35 te sich nicht. Im Gegenteil: Das Ringen um Einflusszonen verlagerte sich zunehmend auf die Dritte Welt*. Sogenannte Stellvertreterkriege verschärften den Ost-West-Konflikt, z. B. in Afrika (Äthiopien, Angola, Mosambik), da beide Großmächte ihren Einfluss ausdehnen wollten.
40 So kam es trotz der SALT-Verhandlungen zu einer erneuten Aufrüstung. Die Sowjetunion stationierte nach Westeuropa gerichtete Mittelstreckenraketen, worauf die NATO-Mitgliedsstaaten 1979 mit dem sogenannten NATO-Doppelbeschluss* antworteten, der seinerseits
45 eine Stationierung amerikanischer Raketen in Deutschland vorsah. Ende 1979 verschärfte sich die ohnehin schon angespannte Lage zwischen den USA und der Sowjetunion durch den Einmarsch sowjetischer Truppen in Afghanistan, die die kommunistische Regierung des
50 Landes gegen islamische Widerstandskämpfer (Mudschaheddin) verteidigen sollten. Diese wiederum erhielten Waffen und Unterstützung aus den USA. Der Konflikt dauerte bis zum Rückzug der russischen Truppen 1988 an.
55 Beide Supermächte wollten in dieser Phase erneuter Konflikte Stärke beweisen und verabschiedeten sich von den Abrüstungsbemühungen. Die USA erhöhten ihre Militärausgaben unter dem neuen Präsidenten Ronald Reagan (1981–1989) und bemühten sich um den Auf-
60 bau eines satellitengestützten Raketenabwehrschirms (SDI = Strategic Defense Initiative).

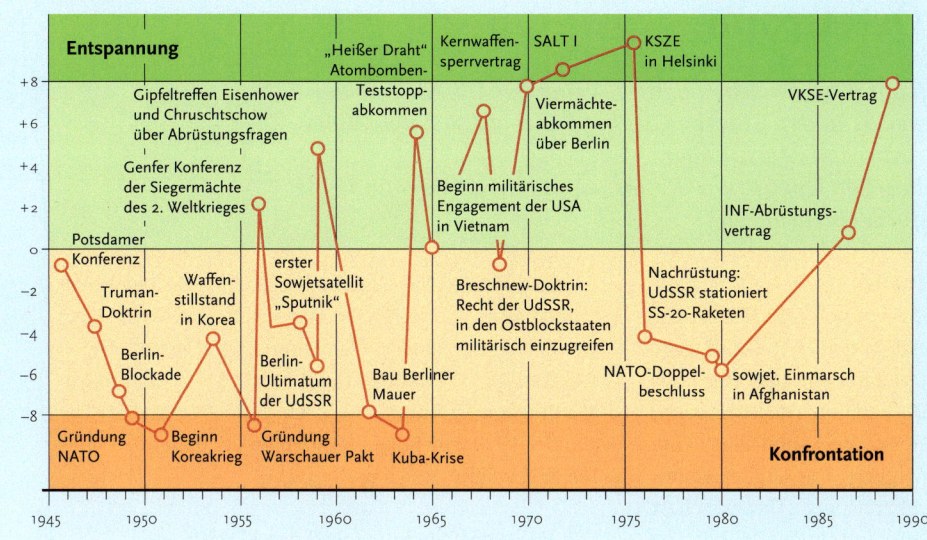

Entspannung und Konfrontation 1945 bis 1990 (SALT I: Begrenzung der Raketensysteme, keine weitere Aufrüstung); INF-Vertrag (Intermediate Range Nuclear Forces): Abbau von atomaren Mittelstreckenraketen; VK-SE-Vertrag (Vertrag über konventionelle Streitkräfte in Europa): starke Reduzierung aller Streitkräfte in Europa

Chart labels:
- Entspannung
- Gipfeltreffen Eisenhower und Chruschtschow über Abrüstungsfragen
- „Heißer Draht" Atombomben-Teststopp-abkommen
- Kernwaffen-sperrvertrag
- SALT I
- KSZE in Helsinki
- VKSE-Vertrag
- Genfer Konferenz der Siegermächte des 2. Weltkrieges
- Viermächte-abkommen über Berlin
- Potsdamer Konferenz
- Beginn militärisches Engagement der USA in Vietnam
- INF-Abrüstungs-vertrag
- Truman-Doktrin
- Waffen-stillstand in Korea
- erster Sowjetsatellit „Sputnik"
- Breschnew-Doktrin: Recht der UdSSR, in den Ostblockstaaten militärisch einzugreifen
- Nachrüstung: UdSSR stationiert SS-20-Raketen
- Berlin-Blockade
- Berlin-Ultimatum der UdSSR
- Bau Berliner Mauer
- NATO-Doppel-beschluss
- sowjet. Einmarsch in Afghanistan
- Gründung NATO
- Beginn Koreakrieg
- Gründung Warschauer Pakt
- Kuba-Krise
- Konfrontation

Aus der KSZE-Schlussakte von Helsinki vom 1. August 1975:

I. Souveräne Gleichheit

Die Teilnehmerstaaten werden gegenseitig ihre souveräne Gleichheit achten, einschließlich des Rechts eines jeden Staates auf rechtliche Gleichheit, auf
5 territoriale Integrität sowie auf Freiheit und politische Unabhängigkeit. Sie werden das Recht jedes Teilnehmerstaates achten, sein politisches, soziales, wirtschaftliches und kulturelles System frei zu wählen.

10 **II. Enthaltung von der Androhung von Gewalt**

Die Teilnehmerstaaten werden sich in ihren gegenseitigen Beziehungen der Androhung oder Anwendung von Gewalt enthalten.

III. Unverletzlichkeit der Grenzen

15 Die Teilnehmerstaaten betrachten gegenseitig alle ihre Grenzen als unverletzlich und werden deshalb jetzt und in der Zukunft keinen Anschlag auf diese Grenzen verüben ...

Zit. nach www.osce.org/de/mc/39503 (Stand: 30. 04. 2015).

V. Friedliche Regelung von Streitfällen

20 Die Teilnehmerstaaten werden Streitfälle zwischen ihnen mit friedlichen Mitteln auf solche Weise regeln, dass der internationale Friede nicht gefährdet wird.

VI. Nichteinmischung in innere Angelegenheiten

25 Die Teilnehmerstaaten werden sich ungeachtet ihrer gegenseitigen Beziehungen jeder Einmischung in die inneren oder äußeren Angelegenheiten enthalten.

**VII. Achtung der Menschenrechte und
30 Grundfreiheiten**

Die Teilnehmerstaaten werden die Menschenrechte und die Grundfreiheiten ohne Unterschied der Rasse, des Geschlechts, der Sprache oder der Religion achten. Sie werden die wirksame Ausübung der zivi-
35 len, politischen, wirtschaftlichen, sozialen, kulturellen sowie der anderen Rechte und Freiheiten, die sich aus der dem Menschen innewohnenden Würde ergeben, fördern und ermutigen.

---

1 Gliedere die Zeit des Ost-West-Konflikts mithilfe von M2 und des Darstellungstextes in Phasen.

2 **a)** Fasse die wesentlichen Bestimmungen der KSZE-Schlussakte (M3) zusammen.
   b) Erkläre, welche Bedeutung die Schlussakte für Oppositionsgruppen im Ostblock haben konnte.

3 Interpretiere die Karikatur M1 vor dem Hintergrund der Quelle M3.

4 **Wähle eine Aufgabe aus:**
   Recherchiere über
   a) einen Stellvertreterkrieg in Afrika.
   b) den NATO-Doppelbeschluss in Deutschland.
   Stelle dein Ergebnis in der Klasse vor.

Webcode: FG642335-061
Entspannungspolitik; NATO-Doppelbeschluss

Umbruch in Osteuropa

Trotz der erneuten Konfrontation zwischen den USA und der UdSSR war der „Geist von Helsinki" geweckt. In den Staaten Osteuropas regte sich der Widerstand gegen die kommunistischen Machthaber.
  * *Wie gelang es der polnischen Opposition, Reformen durchzusetzen und eine demokratische Staatsform einzuführen?*

Die Reformbewegung in Polen

Als im Sommer 1980 Arbeiterunruhen und Streiks auf den Werften in Gdańsk (Danzig) und Gdynia (Gdingen) ausbrachen, war noch nicht abzusehen, dass diese das Ende der Sowjetunion einläuten sollten. Auslöser waren
5 drastische Erhöhungen der Fleischpreise und allgemeine Mängel in der Konsumversorgung. Die Organisatoren des Streiks gründeten die unabhängige Gewerkschaft Solidarność (Solidarität). Sie forderte mehr Mitbestimmung und gesellschaftliche Freiheit und prangerte die
10 staatliche Misswirtschaft im kommunistischen System an. Innerhalb kürzester Zeit hatte die Protestbewegung zehn Millionen Mitglieder. Die Regierung antwortete im Dezember 1981 mit dem Verbot der Solidarność und der Verhängung des Kriegsrechts. Führende Gewerkschafter
15 und Oppositionelle wurden verhaftet, die Gewerkschaft verlagerte ihre Arbeit in den Untergrund. Der Zuspruch in der Bevölkerung blieb aber bestehen, sodass die Regierung 1989 unter dem Druck der Öffentlichkeit und nach Vermittlung der Kirche Verhandlungen mit dem
20 Arbeiterführer Lech Wałęsa (geb. 1953) aufnahm. Vereinbart wurden die Anerkennung der Solidarność und ein Termin für Parlamentswahlen am 4. Juni 1989. Bei diesen Wahlen traten erstmals auch Kandidaten der Oppositionsparteien an, die einen Sieg davontrugen. So
25 konnte im August 1989 mit dem Solidarność-Berater

Tadeusz Mazowiecki (1927–2013) der erste nichtkommunistische Ministerpräsident vereidigt werden. Damit war der Weg zu einer parlamentarischen Demokratie, zu Rechtsstaat, Gewaltenteilung und einer marktwirt-
30 schaftlichen Ordnung frei. Lech Wałęsa wurde im Dezember 1990 zum Staatspräsidenten der neuen Republik Polen gewählt.

Die Rolle des Auslands und der Kirche

Die Oppositionsbewegung Solidarność wurde im Aus-
35 land aufmerksam beobachtet. Mit der Verleihung des Friedensnobelpreises 1983 an Lech Wałęsa wurde die Unterstützung des Westens für den polnischen Freiheitskampf zum Ausdruck gebracht, auch wenn er den Preis nicht persönlich entgegennehmen durfte. In der
40 DDR löste die polnische Entwicklung hingegen Angst vor Nachahmern aus, was zur Einschränkung des Transits nach Polen führte.
Einen großen Unterstützer fand die polnische Oppositionsbewegung in dem Krakauer Erzbischof Karol
45 Wojtyła (1920–2005), der 1978 zum Papst Johannes Paul II. gewählt worden war. Er besuchte wiederholt seine polnische Heimat und unterstützte den Einsatz für den politischen Aufbruch. Die polnische Kirche trat, gestärkt durch den Rückhalt des Papstes, als Vermittler
50 zwischen Opposition und Staat auf.

Arbeiterführer Lech Wałęsa spricht in Danzig vor Anhängern der Gewerkschaft Solidarność, Foto, Herbst 1988. Übersetzung des Transparents: „Keine Freiheit ohne Gott und Solidarność"

Streikende am Eingang zur Danziger Lenin-Werft im August 1980, vor dem Tor die Angehörigen der Streikenden. Am Tor hängt eine Fotografie von Papst Johannes Paul II. Foto, August 1980

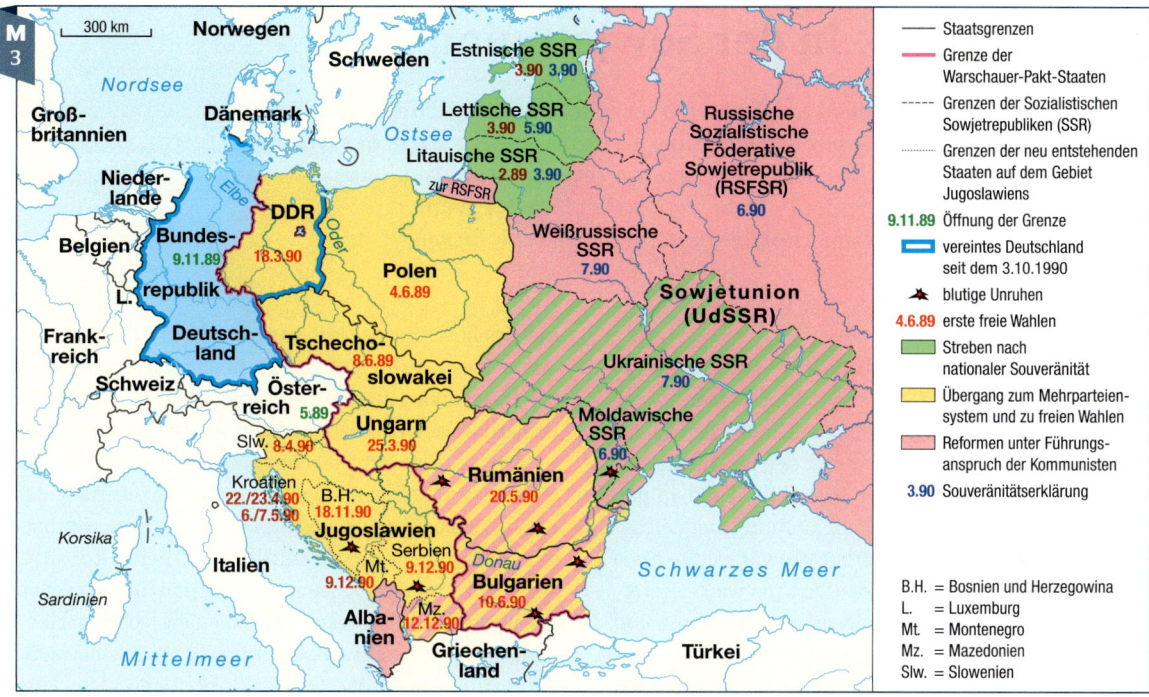

——	Staatsgrenzen
——	Grenze der Warschauer-Pakt-Staaten
- - - -	Grenzen der Sozialistischen Sowjetrepubliken (SSR)
········	Grenzen der neu entstehenden Staaten auf dem Gebiet Jugoslawiens
9.11.89	Öffnung der Grenze
▭	vereintes Deutschland seit dem 3.10.1990
⚔	blutige Unruhen
4.6.89	erste freie Wahlen
▮	Streben nach nationaler Souveränität
▮	Übergang zum Mehrparteiensystem und zu freien Wahlen
▮	Reformen unter Führungsanspruch der Kommunisten
3.90	Souveränitätserklärung

B.H. = Bosnien und Herzegowina
L. = Luxemburg
Mt. = Montenegro
Mz. = Mazedonien
Slw. = Slowenien

Wandel in den Staaten Ostmitteleuropas bis 1990

M4

Aus dem Programm der polnischen Gewerkschaft Solidarność (Oktober 1981):

Die ... „Solidarność" vereint viele gesellschaftliche Strömungen, vereint Menschen mit unterschiedlichen politischen und religiösen Überzeugungen und Menschen unterschiedlicher Nationalität.

5 Uns verbindet der Protest gegen die Ungerechtigkeit, gegen den Missbrauch der Macht und die Monopolisierung des Rechts, im Namen der gesamten Nation zu sprechen und zu handeln. Uns verbindet der Protest gegen den Staat, der die

10 Bürger wie sein Eigentum behandelt ... Wir verurteilen, dass unbedingter politischer Gehorsam anstelle von Eigeninitiative und Selbstständigkeit belohnt wird ... Grundlage des Handelns muss die Achtung des Menschen sein. Der Staat muss

15 dem Menschen dienen und darf nicht über ihn herrschen, die Organisierung des Staates muss der Gesellschaft dienen und darf nicht von einer einzigen politischen Partei monopolisiert werden.

Zit. nach Barbara Büscher u. a. (Hg.), Solidarność, Köln (Bund Verlag) 1983, S. 297.

1 Partnerarbeit:
a) Beschreibt die Ziele und Aktionen der Gewerkschaft Solidarność (M1–M2, M4, Darstellungstext).
b) Beurteilt die Bedeutung dieser Gewerkschaft für den Wandel in Polen.

2 Wähle eine Aufgabe aus:
a) Setze die Forderungen der Solidarność (M4) in Beziehung zu den Bestimmungen der KSZE-Schlussakte (siehe S. 61/M3).
b) Erkläre, was mit dem „Geist von Helsinki" gemeint ist. Welche Bedeutung hatte er für den Wandel in Osteuropa?

3 Vorschlag für eine Gruppenarbeit:
a) Erstellt ein Schaubild, das die verschiedenen Faktoren darstellt, die auf den Umbruch in Polen wirkten. Verdeutlicht die Beziehungen der Faktoren untereinander.
b) Beschreibt mithilfe der Karte M4 den Wandel in den Staaten Osteuropas.
Tipp: Haltet Gemeinsamkeiten und Unterschiede fest.

4 Recherchiere die Entwicklung eines Ostblocklandes deiner Wahl in der Phase des Umbruchs in Osteuropa (M3).

Webcode: FG642335-063
Demokratische Revolutionen in Osteuropa

Reformpolitik in der Sowjetunion

*Mit keinem anderen Politiker des Ostblocks verbindet sich das Ende des
Kalten Krieges so sehr wie mit Michael Gorbatschow. Für das Ende der UdSSR,
aber besonders auch für die friedliche Wiedervereinigung Deutschlands
(siehe S. 128/129) sollte er der entscheidende Wegbereiter werden.*

- *Wie kam es zum Zerfall der Sowjetunion und welche Rolle spielte dabei Gorbatschow?*

Ein neuer Mann an der Spitze

1985 übernahm Michael Gorbatschow (geb. 1931) das
Amt des Generalsekretärs der Kommunistischen Partei.
Ihn erwarteten große, vor allem wirtschaftliche Probleme. Besonders der kostenintensive Krieg in Afghanistan
5 und das neuerliche Wettrüsten hatten das Land an den
Rand des Ruins getrieben. Der mit 54 Jahren vergleichsweise junge und tatkräftige Gorbatschow erkannte diese
Probleme und benannte sie deutlich. Er wagte Reformen, um das kommunistische System zu bewahren und
10 durch „Glasnost"* (Offenheit) und „Perestroika"* (Umgestaltung) zu modernisieren. Erste Maßnahmen waren
deshalb eine schrittweise Lockerung der Zensur und die
Wiederaufnahme von Abrüstungsgesprächen mit den
USA. Während der amerikanische Präsident Ronald
15 Reagan noch wenige Jahre zuvor die UdSSR als „Reich
des Bösen" bezeichnet hatte, erkannte er nun die Chance auf eine Verbesserung der Lage. 1987 unterschrieben
beide Staaten eine Vereinbarung zur Vernichtung aller
Mittelstreckenraketen in Europa und sprachen sich für
20 ein Verbot dieser Waffen aus. Weitere Gespräche zur
Rüstungsbegrenzung folgten. Gorbatschow veranlasste
auch den Rückzug der erfolglosen sowjetischen Truppen
aus Afghanistan bis 1988.

Innenpolitisch hatte Gorbatschow weitere Probleme zu
25 lösen. Gleich zu Beginn seiner Amtszeit ereignete sich
die Reaktorkatastrophe von Tschernobyl (1986). Die
Regierung versuchte zunächst in gewohnter Weise, die
Katastrophe zu verheimlichen, aber die neue Offenheit
mithilfe der Medien ermöglichte es der Bevölkerung, das
30 wahre Ausmaß der Katastrophe zu erfahren. Gorbatschow wurde für diese Hinhaltetaktik heftig kritisiert,
zugleich kam es zu Massenprotesten und Streiks wegen
der wirtschaftlichen Lage. Der Übergang von der Planwirtschaft zur Marktwirtschaft brachte u. a. eine Geld-
35 entwertung und hohe Arbeitslosigkeit mit sich. Eine
schlechte Ernte führte im Herbst 1990 zu einer wirtschaftlichen Notlage, die nur durch Hilfe aus dem Ausland gemildert werden konnte.

Die Schlussakte von Helsinki und Gorbatschows Re-
40 formpolitik hatten einen Prozess ausgelöst, der immer
größere Ausmaße annahm. Nicht nur die Staaten des
Warschauer Pakts, sondern auch die Sowjetrepubliken
wurden davon erfasst. Im März 1990 erklärten sich
Litauen, im Mai auch Estland und Lettland für unabhän-
45 gig. Der Erfolg der baltischen Staaten bestärkte andere
Sowjetrepubliken, ihre Unabhängigkeit zu erklären. Mit
dem Zerfall der Zentralmacht brachen in den verschiedenen Ländern, vor allem im Kaukasus und in Zentral-
asien, viele Nationalitätenkämpfe aus.

George Bush sen. und Michael Gorbatschow geben sich nach der
Unterzeichnung des START-Abrüstungsvertrages am 31. Juli 1991
in Moskau die Hände. Foto

Gorbatschow als Klavierspieler, Karikatur von Peter Leger, 1987

Die Sowjetunion zerfällt, der Kalte Krieg endet

Im August 1991 versuchte eine Gruppe überzeugter Kommunisten, Gorbatschow durch einen Putsch zu entmachten, und setzte ihn unter Hausarrest. Der Präsident der russischen Teilrepublik, Boris Jelzin (1931–2007), organisierte den bewaffneten Widerstand und brachte den Putsch zum Scheitern. Gorbatschow wurde befreit, verlor aber alle seine Ämter. Jelzin verbot die Kommunistische Partei und betrieb unter der Führung Russlands die Gründung der Gemeinschaft Unabhängiger Staaten (GUS) zum Dezember 1991, was zugleich das Ende der 70-jährigen Geschichte der UdSSR bedeutete. Auch das Militärbündnis des Ostblocks, der Warschauer Pakt, wurde aufgelöst. Der Kalte Krieg war endgültig zu Ende.

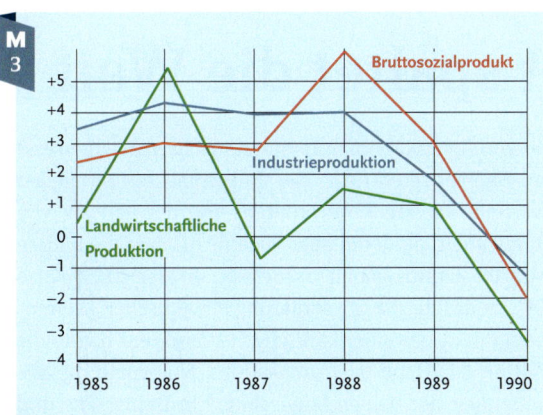

Wirtschaftsentwicklung in der Sowjetunion während der ersten fünf Jahre der Reformpolitik 1985 bis 1990

....

1 Fasse mithilfe von M1 bis M3 und des Darstellungstextes die politische und wirtschaftliche Entwicklung der Sowjetunion bis 1991 in einer Mindmap zusammen.

2 **Partnerarbeit:** Erarbeitet aus M4 den Reformansatz Gorbatschows.
a) Listet die Merkmale von „Glasnost" und „Perestroika" auf. Lest auch im Lexikon nach.
b) Stellt zusammen, worin die wesentlichen Unterschiede zum bisherigen System liegen.

3 **Wähle eine Aufgabe aus:**
a) Schreibe eine Rede, in der du Gorbatschows Politik würdigst.
b) Verfasse einen Zeitungsartikel über das Ende der UdSSR. Stelle die wichtigsten Ursachen dafür zusammen.

4 **Recherche:** Informiere dich über das Reaktorunglück von Tschernobyl und berichte vor der Klasse.

Neues Denken in der Gesellschaft
Michail Gorbatschow beschrieb 1987 sein politisches Programm in einem Buch, das in viele Sprachen übersetzt und in der ganzen Welt bekannt wurde:

Umgestaltung heißt, dass wir uns auf das lebendige Schöpfertum der Massen stützen. Dass wir Demokratie und sozialistische Selbstverwaltung umfassend entwickeln, Entschlusskraft und Eigeninitiative fördern, Ordnung und Disziplin stärken. Umgestaltung heißt mehr Offenheit, mehr Kritik und Selbstkritik in allen Lebensbereichen der Gesellschaft, heißt, dass die Werte und die Würde der Persönlichkeit hohe Achtung genießen. Umgestaltung heißt, dass die sowjetische Wirtschaft umfassend intensiviert wird, dass die Prinzipien des demokratischen Zentralismus ... wieder zur Geltung gebracht und weiterentwickelt werden, dass nicht länger kommandiert und administriert wird und dass Schrittmachergeist und sozialistischer Unternehmungsgeist mit allen Mitteln gefördert werden ...
Das Wesen der Umgestaltung liegt ja gerade darin, dass in ihr Sozialismus und Demokratie zu einer Einheit verschmelzen, dass sie die Leninsche Konzeption vom Aufbau des Sozialismus in Theorie und Praxis wieder voll zum Tragen bringt.
... Nötig ist eine weitgreifende Demokratisierung des gesamten gesellschaftlichen Lebens. Ohne Offenheit (Glasnost) kann es keine Demokratie geben. Und ohne Demokratie kann es keinen zeitgemäßen Sozialismus geben.
Man muss den Massen die Wahrheit sagen ... Universale Sicherheit beruht in unserer Zeit auf der Anerkennung des Rechts jeder Nation, den Weg ihrer sozialen Entwicklung selbst zu bestimmen, auf dem Verzicht der Einmischung in die inneren Angelegenheiten anderer Staaten ... Nationen können und sollen ihr Leben nicht nach dem Muster der USA oder der Sowjetunion ausrichten. Politische Positionen sollen deshalb frei sein von ideologischer Intoleranz.

Zit. nach Michail Gorbatschow, Umgestaltung und neues Denken für unser Land und für die ganze Welt, Berlin (Dietz) 1987, S. 37 ff.

Webcode: FG642335-065
„Glasnost" und „Perestroika"

| 1940 | | 1950 | | 1960 |

1947–1991 Kalter Krieg

1949 Gründung der NATO

1950–1953 Koreakrieg

1955 Gründung des Warschauer Pakts

1960 „Afrikanisches Jahr" –
zahlreiche Kolonien werden in
die Unabhängigkeit entlassen

1962 Kuba-Krise

1964–1973 Amerika
kämpft im Vietnamkrieg

Der Ost-West-Konflikt spaltet die Welt

Von der Anti-Hitler-Koalition zum „Kalten Krieg"
Schon während des Zweiten Weltkrieges und während der Potsdamer Konferenz wurden die ideologischen Unterschiede zwischen den Verbündeten gegen NS-Deutschland immer offensichtlicher. Die westlichen
5 Demokratien Großbritannien, Frankreich und die USA verband ein gemeinsames Politik- und Wirtschaftsverständnis, die Sowjetunion suchte ihren Einfluss auf die osteuropäischen Staaten auszuweiten. Daraus entwickelte sich der grundlegende Ost-West-Konflikt, in dem
10 es um die militärische, politische und ideologische Vorherrschaft in der Welt ging. Die unterschiedlichen Machtinteressen führten zur Bildung zweier unterschiedlicher Blöcke. Durch die Gründung der Militärbündnisse NATO (1949) und Warschauer Pakt (1955)
15 vertieften sich die Gegensätze. Da sich aber die beiden Supermächte USA und UdSSR zwischen 1947 und 1991 nie offiziell im Krieg miteinander befanden, bezeichnet man diese Phase als Kalten Krieg. Die politische Atmosphäre war stark geprägt durch gegenseitige Feindbilder,
20 die auf verzerrter Bewertung und Wahrnehmung sowie Misstrauen gegenüber dem anderen beruhten.

Berlin, Korea, Kuba – die Welt am Abgrund
Es gab eine Reihe von Krisen, die diesen Zustand des „Nicht-Kriegs" anheizten. Die Berlin-Blockade 1948/49
25 zeigte die Entschlossenheit beider Seiten, einmal gewonnenen Einfluss nicht wieder verlieren zu wollen. Im Koreakrieg 1950–1953 kämpfte der von der Sowjetunion und China unterstützte kommunistische Norden gegen den von Amerikanern unterstützten Süden in einem ers-
30 ten Stellvertreterkrieg. Die Supermächte vermieden zwar eine direkte Konfrontation und den Einsatz von Atomwaffen, duldeten aber auch nicht, dass die andere Seite ihr Einflussgebiet ausdehnte. In der Kuba-Krise 1962 bedrohte die Stationierung sowjetischer Atomra-
35 keten direkt das amerikanische Festland und führte die Welt an den Rand des Atomkrieges. Nur durch die Besonnenheit der beiden Staatschefs Chruschtschow und Kennedy konnte ein atomarer Krieg verhindert werden.

Dekolonisation und Nord-Süd-Konflikt
40 Die Forderungen der Kolonien europäischer Staaten in Asien und Afrika nach Unabhängigkeit, beruhend auf dem Selbstbestimmungsrecht aller Völker laut UN-Charta, konnten ab den späten 1940er Jahren nicht mehr überhört werden. Die jeweils unterschiedlichen Schritte
45 zur Umsetzung der Eigenständigkeit waren oft von Unruhen und Kämpfen rivalisierender Volksgruppen oder dem Entstehen von Militärdiktaturen begleitet. Diese zumeist blutigen Auseinandersetzungen, die zum Teil bis heute andauern, führten die jungen Staaten zwar in eine
50 politische, nicht aber eine wirtschaftliche Unabhängigkeit. Die Bindung an die ehemaligen Kolonialmächte, die Abhängigkeit vom Weltmarkt und von ausländischen Krediten belasteten die Entwicklung. Hinzu traten innenpolitische Spannungen, die oft auf die willkürlichen
55 Staatsgrenzen und den Kampf um Einfluss, verbunden mit Korruption und Vetternwirtschaft, zurückzuführen sind. Die sich aus dem politischen, wirtschaftlichen und

1970	1980	1990

1968 Atomwaffensperrvertrag zwischen USA, GB und UdSSR
Niederschlagung des „Prager Frühlings" durch die UdSSR

1972 SALT-I

1975 Konferenz für Sicherheit und Zusammenarbeit in Europa (KSZE)

1979 NATO-Doppelbeschluss

1979–1988 UdSSR kämpft im Afghanistankrieg

ab 1981 Beginn der Solidarność-Bewegung in
Polen/Reformbewegungen in Osteuropa

ab 1985 Gorbatschow sowjet. Ministerpräsident, „Glasnost" und „Perestroika"

1989/90 Revolutionen
in Ostmitteleuropa

Ende der Sowjetunion und **1991**
Auflösung des Warschauer Pakts

---

sozialen Gefälle ergebenden Spannungen zwischen den reichen „Industrienationen" und den armen „Entwick-
60 lungsländern" werden als Nord-Süd-Konflikt bezeich-
net.

Stellvertreterkriege
Wie im Koreakrieg, so kämpften auch im Vietnamkrieg (1964–1973) amerikanische Truppen gegen von der
65 Sowjetunion unterstützte Revolutionäre, um ein Aus-
weiten des Kommunismus zu verhindern (Domino-Theo-
rie). Ähnlich verhielt es sich in einigen Staaten Afrikas und Südamerikas. Die Sowjetunion engagierte sich im Afghanistankrieg (1979–1988) und musste dabei gegen
70 vom Westen ausgerüstete Mudschaheddin kämpfen.

Zwischen Entspannung und Konfrontation
Die Kuba-Krise hatte beiden Supermächten die Gefahren ihres Konfrontationskurses deutlich gemacht. Eine erste Maßnahme zur Verbesserung der Kommunikation war
75 die Einrichtung des „Heißen Drahts", einer Fernschrei-
berverbindung zwischen Moskau und Washington. Darüber hinaus begann man, über die Eindämmung des ato-
maren Risikos zu verhandeln und unterzeichnete 1968 einen Atomwaffensperrvertrag, der die Weitergabe von
80 Atomwaffen unterband. SALT I (1972) sollte eine weite-
re Aufrüstung verhindern, die Nachfolgeverträge legten eine Reduzierung des Raketenpotenzials fest. Es zeichnete sich eine erste Phase der Entspannung ab.
Besonderes Kennzeichen dieser Entspannungsphase war
85 die Konferenz für Frieden und Zusammenarbeit in Europa (KSZE), die 1975 mit einer Schlussakte in Helsinki

beendet wurde. Sie legte fest, die Grenzen in Europa als unverletzlich anzuerkennen und die Menschenrechte zu wahren. Insbesondere die letztgenannte Forderung ver-
90 half den Bürgerrechtsgruppen in den Staaten des Ost-
blocks zu größerem politischen Einfluss, der das Ende des Ost-West-Konflikts beschleunigen sollte.
Die Entspannungspolitik der 1970er Jahre wurde aber von einem erneuten Rüstungswettlauf in den 1980er
95 Jahren unterbrochen, der zu einer Verschärfung der Ge-
gensätze führte.

Umbruch in der Sowjetunion und in Osteuropa
Das Wettrüsten und der Afghanistankrieg belasteten die Sowjetunion finanziell schwer. Der 1985 zum General-
100 sekretär der UdSSR gewählte Reformpolitiker Michail Gorbatschow versuchte, die großen wirtschaftlichen, sozialen und politischen Probleme seines Landes zu lösen. Dazu setzte er unter den Schlagworten „Glasnost" und „Perestroika" Reformen um, die eine Öffnung der
105 Wirtschaft und eine Reduzierung staatlicher Kontrolle zum Ziel hatten. Der von Gorbatschow eingeleitete Pro-
zess förderte auch die demokratischen Bewegungen der Ostblockländer. Sie befreiten sich von der sowjetischen Vorherrschaft, der „Eiserne Vorhang" zerbrach.
110 Doch auch Gorbatschow wurde gestürzt. Sein Nachfol-
ger Boris Jelzin veranlasste 1991 ein Verbot der KPdSU und die Auflösung der Sowjetunion. An deren Stelle trat ein freiwilliger Zusammenschluss unabhängiger Staaten (GUS). Der Warschauer Pakt war bereits vorher aufge-
115 löst worden, der Ostblock war zerfallen, der Ost-West-
Konflikt bis auf Weiteres beendet.

In diesem Kapitel konntest du folgende Kompetenzen erwerben:

- die Entstehung des Ost-West-Konflikts erläutern
- die Zusammensetzung und Ziele der beiden Blöcke erklären
- Ideologien des 20. Jahrhunderts miteinander vergleichen und bewerten
- die historischen Gründe für den Nord-Süd-Konflikt aufzeigen

- Phasen der Spannung und Entspannung zwischen den Supermächten unterscheiden
- den Umbruch in der Sowjetunion und im Ostblock erklären
- **Methode:** Spielfilme auf Feindbilder untersuchen

Aus der Rede des amerikanischen Präsidenten Kennedy an der Universität Washington am 10. Juni 1963:

Kein Regierungs- oder Gesellschaftssystem ist so übel gesinnt, dass die ihm angehörigen Menschen als tugendlose Wesen zu betrachten sind. Wir Amerikaner finden den Kommunismus zutiefst ab-
5 stoßend, weil in ihm persönliche Freiheit und Würde negiert werden. Trotzdem können wir den Russen aufgrund ihrer zahlreichen Errungenschaften zujubeln, in Wissenschaft und Raumfahrt, beim wirtschaftlichen und industriellen Wachstum, in
10 der Kultur und bei mutigen Handlungen ...
Wir haben noch nie gegeneinander Krieg geführt ... Sollte heutzutage noch einmal ein totaler Krieg ausbrechen, egal wie, dann wären unsere beiden Länder die Hauptangriffsziele. Es ist ironisch und
15 zugleich wahr, dass die zwei mächtigsten Staaten auch die sind, die am stärksten von Verwüstung bedroht sind. Alles, was wir aufgebaut haben, alles, wofür wir gearbeitet haben, würde in den ersten 24 Stunden zerstört werden ... Kurzum, sowohl
20 die Vereinigten Staaten und ihre Alliierten als auch die Sowjetunion und ihre Alliierten haben ein tiefes, auf Gegenseitigkeit beruhendes Interesse daran, dass ein gerechter und ehrlicher Frieden herrscht und dem Wettrüsten Einhalt geboten
25 wird.

Zit. nach www.jfklibrary.org/JFK/Historic-Speeches/Multi-lingual-American-University-Commencement-Address/Multilingual-American-University-Commencement-Address-in-German.aspx (Stand: 15. 07. 2015).

*Amerikanischer Comic von 1947.
Der Comic wurde von einer kirchlichen Organisation in Minnesota veröffentlicht und hatte die fiktive Übernahme Amerikas durch Kommunisten zum Thema.*

Unterzeichnung des Beistandsvertrages zwischen Nordkoreas oberstem Machthaber Kim Il Sung und dem chinesischen Premierminister Zhou Enlai. Foto 1950

„Spiegel"-Titelseite, März 1985

M5 **Der Historiker Wilfried Loth schrieb 2002 über die „Formation der Blöcke":**

[Die] Auseinandersetzung zwischen Ost und West wurde [seit 1947] nicht länger als bloßes macht-politisches Ringen um Einflusssphären und Si-cherheitsansprüche verstanden, sondern immer
5 mehr als existenzieller Kampf zwischen gegen-sätzlichen Gesellschaftsordnungen und Lebens-formen ... Die Gesamtaussage kann daher im Wesentlichen unverändert bleiben: Der Kalte Krieg war angesichts der machtpolitischen Konstella-
10 tion, zu der der Zweite Weltkrieg im Ergebnis ge-führt hatte, durchaus wahrscheinlich, aber er war nicht unvermeidlich. Eine kooperativere Nach-kriegsordnung war denkbar, sie lag im Sicherheits-interesse der Sowjetunion ebenso wie im Inte-
15 resse an der Durchsetzung westlicher Prinzipien. Dass sie nicht gelang, ist in erster Linie den Kurzsichtigkeiten westlicher Politik zu verdanken, doch hat auch die Politik Stalins ... höchst aktiv zum Scheitern der Kooperation beigetragen.
Wilfried Loth, Die Teilung der Welt, 10. Auflage, München (dtv) 2002, S. 224 ff.

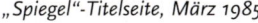

Methodenkompetenz

1 Untersuche das Comictitelblatt (M2) auf die Frage hin, wie Feindbilder in der Zeit des Kalten Krieges eingesetzt wurden.

2 a) Vergleiche die Weltsituation zur Zeit des Kalten Krieges mit der heutigen Situation.
b) Entwickle ein Szenarium, in dem die Figur James Bond im Zusammenhang mit dem aktuellen Zeitge-schehens agiert.

Fach- und Kommunikationskompetenz

3 Erkläre deinem Partner folgende wichtige Begriffe, ohne sie zu nennen: Kalter Krieg, Blockbildung, Ent-spannungspolitik, Rüstungswettlauf.

4 Wähle eine Aufgabe aus:
In Asien kam es zweimal zu ideologischen Auseinan-dersetzungen, die aus dem Kalten Krieg einen „hei-ßen" machten. Fasse stichpunktartig die wesentli-chen Eckpunkte zusammen:
a) Koreakrieg (lies nach auf Seite 42, beziehe M3 mit ein).
b) Vietnamkrieg (lies nach auf Seite 58 f.) Beziehe auch den Begriff „Stellvertreterkrieg" mit ein.

5 Diskutiert die Bedeutung Michael Gorbatschows für das Ende des Ost-West-Konflikts. Nehmt Bezug auf M4. Lest nach auf den Seiten 64/65.
6 Verfasse eine Rede über die Bedeutung der Reformbewegung in Polen und halte sie vor der Klasse (siehe S. 62/63).

Urteilskompetenz

7 Argumentiere schriftlich zu der Frage: „War der Kalte Krieg unvermeidlich?" (M5)
8 Setze dich kritisch mit Ideologien auseinander, indem du auf Beispiele aus dem 20. Jahrhundert zurückgreifst. Lies nach auf den Seiten 44–49.
9 Bewerte mit Bezug auf M1 die Bedeutung der Kuba-Krise für den Verlauf des Kalten Krieges.
10 „Ohne Atombombe wäre der Kalte Krieg sicherlich ein ‚heißer' Krieg geworden." Nimm zu dieser The-se Stellung.

3
Leben im geteilten Deutschland

Anwohner aus den Westsektoren Berlins blicken über eine Mauer hinweg in den östlichen Teil ihrer Stadt. Im August 1961 ließ die DDR-Führung diese Mauer errichten. Sie wird Symbol sowohl für zwei unterschiedliche politische Systeme als auch Lebenswelten.

Versuche, dich in die Lage der Menschen auf beiden Seiten der Mauer hineinzuversetzen. Was mag in jenen Tagen in ihren Köpfen vorgegangen sein?

Mauerbau in Berlin-Neukölln/Treptow, Foto, 15. August 1961

| 1940 | 1950 | 1960 |

1948 Währungsreform

1949 Gründung der Bundesrepublik und der DDR

1950er Jahre „Wirtschaftswunder" im Westen

ab 1952 „Planmäßiger Aufbau des Sozialismus" in der DDR

1961 Mauerbau

Leben im geteilten Deutschland

Auf den nächsten Seiten kannst du untersuchen, wie der Ost-West-Konflikt auch in Alltag und Gesellschaft die Spaltung der beiden deutschen Staaten vertiefte. Diese Trennung hatte zur Folge, dass die Deutschen in der DDR und in der Bundesrepublik unterschiedliche Lebensbedingungen entwickelten und daher bis heute unterschiedliche Erinnerungen an diese Zeit haben. Dieses Kapitel versucht, eine Antwort auf folgende Fragen zu geben:

- Wie unterschied sich die Wirtschaftspolitik in Ost und West? Welche Auswirkungen hatte dies für das Konsumverhalten und den Alltag?
- Welche Rolle spielte die Staatssicherheit (Stasi) der DDR bei der Überwachung ihrer Staatsbürger?
- Welche Arbeitsmöglichkeiten und Karrierechancen eröffneten sich den Frauen in Ost und West? Worin unterschied sich ihr Alltagsleben?

- Gab es unterschiedliche Lebensweisen von Jugendlichen in Ost und West?
- Warum wurden große Sportereignisse bedeutsam für die nationale Identität der Länder?
- Was verstehen wir unter dem „Wertewandel" der 1970er und 1980er Jahre im Westen?
- Wogegen protestierte die „68er Generation"?
- Warum entstand in der Bundesrepublik der Terrorismus der „Roten Armee Fraktion" und wie reagierte der Staat auf diese Bedrohung?
- Wie wandelte sich Ludwigshafen zum industriellen Ballungsraum?
- Aus welchen Gründen und mit welchen Zielen entstand zwischen Rheinland-Pfalz und Ruanda eine besondere Partnerschaft?

Flagge der Bundesrepublik Deutschland ab 1949 und Flagge der Deutschen Demokratischen Republik ab 1959

1970 | 1980 | 1990

1968–1970 Studentenproteste in vielen Ländern Europas
Terroraktionen der „Roten Armee Fraktion" in Deutschland

ab 1971 Machtwechsel in der DDR, Beginn der „Ära Honecker"

1972 Olympische Sommerspiele in München:
DDR und BRD erstmals getrennte Mannschaften

1973 Ölkrise – Wirtschaftsprobleme in Westeuropa,
massiver Anstieg der Arbeitslosigkeit

1989 Öffnung der
innerdeutschen Grenzen

Hymne der Bundesrepublik, ab 1952:
Komponist: Joseph Haydn (1732–1809)
Textdichter: August Heinrich Hoffmann von
Fallersleben (1798–1874)
Einigkeit und Recht und Freiheit
für das deutsche Vaterland!
Danach lasst uns alle streben,
brüderlich mit Herz und Hand!
5 Einigkeit und Recht und Freiheit
sind des Glückes Unterpfand:
Blüh im Glanze dieses Glückes,
blühe, deutsches Vaterland!
Zit. nach www.bundesregierung.de/Content/-DE/
StatischeSeiten/Breg/die-nationalhymne-der-
bundesrepublik-deutschland.html (Stand: 09. 01. 2015).

Hymne der DDR, ab 1949:
Komponist: Hanns Eisler (1891–1958)
Textdichter: Johannes R. Becher (1898–1962)
Auferstanden aus Ruinen und der Zukunft
zugewandt,
lasst uns Dir zum Guten dienen, Deutschland,
einig Vaterland.
5 Alte Not gilt es zu zwingen, und wir zwingen sie
vereint,
denn es muss uns doch gelingen, dass die Sonne
schön wie nie
über Deutschland scheint, über Deutschland
10 scheint.
Zit. nach www.ddr-wissen.de/wiki/ddr.pl?Nationalhymne
(Stand: 09. 01. 2015).

Der Historiker Stefan Wolle, 2013:
In kaum acht Wochen bestellt, komponiert,
gedichtet und von den Instanzen bestätigt, im
Westen als „Spalterhymne" geschmäht und als
angebliches Plagiat des Filmschlagers „Good
5 Bye Johnny" ins Lächerliche gezogen, schließlich
1971 vom eigenen Staat ohne förmliches Verbot
klammheimlich des Textes beraubt, blieb die Na-
tionalhymne der DDR auf seltsame Weise volks-
tümlich. Jedenfalls war der fast seit zwanzig Jah-
10 ren nicht mehr gedruckte Text so populär, dass
die Verszeile „Deutschland einig Vaterland" 1989
von den Demonstranten gesungen und skandiert
wurde ... Das Geburtstagslied wurde nach 40 Jahren zum Totengesang für den SED-Staat.
Stefan Wolle, Der große Plan: Alltag und Herrschaft in der
DDR 1949–1961, Berlin (Ch. Links Verlag) 2013, S. 93f.

1 Vergleiche die Flaggen von DDR und BRD (M1).
2 **Partnerarbeit:** Untersucht die beiden Hymnen (M2,
M3). Die jeweils fehlenden zwei Strophen müsst ihr
selbst ausdrucken.
3 **Wähle eine Aufgabe aus:**
a) Finde heraus in welcher politischen Situation das
„Lied der Deutschen" entstand und warum heute
nur die dritte Strophe gesungen wird (M2).
b) Ergründe, warum seit Anfang der 1970er Jahre
der Text der DDR-Nationalhymne im eigenen Land
nicht mehr gesungen wurde (M3).
c) Erkläre den Kommentar des Historikers in M4.
4 Betrachte die Zeitleiste: Zähle Ereignisse auf, die
deiner Meinung nach besonders einschneidend für
den Alltag der Deutschen waren. Begründe deine
Auswahl.

Plan und Markt:
Zwei Wege zum Wohlstand?

Nach dem Weltkrieg und der bitteren Not der Nachkriegsjahre sehnten sich die Menschen nicht nur nach Frieden, sondern auch nach mehr Wohlstand. In den beiden deutschen Staaten entstanden unterschiedliche Wirtschaftsmodelle. Die Zustimmung der Bevölkerung zur Politik der Regierung hing in hohem Maße von der Wirtschaftspolitik ab.
Wie sollten Arbeit und Einkommen gesichert, wie Güter gerecht verteilt werden? Informiere dich hier über Voraussetzungen, Ansprüche und Ergebnisse der beiden Wirtschaftsformen.

Sozialistische Planwirtschaft im Osten

In der DDR wurde seit 1952 der „planmäßige Aufbau des Sozialismus" vorangetrieben. Noch bestehende Privatbetriebe wurden verstaatlicht und in „Volkseigene Betriebe" (VEB) umgewandelt; private Bauernhöfe oft
5 unter Zwang zu „Landwirtschaftlichen Produktionsgenossenschaften (LPG) zusammengefasst. Da fast alle Betriebe in Staatsbesitz waren, gab es keine Konkurrenz und damit auch keine Preisgestaltung nach dem Prinzip von Angebot und Nachfrage. Eine staatliche Planungs
10 kommission legte jeweils für fünf Jahre fest, welche Güter in welchen Mengen gebraucht und produziert wurden. So sollten Rohstoffe geschont und Verschwendung vermieden werden. Für die DDR-Wirtschaft war die Ausgangslage schwieriger als im Westen, da nicht nur
15 viele Industriebetriebe abgebaut und in die Sowjetunion gebracht wurden, sondern auch hohe Reparationszahlungen an die Sowjetunion geleistet werden mussten. Vorrangig wurde der Bereich der Schwerindustrie auf Kosten der Leicht- und Konsumgüterindustrie ausge
20 baut. Hier fand die Produktion meist in veralteten und technisch rückständigen Anlagen statt. Die DDR war innerhalb des Ostblocks Mitte der 1960er Jahre die zweitstärkste Wirtschaftsmacht und konnte auch international in einigen Sparten hohe Exporterfolge vorwei
25 sen. Sie steigerte ihre Wirtschaftsleistung bis 1960 um das Zweieinhalbfache.

Mangelwirtschaft bei Konsumgütern

Zur Linderung der Wohnungsnot wurden große Wohnblocks aus vorgefertigten Teilen („Plattenbauten") er
30 richtet. Mit den Gütern des Grundbedarfs war die Bevölkerung ausreichend versorgt und die Lebensmittelkarten konnten 1958 abgeschafft werden. Grundnahrungsmittel, Mieten und Fahrten mit öffentlichen Verkehrsmitteln waren im Vergleich zur Bundesrepublik sehr billig.
35 Doch kam es immer wieder zu Fehlplanungen, sodass

bestimmte Produkte über längere Zeit nicht zu haben waren. Gekauft wurde nicht das, was man gerade brauchte, sondern das, was man bekommen konnte. Die Waren blieben über Jahre die gleichen. Einzelne Luxus
40 produkte gab es nur gegen westliche Währungen („Devisen") in speziellen Läden. Da Löhne und Preise staatlich festgesetzt waren und es praktisch für jeden eine Jobgarantie gab, war die Produktivität gering. Der geringen Produktivität mit oft schlechter Warenqualität und
45 der mangelnden Arbeitsmoral vieler Arbeitskräfte begegneten die Verantwortlichen in Partei und Betrieben mit Vergünstigungen aller Art für verdiente Arbeitskräfte. Das waren zusätzlicher und kostenloser Urlaub, die bevorzugte Zuteilung einer der begehrten Neubau
50 wohnungen oder die Auszeichnung als „Heldin" oder „Held der Arbeit".

Krise und Untergang der Planwirtschaft

Die vielen Sozialleistungen, die die DDR als ihr großes Plus gegenüber der Bundesrepublik herausstellte, waren
55 teuer und belasteten den Staatshaushalt. Seit dem Ende der 1970er Jahre geriet die DDR in eine anhaltende Wirtschaftskrise. Im Jahre 1982 stand das Land vor dem finanziellen Ruin. Zwei Milliardenkredite westdeutscher Banken, für die die Bundesregierung in Bonn bürgte,
60 retteten 1984 die Kreditwürdigkeit der DDR. Dennoch stiegen die Staatsschulden im Jahre 1989 auf 49 Milliarden Mark an.

....

Planwirtschaft
Bezeichnet eine Wirtschaftsordnung, in der die Produktion und die Verteilung von Gütern und Dienstleistungen planmäßig und zentral gesteuert werden. Eigeninitiative und freien Wettbewerb gibt es nicht. Löhne und Preise werden staatlich festgelegt.

Webcode: FG642335-074
DDR/BRD – Wirtschaftsmodelle

Soziale Marktwirtschaft im Westen

In den Westzonen entstand seit 1946 eine liberale
65 Marktwirtschaft. Der Markt sollte die Wirtschaft regeln.
Kapital, Fabriken, Maschinen und Bauernhöfe blieben in
Privatbesitz. Verschiedene Firmen konkurrierten mit einer Vielzahl von Produkten um die Gunst der Kunden.
Zugleich sorgte der Staat dafür, dass – anders als z. B. in
70 den USA – das freie „Wechselspiel der Kräfte" durch verschiedene Sozialgesetze eingegrenzt und überwacht
wurde. Der Sozialstaat garantierte den Arbeitnehmern
die Lohnfortzahlung im Krankheitsfall, Schutz bei Fir-
menpleiten und, ab 1957, die Anpassung der Renten an
75 steigende Einkommen. Später kamen die Einführung
eines Kindergeldes und die Mitbestimmung der Arbeiter
in größeren Betrieben hinzu.
Der Marshallplan (siehe S. 24/25), die Einbeziehung der
Bundesrepublik in die „Montanunion" und die EWG
80 (siehe S. 148) sowie die starke Nachfrage infolge des Koreakrieges (siehe S. 42) führten dazu, dass die deutsche
Wirtschaft immer mehr exportierte. Die im Ausland begehrtesten Güter waren Kohle, Stahl, Maschinen und
Autos. Aufgrund eines für die Abnehmer im Ausland
85 günstigen Wechselkurses, niedriger Löhne in Deutschland und guter Qualität der westdeutschen Produkte
boomte der Export, und die BRD wurde binnen kürzester Zeit zum drittgrößten Industriestaat der Erde.
Aber nicht jeder in der Bundesrepublik konnte sich Kon-
90 sumgüter wie Haushaltsgeräte, Autos oder Reisen leisten. Deshalb wurden gerade daran Armut und soziale
Ungerechtigkeit deutlich, auch wenn der Sozialstaat
mehr Bürgern als zuvor erlaubte, an der Konsumgesellschaft teilzuhaben.

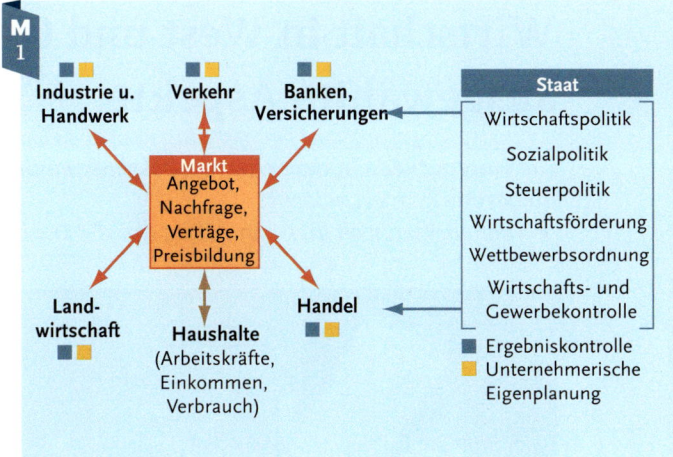

Modell: soziale Marktwirtschaft (Bundesrepublik)

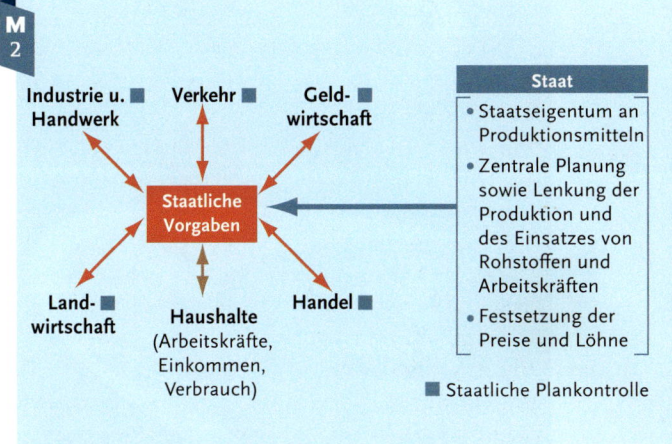

Modell: Planwirtschaft (DDR)

Markt
Wechselspiel von Angebot, Nachfrage und Preisgestaltung in der freien Wirtschaft

Soziale Marktwirtschaft
Produktionsmittel und Kapital befinden sich in Privatbesitz von Unternehmern und großen Gesellschaften.
Gewinne vermehren das Produktivkapital. Der freie
Wettbewerb richtet sich nach Angebot und Nachfrage.
Der Staat überwacht diese Wirtschaftsform, z. B. durch
ein Verbot von Firmenzusammenschlüssen, wenn dadurch der Wettbewerb gefährdet wird. Den Schutz der
Lohnarbeiter regeln Sozialgesetze wie das Arbeitslosen-
geld und der Kündigungsschutz. Das Modell der sozialen Marktwirtschaft wurde maßgeblich von Alfred Mül-
ler-Armack entwickelt und unter Wirtschaftsminister
Ludwig Erhard verwirklicht.

1 **Wähle eine Aufgabe aus:**
  a) Erläutere anhand von M1, des Darstellungstextes
  und der Begriffserklärung die Grundzüge der
  sozialen Marktwirtschaft.
  b) Erläutere anhand von M2, des Darstellungstextes
  und der Begriffserklärung die Grundzüge der sozialistischen Planwirtschaft.
2 a) **Partnerarbeit:** Erstellt je eine Liste mit den wichtigsten Merkmalen der beiden Wirtschaftsmodelle
  und haltet anschließend die aus eurer Sicht entscheidenden Unterschiede fest.
  Tipp: Vergleicht die Festlegung der Löhne, die Ange-
  botsvielfalt etc.
  b) Diskutiert in der Klasse die Vor- und Nachteile
  beider Modelle.

Wirtschaft in West und Ost: ausgewählte Aspekte

Die Unterschiede in den Wirtschaftssystemen der beiden deutschen Staaten hast du bereits kennen gelernt.
- *Wie wirkten sich diese im Alltag auf die Bevölkerung aus?*

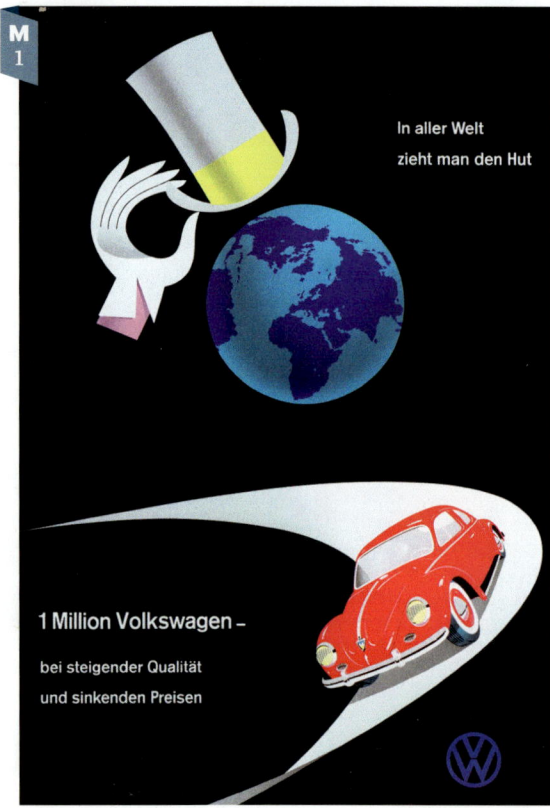

M 1

In aller Welt zieht man den Hut

1 Million Volkswagen – bei steigender Qualität und sinkenden Preisen

Westdeutsches Werbeplakat, 1955

„...daß die Sonne schön wie nie über Deutschland scheint"

5

ALLE KRAFT FÜR DEN AUFBAU DES SOZIALISMUS

M 2   *Propagandaplakat für den Fünfjahresplan, 1951*

Wirtschaftlicher Aufstieg im Westen

Ab den 1950er Jahren besserte sich im Westen Deutschlands die wirtschaftliche Lage. Die Westmächte erließen den Deutschen zwei Drittel ihrer Vorkriegsschulden und stellten durch den Marshallplan erhebliche finanzielle
5 Mittel für den Wiederaufbau bereit. Der Aufschwung war aber auch durch den hohen Leistungswillen der Bevölkerung erzielt worden. Das Warenangebot wurde breiter, der „Wohlstandsbauch" Wahrzeichen jener Jahre. Autos galten als Statussymbol. Das meistverkaufte
10 Fahrzeug war der „VW-Käfer". Dieses Auto wurde zum deutschen Exportschlager, wie viele andere Waren, die weltweit Absatz fanden. Zudem wurde der Sozialstaat durch eine Rentenreform und sozialen Wohnungsbau ausgebaut.

Fortdauer des Mangels in der DDR

15 Nach der Staatsgründung herrschte in der DDR Aufbruchsstimmung. Aus dem Westen siedelten über 100 000 Menschen freiwillig in den Osten über, da sie die DDR als das „bessere Deutschland" betrachteten.
20 Dort sei tatsächlich der Bruch mit dem NS-Regime erfolgt und beim Aufbau dieses Staatswesens wolle man mithelfen.
Dennoch blieben viele Produkte Mangelware und es bildeten sich oft lange Schlangen vor den Geschäften bei
25 Eintreffen neuer Ware. Zwar genossen die DDR-Bürger Anfang der 1980er Jahre den höchsten Lebensstandard im Ostblock, doch die meisten verglichen ihren Alltag nicht mit dem in der Tschechoslowakei oder Polen, sondern mehr und mehr mit dem ihrer Verwandten in West-

deutschland. Das Gegenstück zum „Käfer" war der in der DDR produzierte „Trabant", kurz Trabi. Da die SED den Individualverkehr zugunsten des Ausbaus des öffentlichen Verkehrs vernachlässigte, blieben Autos wie der „Trabant" ein seltenes Luxusgut, auf das man nach der Bestellung viele Jahre warten musste. Die DDR belieferte im Ausland vorrangig osteuropäische Staaten. Nur wenige Spitzenprodukte gelangten auf den Markt im westlichen Ausland und brachten die begehrten Devisen ein.

Der beim Werksverkehr des Eisenhüttenkombinats „EKO" beschäftigte Lothar Ritter erinnerte sich 1994 an die Parteisitzungen:

Ich war mehrere Jahre in der Zentralen Parteileitung im EKO, und der damalige Produktionsdirektor Kurt Schröder, der musste so am 25./26. jedes Monats über den Stand der Planerfüllung berichten. Ich saß als Vorzeigearbeiter mit da drin, damals war ich Lokführer und hab von der Ökonomie nicht allzu viel verstanden. Aber ich wusste: Wenn drei, vier Tage vor Ultimo noch 10 000 Tonnen Roheisen gefehlt hatten, und am 31. wurde dann Planerfüllung gemeldet, dann war da irgendwas manipuliert worden! Das hat sich dann permanent gesteigert, und nach dem Amtsantritt von Honecker[1], muss man sagen, noch potenziert [vervielfacht]. Da stimmte die gemachte Erfahrung nicht mehr mit dem überein, was die Ideologie verkündet hat.

Zit. nach Eisenhüttenstädter Lesebuch, hg. von Dagmar Semmelmann u. a., Berlin (edition bodoni) 2001, S. 95.

···

[1] *Generalsekretär der SED von 1971 bis 1989*

Tauschgeschäfte in der DDR:

Die Ware ist das wahre Zahlungsmittel des Landes. Wer etwas zu geben hat, hat Aussicht, etwas zu kriegen ... Da Mangel an fast allem herrscht, ist fast alles Tauschobjekt. Ein Normalfall verläuft so: Ein Mann braucht eine Etagenheizung, der Heizungsinstallateur braucht einen Trabant (Auto). Der Mann hat eine Tiefkühltruhe zu bieten. Er sucht (über eine Zeitung) den Tauschpartner „Tiefkühltruhe gegen Auto" (bei Wertausgleich), tauscht dann „Auto gegen Etagenheizung" (bei Wertausgleich). Wer nur mit Geld zahlt, hat wenig Aussicht; Ware plus Geld hat Chancen. Dieser einfache Tausch kann von jedermann bewältigt werden. Die wirkliche Kunst ist, mit dem Warentausch zu spielen, Versorgungsketten aufzubauen, die neben den offiziellen verlaufen und funktionieren ... Menschen, die „besorgen" können, sind angesehen. Ihr augenzwinkerndes Motto: „Es geht alles seinen sozialistischen Gang."

Irene Böhme, Die da drüben. Sieben Kapitel DDR, Berlin (Rotbuch) 1983, S. 72ff.

M5 *Menschenschlange vor einem Laden in Weimar, Foto, 1983*

1 a) Methode: Beschreibe die Plakate M1 und M2.
Tipp: Nutze die Arbeitsschritte zu „Propagandaplakate untersuchen" (siehe S. 205).
b) Lege dar, weshalb sich in ihnen das jeweilige Wirtschaftssystem widerspiegelt.

2 Wähle eine Aufgabe aus:
a) Erarbeite anhand von M3 bis M5, weshalb die Menschen in der DDR häufig über zehn Jahre auf ein Auto warten mussten und weshalb sich meist lange Schlagen vor den Läden bildeten.
b) Erkläre das Motto „Es geht alles seinen sozialistischen Gang" (M4) anhand von Beispielen (M3 bis M5, siehe auch S. 74/75).
c) Erkläre die Aussage: „Da stimmte die gemachte Erfahrung nicht mehr mit dem überein, was die Ideologie verkündet hat." (M3–M5, siehe auch S. 74/75).

Webcode: FG642335-077
*Wirtschaft BRD/DDR – Alltag;
Film: Das Wirtschaftswunder*

Aus Gastarbeitern werden Einwanderer

Ab 1955 wurden für die Wirtschaft dringend benötigte Arbeitskräfte aus den Ländern Südeuropas und später Jugoslawiens und der Türkei angeworben. Diese „Gastarbeiter" stammten aus Regionen mit hoher Arbeitslosigkeit und bitterer Armut. Aus deutscher Sicht sollten sie nur für eine begrenzte Zeit in Deutschland arbeiten. Viele von ihnen blieben und holten auch ihre Familien nach.
Informiere dich entweder über das Leben der Gastarbeiter von damals (A oder B) oder finde heraus, wie sie sich heute in die Gesellschaft integriert haben (C).

Migration

Waren es nach dem Zweiten Weltkrieg Zwangswanderungen von Flüchtlingen und Vertriebenen, so entwickelten sich im Laufe der 1960er Jahre neue Zuwanderungsformen. Ab Mitte der 1950er Jahre bis zur
5 Wirtschaftskrise 1973 förderte die Bundesrepublik gezielt die Anwerbung ausländischer Arbeiterinnen und

Arbeiter. In dieser Zeit kamen rund 2,6 Millionen Menschen in die Bundesrepublik. Sie wurden als „Gastarbeiter" bezeichnet, da ihr Aufenthalt nur vorübergehend
10 sein sollte.

Auch die DDR warb Gastarbeiter aus „Bruderländern" wie Nordvietnam, Angola oder Mosambik an. Ihre Anzahl war vergleichsweise gering.

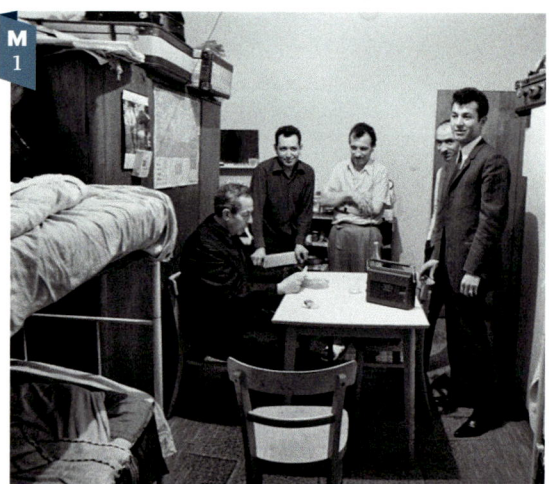

Türkische Gastarbeiter in ihrer Unterkunft in Frankfurt, Foto, 1969

M2 **Ein türkischer Gastarbeiter berichtet:**

Hüseyin A. und ein Kollege reisten 1969 mit dem Zug von Istanbul über München nach Koblenz, wo sie abgeholt wurden. Hüseyin A. hatte einen Jahresvertrag bei der Firma St. und wohnte im
5 Zwei-Bett-Zimmer des angegliederten Arbeiterwohnheims. 1976 begann er die langwierige Suche nach einer eigenen Wohnung. Erst drei Jahre später erhielt er durch die Unterstützung eines italienischen Arbeitsmigranten eine Wohnung, die er
10 mit seiner nachgereisten Familie bezog. Die knapp bemessene Freizeit verbrachte er vorwiegend mit seiner Frau und den fünf Kindern. Hüseyin A. hatte geplant, nur einige Jahre in Deutschland zu arbeiten. Schließlich war er bis zu seiner Rente,
15 32 Jahre lang, bei der Firma St. beschäftigt. Heute kommt die Rückkehr in die Türkei für das Ehepaar nicht mehr in Frage, da ihre Kinder und Enkelkinder hier leben. Dennoch verbringen sie jedes Jahr einige Monate in der alten Heimat.

Interview, geführt am 2. März 2010,
zit. nach http://lebenswege.rlp.de/lebenswege/
(Stand: 03. 05. 2015).

1 Betrachte M1 und lies die Biografie M2. Versetze dich in die Lage eines Gastarbeiters von damals: Stelle seine Hoffnungen den Schwierigkeiten in Deutschland gegenüber

2 **Recherche:** Informiere dich über Lebenswege von Gastarbeitern anderer Nationen und stelle sie der Klasse vor.

Webcode: FG642335-078
Arbeitsmigration in Rheinland-Pfalz

B

Der türkische Schriftsteller Nevzat Üstün, 2011:

Was die Deutschen wollten, steht in krassem Gegensatz zum Wesen des modernen Menschen. Als die Deutschen aus dem Ausland „ausländische Arbeitskräfte anforderten", dürften sie nicht
5 daran gedacht haben, dass es dabei um Menschen geht. Das heißt, die Arbeitskräfte sollten kommen, für sich allein existieren, die Straßen fegen, Häuser bauen, Maschinen bedienen, Beton aufbrechen, Elektroschweißen, dabei aber völlig
10 unsichtbar bleiben, sich nicht lieben. Der berühmte Schriftsteller Max Frisch hat es einmal so ausgedrückt: „Man hat Arbeitskräfte gerufen, und es kamen Menschen." ... Man zahlte ihnen Geld und hatte damit alles Nötige getan. Am liebsten hätte
15 man die Ausländer jeden Abend um fünf Uhr in ihre Heimatländer geschickt und sie morgens zurückgeholt.

Nevzat Üstün „... Was die Deutschen wollten ...", in: Aytac Eryilmaz/Mathilde Jamin (Hg.), Fremde Heimat. Yaban Silan olur. Eine Geschichte der Einwanderung aus der Türkei, Essen (Klartext) 1998, S. 68.

Der Schriftsteller Günter Wallraff arbeitete als „Türke Ali" unerkannt in verschiedenen deutschen Firmen und schrieb danach seine Erfahrungen über Ausbeutung und Ausländerhass in Deutschland in einem Buch in Form von 13 Reportagen nieder. Sein Werk erzielte eine Auflage von vier Millionen und rüttelte die deutsche Öffentlichkeit auf, Foto (Ausschnitt), 1985

1 Erläutere die Aussage: „Man hat Arbeitskräfte gerufen, aber es kamen Menschen." (M3, M4)

C

Der Politikwissenschaftler Jan Hanrath zur Vielfalt der türkischstämmigen Bevölkerung in Deutschland, 2011:

Auch nach 50 Jahren Einwanderung werden türkeistämmige Menschen in Deutschland häufig als geschlossene Gruppe wahrgenommen. Nicht selten wird in der öffentlichen Diskussion nach wie vor
5 von „den Türken" gesprochen. Dabei ist diese Bevölkerungsgruppe in hohem Maße heterogen. Die Mitglieder unterscheiden sich hinsichtlich der Zeit ihrer Ankunft in Deutschland, den Gründen für ihre Migration – manche kamen beispielsweise zum Arbeiten oder Studieren, andere aufgrund von Familien-
10 ten oder Studieren, andere aufgrund von Familienzusammenführungen oder um Asyl zu beantragen –

ihren ethnischen und religiösen Hintergrund ..., ihrer Staatsbürgerschaft oder ihrem Bildungsgrad. Manche haben Migrationserfahrungen gemacht,
15 andere sind hier geboren. So spiegelt die Vielfalt dieser Einwanderergruppe auf der einen Seite die Migrationsgeschichte Deutschlands ... Auf der anderen Seite reflektiert diese Vielfalt die Heterogenität der Bevölkerung in der Türkei sowie wirtschaftliche, ge-
20 sellschaftliche und politische Entwicklungen im Herkunftsland. Diese werden gleichsam immer wieder zu Bezugspunkten für die türkeistämmige Bevölkerung in Deutschland.

Zit. nach www.bpb.de/geschichte/deutsche-geschichte/ anwerbeabkommen/ 43240/vielfalt?p=all (Stand: 03. 05. 2015).

1 Analysiere M5:
   a) Erkläre, inwiefern die türkeistämmige Bevölkerung in Deutschland eine „heterogene" Gruppe ist.
   b) Nenne Gründe, die für die Einwanderung ausschlaggebend waren.

Aufgabe für alle:

Diskutiert in der Klasse, wie heute mit Zuwanderern in Deutschland verfahren wird (z. B. Flüchtlinge als Asylsuchende, Anwerbung von gesuchten Spezialisten).

Der Alltag in West- und Ostdeutschland

Mit der Teilung gingen die beiden deutschen Staaten politisch und wirtschaftlich getrennte Wege. Dadurch entwickelten sich auch ganz unterschiedliche Lebensstile im Alltag. Lerne hier einige dieser Unterschiede zwischen Ost und West kennen.

Westdeutsche Familie beim Kaffeetrinken, Foto, 1960er Jahre

Gemütliches Beisammensein im Garten einer Kleingartenanlage in Broda bei Neubrandenburg/DDR, Foto, 1978

Der Alltag in der Bundesrepublik nach 1949

Vollbeschäftigung und steigende Löhne legten den Grundstein für die moderne Konsumgesellschaft. Die meisten Familien konnten sich im Verlauf der 1950er Jahre einen Kühlschrank, eine Waschmaschine und
5 Elektroartikel leisten, die den Alltag erleichterten. Bald waren auch Fernsehgeräte und Autos auf Raten erschwinglich und wurden zum Statussymbol der jungen Bundesrepublik.

Konservative und traditionelle Auffassungen bestimm-
10 ten das Ehe- und Familienleben. Die Familie und das eigene Heim prägten nicht nur den werktäglichen Feierabend, sondern auch das Wochenende. Der gemeinsame Sonntagskaffee oder Ausflüge am Wochenende erfreuten sich großer Beliebtheit. Urlaubstage gab es zunächst
15 nur wenige im Jahr. Erst 1963 kam es zu einer gesetzlichen Regelung des Mindesturlaubs. Erste Ziele waren die Nordsee, der Schwarzwald und Bayern, schließlich wurden Urlaubsreisen ins Ausland nach Österreich und Italien immer beliebter.

Der Alltag in der DDR nach 1949
20
In vielen Bereichen des Alltags wachte die SED über alltägliche Entscheidungen der Menschen in der DDR. Über Erziehung und Berufswahl entschied die Partei ebenso wie über die Zuweisung einer Wohnung. Ein
25 selbstbestimmtes Leben frei zu führen, war in vielen Be-

reichen nicht möglich. Bereits im Kindergarten begann die Indoktrinierung der Kleinen mit den Zielen des Sozialismus. Bis 1961 standen viele Menschen in der DDR vor der Wahl, sich mit dem Regime abzufinden oder das
30 Land nach Westen zu verlassen. Im Alltag fand man im privaten Freundeskreis, in der „Datsche" oder durch Engagement bei den Kirchen mancherlei Freiräume, in denen man sich bei Bedarf der Beeinflussung durch die Partei entziehen konnte.
35 Für die Werktätigen gab es nur wenige Freizeitangebote. Der Betrieb der sogenannten „Kulturhäuser" wurde subventioniert. Für seine Mitglieder richtete der Freie Deutsche Gewerkschaftsbund kostengünstige Ferienplätze ein. Dies taten auch viele Betriebe und Institutionen. Die
40 Angebote waren aber begrenzt, die Reiseziele lagen innerhalb der DDR oder in den sozialistischen Bruderländern.

Die sozialistische Neuordnung bot eine Vielzahl von Vorteilen: Es gab keine Arbeitslosigkeit, und fast alle
45 Frauen waren berufstätig. Alle Schüler besuchten eine Einheitsschule, auf den Universitäten allerdings wurden die Kinder von Bauern und Arbeitern bevorzugt.

Obwohl sich in der ersten Hälfte der 1960er Jahre die wirtschaftliche Situation etwas besserte, blieb der Le-
50 bensstandard der DDR weit hinter dem der Bundesrepublik zurück. Da in weiten Teilen der DDR Fernseh- und Radioprogramme aus dem Westen empfangen werden

konnten, waren die DDR-Bürger gut über Konsumverhalten, das Alltagsleben und die politische Entwicklung aus „Westsicht" informiert.

Im Osten bestimmten vor allem zwei Begriffe den Alltag: das Warten und das Kollektiv. Man wartete auf ein Auto, eine Wohnung, auf Baumaterial etc. Das Kollektiv, also die Gemeinschaft, bestimmte die Arbeitswelt der Menschen, aber auch ihre Freizeit. Man feierte gemeinsam mit der Arbeiterbrigade des eigenen Betriebs und fuhr oft auch zusammen in den Urlaub.

Aus einem Interview mit dem in der DDR aufgewachsenen Historiker Stefan Wolle:

Reporter: Ehemalige DDR-Bürger beschwören oft ein Land, in dem sich jeder um den anderen gekümmert habe.

Wolle: Das ist eine ganz gefährliche Halbwahrheit.
5 Es stimmt zum Teil natürlich – und stimmt auch wieder nicht. Sicherheit des Arbeitsplatzes, Sicherheit des Kindergartenplatzes, all die Dinge, die immer so gerühmt wurden, die hingen auch stark mit politischer Repression [Unterdrückung] zusammen.
10 Die Rolle des Kollektivs ist ein gutes Beispiel: Überall wimmelte es von Kollektiven, das Schülerkollektiv, das Lehrerkollektiv, das FDJ-Kollektiv, das Studentenkollektiv, das Arbeitskollektiv. Das schuf natürlich ein Gefühl von Gemeinsamkeit ... Aber zugleich war
15 dieses Kollektiv ein Instrument der sozialen und politischen Kontrolle. Und jetzt kommt das Komplizierte hinzu: Das Kollektiv war auch Schutzraum. Unter den Kollegen wusste man, hier kann man offen sprechen, da sind sich alle einig, da kann man
20 Witze erzählen, über Honecker oder Ulbricht, da passiert zumindest nichts. Und der Parteisekretär lacht gern mit. So war das in der Regel. Die DDR lässt sich nicht teilen in gute Seiten und schlechte Seiten – das eine bedingt das andere.

Zit. nach Geo Epoche. Das Magazin für Geschichte, Nr. 64: Die DDR. Alltag im Arbeiter- und Bauern-Staat 1949–1990, S. 160.

Ausstattung mit Konsumgütern in beiden deutschen Staaten 1969–1985:

Erzeugnis	Von 100 Haushalten besaßen					
	in der Bundesrepublik Deutschland			in der DDR		
	1969	1978	1985	1969	1978	1985
Pkws	45	62	83	11	34	48
Rundfunkgeräte[1]	83	99	80	89	98	65
Fernsehgeräte	74	94	125	60	87	118
Kühlschränke	85	98	165	37	99	138
Waschmaschinen	61	82	101	38	79	99

In den amtlichen Berichten der DDR wurde bis 1989 regelmäßig erwähnt, dass Schwierigkeiten und Ausfälle im Angebot von Obst und Frischgemüse auftraten. In Wirklichkeit gab es fast alle Produkte zu kaufen, allerdings nicht zu jeder Zeit und an jedem Ort.

Zusammengestellt nach Zahlenspiegel, hg. vom Bundesministerium für innerdeutsche Beziehungen, Bonn 1982, 1988.

[1] *einschließlich in Kombination mit Tonbandkassettengeräten usw.*

1 M1 und M2 sind sich sehr ähnlich. Dennoch gab es Unterschiede im Alltag der beiden deutschen Länder. Erläutere Gemeinsamkeiten und Unterschiede anhand der Quellen und des Darstellungstextes.

2 Erkläre, weshalb der Historiker Wolle die Aussage des Reporters für eine „gefährliche Halbwahrheit" hält (M3).

3 Erläutere anhand von M4 die Entwicklung des Lebensstandards in West- und Ostdeutschland.

4 **Recherche:** Befrage deine Großeltern oder ältere Menschen, wie und wo sie den Urlaub verbrachten und mit welchen Verkehrsmitteln sie unterwegs waren.

Die „Stasi" – das Machtinstrument der SED

Die DDR duldete, wie alle Diktaturen, keinen Widerstand. 1950 schuf die SED nach dem Vorbild der sowjetischen Geheimpolizei das Ministerium für Staatssicherheit, im Volksmund auch „VEB Volkseigener Betrieb Horch und Greif oder Guck" genannt.
- *Welche Aufgaben hatten die vielen Männer und Frauen, die für die „Stasi" tätig waren? Wie gingen sie dabei vor?*

Filmtipp:
„Das Leben der Anderen", Spielfilm 2006, Regie: Florian Henckel von Donnersmarck

Das Spitzelsystem der Staatssicherheit

Das Ministerium für Staatssicherheit (MfS) sollte die Macht der SED-Regierung sichern sowie alle Gegner der Parteidiktatur überwachen und bekämpfen. Zudem baute es ein Spionagenetz im westlichen Ausland auf, vor
5 allem in der Bundesrepublik. Die Stasi war allein dem SED-Chef Rechenschaft schuldig. Sie beschäftigte eigene Verhörexperten und Staatsanwälte und betrieb eigene Gefängnisse, in denen auch gefoltert wurde.
Folgende Aufgabenbereiche waren definiert:
10 • Bestrebungen gegen die sozialistische Gesellschaftsordnung der DDR aufdecken, politisch aktive Personen überprüfen, überwachen und einschätzen
• „nicht legale" Gruppierungen ausspionieren, „unterwandern" und Aktivitäten in der Öffentlichkeit ver-
15 hindern
• „Straftaten gegen die Staatsgrenze" vereiteln, die Durchreise von Westbürgern durch die DDR nach West-Berlin überwachen
• die Volkswirtschaft gegen Sabotage und Kriminalität
20 schützen
• Pläne und Aktivitäten anderer Staaten und ausländischer Organisationen aufklären, wissenschaftlich-technische Informationen beschaffen
• Tätigkeiten fremder Geheimdienste unterbinden
25 • „faschistische Kriegsverbrechen" aufdecken

Hatte die Stasi bei ihrer Gründung „nur" ca. 1000 hauptamtliche Mitarbeiter, so belief sich ihre Anzahl 1989 auf ca. 91 000. Somit kam in den letzten Jahren der DDR auf 180 Einwohner je ein hauptamtlicher Mitarbeiter der
30 Stasi. Außerdem gab es ca. 174 000 „Inoffizielle Mitarbeiter" (IM), die auch als „Augen und Ohren" bezeichnet wurden. Sie erhielten konkrete Bespitzelungsaufträge, oft im näheren Bekannten- oder Verwandtenkreis, und gaben auch sonst alles Verdächtige schriftlich an die
35 Zentrale weiter. Das Ministerium förderte das elitäre Bewusstsein seiner Mitarbeiter, indem sie bei der Versorgung von Konsumartikeln oder bei der Berufswahl bevorzugt wurden. Nicht alle von ihnen waren freiwillig für die Stasi tätig, sondern sie wurden zum Teil unter
40 Druck gesetzt und erpresst.

Ehemalige Geruchsproben, ausgestellt im Leipziger Stasi-Museum, Foto, 2010
Mit der „Geruchskonservenmethode" wurde der Individualgeruch von Bürgern konserviert. Im Bedarfsfall konnten Spürhunde verdächtige Personen identifizieren, wenn sie an einer „Tatortgeruchskonserve" Witterung erhalten hatten.

Jeder DDR-Bürger wusste, dass die Stasi bei allen öffentlichen Veranstaltungen präsent war, dass die Telefone abgehört wurden und die Post vor der Zustellung geöffnet wurde. Zahlreiche Wohnungen unterlagen der Über-
45 wachung von Agenten.

Kritiker unerwünscht

Besonders im Visier der Stasi standen Personen des öffentlichen Lebens wie Schauspieler, Journalisten oder Schriftsteller, da diese die öffentliche Meinung beein-
50 flussen konnten.
Ein prominentes Beispiel ist der Schriftsteller und Liedermacher Wolf Biermann (geb. 1936). Er war freiwillig 1953 aus der Bundesrepublik in die DDR übergesiedelt. Im Laufe der Zeit kritisierte Biermann in seinen Texten
55 den DDR-Sozialismus und wies darauf hin, wie weit dieser sich von den ursprünglichen Zielen einer klassenlosen Gesellschaft entfernt hatte. Biermanns Konzerte waren oft ausverkauft, und diese Beliebtheit störte die SED. Er erhielt daher ein Auftrittsverbot. Anlässlich ei-
60 ner Konzertreise in die Bundesrepublik wurde er 1976 ausgebürgert. Die Ausbürgerung löste lang anhaltende öffentliche Proteste aus.

Aus einem Aktenvermerk des Ministeriums für Staatssicherheit:

Mit dem Ziel, die Mobilität von Pfarrer Eppelmann einzuschränken, wurde Zucker in den Tank von Eppelmanns Trabant gekippt und erfolglos der Versuch unternommen, zwei Reifen zu zerste-
5 chen. Ziel der geplanten Maßnahme war es, einen Unfall herbeizuführen, Verletzungen bzw. physische Vernichtung von Eppelmann wurden einkalkuliert. Hierzu wurden mehrere Varianten geprüft (Radmuttern lockern, in der Kurve Scheibe zerstö-
10 ren, vor der Kurve Spiegel aufstellen).

Zit. nach Christine Beil, „Land der Spitzel", in: Geo Epoche, Nr. 64: Die DDR. Alltag im Arbeiter- und Bauern-Staat 1949–1990, S. 104.

Die Sprache der Stasi:
- **„Konspiration":** Merkmale dieser Begriffe sind Geheimhaltung, Tarnung und Täuschung bei Zusammentreffen „konspirativ" vorgehen, sich z. B. in einer getarnten Wohnung treffen
5 - **„herausbrechen":** eine Person aus einer feindlichen Gruppe „herausbrechen", um Anknüpfungspunkte zur Auflösung der Gruppe zu schaffen
- **„abschöpfen":** einer Person wird – ohne deren
10 Kenntnis – Wissen abgenommen
- **„zersetzen":** Maßnahmen gegen Einzelne oder Gruppen mit dem Ziel der Lähmung, Zersplitterung, Isolierung – bis hin zur Zerstörung der Persönlichkeit

Zit. nach Christian Bergmann, Die Sprache der Stasi, Göttingen (Vandenhoek & Rupprecht) 1999, S. 20 ff.

Aus einem Interview von 1998 mit Robert P. (Name wurde geändert), Jahrgang 1966, der als IM tätig war:

Robert P.: Ich war seit der 9. Klasse bei der Jungen Gemeinde aktiv ... Mit Staatsverdrossenheit hatte das damals noch nichts zu tun. Aber es führte zwangläufig zu dem, was man in der DDR „Politi-
5 sierung" nannte. Denn es war ja alles, was kirchliche Arbeit war, schwierig ...

Frage: Wann und wie hat die Staatssicherheit Kontakt aufgenommen zu dir?

Robert P.: Das fing an mit 17. Irgendwann hatten die
10 bei meinen Eltern zu Hause gewartet, mit falschen Ausweisen und irgend'nem Vorwand. Sagten, sie seien von der Polizei; in der Schule sei etwas vorgefallen, und sie bräuchten mich als Zeugen ... Das ging am Anfang eigentlich gar nicht um die kirchlichen

15 Gruppen. Es ging eher um Stimmungsbilder in der Schule ... Es war auch keine direkte Erpressung ... Sie hatten mich über Tage hinweg beobachtet und mit allen möglichen Leuten fotografiert. Bei Öko-Tagen, bei Rockkonzerten, vor der Schule. Sie woll-
20 ten die Namen wissen. Da konnte ich schlecht sagen, die kenne ich nicht ... Ich weiß noch, dass das immer so'n Lavieren [Schwanken] war ... Naja – vorher war das immer so: Stasi, das waren die anderen. Mein Kreis war der geschützte, die Stasi war außer-
25 halb. Jetzt begriff ich: Wenn die zu mir kommen, zu wem dann noch?

Plötzlich fielen ganz viele Leute aus. Mit einem Mal konnte ich keinem mehr trauen.

Zit. nach Klaus Behnke u. Jürgen Wolf (Hg.), Stasi auf dem Schulhof, 2. erg. u. verb. Auflage, Bonn (Bundeszentrale für politische Bildung) 2012, S. 224 ff.

---

1 Erkläre anhand des Darstellungstextes und der Quellen, welche Aufgaben das MfS hatte.

2 Erläutere anhand von M1 bis M4, wie die Stasi vorging, um Oppositionelle zu „zersetzen".

3 Überlege, welche Folgen die Stasi-Aktivitäten für den Umgang der Menschen untereinander haben konnten. Zähle Beispiele dafür auf.

4 Wähle eine Aufgabe aus:
Recherchiere zu einem der genannten Stasi-Opfer:
a) Matthias Domaschk
b) Jürgen Fuchs
c) Rainer Eppelmann

5 Wähle eine Aufgabe aus:
Recherchiere zu einen der genannten Stasi-Mitarbeiter:
a) Karl-Heinz Kurras
b) IM „Donald"
Berichtet darüber in der Klasse.

Webcode: FG642335-083
„Stasi"

Frauenrollen in West und Ost

In den 1970er Jahren rebellierten in den USA und in Westeuropa Frauen dagegen, von Männern bevormundet zu werden. „Man wird nicht als Frau geboren, man wird dazu gemacht" hieß die These der französischen Schriftstellerin Simone de Beauvoir, deren Schrift „Das andere Geschlecht" zum Kultbuch der Bewegung wurde. Im Westen wurde auch auf die besseren Alltagsbedingungen für Frauen in kommunistischen Ländern verwiesen.

- *Wie veränderte die Emanzipationsbewegung die Frauenrolle im Westen?*
- *Welche Unterschiede gab es zu den Lebensbedingungen der Frauen in der DDR?*

M1

„**Für Dich wasch' ich perfekt**"

«Selbstverständlich nehm' ich Wipp-perfekt für die große Wäsche — und auch, wenn ich zwischendurch wasche. Sogar für die feine Wäsche. Für all meine Wäsche — nur noch Wipp-perfekt! Gründlich wäscht Wipp-perfekt und dabei so behutsam, wie ich's mir nur wünschen kann. Und wie Wipp-perfekt die Hände schont! So gut, so leicht — so perfekt habe ich noch nie gewaschen.»

Der neue Wipp-Riese (= 2 Doppelpakete) noch vorteilhafter

wipp perfekt

Wipp-perfekt   **wäscht perfekt!**

Werbeanzeige für Waschpulver, Bundesrepublik, 1959

Die „Neue Frauenbewegung" im Westen

Im Grundgesetz von 1949 heißt es knapp: „Männer und Frauen sind gleichberechtigt." Die Umsetzung dieses Anspruchs führte jedoch zu heftigen Konflikten. Das konservative Ehe- und Familienrecht der Bundesrepub-
5 lik sah vor, dass sich die Tätigkeit der Frau auf Haushaltsführung und Kindererziehung beschränkte. Nur mit Einwilligung ihres Ehemannes durften Frauen in der frühen Bundesrepublik arbeiten oder bestimmte Rechtsgeschäfte durchführen, z. B. ein eigenes Konto eröffnen.
10 Ein uneheliches Kind bedeutete Schande für die Frau; sie erhielt nicht einmal das Sorgerecht zugesprochen. Daher kämpften Anfang der 1970er Jahre überall in der Bundesrepublik entstehende Frauengruppen u. a. gegen das Verbot der Abtreibung im § 218 mit dem Slogan „Mein

15 Bauch gehört mir". Die prominenteste Anführerin der neuen Frauenbewegung war Alice Schwarzer (geb. 1942), die die Frauenzeitschrift „Emma" gründete und herausgab. Die Einführung der Anti-Baby-Pille und die sogenannte „sexuelle Revolution" in den 1960er Jahren
20 führten zu einer veränderten Einstellung gegenüber der Sexualität. Der Umgang mit Liebe und Leidenschaft wurde ungezwungener.
Als in den 1970er Jahren wissenschaftliche Untersuchungen in der Bundesrepublik nachwiesen, dass zu
25 wenige Abiturienten ausgebildet würden und viel zu wenige Mädchen weiterbildende Schulen besuchten, kam es zu einer umfassenden Bildungsreform. Auch der Arbeitsmarkt meldete Bedarf an: Die wachsende Wirtschaft benötigte dringend mehr Fachkräfte, insbeson-
30 dere nachdem durch den Bau der Mauer 1961 die Zuwanderung aus der DDR gestoppt wurde. Auch die angeworbenen ausländischen Arbeitnehmer konnten die Lücken nicht füllen. Die Zahl der Abiturientinnen stieg, eine größere Zahl von Jugendlichen aus allen so-
35 zialen Schichten bekam eine qualifizierte Ausbildung.

Frauenalltag im Osten

In der DDR entsprach die Wirklichkeit deutlich mehr der in Artikel 7 der DDR-Verfassung festgelegten Gleichberechtigung. Fast alle Frauen waren berufstätig, weil
40 nicht zuletzt wegen der Abwanderung nach Westen alle Arbeitskräfte gebraucht wurden. Im Vergleich mit westlichen Ländern fällt auf, dass viele Frauen in technischen, mathematischen und naturwissenschaftlichen Fachbereichen, also typischen Männerdomänen, tätig
45 waren. In Führungspositionen wie auch in der Politik waren Frauen allerdings kaum vertreten.
Auch in der DDR war der Haushalt überwiegend Frauensache. Um die Doppelbelastung der Frauen zu verringern, gab es den sogenannten Haushaltstag, einen
50 bezahlten arbeitsfreien Tag, an dem eine berufstätige Frau sich um Haushalt und Familienangelegenheiten

kümmern konnte. Kleinkinder wurden ab dem ersten Lebensjahr in die Kinderkrippe gebracht. Alle Kinder hatten einen Anspruch auf einen Platz in der Ganztags-
55 betreuung. Als Familie bekam man in der DDR leichter eine Wohnung zugewiesen. Die familienfreundliche Politik der SED trug maßgeblich zur Identifikation der DDR-Bürgerinnen mit ihrem Staat bei.

 Einkommen von Frauen in Prozent der Männerverdienste:

Jahr	BRD: durchschnittlicher Verdienst in der Industrie		DDR: Nettoerwerbseinkommen
	Arbeiterinnen	Angestellte	78
1960	60	56	
1970	62	60	
1980	68	64	
1988	70	64	

Nach Bundesministerium für Jugend, Familie, Frauen und Gesundheit 1989, S. 35f., DDR: Einkommensstichprobe 1988

 Ergebnis einer Studie der Erziehungswissenschaftlerin Helge Pross über Mädchenbildung in der Bundesrepublik, 1969:
Mädchen und ihre Eltern ziehen den früheren [Schul-]Abschluss vor, weil der Beruf, zu dem er Zugang verschafft, lediglich als Übergang und nicht als lebenslängliche Tätigkeit angesehen wird.
5 Diese Auffassung ist realistisch und kurzsichtig zugleich. Sie ist realistisch, weil die Hauptlast der häuslichen Pflichten auch in absehbarer Zukunft von den Frauen getragen werden muss und der Beruf insofern tatsächlich ein Nebenberuf bleibt ...
10 Denkbar ist freilich ... die Rückkehr in die Erwerbssphäre, nachdem die Kinder herangewachsen sind ... Dann widerspricht die heute so realistisch erscheinende Entscheidung für eine kurze Schul- und Lehrzeit dem individuellen Interesse. Soweit
15 kurze Ausbildung schlechtere Ausbildung ist, erschwert sie die Rückkehr in den Beruf.
Zit. nach Elke Kleinau/Christine Mayer (Hg.), Erziehung und Bildung des weiblichen Geschlechts, Bd. 2, Weinheim (Deutscher Studienverlag) 1996, S. 139f.

 *DDR-Plakat, 1954*
FDGB = Freier Deutscher Gewerkschaftsbund

Emanzipation
bezeichnet die Befreiung aus Abhängigkeit und Unmündigkeit hin zu einem selbstbestimmten Leben. Der Begriff wird sowohl für benachteiligte Gruppen benutzt, z. B. für die Frauenemanzipation, wie auch für den Weg von den Kolonien in die Unabhängigkeit im 20. Jahrhundert in Afrika und Asien.

1 **Wähle eine Aufgabe aus:**
Beschreibe das Frauenbild, das
a) auf dem Plakat M1
b) auf dem Plakat M2
dargestellt wird.
Beziehe M3 und den Darstellungstext mit ein.
2 Zählt Gründe für die unterschiedlichen Frauenleitbilder auf (M4, Darstellungstext).
3 Diskutiert in der Klasse, inwiefern die Frauenbewegung auch heute noch aktuell ist.
4 **Recherche:** Suche im Internet nach Werbespots aus den 1950er bis 1970er Jahren, z. B. von Dr. Oetker, Maggi oder Frauengold (Westen) und Konsum (Osten). Vergleiche sie mit der heutigen Werbung.

Webcode: FG642335-085
Rolle der Frau BRD/DDR

Jugend in der DDR

Mithilfe dieser Doppelseite kannst du mehr über den Alltag von Kindern und Jugendlichen in der DDR erfahren sowie Unterschiede und Gemeinsamkeiten zu deinem Alltag feststellen.

Erziehung im Sinne des Sozialismus

Seit Beginn ihrer Herrschaft sah die SED in der Jugend einen wesentlichen Baustein zum Aufbau des Sozialismus. Die Jugendlichen sollten zu Staatsbürgern erzogen werden, „die den Ideen des Sozialismus treu ergeben
5 sind, den Sozialismus stärken und gegen alle Feinde zuverlässig schützen" sollten – so hieß es im Jugendgesetz von 1974. Die Gründung des einzig zugelassenen staatlichen Jugendverbandes „Freie Deutsche Jugend" (FDJ) erfolgte 1946; SED-Funktionäre führten die Aufsicht.
10 Die FDJ war in Schulen, Betrieben und Hochschulen gut verankert. Die Zulassung zu einer weiterführenden Schule oder zu bestimmten Berufen hing auch von der Beurteilung der Funktionäre des Jugendverbandes ab. Wer in der DDR Karriere machen wollte, war Mitglied in der FDJ.
15 Wer sich verweigerte, musste Nachteile in Kauf nehmen. Neben umfangreichen Ferien- und Freizeitangeboten organisierte die FDJ den Jugendaustausch mit befreundeten sozialistischen Ländern sowie Aufmärsche und Kampfdemonstrationen. 1987 waren etwa 87 Prozent
20 der DDR-Jugendlichen Mitglied der FDJ.

1978 wurde in der DDR das Fach „Wehrerziehung" mit vier Doppelstunden für die 9. und 10. Klasse eingeführt. Jeder Schüler musste an der vormilitärischen Ausbildung teilnehmen, die im Wehrdienstgesetz der DDR ver-
25 ankert war. Ergänzend dazu fand ein zweiwöchiges Wehrlager für die Jungen bzw. ein Lehrgang für Zivilverteidigung für die Mädchen, statt. Der Wehrunterricht endete mit drei sogenannten „Tagen der Wehrbereitschaft". Dort wurden die Jugendlichen erstmalig mit
30 Schusswaffen vertraut gemacht.
1955 kam es in der DDR zur Einführung der Jugendweihe als Gegenstück zu Kommunion und Konfirmation. Sie fand am Ende des achten Schuljahres statt. Dabei bekannten sich die Jugendlichen in einem Gelöbnis zum
35 Sozialismus und zur DDR als ihrem Staat. Die Feier wurde für viele Jugendliche zu dem am meisten erwarteten Ereignis.

Passten sich alle Jugendliche an?

Den staatlichen Organisationen gelang es jedoch nicht,
40 die gesamte Freizeitgestaltung der Jugendlichen zu kontrollieren. Besonders in der Musikszene entstanden Freiräume. Bekannte Bands der DDR waren die „Puhdys", „Karat", „City" und „Lift". Gruppen, die westliche „Beatmusik" spielten, mussten jedoch immer mit einem
45 Auftrittsverbot rechnen.
Viele Jugendliche orientierten sich auch modisch an den Trends im Westen. Galt das Tragen von Jeans in den 1950er und 1960er Jahren noch als Zeichen von aufmüpfigen Jugendlichen, setzte in den 1970er Jahren in
50 der DDR die Produktion der Nietenhosen ein.
Ähnlich wie in der Bundesrepublik entstanden auch in der DDR bestimmte „Jugend-Subkulturen": Punks, Heavy Metals, Skinheads und Grufties. Ihre Mitglieder wurden von der Staatssicherheit stets misstrauisch
55 überwacht.
Die Kirche galt als „Fluchtraum" vor dem Anpassungsdruck des SED-Staates. Kirchliche Jugendgruppen erfreuten sich großer Beliebtheit.

Kundgebung zum „Fest der Freundschaft". Anlässlich des 50. Jahrestages der Oktoberrevolution fand ein Aufmarsch statt. Die FDJ-Mitglieder halten Embleme von sowjetischen und DDR-Jungpionieren hoch. Foto, Leipzig, Oktober 1967

Motive für die Mitgliedschaft in der FDJ:

in Prozent (Mehrfachnennungen möglich)

1. Weil es für Schule und Beruf nötig war	76,0
2. Weil fast alle Mitglied waren	62,5
3. Weil ich keinen Ärger haben wollte	59,9
4. Weil ich gern unter Gleichaltrigen war	44,9
5. Weil hier eine interessante Freizeitgestaltung möglich war	30,4
6. Weil die FDJ meine Interessen vertrat	29,5
7. Weil interessante politische Diskussionen möglich waren	20,6

Zit. nach Jugend 92, Die neuen Länder. Rückblick und Perspektiven (= Shell-Jugendstudie, Red. Dieter Kirchhöfer), Opladen (Leske +Budrich) 1992, S. 63.

Jugendweihe in der DDR, Werbeplakat, 1959

Lied „Die Partei":

1. Strophe:

Sie hat uns Alles gegeben. Sonne und Wind. Und sie geizte nie. Wo sie war, war das Leben. Was wir sind, sind wir durch sie. Sie hat uns niemals verlassen. Fror auch die Welt, uns war warm. Uns schützt die Mutter der Massen. Uns trägt ihr mächtiger Arm.

Refrain: Die Partei, die Partei, die hat immer recht. Und, Genossen, es bleibe dabei. Denn wer kämpft für das Recht, der hat immer recht gegen Lüge und Ausbeuterei. Wer das Leben beleidigt, ist dumm oder schlecht. Wer die Menschheit verteidigt, hat immer recht. So, aus leninschem Geist, wächst, von Stalin geschweißt, die Partei, die Partei, die Partei!

Zit. nach www.mdr.de/damals/eure-geschichte/themen/ staat-politik/diktatur/arbeitsauftrag198.html (Stand: 05. 02. 2015).

Der Historiker Stefan Wolle:

Nietenhosen waren in den Augen der SED-Obrigkeit seit 1953 ein zentrales Symbol für amerikanische Unkultur, Obszönität und ganz allgemein ein Zeichen mangelnden sozialistischen Bewusstseins. Seltsamerweise konnten und wollten die Funktionäre nicht einsehen, dass es gerade die Schikanen und Verbote seitens der Lehrer, Lehrmeister und FDJ-Funktionäre waren, die die Cowboyhose aus dem Wilden Westen so unwiderstehlich machten. Formal verbieten konnten die Behörden das Kleidungsstück kaum. Sie machten es dadurch jedem Jugendlichen leicht, unterhalb der Schwelle der Rechtsverletzung Distanz zum sozialistischen Erziehungsideal zu demonstrieren.

Stefan Wolle, Der große Plan, a. a. O., S. 344.

---

1 Werte die Statistik M2 aus und nimm Stellung zu den Motiven für die Mitgliedschaft in der FDJ. Beziehe M1 und den Darstellungstext mit ein.
2 Das „Lied von der Partei" (M3) hörte und sang man in der DDR sehr oft, auch bei der FDJ. Gib wieder, wie die Partei gesehen werden wollte.
3 Zeige auf, in welcher Form und mit welchen Zielen der Alltag für die Jugend in der DDR geprägt wurde (M1–M4 und Darstellungstext).
4 Nenne Beispiele, wie Jugendliche versuchten, dem Druck der SED zu entgehen (M5, Darstellungstext).
5 Diskutiert in der Klasse, wie sich euer Alltag von dem in der DDR unterscheidet.

Webcode: FG642335-087

Jugend in der DDR

Jugend in der Bundesrepublik

Wenn du Bilder aus den 1950er oder 1960er Jahren siehst, entdeckst du schnell Unterschiede in der Kleidung, bei den Frisuren und dem Auftreten damaliger Jugendlicher. Welchem Wandel unterlag die Jugendkultur in Westdeutschland und welche Veränderungen brachte er für die Generation der Eltern mit sich? Untersuche dies mithilfe der Informationen und Materialien auf dieser Doppelseite. Gehe selbst auf Spurensuche!

Jugend nach dem Krieg

Die meisten Jugendlichen in den 1950er Jahren hatten als Kinder die Grausamkeiten des Krieges erlebt. Viele Väter waren gefallen oder kamen traumatisiert aus dem Krieg oder der Gefangenschaft zurück. Angesichts des
5 totalen Zusammenbruchs der nationalsozialistischen Gedankenwelt übten die Jugendlichen zunächst Distanz zur Politik. Dennoch setzten gerade die Politiker auf diese Jugend für den materiellen und moralischen Wiederaufbau des zerstörten Landes. Sie forderten Disziplin,
10 Pflichtgefühl, Opferbereitschaft und ein erhebliches Maß an Anpassung.

Rock 'n' Roll

In der zweiten Hälfte der 1950er Jahre jedoch entdeckten Jugendliche Möglichkeiten, gegen die Elterngene-
15 ration zu rebellieren und eine eigene Jugendkultur zu entwickeln. Zudem besserten sich die materiellen Lebensverhältnisse der Jugendlichen im Laufe der Jahre und machten den Weg frei für mehr Freizeit und größeren Konsum. Prägend für sie wurde der Rock 'n' Roll.
20 Ihre Gründungshymne war der Song „Rock Around the Clock" des amerikanischen Sängers Bill Haley. Er versetzte Jugendliche in aller Welt „in Aufruhr" – und bot Gelegenheit, aus der als prüde und spießig empfundenen Erwachsenenwelt auszubrechen, um einmal „rund
25 um die Uhr" Spaß zu haben. Trotz der Proteste der Erwachsenen war der Siegeszug der amerikanischen Unterhaltungskultur in Westdeutschland nicht aufzuhalten. Radiosender der amerikanischen und britischen Besatzungstruppen bestimmten den Musikgeschmack
30 der Jugendlichen.

*Jugendklasse einer Volksschule, Foto, um 1953.
Die Prügelstrafe war noch in Gebrauch.*

Jugendliche bei einem Rockkonzert in München, Foto, 1959

Titelbild der Zeitschrift „Bravo", erste Ausgabe, August 1956

Nicht nur die Musik- und Filmindustrie, sondern auch die Mode und der Lebensstil beeinflussten einander und schufen in bisher nicht gekannter Weise Bedürfnisse von Jugendlichen, die befriedigt werden wollten. So entwi-
35 ckelten sich Jugendliche auch zu einer wichtigen Zielgruppe für die Wirtschaft. Teenager-Kosmetik und -Mode unterlagen steten Änderungen, Frisuren wurden für die Jugendlichen immer wichtiger. Jugendzeitschriften wie „Bravo" waren Sprachrohr für viele Modeten-
40 denzen und zugleich Ratgeber für unzählige Lebensfragen ihrer jungen Leser.

Wer waren die „Halbstarken"?

Gruppen von Jugendlichen trugen schwarze Lederjacken, Nietenhosen (Jeans) oder enge schwarze Hosen,
45 bunte Hemden in Kombination mit Schlägermützen, Parallelos (Pullover mit durchgehend verlaufenden Rippen) oder großkarierte Sakkos. In ihrer Freizeit trafen sie sich allabendlich „an der Ecke", ließen ihre Mopeds im Stand aufheulen, fuhren zuweilen Rennen um die Häu-
50 serblocks oder zerstörten Mobiliar während Konzertaufführungen: „Halbstarke" wurden sie von den Erwachsenen genannt als Synonym für männliche Jugendliche. Aber nur ein relativ geringer Teil der Jugendlichen gehörte zu dieser Gruppe, die oft wegen Lärmbelästigung und
55 Sachbeschädigungen mit der Polizei in Konflikt kam.

Die Historikerin Susanne Zahn schrieb 1992 über den Einfluss des Rock 'n' Roll in den 1950er Jahren:

Lange Haare für Jungen und Jeans für Mädchen, das waren bereits Akte der Rebellion, die ein gewisses Maß an Mut erforderten in einer Zeit, in der die vorbehaltlose Anpassung an die Werte-
5 welt der älteren Generation erwartet und jedes Aus-der-Rolle-Fallen sanktioniert [bestraft] wurde. Hinzu kam die Bevorzugung des Rock'n'Roll ... Der Rock 'n' Roll als ursprünglich „schwarze" Musik mit seinen mitreißenden, zur freien Bewe-
10 gung auffordernden Rhythmen, die von den Stars auch mit viel Körpergefühl und zum Teil aggressiv-sexueller Ausdrucksweise präsentiert wurden, eignete sich vorzüglich, um die prüden Erwachsenen zu schockieren und durch Mitschwingen, Mit-
15 schreien, Mitsingen der Jugendlichen zum Ausdruck bringen zu lassen, dass sie hier eine Musik gefunden hatten, die ihrem Lebensgefühl entsprach ...

Susanne Zahn, „Außer Rand und Band". Die Halbstarken, in: Doris Foitzik (Hg.), Vom Trümmerkind zum Teenager: Kindheit und Jugend in der Nachkriegszeit, Bremen (Edition Temmen) 1992, S. 111ff.

Besucher vor dem Münchner Filmtheater mit Plakaten zu dem Film „Die Halbstarken". Horst Buchholz spielt darin den Anführer einer Jugendbande, Karin Baal einen selbstbewussten weiblichen Teenager. Foto, 1956

1 **a)** Beschreibe die Zeitumstände, in der Jugendliche nach dem Krieg lebten (M1, Darstellungstext).
   b) Gib stichpunktartig wieder, wogegen die Jugendlichen in der Nachkriegszeit rebellierten (M1, M4 und Darstellungstext).
2 Zeige anhand des Plakats „Die Halbstarken" (M5) und des Darstellungstextes auf, in welcher Form sich der Protest widerspiegelte.
3 Finde Adjektive, die die Haltung der Jugend damals zutreffend beschreiben, z. B. „mutig", „aufmüpfig".
4 **Partnerarbeit:** Befrage deinen Partner: Welche Wünsche/Erwartungen hast du an die Gesellschaft, in der du lebst?
5 **Vorschlag für eine Gruppenarbeit:**
   Bildet Kleingruppen und informiert euch über Jugendliche in den 1950er und 1960er Jahren.
   Tipp: Teilt euch auf. Einige sammeln Informationen
   – zur Musik (Bill Haley, Beatles ...),
   – zur Mode (Petticoat, Minirock, Hosen bei Frauen, lange Haare bei Männern ...),
   – zu Zeitschriften („Bravo", „Die Rassselbande" ...).
   Ihr könnt dann mit dem gesammelten (Bild-)Material eine Collage erstellen. Fügt kurze Texte hinzu.

Webcode: FG642335-089
Jugendkulturen

„Wir-Gefühl" durch sportliche Großereignisse?

Filmtipp:
„Das Wunder von Bern",
dt. Spielfilm 2003, Regie:
Sönke Wortmann

2006: 9. Juni, 18.00 Uhr – Anpfiff der Fußball-WM in Deutschland. Es war der Beginn des später viel zitierten „Deutschland, ein Sommermärchen". Vier Wochen sollte das kollektive Rauscherlebnis andauern. Menschen, egal welcher Religion und Hautfarbe, tanzten und feierten friedlich zusammen auf den Fanmeilen.
- *Was bewegt Millionen Menschen, sich zu einem WIR zusammenzuschließen?*
- *Welche sportlichen Großereignisse förderten ein solches WIR in Deutschland?*

M1 *Fußballweltmeisterschaft 1954: Endspiel Deutschland – Ungarn im Berner Wankdorfstadion. Zu sehen ist das deutsche Team mit Trainer Sepp Herberger (im Bild links) und Kapitän Fritz Walter mit Pokal (zweiter von links).*

M2 *Empfang der Weltmeister in München, Foto, 9. Juli 1954*

1954: Das „Wunder von Bern"

Der deutsche Fußball litt an den Folgen des Zweiten Weltkrieges. 1940 hatte sich der Deutsche Fußballbund aufgelöst. Die Nationalmannschaft wurde von anderen Nationen boykottiert und war zur Fußball-WM in Brasi-
5 lien 1950 noch nicht spielberechtigt. Der Sieg der deutschen Mannschaft in der WM 1954 kam daher völlig unerwartet. Endspielgegner der Deutschen waren die Ungarn, die damals als weltbeste Mannschaft galten. Das Endspiel, das mit einem 3 : 2-Sieg für die Bundesrepublik
10 Deutschland endete, fand am 4. Juli 1954 in Bern statt. Die Spieler um Kapitän Fritz Walter und Bundestrainer Sepp Herberger gingen als die „Helden von Bern" in die deutsche Sportgeschichte ein. Der Titelgewinn löste in Deutschland einen großen Freudentaumel aus. Neun
15 Jahre nach Ende des Zweiten Weltkrieges rief der Erfolg ein ganzes Volk aus den Entbehrungen und Depressionen der Nachkriegszeit.

1972: Olympische Sommerspiele in München

Die Vergabe der XX. Olympischen Spiele nach München
20 durch das Internationale Olympische Komitee im Jahr 1966 war an die Anerkennung einer eigenen Olympiamannschaft der DDR gebunden. Im internationalen Sport wurde dadurch anerkannt, dass zwei gleichberechtigte deutsche Staaten existierten. Willi Daume,
25 Präsident des Nationalen Olympischen Komitees, warb in der Weltöffentlichkeit für „heitere, offene Spiele ohne politischen Charakter". Daume setzte mit diesen Worten den Gegenentwurf zur „NS-Olympiade" 1936 in Berlin. Mit 121 teilnehmenden Mannschaften und 7170 Athle-
30 ten stellten die Spiele von München einen neuen Teilnehmerrekord auf. Im Medaillenspiegel lag die UdSSR knapp vor den USA. Die beiden deutschen Mannschaften, die erstmals völlig eigenständig antraten, folgten auf Rang drei (DDR) und vier (BRD).

2006: Fußball-WM – ein „Sommermärchen"

Unter dem Motto „Die Welt zu Gast bei Freunden" feierte Deutschland die zweite WM-Endrunde nach 1974.
Nach einem 3 : 1 im Spiel um Platz drei bejubelten allein
eine halbe Million Menschen auf der Berliner Fanmeile
40 die deutsche Nationalmannschaft als „Weltmeister der
Herzen". Es war für viele Deutsche der emotionale Höhepunkt des vierwöchigen Großereignisses. Nach ge-
dämpften Erwartungen im Vorfeld der WM schwappte
eine ungeahnte Welle des Patriotismus durch das Land:
45 zu sehen waren schwarz-rot-gelbe Fahnen an Häuser-
fassaden, Autos und als Gesichtsbemalung. Freiwillige
Helfer kümmerten sich um die Gäste, viele Deutsche
stellten auch Privatunterkünfte zur Verfügung, um die
Menschen aus aller Herren Länder zu beherbergen. Ge-
50 meinsam feierten die verschiedenen Nationen Seite an
Seite und trösteten sich bei Niederlagen.

Der Sportexperte Albrecht Sonntag (1998):

Der Aufstieg des Fußballs sowie seine weltweite
Verbreitung laufen parallel zur Verbreitung der
Idee der Nation. Der Fußball wurde stets in einem
nationalen Rahmen praktiziert und organisiert.
5 Und als man begann, Weltmeisterschaften aus-
zurichten, war es völlig selbstverständlich, dass
Nationen und nicht Clubs oder andere Gemeinschaften gegeneinander spielen sollten.

*Zit. nach Albrecht Sonntag, „Le football, image de la
nation, in: Pascal Boniface (Hg.): Géopolitique du football, Bruxelles (Édition Complexe) 1998, S. 34. Be-
arb. u. übers. v. Autor*

**Auszug aus der „Frankfurter Allgemeinen
Zeitung" zur Fußball-WM (2006):**

Deutschland zeigt Flagge: verspielt, luftig, leicht
bekömmlich. Ein Sommertraum in Schwarz, Rot
und Gold – auch das gehörte zu den bleibenden
Bildern von den ersten Tagen der weltgrößten
5 Fußballsause ... Public Viewing heißt ein großes
Tor zum gemeinsam gefeierten Blick auf die Arena
... Fußballfans von heute sind, ob in Deutschland
oder aller Welt, längst nicht mehr so verbohrt,
witzlos oder gar nationalistisch wie in der Vergan-
10 genheit ... Sollen doch die knurrigen Besserwisser
und mäkelnden Fachleute allein zu Haus vor dem
Fernseher hocken oder in ein Fernsehstudio eilen,
um kritisch zu analysieren.

*Roland Zorn, „Sause mit Witz", in: Frankfurter Allgemeine
Zeitung vom 12. Juni 2006, S. 25.*

Ein Historiker über die Olympischen Spiele (1972):

Im Ausland wurde die Eröffnungszeremonie
überwiegend hoch gelobt. So stellte man fest,
wie „wie gut die Bayern das alles gemacht haben.
Keine Spur von Militarismus, nichts Bombasti-
5 sches, keine feierliche germanische Erhabenheit".
Auch der weitere Verlauf und die Konzeption der
Münchener Spiele, die Stimmung im Publikum
(mit Ausnahme der DDR-Touristen), dem Olympischen Dorf und in der Münchener Bevölkerung –
10 das alles sorgte bis zu dem Terrorakt am 5. September für eine ausgelassene, tatsächlich heitere
Atmosphäre.

*Justus Meyer, Politische Spiele – Die deutsch-deutschen Aus-
einandersetzungen auf dem Weg zu den XX. Olympischen
Sommerspielen 1972 und bei den Spielen in München, Dis-
sertation, Köln 2010, S. 342. Leicht verändert.*

---

1 Erläutere, warum sportliche Großereignisse ein WIR-
Gefühl schaffen (M4, M5 und Darstellungstext).
2 Das „Wunder von Bern" wird auch als „eigentliche
Geburtsstunde der Bundesrepublik Deutschland"
bezeichnet. Erkläre die Aussage.
3 Recherche: Finde heraus, welche Nationalspieler
1954 aus Rheinland-Pfalz kamen (M1).

4 **Wähle eine Aufgabe aus:**
Recherchiere:
a) Olympia 1972: Überschattung der Spiele durch
Geiselnahme und Ermordung israelischer Athleten.
Rekonstruiere die damaligen Ereignisse.
b) Dokumentiere die Entwicklung des modernen
Fußballs zum Massensport und ordne M4 in deine
Ergebnisse ein.
5 Erfasse die Kernaussage des Sportsoziologen Sonn-
tag (M3).

Webcode: FG642335-091
„Wunder von Bern";
Olympische Spiele 1972;
Fußball wird Massensport

Die 68er: Ziviler Ungehorsam und Protestbewegung

Mit der 68er-Bewegung verbinden viele Menschen die Erinnerung an Revolten junger Erwachsener in Westeuropa. Aus der Rückschau erinnern sich die meisten an eine Zeit langer Haare, Bärte, freier Liebe, Musikfestivals und Drogen. Untersuche hier, warum es zu Studentenprotesten und Straßenkämpfen kam und wogegen sie sich richteten.

Protest – Aufbruch – Umbruch?

Im Jahre 1968 erschütterten Proteste und Revolten viele Länder der westlichen Welt und die Tschechoslowakei. In Frankreich solidarisierten sich im Mai 1968 die Arbeiter mit den Studenten. Ein mehrwöchiger Generalstreik
5 legte das Land lahm, und es kam zu bürgerkriegsähnlichen Auseinandersetzungen. Staatspräsident de Gaulle flüchtete nach Baden-Baden ins Hauptquartier der dort stationierten französischen Truppen. In den USA erlag die Symbolfigur der gewaltlosen Bürgerrechtsbewegung
10 für die Rechte der Afroamerikaner, Martin Luther King, einem Attentat. Es folgten gewaltsame Aufstände.
In der Bundesrepublik zeigte sich der Protest vor allem in der „Außerparlamentarischen Opposition" (APO)*, die nach dem Fehlen einer starken Opposition im Parla-
15 ment durch die „Große Koalition" von CDU/CSU und SPD (seit 1966) entstanden war. In der APO hatten sich sozialistische Studenten- und Schülergruppen zusammengeschlossen. Am bekanntesten wurde der „Sozialistische Deutsche Studentenbund" (SDS).

20 Mit politischen Aktionen und ihrer Antihaltung, die sich sowohl in Kleidung, Musik- und Drogenkonsum als auch in der Suche nach alternativen Lebensformen ausdrückte, wandten sich die 68er gegen die aus ihrer Sicht unerträgliche Erstarrung und Verkrustung der Gesellschaft.
25 Sie strebten Veränderungen in der Kindererziehung und im Bildungswesen an. Frauen sollten selbstbestimmt leben können. Neue Wohnformen wie die Wohngemeinschaften entstanden. Schüler und Studenten protestierten mit Sitzstreiks und der Besetzung von Hörsälen ge-
30 gen den „Muff" an Hochschulen und Schulen. Sie forderten Staat und Gesellschaft auf, die NS-Vergangenheit endlich konsequent aufzuarbeiten.
Ein wichtiges politisches Ziel der 68er war die Solidarität mit internationalen antikolonialen Befreiungsbewegun-
35 gen. Am bedeutendsten war dabei der Protest gegen den von den USA geführten Krieg gegen das kommunistische Nordvietnam (siehe S. 58/59).

Wohngemeinschaft in Hamburg, Foto, 1968

Studentendemonstration in München mit Bildern von Karl Marx, Che Guevara und Ho Chi Minh, Foto, 1968

Attentate auf Ohnesorg und Dutschke

Hauptgrund für die Studentenbewegung in der Bundes-
republik war die Verabschiedung der Notstandsgesetze
im Mai 1968 mit den Stimmen der regierenden „Großen
Koalition". Diese sollten die Bürgerrechte in besonderen
Krisenzeiten einschränken und die Bundeswehr auch im
Inneren einsetzen können. Die Studenten verglichen die
Notstandsgesetze mit dem Ermächtigungsgesetz des
Jahres 1933.

Im Juni 1967 besuchte der Schah von Persien (Iran)
Deutschland. Gegen das diktatorische Regime des
Schahs protestierten neben Exil-Iranern auch die deutschen Studenten. Bei einer Demonstration in Berlin wurde der Student Benno Ohnesorg von einem Polizisten
erschossen. Dies heizte die Straßenkämpfe zwischen der
Polizei und den Demonstranten in mehreren deutschen
Städten an. Im April 1968 wurde der Anführer der Studentenbewegung, Rudi Dutschke, bei einem Attentat
schwer verletzt. In der Folge richteten sich die Proteste
der Studenten gegen die aus ihrer Sicht völlig verdrehte
Informationspolitik des Springer-Verlages mit seiner Ta-
geszeitung „Bild".

Die Proteste endeten nach der Bundestagswahl 1969.
Erstmals nach dem Zweiten Weltkrieg wurde mit Willy
Brandt ein Sozialdemokrat und Widerstandskämpfer
gegen das NS-Regime zum Bundeskanzler gewählt.

Auch in der DDR kam es zu einzelnen Versuchen, einen
neuen Lebensstil zu finden, was jedoch angesichts des
rigorosen Vorgehens der SED gegen nichtstaatliche Or-
ganisationsformen und Proteste weitaus schwieriger als
im Westen war. Im August 1968 marschierten Truppen
des Warschauer Pakts in die Tschechoslowakei ein, um
den dort begonnenen Reformkurs für einen „Kommunismus mit menschlichem Antlitz" von Parteichef Dubček gewaltsam zu beenden. In der Tschechoslowakei kam
es zu Massenaufständen gegen die Besatzer und in der
DDR vereinzelt zu Solidaritätsaktionen.

Folgen der 68er-Bewegung

Die Ideen und Aktionsformen der 68er veränderten die
bundesrepublikanische Gesellschaft langfristig: Aus den
Protesten der Studenten formierten sich nun verschiedenste Bürgerbewegungen wie die Friedens- und Um-
weltbewegung der 1970er und 1980er Jahre. Die Partei
„Die Grünen" entstand als Zusammenschluss von Bürgerinitiativen, die ihre politischen Ziele in dem bisherigen Parteiensystem nicht vertreten sahen (siehe
S. 98/99). Ein kleiner Teil der 68er-Bewegung radikali-
sierte sich und erklärte dem westdeutschen Staat den
bewaffneten Kampf (siehe S. 96/97).

M3

Sprüche der Protestierenden, 1968:
- Willst du Krieg im Frieden führen, musst den Notstand du probieren!
- Keine Mark und keinen Mann für den Krieg in Vietnam!
- Kampf auf der Straße, Streik in der Fabrik, das ist unsere Antwort auf eure Politik!
- Bürger, lasst das Gaffen sein, kommt herunter, reiht euch ein.
- Make love not war!

Zusammenstellung des Autors.

M4

Aus dem Lied „Macht kaputt, was euch kaputt macht" der Band „Ton Steine Scherben", 1970:
Bomber fliegen, Panzer rollen
Polizisten schlagen, Soldaten fallen,
Die Chefs schützen, Die Aktien schützen,
Das Recht schützen, Den Staat schützen.
Vor uns!
Macht kaputt, was euch kaputt macht!
Macht kaputt, was euch kaputt macht!

Zit. nach www.riolyrics.de/song/id:146
(Stand: 06. 03. 2015).

....

1 Wähle eine Aufgabe aus:
a) Erarbeite Ziele und Verlauf der 68er-Bewegung (M1–M4 und Darstellungstext).
b) Zähle die unterschiedlichen Formen des Protests auf.

2 Beschreibe M1. Nenne Veränderungen, z. B. zu Bildern aus den 1960er Jahren.

3 **Recherche:** Befrage Erwachsene zur 68er-Protest-bewegung. Frage nach Fotos. Berichte in der Klasse.

4 **Partnerarbeit:**
a) Informiert euch über die Biografien der in M2 auf den Transparenten abgebildeten Personen.
b) Stellt einen Zusammenhang zur 68er-Bewegung her.
Tipp: Vergleicht die Ziele und die Mittel, um diese zu erreichen.

5 Ordne die Sprüche (M3) und das Lied (M4) in den politischen Zusammenhang des Jahres 1968 ein.

Eine Zeitzeugenbefragung durchführen

Es gibt zahlreiche Möglichkeiten, etwas über vergangene Ereignisse zu erfahren. Zu den spannendsten gehört sicherlich das Gespräch mit einem Menschen, der bestimmte Ereignisse selbst erlebt hat. Hier erhältst du Tipps für die Durchführung einer Befragung und für die Auswertung des Gesprächs.

Ein Zeitzeuge erzählt:

1964 kam ich in die 5. Klasse des Gymnasiums. Anders als auf der Grundschule gab es jetzt nur noch Jungen in der Klasse. Die Lehrer waren streng und viele zeigten ihre geheime Bewunderung für
5 die Erziehungsmethoden des NS-Regimes. Einige beklagten offen mehrjährige Berufsverbote während der Entnazifizierung. Der Erdkundelehrer – obwohl Kriegsinvalide – erzählte begeistert von seiner Teilnahme an den Panzerschlachten in Nordafrika.
10 1968 änderte sich die Stimmung an der Schule. Einige Lehrer kamen ohne Anzug und Krawatte in die Schule. Sie unterstützten die Forderungen der Studenten und machten den Vietnamkrieg und das Regime des Schahs in Persien zum Gegenstand
15 des Unterrichts. Mein Klassenlehrer in der 10. Klasse ging mit uns regelmäßig in den in unserer Stadt geführten Prozess gegen die Täter des KZ Treblinka, der uns Schülern das ganze Ausmaß der NS-Verbrechen zeigte. Im Geschichtsunterricht waren wir
20 nur bis zum Jahr 1933 gekommen. Die Unterrichtsmethoden der Lehrer wurden spürbar vielfältiger.

Erste Fremdsprache war damals an Jungengymnasien Latein. Glücklicherweise wählte ich in der 9. Klasse Französisch statt Altgriechisch als dritte
25 Fremdsprache. So fuhr ich mehrfach für wenig Geld mit Unterstützung des neu gegründeten Deutsch-Französischen Jugendwerks nach Frankreich, wo uns das Alltagsleben viel freier und demokratischer vorkam als in Deutschland. Mit der Wahl Willy Brandts
30 zum Bundeskanzler 1969 änderte sich Deutschland grundlegend. Gerne wären auch wir zur Wahl gegangen, aber das durfte man erst mit 21 Jahren. Brandt hatte die Herabsetzung des Wahlalters auch vorgeschlagen, jedoch war die Opposition dagegen. Bald
35 danach war es aber dann doch soweit ...
Die Abiturfeiern lehnten wir als „bürgerlichen Kitsch" ab, und aus meiner Klasse ging keiner hin. Die Abizeugnisse des Jahres 1972 ließen wir uns mit der Post nach Hause schicken. Im selben Jahr
40 begann dann auch an meiner Schule der gemeinsame Unterricht von Jungen und Mädchen ab der 5. Klasse.

Hans-Joachim Cornelißen, Fachlehrer Geschichte, 2015.

Oral History – Geschichte aus erster Hand?

Durch die Befragung von Zeitzeugen können wir selber Quellen „erzeugen". Das nennen die Wissenschaftler „Geschichte mündlich" oder auf Englisch „oral history". Zeitzeugen schildern, was sie erlebt haben und welche
5 Gefühle sie dabei hatten, wie Glück, Angst, Entsetzen, Enttäuschung, Trauer oder Wut. Die Aufnahmen von Interviews und Gesprächen müssen sorgsam ausgewertet werden. Die Analyse von Zeitzeugenberichten erfordert ein sehr gutes historisches Hintergrundwissen,
10 denn aus der subjektiven Erfahrung einer einzelnen Person können wir nicht unbedingt schlussfolgern, dass deren Erlebnis typisch für die Zeit war. Oft können und wollen Zeitzeugen sich nicht mehr an alles erinnern, oder sie vermischen ihre Erinnerung mit Dingen, die sie
15 erst später erfahren haben.

1 Geht bei eurer Zeitzeugenbefragung mithilfe der Arbeitsschritte rechts vor. Klärt vorher folgende Fragen:
Um welches Thema geht es?
Wie alt waren die Befragten zum Zeitpunkt des Ereignisses?
Warum waren sie „dabei"?
Wie erlebten sie die damalige Zeit?
Wie sehen die Befragten das damalige Ereignis heute? Hätten sie aus heutiger Sicht anders reagiert?
Nutzt auch die Aussagen des Zeitzeugen in M1.

Arbeitsschritte „Eine Zeitzeugenbefragung durchführen"

Die Befragung vorbereiten/Rahmenbedingungen festlegen	Lösungshinweise
1. Worüber möchten wir mit einem Zeitzeugen sprechen? Was wollen wir erfahren?	• *z. B. über die Ereignisse rund um das Jahr 1968 Welche Veränderungen/Werteauffassungen brachten die 68er-Reformen für die Schule/Jugend mit sich?*
2. Wo können wir uns vorab über das Thema informieren?	• *Schul- und Sachbücher, Internet*
3. Wo finden wir Zeitzeugen zum ausgewählten Thema? Wie viele Personen laden wir ein?	• *Familien- und Bekanntenkreis* • *Zeugen der Zeit: Koordinierungsstelle für Zeitzeugengespräche im Unterricht in Rheinland-Pfalz* • *im Stadt-/Zeitungsarchiv nachfragen* • *bei Parteien, Gewerkschaften anfragen*
4. Wo soll das Gespräch stattfinden? Wann? Wie lange soll es dauern?	• *mit dem Zeitzeugen, dem Fachlehrer und der Schulleitung absprechen*
5. Welche Fragen möchten wir stellen?	• *Fragen vorbereiten; entscheiden, ob eher offene Fragen („Bitte erzählen Sie uns etwas über …") gestellt oder nach einer festen Frageordnung vorgegangen werden soll. Reine Entscheidungsfragen („Ja" – „Nein") vermeiden. Nachfragen, wenn etwas nicht verstanden wurde.* • *Fragen evtl. vorher dem Zeitzeugen schriftlich übermitteln; ihn bitten, Bilder mitzubringen*
Die Befragung durchführen	
6. Wer übernimmt welche Aufgaben?	• *Befragung, Protokoll, Mitschrift, Fotos, Filmaufnahme (Erlaubnis des Zeitzeugen einholen)* • *Begrüßung, Bereitstellung von Getränken, Protokoll, Verabschiedung*
Die Befragung nachbereiten	
7. In welcher Form und wo sollen die Ergebnisse präsentiert werden? (Erlaubnis des Zeitzeugen einholen)	• *kurzer Abriss über den geschichtlichen Hintergrund, evtl. mit Bildern* • *erweiterter Lebenslauf mit Zitaten, Hervorheben einzelner Geschichten oder Anekdoten* • *Ausstellung in der Schulaula, Artikel in der Schülerzeitung oder im Jahresbericht, Wandzeitung*
8. Wurden zum Thema neue Erkenntnisse gewonnen?	• *Eindrücke in der Klasse austauschen* • *Kernaussagen herausarbeiten* • *Richtigkeit der Zeugenaussagen (Widersprüche, Erinnerungslücken, biografische Brüche) überprüfen* • *Informationen mit den bisherigen Kenntnissen vergleichen*
9. Was lief gut? Was sollte besser gemacht werden?	• *Gesprächsführung beurteilen*

Terrorismus in Deutschland – die RAF

*Seit Beginn der 1970er Jahre entstand nach dem Vorbild der „Roten Brigaden"
in Italien auch in Deutschland mit der „Roten Armee Fraktion" eine linksextreme
Terror-Organisation, die den Staat herausforderte.*
- *Wer gehörte ihr an und welche Ziele vertrat sie? Mit welchen Mitteln
  bekämpfte die Bundesregierung den heimischen Terrorismus*?*

Krieg gegen Staat und Gesellschaft

Am 16. Mai 1974 wurde der Sozialdemokrat Helmut
Schmidt von der Koalition aus SPD und FDP zum Kanzler gewählt. Wie schon die Vorgängerregierung unter
Brandt/Scheel sah sich auch diese Regierung mit einem
5 Problem konfrontiert, das es so bisher in der Bundesrepublik nicht gegeben hatte: mit dem Terrorismus der
sogenannten „Rote Armee Fraktion" (RAF). Diese war
aus dem Umfeld der „Außerparlamentarischen Opposition" (siehe S. 93) hervorgegangen. Die RAF sah in der
10 westdeutschen Demokratie eine Fortdauer des Faschis-
mus. Mit Bomben, Sprengfallen und Maschinenpistolen
attackierten die Terroristen der RAF aus dem Untergrund bestimmte Institutionen und führende Repräsen-
tanten aus Wirtschaft und Politik. Sie wollten den „ka-
15 pitalistischen Unterdrückerstaat" stürzen, griffen den
„US-Imperialismus" an und orientierten sich an den
südamerikanischen Revolutionären als Vorbilder. Schu-
lung im Waffengebrauch erhielten sie in den Palästinen-
serlagern in Jordanien. Geld beschafften sie sich durch
20 Banküberfälle. Mehr als dreißig Menschen fielen im
„heißen Herbst" 1977 ihren Mordanschlägen zum Opfer.
Im April wurden der Generalbundesanwalt Siegfried
Buback und im Juli der Vorstandssprecher der Dresdner
Bank, Jürgen Ponto, ermordet. Einen traurigen Höhe-
25 punkt der Mordserie stellte die Entführung und spätere
Ermordung des Arbeitgeberpräsidenten Hanns Martin
Schleyer dar. Bei dem Überfall im September kamen
Schleyers Fahrer und drei Sicherheitsbeamte ums Leben.
Der Plan, die RAF-Gefangenen Andreas Baader, Gudrun
30 Ensslin und Jan-Carl Raspe zusätzlich mit der Entfüh-
rung der Lufthansa-Maschine „Landshut" durch ein pa-
lästinensisches Kommando freizupressen, scheiterte am
Widerstand der Bundesregierung. Die Flugzeuggeiseln
wurden befreit, die drei Inhaftierten nahmen sich das
35 Leben.
Nach 1977 ging die Zahl der Anschläge deutlich zurück,
die Gefährdung durch terroristische Akte blieb jedoch
bis 1992 bestehen. 1998 erklärten die inhaftierten RAF-
Mitglieder ihr „Projekt" für beendet. Die RAF erhielt
40 zeitweise Unterstützung durch die SED-Diktatur. Sie bot
den Terroristen einen Rückzugs- und Transitraum.

Im Zuge der Terrorismusbekämpfung kam es zu einer
Verschärfung des bundesdeutschen Strafrechts und des
Strafvollzugs. So wurde beispielsweise die sogenannte
45 „Rasterfahndung" eingeführt, die es erlaubte, Personen
aufgrund von zuvor eingegebenen Merkmalen aus öffentlichen und privaten Datenbanken herauszufiltern.
Diese Vorgehensweise wurde jedoch von vielen Bürgern
und Rechtsexperten scharf kritisiert, da sie in ihren Au-
50 gen die verfassungsmäßigen Rechte einschränkte und
damit den Rechtsstaat aushöhlte.

*Entführter Arbeitgeberpräsident Hanns Martin Schleyer, Foto,
5. Oktober 1977*

Filmtipp:

„Der Baader-Meinhof-Komplex", Spielfilm 2008,
Regie: Uli Edel und Bernd Eichinger,
basierend auf einem Buch von Stefan Aust.
Umfassende Dokumentation zur RAF.

Das ehemalige RAF-Mitglied Silke Maier-Witt (geb. 1950) in einem Interview (2001):

Frage: Wie fing bei Ihnen das Umdenken an?

Antwort: Im Knast, wo ich wieder anfing, mich mit der Frage auseinanderzusetzen, wieso bin gerade ich da reingekommen. Ich bin im Grunde aus ei-
5 ner Position der Schwäche in die RAF gekommen. Ich habe, als ich inhaftiert war, eine Frau kennengelernt, die war in einer Sekte, und da habe ich gemerkt: So unterschiedlich ist das gar nicht. In der RAF zu sein, hat mich immerhin der Notwendig-
10 keit enthoben, mir immer wieder neu darüber klarzuwerden: Was mache ich? In welche Richtung geht das? Wen unterstütze ich? Es gab nur: Entweder du bist auf der richtigen Seite oder du bist vollständig auf der falschen. Dazwischen gab es
15 nichts.

Frage: Ihre Abkehr von der Gewalt – war das ein abrupter Schnitt oder ein langwieriger Prozess?

Antwort: Es gab schon einen konkreten Anlass: nachdem eine unschuldige Frau 1979 in der
20 Schweiz bei einem Banküberfall der RAF erschossen wurde. Aber damals habe ich die Politik der RAF noch nicht für völlig falsch gehalten. Erst später habe ich klargekriegt, dass da ein ganz grundsätzlicher Widerspruch besteht: Die Menschheit
25 zu retten und Gewalt anzuwenden, das geht nicht.

Frage: Und bei der RAF heiligte der Zweck jedes Mittel?

Antwort: Das ist es, was ich mir im Nachhinein auch am meisten übel genommen habe. Dass
30 ich sehr wohl gesehen habe, wie entsetzlich das war, gerade bei Schleyer, wo also wirklich brutalst diese vier Leute in einem Kugelhagel ermordet wurden. Auf die wurde im Grunde kein Gedanke verschwendet ... Dass es mir gelungen ist, für
35 eine Ideologie so weit zu gehen, alle moralischen Bedenken fortzuwerfen, das war für mich dann schon eine entscheidende Selbsterkenntnis. Da habe ich auch verstanden, wie das in der Nazi-Zeit gewesen ist. Also wie gefährlich das ist, eine Ideo-
40 logie und eine Gruppe zu haben, der man sich zugehörig fühlt und die einem das Denken dann ja auch abnimmt.

Silke Maier-Witt, „Die Menschheit zu retten und Gewalt anzuwenden, das geht nicht", in: fluter, Ausgabe 01 (Bundeszentrale für politische Bildung) Dezember 2001, S. 55. Interviewer: Werner Schulz.

Aus der Regierungserklärung Helmut Schmidts (1977):

Jedermann hat Anspruch auf ein ordnungsgemäßes Gesetzesverfahren. Ein Sonderprozessrecht für Terroristen darf es nicht geben ... Wer einer falschen und verhängnisvollen Solidarisierung mit
5 Desperados von großer krimineller Energie entgegenwirken will und wer die Täter von der Gemeinschaft total isolieren will, darf dabei nicht riskieren, dass die Freiheit der Person zu einem Ausstellungsstück wird, das nicht mehr berührt,
10 sondern nur noch in der Vitrine besichtigt werden kann. Wir haben in Wahrheit zwei Aufgaben zu leisten: Zum Ersten den Terrorismus ohne Wenn und ohne Aber und ohne sentimentale Verklärung der Tätermotive zu verfolgen, bis er aufgehört
15 haben wird, ein Problem zu sein. Aber die andere Aufgabe muss sein, die Meinungsfreiheit kämpferisch und entschlossen zu verteidigen und über jeden Zweifel klarzumachen, dass Kritik an den vielen Obrigkeiten nicht nur statthaft ist, sondern
20 dass sie für jeden demokratischen Staat prinzipiell erwünscht ist.

Zit. nach Keesings Archiv der Gegenwart, 1977, S. 20968ff.

....

1 Lies M2.
   a) Erläutere, wie Maier-Witt ihre Mitgliedschaft in der RAF begründet.
   b) Inwiefern hat sich ihre Sichtweise heute verändert?
   c) Recherchiere ihren weiteren Lebensweg.
2 Diskutiert auf Grundlage von M3 in der Klasse, wie ein demokratischer Rechtsstaat auf Terror reagieren kann.
   Tipp: Geht der Frage nach, ob hierfür Grundrechte eingeschränkt werden dürfen.
3 **Vorschlag für eine Gruppenarbeit:** Recherchiert und erstellt arbeitsteilig kurze Porträts von Mitgliedern der RAF (z. B. Andreas Baader, Ulrike Meinhof, Gudrun Ensslin). Sucht nach Gründen für ihre Mitgliedschaft.

Webcode: FG642335-097
„Rote Armee Fraktion"

Die Ölkrise 1973: Wie lässt sich die Abhängigkeit von Öl verringern?

Eine Autobahn ohne Autos – kaum vorstellbar. Dies war jedoch 1973 der Fall. Was war der Auslöser dafür? Mit dem Ölpreisschock des Jahres 1973 kamen das deutsche Wirtschaftswunder und eine 30-jährige Wachstumsphase der Weltwirtschaft zu einem abrupten Ende. Informiere dich hier über die Ursachen und die Auswirkungen des Ölpreisschocks sowie über die Folgen für die Politik.

Der Ölpreisschock

In der Folge des ägyptisch-israelischen Krieges im Oktober 1973 unterbrachen die arabischen Förderländer ihre Erdöllieferungen an die Länder der westlichen Welt, weil sie Israel unterstützt hatten. Der Boykott vervierfachte
5 die Weltmarktpreise für Erdöl und Erdölprodukte. Er traf die westlichen Industriestaaten unvorbereitet und verstärkte die bereits begonnene Rezession der Weltwirtschaft.

Für die Bundesrepublik, die 75 Prozent ihrer Rohölimporte aus den arabischen Förderländern bezog, hatte das
10 einschneidende Folgen. Die Arbeitslosigkeit stieg binnen zwei Jahren von 0,8 auf 4,5 Prozent an, teilweise wurde Kurzarbeit angesagt oder die Produktion eingestellt. Gastarbeiter erhielten keine Arbeitserlaubnis mehr. Die
15 Verbraucher gaben weniger Geld aus. Es fehlte Geld für die vielen Reformen der sozial-liberalen Koalition, und die Staatsverschuldung stieg stark an.

Weg vom Öl?

Durch die Krise entwickelte sich ein neues Bewusstsein
20 für die Endlichkeit fossiler Energieträger wie Kohle, Öl und Gas. Eine internationale Expertengruppe, der „Club of Rome", sprach erstmals von den „Grenzen des Wachstums". Zur Verringerung der politischen und wirtschaftlichen Abhängigkeit von Rohöl kam es nun in vielen
25 Ländern, u. a. auch in der Bundesrepublik Deutschland, zu einem beschleunigten Ausbau der Atomenergie.

In der Bundesrepublik setzte man neben der Atomenergie verstärkt auf den Abbau heimischer Braun- und Steinkohle zur Stromerzeugung. Die damit betriebenen
30 Kraftwerke wiederum schädigten durch ihre hohe CO_2-Emission die Luft und somit die Umwelt beträchtlich. Der Ausbau alternativer Energiequellen wurde nur zaghaft begonnen. Erst die grün-rote Bundesregierung ab 1998 förderte den massiven Ausbau alternativer
35 Energiequellen aus Wind und Sonne.

M1 *Autobahn in Deutschland, Foto, 1973*
Am 25. November 1973 gab es erstmalig ein bundesweites Fahrverbot.

M2 *Die Atomkraftgegner in Deutschland waren im europäischen Vergleich besonders aktiv. So protestierten z. B. in Hannover im Frühjahr 1979 etwa 100 000 Menschen gegen den Bau von Atomkraftwerken. Foto, 1979*

In der DDR machte sich die Ölkrise anfangs nicht so bemerkbar, weil sie aus der Sowjetunion Erdöl und Erdgas zu verbilligten Preisen weit unter dem des Weltmarktes bezog. Erst als 1985 die Sowjetunion ihre Preise auch für die sozialistischen Staaten an die Weltmarktpreise anglich, waren die wirtschaftlichen Folgen auch in der DDR spürbar. Dort wurde die Braunkohleförderung ausgebaut; Braunkohle wurde zum wichtigsten Energieträger.

Die Umweltbewegung entsteht

Mit der Suche nach alternativen Energiequellen entstand auch ein stärkeres Umweltbewusstsein. Viele Bürgerinitiativen warben für eine neue Umwelt- und Sozialpolitik und lehnten einen Ausbau der Atomenergie strikt ab. Aus diesen Initiativen entstand die Partei „Die Grünen", die erstmalig 1983 in den Bundestag gewählt wurde. 1986 kam es zur Gründung eines Ministeriums für Umwelt, Naturschutz und Reaktorsicherheit.

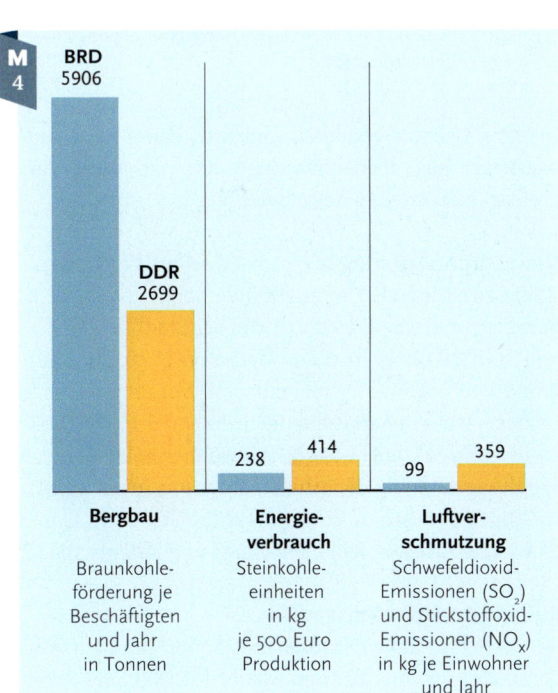

M 3

„Chemie bringt sicher Brot, Wohlstand und Schönheit" – so warb die DDR zum Beispiel für das Chemiedreieck Bitterfeld. Nach der Wende wurden die katastrophalen Umweltschäden deutlich. Foto, 1989

M 5

Plakat der Partei „Die Grünen", im Landtagswahlkampf Baden-Württemberg, 1980

M 4

	BRD	DDR
Bergbau	5906	2699
Energieverbrauch	238	414
Luftverschmutzung	99	359

Bergbau
Braunkohleförderung je Beschäftigten und Jahr in Tonnen

Energieverbrauch
Steinkohleeinheiten in kg je 500 Euro Produktion

Luftverschmutzung
Schwefeldioxid-Emissionen (SO_2) und Stickstoffoxid-Emissionen (NO_x) in kg je Einwohner und Jahr

Bestandsaufnahme 1990: Kohleförderung und Schadstoffentwicklung

1 Fasse stichpunktartig den Auslöser und die Auswirkungen der Ölkrise von 1973 zusammen (M1, Darstellungstext).

2 Erläutere, wie die Politik auf die Ölkrise reagierte (M3–M5, Darstellungstext).

3 **Wähle eine Aufgabe aus:**
   Recherchiere:
   a) Ausbau alternativer Energien bis heute (Methoden der Energiegewinnung, staatliche Förderung etc.)
   b) „Die Grünen" (Vergleich der Gründungsziele mit der aktuellen Wahlwerbung)
   c) Folgen der Reaktorunglücke in Tschernobyl (1986) und Fukushima (2013)

4 Führe drei Tage eine Statistik darüber, wie oft und mit welchen Geräten du Strom verbrauchst.

Webcode: FG642335-099
Ölkrise 1973

Ludwigshafen: Vom Handelsort zum industriellen Ballungsraum

*1843 erhielt die ehemalige Festung Rheinschanze als Handels- und Gewerbe-
platz den Namen Ludwigshafen. Heute ist Ludwigshafen die zweitgrößte Stadt
in Rheinland-Pfalz. Sie gilt als Zentrum für Industrie und zunehmend auch im
Bereich der Dienstleistungen. Sie ist Teil einer der wachstumsstärksten Regionen
in Deutschland, der Metropolregion Rhein-Neckar.*
* *Wie wurde aus dem Handelszentrum ein Industriestandort?*

M 1 Ludwigshafen am Rhein – Landeplätze, Bildpostkarte,
Farbdruck nach kolorierter Fotografie, 1910

M 2 Im Herbst 2010 wurde das Einkaufszentrum Rhein-Galerie
auf dem Gebiet des ehemaligen Hafengeländes am Zoll-
hof eröffnet. Foto, 2011

Vom Handelsort zur Stadt

Noch Mitte des 19. Jahrhunderts zählte Ludwigshafen
rund 1 500 Einwohner. Ludwigshafen war ein eher un-
bedeutender kleiner Hafen- und Handelsort am Rhein.
Mit der Brückenverbindung zum badischen Mannheim
5 und einem Eisenbahnanschluss lag der Ort jedoch ver-
kehrsgünstig. 1859 wurde Ludwigshafen zur Stadt erhoben. Der neuen Stadtgründung verhalfen vor allem ihre
Stadtväter zum Erfolg. Diesen gelang es, chemische Industrien zur Niederlassung zu bewegen, die andernorts
10 nicht gerne gesehen waren. Die Arbeiter für die neuen
Unternehmen ließen sich im Umland relativ leicht gewinnen. Die Pfalz war dicht bevölkert und ländlich geprägt, zudem gab es kaum andere Industriestandorte.
Jahre von Missernten und Armut taten ihr Übriges, Bau-
15 ern und Tagelöhner in den Industriestandort zu drängen.
Der steile Aufstieg der Stadt begann 1865 mit der Gründung der BASF (Badische Anilin- & Soda-Fabrik). Die in
Mannheim gegründete Aktiengesellschaft konnte vor

Ort kein Gelände erwerben und wich daher nach Lud-
20 wigshafen aus. Bald entwickelte sich die BASF zum
größten industriellen Betrieb der Stadt.

Der rasante Aufstieg bis zum Zweiten Weltkrieg

Allein zwischen 1870 und 1900 verdoppelte sich in jedem Jahrzehnt die Einwohnerzahl der Stadt. Die Grenze
25 von 100 000 überschritt Ludwigshafen 1920, auch aufgrund von vielen Eingemeindungen. Mit dem weiteren
Einbeziehen von Randgemeinden entstand 1938 „Groß-
Ludwigshafen" mit 144 000 Einwohnern. Im Zweiten
Weltkrieg zählte Ludwigshafen aufgrund seiner kriegs-
30 wichtigen Industrien zu den meistbombardierten und
damit zerstörtesten Ballungsräumen in Süddeutschland.

Ludwigshafen wächst weiter

Bereits 1950 zählte der Industriestandort mit dem Wiederaufbau seiner Industrien wieder 120 000 Einwohner.
35 Bis 1974 folgten weitere Eingemeindungen, wodurch

Ludwigshafen seine heutige Ausdehnung erreichte. Fast die gesamte Rheinfront wird mit Ausnahme des langgezogenen Hauptgeschäftszentrums von Hafen- und Industrieanlagen eingenommen. Heute bildet die Stadt als
40 industrieller Ballungsraum mit rund 110 000 Arbeitsplätzen für die Menschen in der Region die Existenzgrundlage. In keiner anderen deutschen Großstadt arbeiten so viele Menschen, die woanders wohnen – ganze 68,7 Prozent aller Beschäftigten.

Mit rund 110 000 Mitarbeitern ist die BASF ein chemischer Weltkonzern. Mehr als 33 000 Menschen arbeiten am Standort Ludwigshafen. Auf dem 10 km² großen Werksgelände am Rhein stehen über 2000 Betriebsgebäude, darunter ein großes Kraftwerk.

M 4

Verfügung des bayerischen Königs Ludwig vom 25. April 1843:

Seine Königliche Majestät genehmigen, dass dem bisher unter dem Namen der Rheinschanze bekannten Handels- und Hafenplatz gegenüber von Mannheim und der sich dombildenden Gemeinde
5 der Name „Ludwigshafen" schon jetzt beigelegt werde. Es ist sogleich ein besonderer Polizeibezirk für Ludwigshafen zu bilden. In Ludwigshafen soll sogleich eine deutsche Schule errichtet und es sollen derselben alle im Polizeibezirk Ludwigshafen
10 begriffenen Weiler und Höfe zugewiesen werden.

Königreich Bayern, Staatsministerium des Innern, München, 25. April 1843, zit. nach Geschichte der Stadt Ludwigshafen am Rhein, hg. vom Bürgermeisteramt, Ludwigshafen (Verlag Waldkirch) 1903.

M 5

Stefan Mörz, Leiter des Stadtarchivs, über Ludwigshafen:

Das junge Ludwigshafen zog neben Kaufleuten, Ingenieuren, Chemikern und Handwerkern auch viele arme Menschen an, die als Ungelernte in den Fabriken Arbeit fanden. Die so entstehenden
5 sozialen Gegensätze schlugen sich im Stadtbild nieder. Der Süden war eine Gegend für die „besseren Kreise", im Stadtkern lebten Kaufleute, Einzelhändler und gelernte Arbeiter, während im Norden der Stadt ungelernte Arbeiter und ihre Familien
10 50 % der Bevölkerung stellten. Die BASF-Werkswohnungs-„Kolonie", wie man sie nannte, hatte wiederum eine eigene Hierarchie ... Die ganz Reichen freilich lebten mit wenigen Ausnahmen gar nicht in der Stadt ...
15 Seit den 1960er Jahren wohnt das gehobene Personal überhaupt nicht mehr in Ludwigshafen, sondern an der Berg- oder Weinstraße. Das ist auch die entscheidende Erklärung für das Auseinanderklaffen von Wirtschafts- und Einkommenssteuer-
20 kraft in Ludwigshafen. Die vielen Einpendler nutzen die städtische Infrastruktur, die Schulen, medizinischen und kulturellen Einrichtungen – ohne zu ihrem Unterhalt beizutragen ...

Zit. nach www.ludwigshafen.de/lebenswert/stadt-am-rhein/stadtgeschichte (Stand: 13. 05. 2015).

1 Zeitsprung „100 Jahre": Vergleiche die beiden Bilder (M1, M2).
2 **Recherche:** Erkläre die Begriffe „Ballungsraum" und „Metropolregion".
3 Erläutere die Bedeutung von Handel und Industrie für die Entstehung und Entwicklung Ludwigshafens.
4 Lege anhand der Geschichte von Ludwigshafen die soziale Hierarchie des Industriestandortes dar. Diskutiert die daraus resultierenden Schwierigkeiten für die Stadt (M4, Darstellungstext).
5 Diskutiert, inwiefern die BASF das Bild von Ludwigshafen prägt (M3).
6 **Recherche:** Finde heraus, welche weiteren Industrien sich im Raum Ludwigshafen befinden.
7 „Stadt der Pendler" – Finde Gründe hierfür. Was bedeutet das für eine Stadt, was für die Menschen?

Webcode: FG642335-101
Geschichte Ludwighafens

Partnerschaft Rheinland-Pfalz – Ruanda

Ruanda ist knapp ein Drittel größer als Rheinland-Pfalz, hat aber mit elf Millionen Einwohnern eine mehr als doppelt so hohe Bevölkerungszahl. Seit 1982 pflegt Rheinland-Pfalz eine sogenannte „Graswurzelpartnerschaft" mit Ruanda. Gemeint ist damit eine Partnerschaft „von den Menschen – für die Menschen".
- *Welche Ereignisse zur neueren Geschichte Ruandas sollten wir kennen?*
- *Wie wir die Partnerschaft Rheinland-Pfalz – Ruanda gelebt und gestaltet?*

Einblicke in die Geschichte Ruandas

Mit Ende des 19. Jahrhunderts, zur Zeit des Imperialismus, war Ruanda als Kolonie Deutsch-Ostafrika unterstellt. Im Ersten Weltkrieg wurde das Land ausgehend von Belgisch-Kongo von belgischen Streitkräften be-
5 setzt und vom Völkerbund Belgien als Teil des Mandatsgebietes Ruanda-Urundi zugesprochen. Erst 1962 konnte Ruanda seine Unabhängigkeit wiedergewinnen. Seit 2003 hat Ruanda eine neue Verfassung, ein gewähltes Parlament und einen gewählten Staatspräsidenten.
10 Wenngleich es immer noch zu den Entwicklungsländern gehört, konnte es in den letzten Jahren wirtschaftliche Erfolge erzielen. Allerdings steht das Land unter Kritik wegen seiner fehlenden Pressefreiheit und Unterdrückung oppositioneller Politiker.

Völkermord, Eskalation ethnischer Spannungen

15 Im Jahr 1994 ereignete sich in Ruanda eines der größten organisierten Gewaltverbrechen des 20. Jahrhunderts. Von April bis Juli 1994 wurden zwischen 800 000 und einer Million Menschen durch ihre eigenen Landsleute
20 ermordet. Die Gewalt der Hutu-Bevölkerung richtete sich vorrangig gegen die ethnische Minderheit der Tutsi. Der ethnische Konflikt zwischen Hutu und Tutsi reicht in seiner Entstehung weit in die koloniale Geschichte Ruandas zurück. Bis heute leiden besonders die Kinder
25 unter den Nachwirkungen dieses Völkermords (Genozid). Nach Angaben von UNICEF wachsen immer noch 600 000 Kinder ohne oder mit nur einem Elternteil und in extremer Armut auf.

Ruanda und Rheinland-Pfalz

30 Die Partnerschaft zwischen den beiden Ländern legt ihr Hauptaugenmerk auf die Grundbedürfnisse der Menschen. Die Bevölkerung wächst stark, Ruanda ist eines der dichtest besiedelten Länder der Welt. Die Regierungen in Rheinland-Pfalz und Ruanda bieten die finanziel-
35 le, logistische und technische Unterstützung sowie den politischen Rahmen, um die Partnerschaft vor Ort zu ermöglichen. Dies funktioniert so: Die ruandischen Partner schlagen Projekte vor, beispielsweise den Bau eines Trinkwasserbrunnens oder einer Schule. Das rheinland-
40 pfälzische Koordinationsbüro in der Hauptstadt Kigali prüft, ob die Anfragen geeignet und umsetzbar sind. Im Anschluss werden die Vorschläge nach Rheinland-Pfalz vermittelt und Partner gesucht, die sich wiederum um die finanzielle und materielle Unterstützung für das je-
45 weilige Projekt bemühen. Nach einer sichergestellten Finanzierung werden dann ruandische Kleinbetriebe mit der Umsetzung beauftragt.

„Mein Tag für Afrika"

Unter diesem Motto arbeiten jedes Jahr Schülerinnen
50 und Schüler in ganz Rheinland-Pfalz einen Tag in Betrieben, Büros oder bei Privatpersonen. Ihren Verdienst stellen sie den Kindern in Ruanda zur Verfügung. Organisiert wird die bundesweite Kampagne von der „Aktion Tagwerk e. V.". Von den Einnahmen werden in Ruanda
55 unter anderem Straßenkinderzentren, Waisenhäuser, Schulen und Behinderteneinrichtungen gebaut.

Ministerpräsidentin Malu Dreyer bei einem Gespräch mit dem für die Partnerschaft zuständigen ruandischen Minister James Musoni, der sich anlässlich des „Ruanda-Tages" 2013 in Rheinland-Pfalz aufhielt, Foto, 2013

M2

Aus dem Schreiben des Ministerpräsidenten Bernhard Vogel an den Minister des Auswärtigen und für Zusammenarbeit der Republik Ruanda vom 7. Juni 1982:

Ich habe die Ehre, Eurer Exzellenz davon Kenntnis zu geben, dass die Regierung ... den Wunsch hegt, im Geiste der deutsch-ruandischen Freundschaft besondere Beziehungen partnerschaftli-
5 cher Zusammenarbeit mit der Republik Ruanda zu begründen.

Diese besonderen Beziehungen sollen die Bereitschaft zur Hilfe und gegenseitigen Zusammenarbeit in der Öffentlichkeit verstärken und das Ver-
10 ständnis für Kultur, Geistesleben und Wesensart der beiden Partner fördern.

Zit. nach eu-int.bildung-rp.de/fileadmin/user_upload/ europa-bildung-rp.de/Briefwechsel_ RLP_ Ruanda_1982.pdf (Stand: 10. 04. 2015).

 M3

Aus der Rede der Ministerpräsidentin Malu Dreyer in Gedenken an den Genozid, am 3. April 2014:

Die internationale Gemeinschaft der Staaten hat damals eklatant versagt. Viel zu spät hat die Welt begriffen, dass es sich bei dem, was geschah, nicht um einen sogenannten „Stammeskonflikt"
5 gehandelt hat, sondern um einen grausamen Völkermord. Und viel zu spät haben die internationalen Organisationen eingegriffen. Für dieses Versagen stehen wir alle bis heute in der Schuld der Menschen in Ruanda.

Zit. nach www.rlp.de/no_cache/aktuelles/presse/-einzelansicht/archive/2014/april/article/dreyerlewentz-rheinland-pfalz-ist-ruanda-eng-verbunden (Stand: 27. 03. 2015).

 M4
Logo des Vereins Partnerschaft Rheinland-Pfalz/Ruanda

M5

Aus der Vereinbarung zwischen Rheinland-Pfalz und Ruanda vom 3. Mai 2002:

Im Bestreben um die Wahrung der Menschenrechte und der Völkerverständigung basiert die Partnerschaft zwischen Rheinland-Pfalz und Ruanda auf der unmittelbaren Zusammenarbeit zwi-
5 schen Menschen mit der Intention des gemeinsamen Engagements für: ein Verstärken des Friedens, des Aussöhnungsprozesses und des Wohlstandes des ruandischen Volkes; eine sozioökonomische[1] nachhaltige Entwicklung Ruandas;
10 die direkte Unterstützung einzelner Projekte und die Förderung des wirtschaftlichen, wissenschaftlichen, technischen und kulturellen Austausches zwischen Rheinland-Pfalz und Ruanda ... Anlässlich der Feierlichkeiten ... erklären Ministerpräsi-
15 dent Kurt Beck und Staatspräsident Paul Kagame ihren Willen, die Freundschaft zwischen beiden Ländern und das gegenseitige Verständnis zu vertiefen, die unmittelbare Zusammenarbeit und Begegnung der Bevölkerung von Rheinland-Pfalz
20 und Ruanda durch Partnerschaften und andere geeignete Kooperationsprojekte ... zu unterstützen und verstärkt fortzusetzen.

Zit. nach eu-int.bildung-rp.de/internationale-vereinbarungen-conventions.html (Stand: 26. 03. 2015).

[1] *Zusammenwirken von wirtschaftlichen und gesellschaftlichen Faktoren*

1 Recherchiere mittels deines Atlas die geografischen Besonderheiten von Ruanda und berichte darüber.

2 Gib anhand des Darstellungstextes einen kurzen Überblick über die neuere Geschichte Ruandas.

3 Vergleiche und erkläre die Inhalte der beiden Vereinbarungen (M2 und M4).

4 Finde Gründe dafür, weshalb die Vereinbarung im Jahr 2002 erneuert wurde (M4).

5 **Recherche:** Informiere dich mithilfe des Internets über den im Jahre 1994 stattgefundenen Genozid in Ruanda. Nimm dann Stellung zu der Aussage von Malu Dreyer (M3).

6 Deute das Logo des Vereins (M4).

7 **Recherche:** Finde heraus, ob und wie in deiner Region die „Graswurzelpartnerschaft" mit Ruanda gestaltet wird. Berichte deiner Klasse darüber.

Webcode: FG642335-103
Partnerschaft Rheinland-Pfalz mit Ruanda

| 1945 | 1950 | 1955 | 1960 | 1965 |

1949 Gründung der Bundesrepublik und der DDR

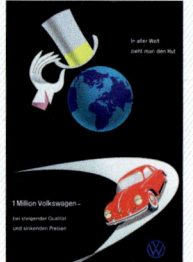

1950er Jahre „Wirtschaftswunder" im Westen, „Ära Adenauer"

ab 1952 „Planmäßiger Aufbau des Sozialismus" in der DDR

1954 Deutschland Fußballweltmeister

Leben im geteilten Deutschland

Planwirtschaft prägt den Alltag in der DDR

Nach 1945 entwickelten sich die beiden neu gegründeten deutschen Staaten im Schatten der weltpolitischen Auseinandersetzung zwischen Ost und West in verschiedene Richtungen. In der DDR wurde nach sowjetischem
5 Vorbild die Planwirtschaft eingeführt. Alle Produktionsstätten wurden zu „Volkseigenen Betrieben" (VEB); Löhne und Preise für sämtliche Produkte und für Wohnungsmieten legte eine Planungsbehörde fest. Gleiches galt für die „Landwirtschaftlichen Produktionsgenos-
10 senschaften" (LPG). Der Staat bestimmte über den Einsatz von Arbeitskräften und die Verteilung der Rohstoffe. Arbeitslosigkeit war praktisch unbekannt. Wegen der einseitigen Ausrichtung der Wirtschaft auf die Schwerindustrie blieben viele Konsumgüter allerdings Mangel-
15 ware.
Im Mittelpunkt des DDR-Alltags stand immer das „Kollektiv" als soziale Gemeinschaft. Der Zusammenhalt der Arbeiter in den einzelnen Betrieben war von zentraler Bedeutung. Häufig verbrachte man auch seine Freizeit
20 und seinen Urlaub mit den Arbeitskollegen in einem der betriebseigenen Ferienheime oder Campingplätze. Reisen in sozialistische Bruderstaaten waren begehrt, aber teuer.

Die allgegenwärtige Staatssicherheit

25 Zur Machtsicherung ließ die SED alle potenziellen Gegner durch die Staatssicherheit überwachen. Der Überwachungsapparat wurde bis zum Ende der DDR konsequent ausgebaut; rund 260 000 Personen arbeiteten als Mitglieder oder berichteten als „Inoffizielle Mitarbeiter"
30 (IM) aus dem Bekannten- oder Verwandtenkreis sowie von ihrer Arbeitsstelle für die Stasi.

Leben mit sozialer Marktwirtschaft in der BRD

In der Bundesrepublik setzte sich das Konzept der sozialen Marktwirtschaft durch: Der Staat hielt sich bei Ein-
35 griffen in die Wirtschaft zurück, gewährte aber durch entsprechende Gesetze die soziale Absicherung aller Bürger. In den 1950er Jahren erlebten die Bundesbürger, wie die meisten Länder Westeuropas, eine stetigen Konjunkturanstieg, der mit dem Begriff „Wirtschafts-
40 wunder" verklärt wurde. Die hohe Nachfrage an Konsumgütern erlaubte einen bis dahin in Deutschland unbekannten Massenwohlstand. Autos, allen voran der VW-Käfer, wurden immer mehr zum Statussymbol, und die Westdeutschen erhielten bezahlten Urlaub, den sie
45 zumeist im eigenen Land verbrachten. Lieblingsziele im Ausland wurden Italien und Österreich.
Angesichts des anhaltenden Wirtschaftsbooms wurden ab den späten 1950er Jahren „Gastarbeiter" aus Südeuropa und der Türkei angeworben. Obgleich anfangs
50 nur auf eine begrenzte Zeit, ließen viele von ihnen ihre Familie nachkommen und blieben in Deutschland.
Die soziale Ungleichheit in der Bevölkerung wurde durch das „Wirtschaftswunder" allerdings nicht abgebaut. Angesichts der Wirtschaftskrise („Ölkrise") fand ab 1973
55 keine Anwerbung von Gastarbeitern statt. Die Arbeitslosigkeit stieg deutlich an.

Frauenrollen in Ost und West

Frauen waren in der DDR – staatlich erwünscht – fast alle erwerbstätig und bei Löhnen und Aufstiegschancen
60 gleichberechtigter als im Westen. Dort kämpften die Frauen bis in die 1970er Jahre gegen veraltete Rollenerwartungen und um ihre im Grundgesetz festgeschriebene Gleichberechtigung. Durch den Wertewandel seit den

	1970		1975		1980		1985

1968–1970 „Außerparlamentarische Opposition"; Notstandsgesetze
Studentenproteste in vielen Ländern Europas
Terroraktionen der „Roten Armee Fraktion" in Deutschland

ab 1971 Machtwechsel in der DDR, Beginn der „Ära Honecker"

1972 Olympische Sommerspiele in München:
erstmals getrennte Mannschaften von DDR und BRD

1973 „Ölkrise" – Wirtschaftsprobleme in den Industriestaaten, starker Anstieg der Arbeitslosigkeit

1980 Gründung der Partei „Die Grünen"

1970er Jahren verbesserte sich im Westen allmählich die
65 Stellung der Frauen in der Gesellschaft. Verstärkt wurde
auch die Ausbildung von Mädchen gefördert.

Jugend in Ost und West

Die Jugend sollte in der DDR den Staat mit aufbauen und
die sozialistischen Ideale vertreten. Entsprechende
70 Schulungen erhielten die Jugendlichen zwischen 14 und
25 Jahren in der „Freien Deutschen Jugend" (FDJ). Die
SED setzte die Jugendweihe an die Stelle der Konfirmation und Firmung. Jugendliche, die sich an westlicher
Mode und Musik orientierten, wurden oft staatlicher
75 Unterdrückung ausgesetzt. In den 1980er Jahren engagierten sich zahlreiche Jugendliche in den Friedens- und
Umweltgruppen unter dem Schutz der Kirche.
Viele Jugendliche in der Bundesrepublik gingen in den
1950er Jahren erst einmal auf Distanz zur Politik. Es
80 entstand eine eigene Jugendkultur, die sich häufig amerikanische Mode-, Film- und Musiktrends zum Vorbild
nahmen. Den Rock 'n' Rollern und „Halbstarken" galten
ihre Eltern als prüde und spießig.

Die 68er-Bewegung: Wertewandel im Westen

85 Ab den frühen 1970er Jahren entstand in der Bundesrepublik eine Protest- und Aufbruchsstimmung, die verschiedenste Bereiche des Alltags grundlegend veränderte. Studentische Proteste gegen konservative Rituale
einer als starr und verkrustet empfundenen Gesellschaft
90 führten zu einem langsamen Wandel der Werte und zur
Entstehung der Frauen-, Friedens- und Umweltbewe-
gungen.

Der „Sozialistische Deutsche Studentenbund" zeigte sich
solidarisch mit internationalen Befreiungsbewegungen
95 in Ländern der Dritten Welt, verurteilte das amerikanische Eingreifen in Vietnam und forderte eine intensive
Aufarbeitung der NS-Vergangenheit der Deutschen.
Die Proteste dieser 68er-Generation richteten sich als
„Außerparlamentarische Opposition" insbesondere ge-
100 gen die 1968 von der „Großen Koalition" beschlossenen
Notstandsgesetze, die die Bürgerrechte in Notzeiten einschränkten und die der Bundeswehr ermöglichten, auch
im Inneren einzugreifen.
Aus den Protestbewegungen ging die „Rote Armee Frak-
105 tion" (RAF) als zahlenmäßig kleine terroristische Vereinigung hervor, die den Kampf gegen die Regierung und
Großindustrielle aus dem Untergrund heraus führte. Sie
verübte Attentate, bei denen mehrere Persönlichkeiten
aus Wirtschaft und Politik ermordet wurden. Im Zuge
110 der Terrorismusbekämpfung kam es zu einer Verschärfung des Strafrechtes und des Strafvollzugs. Erst 1998
gab die RAF ihre Selbstauflösung bekannt.

Die Folgen der „Ölkrise"

Der Lieferstopp der arabischen Erdölländer wegen der
115 Parteinahme für Israel im israelisch-arabischen Krieg
von 1973 traf die westeuropäische Wirtschaft unvorbereitet. Während die DDR anfangs weiter preiswertes
Erdöl aus der Sowjetunion bezog, zeigte der sprunghafte
Anstieg der Rohölpreise die Abhängigkeit der westli-
120 chen Wirtschaft vom billigen Öl. Die Arbeitslosenrate
stieg an. Der massive Ausbau der Atomkraft als alternative Energiequelle führte zu heftigen politischen Protesten. Aus einer dieser Initiativen entstand 1980 die Partei
„Die Grünen", die sich vorrangig für den Umweltschutz
125 und alternative Energiequellen einsetzte.

In diesem Kapitel konntest du folgende Kompetenzen erwerben:

- die Wirtschaftssysteme der Bundesrepublik und der DDR beschreiben und vergleichen
- Unterschiede im Alltag beider Länder beschreiben
- die Gründe und Folgen von Zuwanderung erläutern und beurteilen
- Formen des Protests gegen den Staat und gesellschaftliche Normen analysieren

- die Gefährdung der rechtsstaatlichen Ordnung durch den Terrorismus beschreiben
- das System der Machtsicherung in der DDR charakterisieren und beurteilen
- **Methode:** Eine Zeitzeugenbefragung durchführen

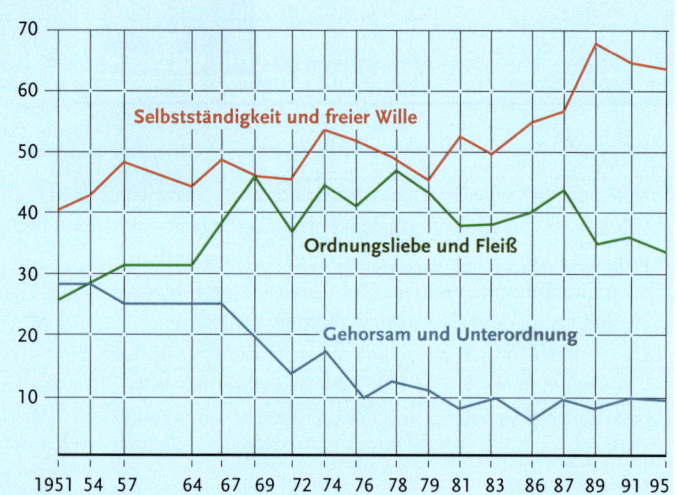

 Wertewandel in der Bevölkerung der Bundesrepublik Deutschland 1951 bis 1995

Karikatur von Erich Rauschenbach, 1980

 Der Historiker Stefan Wolle über die Wirkung der Stasi auf die Opposition in der DDR (1992):
Es ist unbestreitbar, dass viele der führenden Oppositionellen Stasi-Leute waren. Doch kann dies angesichts des Grades der Durchdringung der Gesellschaft mit Spitzeln eigentlich nicht verwundern ...
5 Im Zentrum der Observation [Beobachtung] standen die Oppositionszirkel.
Mit einem riesigen personellen Aufwand wurden die Infiltration [Unterwanderung] und Zersetzung betrieben. Auch die Stasi selbst registrierte den absurden
10 Zustand, dass durch die vielen Spitzel die Oppositionsgruppen faktisch gestärkt wurden ... Hinzu kam der Umstand, dass die IM sich in ihrem Pflichteifer innerhalb der Gruppen durch Zuverlässigkeit und Pünktlichkeit auszeichneten. Um das Vertrauen der
15 anderen Gruppenmitglieder zu erringen, drängten sie oft auf eine Verschärfung der Gangart, während die echten Oppositionellen eher zur Vorsicht mahnten. Hatten doch die Spitzel weniger zu befürchten.
Stefan Wolle, Operativer Vorgang „Herbstrevolution", in: Bernd Florath u. a. (Hg.), Die Ohnmacht der Allmächtigen, Berlin (Ch. Links) 1992, S. 235 f.

Plakat der SED, 1946

M5

Aus dem Bundesprogramm der Partei „Die Grünen" (1981):

Wir sind die Alternative zu den herkömmlichen Parteien ... Wir fühlen uns verbunden mit all denen, die in der neuen demokratischen Bewegung mitarbeiten: den Lebens-, Natur- und Umweltschutzverbänden, den Bürgerinitiativen, der Arbeiterbewegung, christlichen Initiativen, der Friedens- und Menschenrechts-, der Frauen- und Dritte-Welt-Bewegung ... Die Zerstörung der Lebens- und Arbeitsgrundlagen und der Abbau demokratischer Rechte haben ein so bedrohliches Ausmaß erreicht, dass es einer grundlegenden Alternative für Wirtschaft, Politik und Gesellschaft bedarf ... Es bildeten sich Tausende von Bürgerinitiativen, die in machtvollen Demonstrationen gegen den Bau von Atomkraftwerken antreten, ... sie stehen auf gegen die Verwüstung der Natur, gegen ... die Folgen und Ursachen einer Wegwerfgesellschaft ...

Das Bundesprogramm der Partei Der Grünen, zit. nach Irmgard Wilharm, Deutsche Geschichte 1962–1983, Bd. 2, Frankfurt a. M. (Fischer) 1985, S. 226f.

Methodenkompetenz

1 a) Analysiere die Karikatur M2 nach den Arbeitsschritten auf Seite 204.
b) Entwickle einen Vorschlag, wie man sie heute zeichnen würde.

2 Tragt auf einem Stichwortzettel zusammen, worauf bei einer Zeitzeugenbefragung zu achten ist. Lies nach auf den Seiten 94/95.

Fach- und Kommunikationskompetenz

3 Erläutere die folgenden Begriffe: Markt, soziale Marktwirtschaft, Planwirtschaft, Emanzipation.

4 Analysiere das Diagramm zum Wertewandel (M1).

5 Wähle eine Aufgabe aus:
a) Du bist ein Bürger der DDR und schreibst deinen Verwandten im Westen, warum die DDR das bessere Deutschland ist.
b) Du bist ein Bürger der BRD und schreibst deinen Verwandten in der DDR, warum du die BRD für das bessere Deutschland hältst.

6 Nimm Stellung zur Gleichberechtigung von Frauen und Männern in der BRD und der DDR. Beziehe dabei auch M4 mit ein. Lies nach auf den Seiten 84/85.

Urteilskompetenz

7 Überprüfe anhand von M3 die These, dass das Spitzelsystem der Stasi die Opposition gegen das Regime förderte.
a) Nimm Stellung zu dieser These.
b) Erläutere, warum es in diesem System so schwierig war, offen in Opposition zu gehen.

8 Schreibe folgende Aussagen in dein Heft ab und füge eine Begründung hinzu:
In der DDR mussten die Menschen häufig Schlange stehen, weil ...
Auch das sogenannte „Wirtschaftswunder" hatte seine Schattenseiten, denn ...
Fast alle Jugendlichen in der DDR waren Mitglied in Jugendorganisationen, weil der Staat erreichen wollte, dass ...
Große Sportereignisse können identitätsstiftend wirken, weil ...

9 Die Gründung der Partei „Die Grünen":
a) Erläutere die Ziele der Partei (M5).
b) Erkläre die besondere Situation, in der „Die Grünen" entstanden. Lies nach auf den Seiten 98/99.

4
Deutschland – geteilt und wieder vereint

Die deutsch-deutsche Grenze bedeutete für mindestens 138 Menschen, die von Ost nach West flüchten wollten, den Tod.

Mit dem Bau der Mauer 1961 isolierte die DDR West-Berlin innerhalb ihres Staatsgebietes. Auch die Grenze zwischen den beiden deutschen Staaten wurde streng bewacht.

Die Welt war in zwei Blöcke geteilt, Deutschland in zwei Staaten – und diese Teilung schien über Jahrzehnte unüberwindbar. Bis zum Jahre 1989 …

Sammelt Vorschläge oder zeichnet Skizzen, welches Bild ein Fotograf an dieser Stelle vor 40 oder vor 60 Jahren gemacht hätte.

Schild am Fahrbahnrand der Bundesautobahn 2 bei Helmstedt/ Niedersachsen, Foto, 2014

| 1950 | 1960 | 1970 |

1949–1963 Konrad Adenauer Bundeskanzler der BRD (CDU)

1949–1971 Walter Ulbricht Generalsekretär der SED und seit 1960 Staatsratsvorsitzender der DDR

17. Juni 1953 Volksaufstand in der DDR

13. August 1961 Bau der Berliner Mauer

1969–1974 Willy Brandt Bundeskanzler der BRD (SPD)

ab 1969 neue Ostpolitik unter Willy Brandt (SPD) und Walter Scheel (FDP)

1971–1989 Erich Honecker Staatsratsvorsitzender der DDR

1949 Gründung der BRD und der DDR

1962 Kuba-Krise

Deutschland – geteilt und wieder vereint

Vier Jahre nach dem Ende des Zweiten Weltkrieges gab es zwei deutsche Staaten, die unterschiedlichen Blöcken angehörten. Ihr Verhältnis zueinander war politisch von Beginn an schwierig. Für die westdeutsche Politik galt
5 die DDR als eine kommunistische Diktatur unter sowjetischer Bevormundung. Für die Führung der DDR war die Bundesrepublik ein Hort des amerikanischen Imperialismus, in dem ehemalige Nationalsozialisten wieder in führende Positionen gelangt waren. Erst die neue Ost-
10 politik der sozial-liberalen Koalition ab 1969 führte zu einer vorsichtigen Entspannung und zu vertraglichen Regelungen im Verkehrswesen und für die Besuchsreisen zwischen beiden Ländern.

Der wirtschaftliche Niedergang seit 1982 und die Unzu-
15 friedenheit weiter Teile der Bevölkerung waren Auslöser für den Fall des DDR-Regimes.
Nach der Bearbeitung dieses Kapitels kannst du

• wichtige innenpolitische Entwicklungen in den beiden deutschen Staaten darlegen
20 • den Wandel von der Konfrontation zur Annäherung zwischen der Bundesrepublik und der DDR beschreiben und bewerten
• Gründe für den Zusammenbruch der DDR erläutern
• die wirtschaftlichen und sozialen Folgen der deut-
25 schen Einheit beschreiben
• die Wiedervereinigung im Zusammenhang mit der internationalen Entspannung einordnen und bewerten

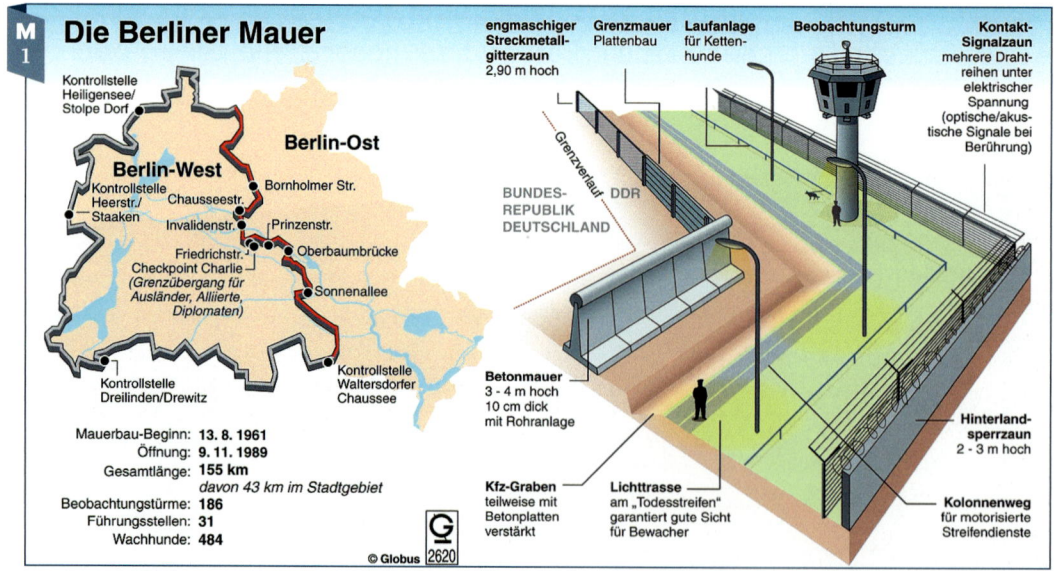

M 1 Die Berliner Mauer

Ähnlich wie die Berliner Mauer waren auch die Sperranlagen entlang der Grenze zwischen der Bundesrepublik und der DDR aufgebaut.

1980	1990

1982–1998 Helmut Kohl Bundeskanzler der BRD (CDU)

ab 1982 wirtschaftlicher Niedergang der DDR

Frühjahr/Sommer 1989 Massenflucht von DDR-Bürgern und Montagsdemonstrationen

9. November 1989 Fall der Mauer

12. September 1990 Vertrag zur deutschen Einheit

3. Oktober 1990 Beitritt der fünf Länder der DDR zur BRD

1985–1991 Michail Gorbatschow Generalsekretär der KPdSU

1989/90 Revolutionen in Osteuropa

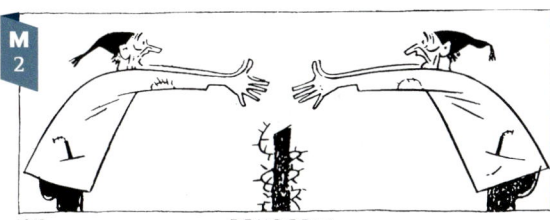

1945: „BRUDER!!"

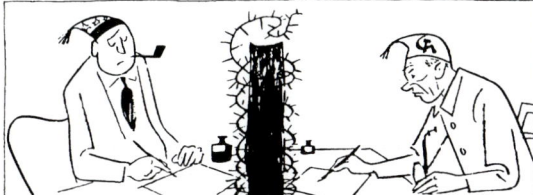

1955: „Mein lieber Vetter!"

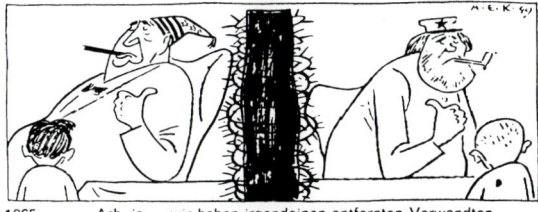

1965: „Ach, ja — wir haben irgendeinen entfernten Verwandten im Ausland . . ."

Karikatur von Hanns Erich Köhler, 1949

Aus einem Lagebericht des Ministeriums für Staatssicherheit, 1989:
- Unzufriedenheit über die Versorgungslage
- Verärgerung über unzureichende Dienstleistungen
- Unverständnis für Mängel in der medizinischen
5 Betreuung und Versorgung
- eingeschränkte Reisemöglichkeiten innerhalb der DDR und nach dem Ausland
- Unzulänglichkeiten bei der Anwendung des Leistungsprinzips sowie Unzufriedenheit über
10 die Entwicklung der Löhne ...
- Verärgerung über bürokratisches Verhalten von Leitern und Mitarbeitern staatlicher Organe, Betriebe und Einrichtungen sowie über Herzlosigkeit im Umgang mit Bürgern
15 • Unverständnis über die Medienpolitik der DDR

Zit. nach Dieter Grosser u.a. (Hg.), Deutsche Geschichte in Quellen und Darstellungen, Bd. 11, Stuttgart (Reclam) 1996, S. 320ff.

Vor dem Brandenburger Tor, Foto, Berlin, 8./9. November 1989

1 Beschreibe die Berliner Grenzanlagen (M1).
2 **a) Methode:** Analysiere die Karikatur M2 nach den Arbeitsschritten auf S. 204.
   b) Ordne die Szenen den Ereignissen in der Zeitleiste zu und setze zeichnerisch die Entwicklung bis 1990 fort. Nimm dabei den Darstellungsteil, S. 108/109 und M4 zu Hilfe.
3 **Wähle eine Aufgabe aus:**
   Befrage Familienmitglieder und Bekannte:
   a) nach ihren Erfahrungen mit der Grenze (M1),
   b) wie sie die Grenzöffnung erlebt haben (M4).
   Berichte vor der Klasse.
4 Erkläre mithilfe von M3 die Unzufriedenheit vieler DDR-Bürger mit ihrem Staat.

Die Bundesrepublik wird Bündnispartner des Westens

Die beiden ersten Jahrzehnte der Bundesrepublik Deutschland werden auch als „Adenauer-Ära" bezeichnet. Das politische Hauptziel des ersten Kanzlers, Konrad Adenauer (1949–1963), bestand darin, dem neuen Staat neben wirtschaftlichem Wachstum rasch innere Stabilität und Sicherheit nach außen zu verschaffen.

- *Welche grundsätzlichen Entscheidungen traf die Regierung unter Adenauer und wie begründete sie diese?*

Westintegration der Bundesrepublik

Bei ihrer Gründung war die Bundesrepublik weder innen- noch außenpolitisch souverän. Die alliierten Befehlshaber, die „Hohen Kommissare", bestimmten die Politik. Der am 15. September 1949 zum ersten Bun-
5 deskanzler gewählte Konrad Adenauer wollte die Bundesrepublik mithilfe von Verträgen zum Partner der westeuropäischen Staaten machen. Im Petersberger Abkommen handelte er den Stopp von Demontagen und die Möglichkeit zu internationalen Handelsbeziehungen
10 aus. Adenauer orientierte sich schnell in Richtung Westen und begann eine weitreichende Handlungsfreiheit anzustreben. Für Adenauer besaß die Westorientierung der Bundesrepublik Vorrang vor einer möglichen Wiedervereinigung.

15 ### Verträge und Bündnisse der Bundesrepublik bis 1955

21. September 1949 Besatzungsstatut: Die drei westlichen Alliierten sichern sich die Kontrolle über die inneren und äußeren Angelegenheiten des westdeutschen
20 Staates.

22. November 1949 Petersberger Abkommen: Die Bundesrepublik erhält die Erlaubnis zur Aufnahme konsularischer Beziehungen mit dem Ausland und zum Abschluss völkerrechtlicher Verträge.

25 **25. Juli 1952 Europäische Gemeinschaft für Kohle und Stahl (= Montanunion, Vorläufer der EU):** Deutschland wird neben Frankreich, Italien und den Benelux-Staaten ein Gründungsmitglied (siehe S. 144, M1 und S. 148).

30 **5. Mai 1955 Pariser Verträge:** Die Bundesrepublik erhält die Souveränität und tritt der NATO bei (siehe S. 42). Die drei Westalliierten behalten sich das Recht vor, in allen Deutschland als Ganzes betreffenden Fragen entscheiden zu können (z. B. bei einem Friedensvertrag
35 oder einer möglichen Vereinigung der beiden Staaten).

Die führenden Politiker der 1950er Jahre

Konrad Adenauer (1876–1967)

Jurist, Mitglied der katholischen Zentrumspartei; ab 1917 Oberbürgermeister der Stadt Köln; von 1920 bis 1933 Präsident des preußischen Staatsrates; 1933 von den Nationalsozialisten aus dem Amt gedrängt. 1946 trat er der neu gegründeten CDU bei, deren Bundesvorsitzender er 1950 bis 1966 war; Adenauer bekleidete von 1949 bis 1963 das Amt des Bundeskanzlers.

Kurt Schumacher (1895–1952)

In der Spätphase der Weimarer Republik Mitglied des Reichstags für die SPD; zahlreiche KZ-Aufenthalte zwischen 1933 und 1945, die schwere gesundheitliche Beeinträchtigungen zur Folge hatten. 1946 bis 1952 Vorsitzender der SPD, ab 1949 Oppositionsführer.

Konrad Adenauer (rechts) stellt den „Hohen Kommissaren" sein Kabinett vor. Dabei betritt er den Teppich, der laut Protokoll den Vertretern der Siegermächte vorbehalten war. Foto, 1949

Verhindert die Westintegration die Einheit?

Während des Koreakrieges (1950–1953) entschieden die Westmächte, dass sich die Bundesrepublik an einer Europäischen Verteidigungsgemeinschaft (EVG) betei-
40 ligten sollte. Noch während dieser Verhandlungen schlug Stalin im März 1952 den Westmächten vor, die beiden deutschen Staaten zu vereinigen und sie zu neutralem Gebiet ohne Mitgliedschaft in einem der Blöcke zu erklä-ren. Adenauer lehnte solche Überlegungen ab. Die Op-
45 position unter Kurt Schumacher (SPD) drängte darauf, die Vorschläge Stalins zu überprüfen. Bis heute streiten die Historiker über die Ernsthaftigkeit und Umsetzbar-keit der sowjetischen Vorschläge von 1952.
Die Pläne für die Schaffung einer Verteidigungsgemein-
50 schaft scheiterten an der Ablehnung im französischen Parlament. Nach der Aufnahme in die NATO führte die Bundesrepublik 1956 nach heftigen Protesten die allge-meine Wehrpflicht ein und baute die Bundeswehr auf. Damit war der Beschluss der Potsdamer Konferenz,
55 Deutschland zu entmilitarisieren, hinfällig geworden.

M2 **Bundeskanzler Konrad Adenauer in seiner ersten Regierungserklärung im September 1949:**

Es besteht für uns kein Zweifel, dass wir nach un-serer Herkunft und nach unserer Gesinnung zur westeuropäischen Welt gehören. Wir wollen zu allen Ländern gute Beziehungen ... unterhalten,
5 insbesondere aber zu unseren Nachbarländern ... Der deutsch-französische Gegensatz, der Hunder-te von Jahren die europäische Politik beherrscht und so zu manchen Kriegen und Blutvergießen An-lass gegeben hat, muss endgültig aus der Welt ge-
10 schaffen werden ...
Alle diese Interessen sollen in eine Ordnung und Übereinstimmung gebracht werden, die sich im Rahmen der Europäischen Union, deren Mitglied wir möglichst bald zu werden wünschen, finden
15 lassen wird.

Zit. nach www.konrad-adenauer.de/dokumente/erklarungen/regierungserklarung (Stand: 01. 03. 2015).

M3 **Der SPD-Abgeordnete Herbert Wehner (1906–1990) nahm im Bundestag im Juni 1957 Stellung zur Einbindung der BRD in das west-liche Bündnissystem:**

Aus Besatzungsfesseln werden Bündnisfesseln, und es ist mehr als fraglich, wie diese Bündnisfes-seln, die unter dem Übergewicht der Besatzungs-mächte geschmiedet worden sind, bei unseren
5 Bemühungen um die Wiedervereinigung Deutsch-lands in Freiheit und mit friedlichen Mitteln för-dern statt hemmen sollen ...
Nach der mehr oder weniger offen ausgesproche-nen Ansicht westlicher Vertragspartner und ihrer
10 Publikationsorgane und nach ihren Interessen ist unter Umständen das Fortbestehen der Teilung Deutschlands das „kleinere Übel".

Zit. nach http://dip21.bundestag.de/dip21/btp/01/01222.pdf (Stand: 15. 03. 2015).

Wahlplakat der CSU 1953 zur Wiederbewaff-nung

---

1 a) Nenne mithilfe des Darstellungstextes die Haupt-ziele von Adenauers Politik.
b) Vergleiche die Ziele mit seinen Aussagen in M2.
c) Erläutere die Begründungen, die Adenauer in M2 für die Ausrichtung seiner Politik gibt.
d) Bewerte diese Begründungen kritisch, auch unter Verweis auf die Aussagen von Herbert Wehner (M3).

2 Selbstbewusstsein oder Provokation? Beurteile Adenauers bewussten Bruch des Protokolls (M1).
3 Diskutiert: Verhindert die Westintegration eine Wiedervereinigung (M3 und Darstellungstext)?
4 Methode: Kläre die Intention des Plakats (M4). Be-rücksichtige dabei die bildlichen Darstellungen und Symbole, mit denen das Plakat arbeitet. Nutze dazu auch die Arbeitsschritte auf S. 204.

Webcode: FG642335-113
Konrad Adenauer/Kurt Schumacher

17. Juni 1953 – Volksaufstand in der DDR

Die SED erklärte 1952 den „Aufbau des Sozialismus" nach sowjetischem Vorbild zur grundlegenden Aufgabe bei der Umgestaltung des Landes. Sie bekämpfte alle Bereiche, die nicht mit den Vorgaben des Marxismus-Leninismus übereinstimmten.
• Was war der Anlass für den Volksaufstand vom 17. Juni 1953 und wie verlief er?

Gelingt der „Aufbau des Sozialismus"?

Seit Juni 1952 wurden Bauern, Handwerker und Kaufleute durch hohe Steuern, Nötigung und Überredung gezwungen, ihre Selbstständigkeit aufzugeben. So wurde u. a. Selbstständigen der Sozialversicherungsschutz
5 entzogen. Im ersten Fünfjahresplan hatte sich die SED das Ziel gesetzt, eine von westlichen Importen unabhängige Volkswirtschaft aufzubauen. Ein Großteil der Investitionen floss in eine eigene Stahlindustrie, und für die Konsumgüterindustrie blieb wenig übrig. Die Versor-
10 gung der Bevölkerung mit Lebensmitteln verschlechterte sich. Das Land litt unter den Reparationen für die Sowjetunion und den Besatzungskosten von über zwei Milliarden Mark jährlich. Als 1953 durch die neuen Grenztruppen noch beträchtliche Militärausgaben hin-
15 zukamen, fehlte der Staatskasse weiteres Geld. Zugleich wurden mit dem „Gesetz zum Schutz des Volkseigentums" geringfügige Diebstähle oder Unterschlagungen hart bestraft. Innerhalb eines Jahres verdoppelte sich die Zahl der Häftlinge von 30 000 auf 60 000 Menschen.
20 Angesichts der Umgestaltung von Industrie und Landwirtschaft und der ausbleibenden Verbesserungen des Alltagslebens wuchs der Strom der Flüchtlinge nach Westen.

Mehr arbeiten – für noch weniger?

25 Um die Planvorgaben zu erfüllen, führte die SED im März 1953 einen neuen Kurs ein, der den Arbeiterinnen und Arbeitern noch mehr abverlangte: Die Normen, das zu leistende Arbeitspensum, sollten um 10 Prozent, bei gleichem Lohn, erhöht werden. Das entsprach einer
30 Lohnkürzung von 20–30 Prozent. Diese Ankündigung brachte das Fass zum Überlaufen. Am 17. Juni legten die Bauarbeiter der Stalinallee, einem Aushängeschild der Regierung für den Wiederaufbau der DDR, die Arbeit nieder und forderten den Rücktritt der Regierung und
35 freie Wahlen. Der Aufstand weitete sich auf viele Städte der DDR aus, besonders auf die Industriezonen Halle, Merseburg und Leipzig. Zwischen 500 000 und einer Million Menschen nahmen daran teil.

Demonstranten tragen Plakate, die Forderungen an die Regierung enthalten. Foto, Berlin, 17. Juni 1953

Die neue Führung der Sowjetunion nach Stalins Tod for-
40 derte die SED-Führung auf, das Tempo der Normerhöhung zu drosseln, doch diese sah in den Protesten nur den Einfluss von Provokateuren aus dem Westen und war nicht bereit, von ihrem Kurs abzuweichen. Der SED-Staat unter Walter Ulbricht stand am Rande des Zusam-
45 menbruchs und rief in dieser Lage das sowjetische Militär zu Hilfe. Als die Demonstrationen und Aufstände am 17. Juni 1953 weiter zunahmen, wurden die Demonstranten mit Schüssen auseinandergetrieben. Am Ende des Tages gab es zahlreiche Tote und Tausende von Ver-
50 haftungen. Gerichtsurteile, verbunden mit Zwangsarbeit und langen Haftstrafen, sowie Todesurteile waren die weitere Folge. Der Aufstand beunruhigte die SED-Führung sichtlich. Die Normerhöhungen wurden zurückgenommen, die Preise gesenkt und die Renten erhöht,
55 zugleich aber auch die Überwachung durch den Staatssicherheitsdienst verstärkt.

Aus einem Telegramm einer Streikleitung an die Regierung vom 17. Juni 1953:

Die Werktätigen des Kreises Bitterfeld fordern:

1. Sofortiger Rücktritt der Regierung, die durch Wahlmanöver an die Macht gekommen ist

2. Einsetzung einer provisorischen deutschen

5 demokratischen Regierung

3. Freie demokratische, geheime und direkte Wahlen in 4 Monaten ...

5. Sofortige Freilassung der politischen Häftlinge ...

10 6. Sofortige Normalisierung des Lebensstandards ohne Lohnsenkung

7. Zulassung aller großen demokratischen Parteien Westdeutschlands in unserer Zone

8. Keine Repressionen [Strafmaßnahmen] gegen

15 die Streikenden ...

Zit. nach Hubertus Knabe, 17. Juni 1953. Ein deutscher Aufstand, München, (= Ullstein TB) 2003, S. 215. © Propyläen

Auf dem Potsdamer Platz in Berlin fliehen Teilnehmer eines Protestzuges vor den herannahenden sowjetischen Panzern. Foto, 17. Juni 1953

Der Aufstand aus Sicht der DDR:

In West-Berlin wurden systematisch Kriegsverbrecher, Militaristen und kriminelle Elemente in Terrororganisationen vorbereitet und ausgerüstet ... Der Gegner benutzte zur Auslösung seiner Provo-

5 kation die Missstimmung in Teilen der Bevölkerung, die durch Folgen unserer Politik im letzten Jahr entstanden waren ... Er warf seine mit Waffen ausgerüsteten Banditenkolonnen über die Sektorengrenzen mit der Aufgabe, die Arbeitsniederle-

10 gungen ehrlicher Bauarbeiter durch Hetzlosungen in eine Demonstration gegen die Regierung umzufälschen ... So sollte in der DDR eine faschistische Macht errichtet und Deutschland der Weg zur Einheit und Freiheit verlegt werden.

Beschluss des ZK der SED vom 21. Juni 1953, Dokumente der SED, Band IV, S. 436 ff.

Kundgebung der Berliner SED-Bezirksleitung, Foto, Berlin, 26. Juni 1953

....

1 **a)** Erläutere anhand des Darstellungstextes den Hintergrund und die Motive für die Proteste.

b) In der Bundesrepublik wurde bis 1990 der 17. Juni als „Tag der Deutschen Einheit" gefeiert. Leite aus M1 und M2 Gründe ab, die für diese Wahl entscheidend gewesen sein könnten.

2 Erkläre die Zielsetzung des ZK-Beschlusses (M4) und berücksichtige dabei besonders die Sprache des Textes.

3 **Diskussion:** Aufständische oder Provokateure? Führt in der Klasse eine Diskussion durch, in der Vertreter der DDR, der Bundesrepublik und neutrale Beobachter versuchen, sich über die beiden dort getroffenen Bezeichnungen zu verständigen. Bezieht auch M1–M5 mit ein. Klärt dabei die unterschiedlichen Bezeichnungen und notiert eure Argumentationsansätze.

Webcode: FG642335-115
Volksaufstand 17. Juni 1953

1961 – Bau der Berliner Mauer

Am 13. August 1961 begannen Ost-Berliner Bauarbeiter unter dem Schutz von Volkspolizisten und Soldaten die Grenze zwischen dem sowjetischen Sektor und den westlichen Sektoren Berlins durch Stacheldraht abzuriegeln. In den folgenden Wochen entstanden eine Mauer quer durch die Stadt (siehe S. 70/71 und S. 110, M1) und unüberwindbare Sperranlagen rund um West-Berlin.

- *Aus welchen Gründen beschloss die DDR-Führung den Mauerbau?*
- *Wie reagierte der Westen und wie der Osten?*

„Abstimmung mit den Füßen"

Der sowjetische Generalsekretär Nikita S. Chruschtschow (1894–1971) forderte im November 1958 die Westalliierten ultimativ auf, Berlin zu verlassen. Berlin solle eine „freie und entmilitarisierte Stadt" werden. An-
5   dernfalls werde die UdSSR einen separaten Friedensvertrag mit der DDR abschließen und ihr die Besatzungsrechte übertragen. Dieser Plan scheiterte am Widerstand der Westalliierten. Die DDR-Führung drängte auf eine Änderung des Status von West-Berlin, da sich innerhalb
10 Berlins der einfachste Fluchtweg für DDR-Bürger bot: Über die offenen Sektorengrenzen konnten Ausreisewillige aus dem Ostsektor ohne Kontrollen in den Westteil Berlins gelangen und von dort per Flugzeug in die Bundesrepublik weiterreisen. Tausende junge und meist gut
15 ausgebildete Arbeitskräfte verließen die DDR. Diese Abwanderung schlug sich spürbar in einem Rückgang der DDR-Wirtschaftsleistung nieder.

Obwohl die Errichtung der Mauer im August 1961 einen Bruch des Viermächtestatus von Berlin darstellte, nah-
20 men die Westmächte den Bau unter Protesten hin. Auch die innerdeutsche Grenze wurde gegen Fluchtversuche durch Minenfelder und Selbstschussautomaten weiter gesichert.

Titelseite des „Neuen Deutschland" vom 14. August 1961

Titelseite der „Bild-Zeitung" vom 16. August 1961

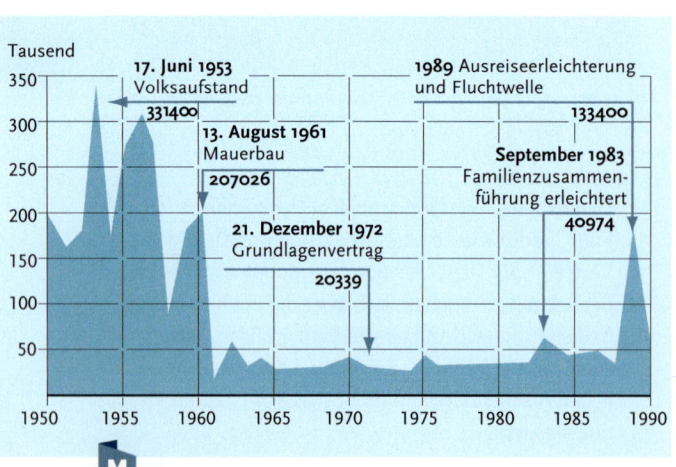

Flüchtlinge aus der DDR in die Bundesrepublik 1950 bis 1990

Nach dem Mauerbau gelang der DDR-Führung eine
²⁵ kurzfristige Stabilisierung der Wirtschaft. Ein vergleichbarer Lebensstandard wie im Westen konnte jedoch bis zum Ende der DDR 1989 nicht erreicht werden.

M4 Albert Norden, der von 1958 bis 1981 Mitglied des Politbüros der SED war, erklärte 1963 vor Grenzsoldaten in Berlin:

Ich sage, jeder Schuss aus der Maschinenpistole eines unserer Grenzsicherungsposten zur Abwehr solcher Verbrechen rettet in der Konsequenz Hunderten von Kameraden, rettet tausenden Bürgern
⁵ der DDR das Leben und sichert Millionenwerte an Volksvermögen. Ihr schießt nicht auf Bruder und Schwester, wenn ihr mit der Waffe den Grenzverletzer zum Halten bringt. Wie kann der euer Bruder sein, der die Republik verrät, der die Macht
¹⁰ des Volkes antastet! Auch der ist nicht unser Bruder, der zum Feinde desertieren will. Mit Verrätern muss man sehr ernst sprechen, Verrätern gegenüber menschliche Gnade zu üben heißt, unmenschlich am ganzen Volk zu handeln.

Zit. nach Die Volksarmee, 1963, Nr. 41.

M6 Die Journalistin Margret Boveri schrieb 1962:

Ebenso schlimm wie die Mauer aus Steinen, Mörtel und Zement, die am 13. August quer durch Berlin gebaut worden ist, scheint mir die Mauer zu sein, die sich im Laufe der letzten fünfzehn Jahre
⁵ fast unmerklich in der Vorstellungswelt der Deutschen auf beiden Seiten der Trennungslinie gebildet hat. Vielleicht ist sie sogar noch schlimmer, weil die Steinmauer sich einmal, wenn die politischen Voraussetzungen gegeben sein werden, ...
¹⁰ von einem Tag auf den anderen abtragen lässt ... Dagegen die immaterielle und doch so undurchdringliche Mauer, von der hier die Rede sein soll, kann nicht aufgrund von Beschlüssen der verantwortlichen Regierenden einfach abgebaut werden.
¹⁵ Sie hat keinen geografischen Ort und ist doch in der Landschaft des Kalten Krieges in ihrer Doppelseitigkeit allgegenwärtig ... Es wird schwer sein, sie abzutragen ...

Zit. nach Christoph Kleßmann, Zwei Staaten, eine Nation, Bonn (Bundeszentrale für politische Bildung) 1988, S. 502f.

M5 Darstellung des Mauerbaus in einem DDR-Schulbuch:

In den ersten Augusttagen 1961 leiteten die Militaristen in der BRD die letzten militärischen Aggressionsvorbereitungen gegen die DDR ein. Anfang August weilte der BRD-Verteidigungsminister
⁵ Strauß in den USA. Strauß erklärte dem USA-Präsidenten Kennedy und Vertretern des amerikanischen Kriegsministeriums, dass in der DDR ein „Volksaufstand" bevorstünde ... Die Bürger der BRD sollten glauben, die Mehrheit des Volkes der
¹⁰ DDR sei gegen den Sozialismus ... Dementsprechend versuchte man durch Meldungen über einen angeblich bevorstehenden Umsturz in der DDR von den wahren Absichten des BRD-Imperialismus abzulenken und die Kriegsvorbereitun-
¹⁵ gen zu tarnen ...
Als am 13. August die Sonne über Berlin aufging, waren die Sicherungsmaßnahmen im Wesentlichen abgeschlossen. Der Kriegsbrandherd West-Berlin war unter zuverlässige Kontrolle gekom-
²⁰ men.
Die Errichtung des antifaschistischen Schutzwalls, die in schnellem Tempo erfolgte, hatte die Westmächte, die BRD-Regierung und den Berliner Senat völlig überrascht. Während die bestürzten
²⁵ Politiker in Bonn und in Washington von einer Beratung zur anderen hetzten, ging das Leben in der Hauptstadt der DDR normal weiter ... Die Mehrheit der Werktätigen der DDR begrüßte und unterstützte die Sicherungsmaßnahmen.

Geschichte 10, Berlin (Volk und Wissen) 1983, S. 162.

---

1 Erläutere mithilfe des Darstellungstextes und M1 die Ausgangslage vor dem Bau der Mauer.

2 Wähle eine Aufgabe aus:
  a) Beschreibe den Aufbau der beiden Zeitungstitelseiten (M2 und M3). Wie werten die beiden Zeitungen das Ereignis?
  b) Suche aus dem Schulbuchtext (M5) alle Wertungen des Mauerbaus aus DDR-Sicht heraus.

3 Beurteile die Haltung der DDR-Führung zu den Fluchtversuchen (M4).

4 Recherche: Nach dem Ende der DDR kam es zu Prozessen gegen „Todesschützen" entlang der Grenze. Informiere dich und berichte darüber.

5 Fasse die Folgen des Mauerbaus zusammen (M6 und Darstellungstext).

Webcode: FG642335-117
Die Berliner Mauer; Mauerschützenprozess;
Film: Der Mauerbau 1961

Ein zeitgeschichtliches Museum besuchen

Haus der Geschichte
der Bundesrepublik Deutschland

Museen und Ausstellungen zur Zeitgeschichte sind heute gern besuchte Lernorte außerhalb der Schule. In den Museen ist ein bestimmter Abschnitt der Geschichte mit Text-, Bild- oder Tondokumenten aufbereitet. Auch Zeitzeugen kommen meist in Bild und Ton zu Wort. Hier erfährst du, wie ein Museumsbesuch gut geplant und durchgeführt werden kann und wie die Anregungen des Besuchs in die weitere Arbeit einfließen sollten.

Arbeitsschritte „Ein zeitgeschichtliches Museum besuchen"

Informationen beschaffen	Hinweise, Anregungen, Fragestellungen
1. Stellt über die Webseite des Museums, das ihr besuchen wollt, alle wichtigen Informationen zusammen. 2. Fragt nach speziellen thematischen Führungen, die zu euren Unterrichtsinhalten passen.	• *Haus der Geschichte in Bonn* **Webcode:** FG642335-119 *Haus der Geschichte*
Besuch des Museums organisieren	
3. Sprecht einen Termin ab, wählt das Verkehrsmittel und klärt die Kosten.	
Themen in der Schule vorbereiten	
4. Sichtet das Informationsmaterial aus dem Internet oder Prospekte. Einigt euch in Abstimmung mit eurer Lehrkraft auf bestimmte Inhalte für die Exkursion. Wiederholt dazu die entsprechenden Seiten in eurem Lehrbuch.	• *z. B.: Alltag in Ost und West, die Mauer durch Berlin und die innerdeutsche Grenze, Deutschland während des Kalten Krieges, die 1970er und 1980er Jahre ...*
5. Erarbeitet Fragen zu den ausgewählten inhaltlichen Schwerpunkten. Klärt vorher, ob Fotografieren erlaubt ist.	• *z. B.: Was war das Besondere an der Limousine von Bundeskanzler Adenauer? Was machte den Trabi so begehrt? Wo verlief die Mauer durch Berlin? Warum sind die Schuhe von Heidemarie Rosendahl ausgestellt? ...*
Im Museum orientieren und Entdeckungen machen	
6. Verschafft euch einen Überblick anhand des Lageplans im Museum.	
7. Fertigt Notizen zur Beantwortung der vorbereiteten Fragen an, macht Fotos.	
Dokumentation und Nachbereitung	
8. Wertet eure Arbeitsergebnisse in der Schule aus. Jede Gruppe berichtet. 9. Entscheidet, wie ihr eure Ergebnisse dokumentieren wollt: z. B. Lernplakate, Wandzeitung, PPP.	• *z. B.: Was haben wir erlebt? Welche Überraschungen gab es? Was war neu? Was würden wir beim nächsten Mal anders machen? ...*

1 **Gruppenarbeit:** Nutzt bei der Planung die Arbeitsschritte oben. Bildet Gruppen und teilt ein, wer wofür zuständig ist.
Sprecht eure Planung mit der Lehrkraft ab.

2 **Partnerarbeit:** Entwickelt mithilfe der Abbildungen M1–M5 Fragen, die ihr durch den Museumsbesuch beantworten könnt.

M5

Neue Ost- und Deutschlandpolitik

Ab Herbst 1969 regierte erstmals eine sozial-liberale Regierung aus SPD und FDP in der Bundesrepublik. Bundeskanzler Willy Brandt (SPD) hatte im Exil Widerstand gegen die Nationalsozialisten geleistet und genoss daher in vielen Ländern hohe Achtung. Zusammen mit Außenminister Walter Scheel (FDP) strebte er danach, mit einer neuen Ostpolitik das angespannte Verhältnis zur Sowjetunion, zu Polen, der ČSSR und der DDR zu lockern.

- *Welche Zielrichtung hatte die sozial-liberale Ostpolitik und welche Ergebnisse brachte sie?*

„Wandel durch Annäherung"

Unter Kanzler Adenauer und seinen Nachfolgern Erhard und Kiesinger vertrat die Bundesrepublik außenpolitisch den „Alleinvertretungsanspruch" (Hallstein-Doktrin*). Als immer mehr Staaten vor allem in Asien und
5 Afrika diplomatische Beziehungen zur DDR aufnahmen, kam es während der sozial-liberalen Koalition zu einer Neuausrichtung der deutschen Außenpolitik. Brandts Staatssekretär Egon Bahr (1922–2015) wurde zum Architekten einer neuen Ostpolitik, die unter dem Motto
10 „Wandel durch Annäherung" stand. In enger Absprache mit den westlichen Verbündeten sollten Verhandlungen und Verträge zur Zusammenarbeit mit der Sowjetunion, Polen, der ČSSR und insbesondere auch mit der DDR gefunden werden. Die deutsche Regierung vereinbarte
15 mit Polen und der Sowjetunion einen Vertrag, der den Verzicht auf gewaltsame Grenzveränderungen festschrieb und die gegenseitigen Beziehungen normalisieren sollte. In der Bundesrepublik bewerteten besonders die in den Flüchtlings-
20 verbänden organisierten Menschen die praktische Anerkennung der durch den Krieg geschaffenen Grenzen als Verrat.

....

Willy Brandt (1913–1992)

Geboren in Lübeck (ursprünglicher Name Herbert Frahm). Als Schüler Mitglied der Sozialistischen Arbeiterjugend, seit 1930 SPD-Mitglied; emigrierte 1933 nach Norwegen, wo er als Journalist unter dem Schriftstellernamen Willy Brandt arbeitete. Er gehörte dem ersten deutschen Bundestag an (1949 bis 1957 und ab 1969), war von 1957 bis 1966 Regierender Bürgermeister Berlins und von 1969 bis 1974 Bundeskanzler. 1971 erhielt Willy Brandt für seine Entspannungspolitik den Friedensnobelpreis.

Der Grundlagenvertrag mit der DDR 1972

25 Ein weiterer Baustein der Ostverträge war der 1972 zwischen der Bundesrepublik und der DDR geschlossene Grundlagenvertrag. Beide Länder erkannten darin die staatliche Souveränität des anderen an und betrachteten
30 sich als gleichberechtigte Partner. Vorbereitet wurde der Grundlagenvertrag durch das 1971 geschlossene Vier-Mächte-Abkommen* der Siegerstaaten des Zweiten Weltkrieges. Dadurch wurde der zuvor oft von der DDR willkürlich verzögerte Verkehr zwischen West-Berlin
35 und der Bundesrepublik erheblich erleichtert. Dennoch hatten West-Berliner weiterhin einen eigenen Pass und junge West-Berliner durften nicht zum Wehrdienst in die Bundeswehr eingezogen werden.

 Bundeskanzler Willy Brandt am Mahnmal im Warschauer Getto, Foto, 1970. Brandt würdigte mit einem Kniefall bei seinem Besuch in Polen die Toten vom Aufstand im Warschauer Getto im Frühjahr 1943. Diese spontane Geste löste weltweit Aufmerksamkeit aus und sorgte in Deutschland für eine scharfe innenpolitische Kontroverse.

M 2 **Vertrag über die Grundlagen der Beziehungen zwischen der Bundesrepublik Deutschland und der Deutschen Demokratischen Republik vom 21. Dezember 1972:**

Artikel 1 Die Bundesrepublik Deutschland und die Deutsche Demokratische Republik entwickeln normale gutnachbarliche Beziehungen zueinander auf der Grundlage der Gleichberechtigung.

5 **Artikel 2** Die Bundesrepublik Deutschland und die Deutsche Demokratische Republik werden sich von den Zielen und Prinzipien leiten lassen, die in der Charta der Vereinten Nationen niedergelegt sind, insbesondere der souveränen Gleichheit aller Staa-

10 ten, der Achtung der Unabhängigkeit, Selbstständigkeit und territorialen Integrität, dem Selbstbestimmungsrecht, der Wahrung der Menschenrechte und der Nichtdiskriminierung.

Artikel 3 Entsprechend der Charta der Vereinten

15 Nationen werden die Bundesrepublik Deutschland und die Deutsche Demokratische Republik ihre Streitfragen ausschließlich mit friedlichen Mitteln lösen und sich der Drohung mit Gewalt oder der Anwendung von Gewalt enthalten. Sie bekräftigen

20 die Unverletzlichkeit der zwischen ihnen bestehenden Grenze jetzt und in der Zukunft und verpflichten sich zur uneingeschränkten Achtung ihrer territorialen Integrität[1].

Artikel 4 Die Bundesrepublik Deutschland und die

25 Deutsche Demokratische Republik gehen davon aus, dass keiner der beiden Staaten den anderen international vertreten oder in seinem Namen handeln kann ...

Artikel 6 Sie respektieren die Unabhängigkeit und

30 Selbstständigkeit jedes der beiden Staaten in seinen inneren und äußeren Angelegenheiten.

Artikel 7 Die Bundesrepublik Deutschland und die Deutsche Demokratische Republik erklären ihre Bereitschaft, im Zuge der Normalisierung ihrer Bezie-

35 hungen praktische und humanitäre Fragen zu regeln. Sie werden Abkommen schließen, um auf der Grundlage dieses Vertrages und zum beiderseitigen Vorteil die Zusammenarbeit auf dem Gebiet der Wirtschaft, der Wissenschaft und Technik, des Ver-

40 kehrs, des Rechtsverkehrs, des Post- und Fernmeldewesens, des Gesundheitswesens, der Kultur, des Sports, des Umweltschutzes und auf anderen Gebieten zu entwickeln und zu fördern. Einzelheiten sind in dem Zusatzprotokoll geregelt.

45 **Artikel 8** Die Bundesrepublik Deutschland und die Deutsche Demokratische Republik werden ständige Vertretungen (Botschaften) austauschen ...

Zit. nach Bulletin des Presse- und Informationsamtes der Bundesregierung vom 8. November 1972, Nr. 155, S. 1842ff.

[1] *Anerkennung der festen Grenzen*

---

1 **Wähle eine Aufgabe aus:**
Fasse die wesentlichen Veränderungen der Deutschland- und Ostpolitik zusammen (Darstellungstext, Lexikon „Hallstein-Doktrin"):
a) in einer Tabelle
b) in einem Schaubild

2 **a)** Erörtere, was Brandt wohl mit seinem Kniefall ausdrücken wollte (M1).
b) Recherche: Ermittle, wie sich Brandt später zu dem Ereignis geäußert hat.

3 Begründe, warum Willy Brandts Politik und auch sein „Kniefall" sowohl tiefe Bewunderer als auch erbitterte Gegner fand (M1, M3 und Darstellungstext).
Tipp: Lies die Texte auf den Transparenten.

4 Analysiere die ausgewählten Artikel des Grundlagenvertrages (M2). Kläre dabei, welche neue Form der Annäherung beide Staaten gefunden haben.
Tipp: Überlege zunächst, inwiefern sie sich dennoch von zwei „normalen" benachbarten Ländern unterschieden.

Webcode: FG642335-121
Neue Ostpolitik

Demonstration gegen die Ostverträge, Foto, 1972

Die deutsch-deutschen Beziehungen nach Unterzeichnung des Grundlagenvertrages

Die neue Ostpolitik der sozial-liberalen Koalition führte auch zu einer Annäherung zwischen der BRD und der DDR.
* *Welches Verhältnis entwickelten die beiden deutschen Staaten zueinander?*

Die DDR unter Erich Honecker

Beim Machtwechsel von Walter Ulbricht zu Erich Honecker als Generalsekretär der SED und Staatsratsvorsitzender 1971 hofften die meisten DDR-Bürger auf mehr persönliche Freiheiten. Die Lebensbedingungen im Alltag änderten sich jedoch wenig – für Güter des täglichen
5 wie des gehobenen Bedarfs musste man weiter Schlange stehen. Erfolge erzielte die DDR-Regierung in der Sozialpolitik. Allerdings zeigte sich bald, dass die sozialen Leistungen teuer waren und den Haushalt des Landes
10 belasteten. Die Energiekrise (siehe S. 98/99) ließ auch in den Ostblockstaaten die Zuwachsraten der industriellen Produktion spürbar zurückgehen. Die DDR musste den Export in den Westen einschränken, weshalb dringend benötigte Deviseneinnahmen fehlten.

Die Umsetzung des Grundlagenvertrages
15
Im „Vertrag über die Grundlagen der Beziehungen zwischen der Bundesrepublik und der DDR" von 1972 (siehe S. 120/121) war gegen heftige Opposition der CDU die Einrichtung „Ständiger Vertretungen" in Bonn und
20 Ost-Berlin festgelegt worden. Der Begriff „Botschaften" wurde vermieden, um den besonderen Charakter der deutsch-deutschen Beziehungen zu unterstreichen. Ein „Brief zur deutschen Einheit" und zu den Rechten der Allliierten betonte den westdeutschen Standpunkt des
25 Festhaltens an der Einheit der Nation. Gültig blieb aus westdeutscher Sicht der Artikel 116 des Grundgesetzes, der eine gemeinsame deutsche Staatsbürgerschaft festlegte. So konnte jeder Deutsche aus der DDR einen Pass in der Bundesrepublik erhalten. Die DDR hingegen be
30 stand auf der Anerkennung einer eigenen DDR-Staatsbürgerschaft und interpretierte den Grundlagenvertrag als völkerrechtliche Anerkennung ihres Staates durch die Bundesrepublik. Die DDR verstärkte ihre Anstrengungen, überall in der Welt als souveräner Staat wahr
35 genommen zu werden. Die Abgrenzung zeigte sich auch darin, dass der Text der DDR-Hymne nicht mehr gesungen wurde (siehe S. 73, M3).
Beide deutschen Staaten wurden am 18. September 1973 in die UNO aufgenommen.

Entspannung durch Abkommen
40
Bis 1989 wurden 30 Abkommen in verschiedensten Bereichen geschlossen: Erleichterungen im Reiseverkehr und bei Post- sowie Telefonverbindungen, der Ausbau von Autobahnen und Kanälen, Sporttreffen, Kulturaus
45 tausch und Familienzusammenführungen. Die Bewohner der Grenzregionen im Westen erhielten Bewilligungen für Tagesbesuche in der DDR. Aus der DDR durften nur sehr wenige Menschen zu Verwandtenbesuchen in den Westen reisen; erst als Rentner war die Fahrt in die
50 Bundesrepublik gestattet. Seit 1973 berichteten erstmals westdeutsche Journalisten – wenn auch oft mit Behinderungen durch DDR-Organe – aus der DDR.

Karikatur von Josef Blaumeiser, 1973

Finanzhilfen für die DDR

Wichtig für die DDR-Wirtschaft war der Aufschwung des
55 deutsch-deutschen Binnenhandels. Westdeutsche Unternehmer entdeckten die DDR als billigen Produktionsstandort. Die Bundesrepublik zahlte hohe Summen u. a. für den Ausbau und die Nutzung der Verkehrswege nach Westberlin und für den Freikauf von „politischen" Häft
60 lingen.
Die DDR benötigte dringend westliche Zahlungsmittel wie D-Mark oder Dollar („Devisen"), um damit im westlichen Ausland einkaufen zu können. Die Währungen der Ostblockstaaten waren nicht konvertierbar, d. h. sie
65 besaßen im Westen keine Gültigkeit. Wichtig war daher

der Verkauf von Industriegütern mit „Weltniveau" in westliche Staaten oder der Verkauf von wertvollen Antiquitäten im Westen.

Heute wissen wir, dass die DDR ab 1982 vor dem Staats-
70 bankrott stand und nur dank westdeutscher Kredite in Milliardenhöhe und Transferzahlungen wirtschaftlich bis 1989 überlebte.

Von Brandt zu Schmidt und zu Kohl

Bundeskanzler Willy Brandt trat 1974 zurück, als ein
75 enger Mitarbeiter als Spion der DDR enttarnt wurde. Der Nachfolger im Bundeskanzleramt war Helmut Schmidt.

Er setzte den Reformkurs der sozial-liberalen Koalition im Innern und die Entspannungspolitik nach außen fort. Seine Koalitionsregierung mit der FDP zerbrach bei der
80 Suche nach einem Ausweg aus der Wirtschaftskrise und im Streit um die Stationierungen amerikanischer Mittel-streckenraketen in Deutschland (siehe S. 60). Im Okto-ber 1982 kam es zu einem konstruktiven Misstrauens-votum gegen einen regierenden Bundeskanzler – die
85 Mehrheit der Abgeordneten im Bundestag entzog Hel-mut Schmidt das Vertrauen und machte damit Helmut Kohl (CDU) zum neuen Bundeskanzler, der bis 1998 regierte.

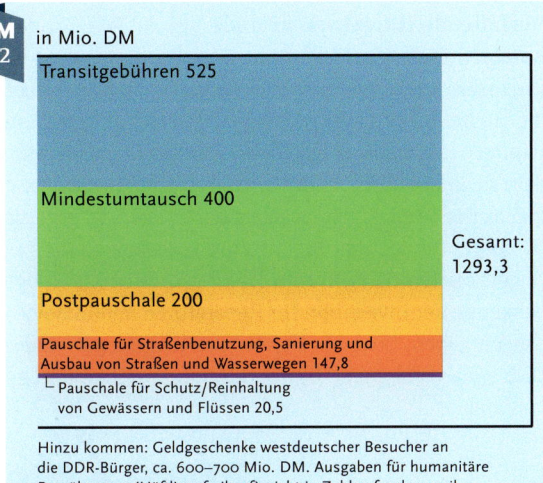

M2 in Mio. DM

Transitgebühren 525

Mindestumtausch 400

Gesamt: 1293,3

Postpauschale 200

Pauschale für Straßenbenutzung, Sanierung und Ausbau von Straßen und Wasserwegen 147,8

Pauschale für Schutz/Reinhaltung von Gewässern und Flüssen 20,5

Hinzu kommen: Geldgeschenke westdeutscher Besucher an die DDR-Bürger, ca. 600–700 Mio. DM. Ausgaben für humanitäre Bemühungen (Häftlingsfreikauf) nicht in Zahlen fassbar, weil diese in materiellen Leistungen abgegolten wurden.

Zahlen zusammengestellt vom Autor nach mehreren Quellen.

Devisen in D-Mark an die DDR 1984.
Mindestumtausch oder „Zwangsumtausch": Jeder Besucher der Bundesrepublik in der DDR oder Ost-Berlin musste pro Tag 25 DM in 25 Mark der DDR umtauschen, deren Wert auf dem Schwarzmarkt nur ein Viertel der DM betrug.

1 **Partnerarbeit:** Fasst die Veränderungen im deutsch-deutschen Verhältnis durch den Grundlagenvertrag mithilfe des Darstellungstextes und der Quellen aus der Sicht

   a) der DDR   **b)** der Bundesrepublik

   zusammen.
2 Gib der Karikatur M1 eine Überschrift und begründe sie.
3 Entnimm der Grafik M2, für welche Leistungen sogenannte „Transferzahlungen" an die DDR entrich-tet werden mussten.
4 Entwirf eine Schlagzeile zum Staatsbesuch Honeckers (M3) aus der Sicht des Westens und des Ostens.
5 Erläutere das Ergebnis der Umfrage in M4.

Bundeskanzler Kohl schreitet mit dem Staatsratsvorsitzenden Honecker am 7. September 1987 die militärische Ehrenformation vor dem Kanzleramt in Bonn ab. Foto

M4 Kommt die Wiedervereinigung?
Umfrageergebnis in Westdeutschland in Prozent

Jahr	Wiedervereinigung wird erfolgen	Wiedervereinigung erfolgt nicht
1951	39	41
1953	61	28
1956	66	23
1961	48	45
1965	58	37
1970	18	72
1975	8	83
1980	17	82
1985	11	86
1987	3	97

Quelle: Deutschland Archiv 10/1989, S. 1139f.

Warum brach die DDR zusammen?

Am Ende der 1980er Jahre verdichteten sich die Hinweise auf eine tiefe Wirtschafts- und Systemkrise. Die SED-Führung wollte von grundlegenden Reformen wenig wissen und setzte auf alte Rezepte.
Setze dich mit den Gründen auseinander, welche zum Niedergang und Zerfall der DDR führten.

Außenpolitische Gründe

Aus der heutigen Rückschau waren die wichtigsten Auslöser für allmähliche innere Veränderungen in den Ostblockstaaten die Schlussakte der Konferenz von Helsinki 1975 (siehe S. 60/61) und die Gründung der polnischen
5 Gewerkschaft „Solidarność 1980 (siehe S. 62/63). Die grundlegenden Reformen des sowjetischen Staats- und Parteichefs Michail Gorbatschow seit Mitte der 1980er Jahre (siehe S. 64/65) stießen in der DDR-Führung auf Ablehnung. Zeitweise durften sogar sowjetische Zeit-
10 schriften, die die Notwendigkeiten dieser Reformen diskutierten, in den Kiosken der DDR nicht mehr verkauft werden.

Wirtschaftlicher Niedergang

Seit dem Ende der 1970er Jahre geriet die DDR in eine
15 anhaltende Wirtschaftskrise. Im Jahre 1982 stand das Land vor dem finanziellen Ruin. Trotz der Milliardenkredite aus dem Westen stiegen die Staatsschulden auf 130 Milliarden DM im Jahre 1989 an. Hauptgrund für den wirtschaftlichen Niedergang war die Produktion mit
20 veralteten und technisch rückständigen Anlagen, die hohen Ausgaben für Sozialleistungen und die hohe Subventionierung von Mieten und Gütern des täglichen Bedarfs, die im Vergleich zum Westen dadurch extrem billig waren.

25 ### Zweifel am System

Die Unzufriedenheit mit der wirtschaftlichen Situation ließ immer mehr DDR-Bürger an der von der SED propagierten „Überlegenheit des Sozialismus" zweifeln. Parolen vom „Einholen und Überholen des Kapitalismus"
30 wurden als hohle Phrasen abgetan und im Freundeskreis ironisch kommentiert. Angesichts des Fehlens von Pressefreiheit und grundlegenden Bürgerrechten sowie der vielfachen Bespitzelung durch die Organe der Staatssicherheit wuchs die Distanz zum Staat. In weiten Teilen
35 der DDR waren westdeutsche Fernseh- und Radioprogramme zu empfangen und erlaubten einen Vergleich des Lebensstandards zwischen Ost und West. Ein Teil der DDR-Bevölkerung gab jede Hoffnung auf eine langfristige Verbesserung der Lebensverhältnisse auf. Bei den
40 jungen Menschen sorgte die „bedarfsgerechte" Lenkung von Berufsausbildung und Studium für Unmut. Die Zahl der Studierenden sank in den 1980er Jahren. Viele junge Menschen fühlten sich um ihre Zukunft betrogen, weil ihnen ein Studium verweigert wurde.

45 ### Verfallende Infrastruktur und katastrophale Umweltbilanz

Die Infrastruktur war in vielen Bereichen marode: Über die Hälfte der Straßen wies große Mängel auf, und ein Fünftel der Verkehrswege war in so schlechtem Zustand,
50 dass sie kaum noch befahrbar waren. Telefonanschlüsse gab es nur wenige; die Anlagen waren fast alle älter als 30 Jahre. Die meisten Innenstädte verfielen, da die geringen Mieten den privaten Hausbesitzern keine Möglichkeiten der Investition für Reparaturen und Renovie-
55 rungen gaben. Etwa ein Fünftel der Wohnungen in der DDR war nicht mehr bewohnbar. Ganze Straßenzüge verfielen.

Marode Häuser in einem Wohnbezirk in Gotha/Thüringen, Foto, 1989

Die einseitige Ausrichtung auf die Schwerindustrie mit der rücksichtslosen Verwendung von Braunkohle als
60 Hauptenergieträger führte zur Vergiftung von Luft und Gewässern in weiten Teilen des Landes. Millionen Menschen wurden schwersten Umweltbelastungen ausgesetzt, die Zahl der Erkrankungen aufgrund von Verschmutzung wuchs stetig. Während im Westen die
65 Lebenserwartung in den 1970er und 1980er Jahren stark zunahm, stagnierte sie in der DDR. Die Parteiführung verharmloste die katastrophalen Umweltbedingungen, da jede Investition in die Umweltpolitik eine Kürzung der guten Sozialleistungen des Staates bedeu-
70 tet hätte. Diese Leistungen wurden von der Parteibürokratie immer wieder als der entscheidende Vorteil des Sozialismus gegenüber den „kapitalistischen" Staaten herausgehoben.

Wachsende Unzufriedenheit

75 Seit Beginn der 1980er Jahre hatten sich auch in der DDR Menschenrechts-, Umwelt- und Friedensgruppen gebildet. Ihre Mitglieder versammelten sich meist in Kirchenräumen, wo sie einigermaßen ungestört diskutieren konnten. Trotz der totalen Überwachung durch die Stasi
80 waren viele Menschen zunehmend bereit, sich gegen die Willkür der Staatsorgane zur Wehr zu setzen. Als bei den Kommunalwahlen im Mai 1989 die DDR-Führung bekannt gab, dass die Einheitsliste 98,85 Prozent Zustimmung bekommen hatte, protestierten nun oppositionelle
85 Gruppen gegen das gefälschte Wahlergebnis. Sie konnten die Fälschungen belegen und erzwangen eine öffentliche Diskussion. Die Staatsmacht versuchte erfolglos, die Oppositionsbewegung mit einer Verhaftungswelle zu unterdrücken.

90 Massenflucht

Als Ungarn im Mai 1989 seine Grenzbefestigungen zu Österreich abbaute, nutzten zahlreiche DDR-Bürger den Weg über Ungarn zur Flucht nach Westen. Im Sommer 1989 stellten 120 000 Menschen einen Ausreiseantrag.
95 Tausende strömten in die Botschaften der Bundesrepublik in Prag, Warschau und Budapest, um so ihre Ausreise zu erzwingen. Nach zähen Verhandlungen am Sitz der UNO erreichte der bundesdeutsche Außenminister Hans-Dietrich Genscher die Zusage der DDR-Führung
100 zur Ausreise der Botschaftsflüchtlinge.

Filmtipp:
„Zug in die Freiheit",
Regie: Sebastian Dehnhardt und Matthias Schmidt,
deutsches Dokudrama, 2014

M 2 *Karikatur aus der „taz", September 1989*

M 3 **Aus dem Aufruf zur Bildung einer sozialdemokratischen Partei in der DDR (SDP), Ende August 1989:**

„So kann es nicht weitergehen!"
Viele warten darauf, dass sich etwas ändert. Das aber reicht nicht aus! Wir wollen das Unsere tun, die notwendige Demokratisierung der DDR hat
5 die grundsätzliche Bestreitung des Wahrheits- und Machtanspruchs der herrschenden Partei zur Voraussetzung ... Unser Ziel: Eine ökologisch orientierte soziale Demokratie ... Rechtsstaat und strikte Gewaltenteilung, parlamentarische
10 Demokratie und Parteienpluralität, relative Selbstständigkeit der Regionen, soziale Marktwirtschaft mit striktem Monopolverbot ..., Demokratisierung der Strukturen des Wirtschaftslebens, Freiheit der Gewerkschaften und Streikrecht.

Zit. nach Bernd Lindner, Die demokratische Revolution in der DDR 1989/90, Bonn (Bundeszentrale für politische Bildung) 2010, S. 66.

1 **Partnerarbeit:** Wiederholt die im ersten Abschnitt des Darstellungstextes angesprochenen Ereignisse:
   a) Schlussakte von Helsinki und Gründung der Gewerkschaft Solidarność
   b) Reformen unter Gorbatschow in der Sowjetunion
2 Erkläre M2 unter Einbeziehung der Quelle M3 auf S. 111.
3 Erläutere die Forderungen in M3.
4 Fasse alle hier erwähnten Gründe für den Zusammenbruch der DDR in einer Mindmap zusammen.

Webcode: FG642335-125
Ende des SED-Regimes

Die „friedliche Revolution" in der DDR

Die SED-Führung zeigte sich unfähig, eine Lösung für die täglichen Probleme der Bürger und deren Unzufriedenheit mit dem System zu finden. Angesichts anhaltender Massenflucht, wirtschaftlichen Bankrotts und immer größer werdenden Protesten musste die Regierung nachgeben.
- *Wie geschah dies und welche Folgen leiteten sich daraus ab?*

Protestmärsche während der Staatsfeiern

Im Mai 1989 nahmen die Proteste gegen die erstarrten politischen Verhältnisse und die schlechte Versorgung mit Konsumgütern zu. Am 25. September 1989 formierten sich in Leipzig die Menschen zur ersten Montagsde-
5 monstration. 6000 bis 8000 Menschen zogen mit dem Ruf „Keine Gewalt!" über den Leipziger Ring. Am 2. Oktober löste die Polizei einen Zug mit 20 000 Menschen auf. Die Demonstranten fürchteten eine „chinesische Lösung", da in Peking zuvor Demonstrationen für Demo-
10 kratie und Einhaltung der Menschenrechte durch die Armee blutig niedergeschlagen worden waren. Die Proteste, die neben den Jubelfeiern anlässlich des 40. Jahrestages der Staatsgründung der DDR stattfanden, wurden durch Staatssicherheitsdienst und Polizei gewaltsam
15 aufgelöst. Am 9. Oktober 1989 fand die größte Demonstration seit dem 17. Juni 1953 statt; in Leipzig demonstrierten 70 000 Menschen. Die Lage war äußerst gespannt. Es gelang bekannten Persönlichkeiten, die Situation zu beruhigen. Weitere Demonstrationen folgten. Am 18. Ok-
20 tober musste Erich Honecker zurücktreten.

Die Mauer fällt

Die Maueröffnung am Abend des 9. Novembers 1989 wurde ausgelöst durch eine eher beiläufige Mitteilung des SED-Politbüromitglieds Günter Schabowski bei einer
25 Pressekonferenz. Demnach war es jedem Bürger der DDR „ab sofort" möglich, über alle Grenzübergangspunkte auszureisen. Die Genehmigungen würden kurzfristig erteilt. Die Nachricht „DDR öffnet Grenze" wurde blitzschnell über Nachrichtenagenturen und westdeut-
30 sche Fernsehsender verbreitet. Bereits am gleichen Abend begann der Ansturm auf die Grenzübergänge nach Westen. Jubelnd strömten Zehntausende durch die vormals unüberwindbare Barriere hindurch.

Montagsdemonstration in Leipzig am 13. November 1989, Foto

Demokratisierung durch den „Runden Tisch"*

35 Nach dem Fall der Mauer am 9. November 1989 liefen verschiedene Entwicklungen zeitgleich nebeneinander: Die SED-Führung unter dem Honecker-Nachfolger Egon Krenz (geb. 1937) versuchte ihre Machtposition zu erhalten. Zu entscheidenden Zugeständnissen war sie aber
40 nach wie vor nicht bereit. Auf der deutsch-deutschen Ebene versuchte die Bundesregierung, geführt von Helmut Kohl (CDU) und Hans-Dietrich Genscher (FDP), Einfluss auf die weitere Entwicklung in der DDR zu nehmen. Das 10-Punkte-Programm vom 28. November
45 1989 sah eine stufenweise Vereinigung zu einem Bundesstaat vor. Auf internationaler Ebene mussten nun die vier Siegermächte ihre Positionen zur Deutschen Frage klären. Dabei war zu bedenken, dass 1989 rund 300 000

M 1 *Die ersten Trabis werden am Berliner Grenzübergang Checkpoint Charlie am Morgen nach der Maueröffnung von unzähligen Menschen begrüßt. Foto, 10. November 1989*

sowjetische Soldaten in der DDR stationiert waren. Die
50 Krise spitzte sich weiter zu. In dieser Situation wurden
auf Initiative der Bürgerbewegung der DDR „Runde Tische" eingerichtet, an denen Vertreter der oppositionellen Gruppen mit den Vertretern der SED über Reformen
und Demokratisierung verhandelten. Die Gesprächslei-
55 tung übernahmen Vertreter der Kirche.
Zu den ersten Ergebnissen gehörte die sofortige Auflösung des Ministeriums für Staatssicherheit. Eine neue
Verfassung und ein neues Wahlgesetz sollten erarbeitet
werden. Auch auf regionaler und lokaler Ebene entstan-
60 den nun „Runde Tische". Ende Januar 1990 beschloss
der zentrale „Runde Tisch" in Berlin, am 18. März 1990
die ersten freien Wahlen auf dem Gebiet der DDR.

Die Volkskammerwahl 1990

Anfang des Jahres 1990 waren wichtige politische Ziele
65 der „friedlichen Revolution" erreicht. Die SED-Diktatur
war gestürzt, die Mauer gefallen, das Land auf dem Weg
zur Demokratie. Die ersten freien Wahlen am 18. März
1990 erbrachten eine Koalitionsregierung unter Ministerpräsident Lothar de Maizière (CDU). Unterdessen
70 nahm der Einfluss der westdeutschen Politiker auf die
weitere Entwicklung in der DDR zu. Durch den schnellen
Verfall der Autorität des DDR-Staates entstand eine
Hinwendung „nach Westen". Nach Meinungsumfragen
waren Anfang Februar 1990 etwa 75 Prozent der DDR-
75 Bürger für die Wiedervereinigung.

Ein Augenzeuge über den 9. Oktober 1989 in Leipzig:

Es galt uneingeschränkt der vom Vorsitzenden des
Nationalen Verteidigungsrates, Erich Honecker, am
26. September erlassene Geheimbefehl Nr. 8/89, der
im Hinblick auf zu erwartende „Krawalle" eindeutig
5 formulierte: „Sie sind zu unterbinden." ... In Betrieben wurde davor gewarnt, nach 16 Uhr die Innenstadt zu betreten; Mütter sollten ihre Kinder bis
15 Uhr aus den Krippen und Kindergärten des Zent-
rums abholen ... In Krankenhäusern wurden Notbet-
10 ten aufgestellt und vor allem die Chirurgischen und
Intensivstationen verstärkt besetzt. Tausende von
zusätzlichen Blutkonserven standen bereit ... Leipzig
glich an diesem Tag einem Heerlager. Nach späteren
Aussagen von Bereitschaftspolizisten war ihnen vor-
15 mittags mitgeteilt worden, dass ein friedlicher Aus-
gang wenig wahrscheinlich sei und sie vorbereitet
sein müssten, möglichen Gewalttätigkeiten zu begegnen. Dementsprechend trugen sie Kampfausrüs-
tung ... Einzig die geballte Kraft der siebzigtausend
20 angsterfüllten und dennoch nicht weichenden Menschen in der Innenstadt und auf dem Ring erzwangen um 18.25 Uhr den endgültigen Rückzug der bewaffneten Einheiten.

Zit. nach Wolfgang Schneider, Leipziger Demontagebuch,
Leipzig/Weimar (Kiepenheuer) 1990, S. 7.

Der Schriftsteller Stefan Heym auf der Berliner Protestdemonstration am 4. November 1989:

Es ist, als habe einer das Fenster aufgestoßen,
nach den Jahren der Stagnation, der geistigen,
wirtschaftlichen, politischen, den Jahren ... von
Phrasengewäsch und bürokratischer Willkür, von
5 amtlicher Blindheit und Taubheit – welche Wand-
lung. Vor noch nicht vier Wochen die schön ge-
zimmerte Tribüne um die Ecke [40-Jahr-Feier der
DDR], mit dem Vorbeimarsch, dem bestellten, vor
den Erhabenen. Und heute ihr, die ihr euch aus eige-
10 nem freien Willen versammelt habt für Freiheit und
Demokratie und für einen Sozialismus, der des Na-
mens wert ist ... Wir haben in diesen letzten Wochen
unsere Sprachlosigkeit überwunden und sind jetzt
dabei, den aufrechten Gang zu erlernen. Und das,
15 Freunde, in Deutschland, wo bisher sämtliche Revolutionen danebengegangen sind ...

Zit. nach Stefan Heym, Einmischung. Gespräche, Reden, Es-
says. Ausgew. und hg. von Inge Heym und Heinfried Hennin-
ger, München (Bertelsmann) 1990, S. 257.

1 Erkläre die Forderungen auf den Transparenten
in M2.

2 Demonstrieren oder besser nicht? Entwirf einen
Stichwortzettel mit Argumenten für beide Positionen angesichts der Gefahren (M3).

3 Überlege, was Stefan Heym (M4) mit dem Bild des
„aufrechten Ganges" ausdrücken möchte. Erkläre
und bewerte seinen Schlusssatz.

Webcode: FG642335-127
Die „friedliche Revolution" in der DDR

Wie gelang die Einigung Deutschlands?

*Eine deutsche Wiedervereinigung benötigte die Zustimmung der Siegermächte
des Zweiten Weltkrieges. Ein Friedensvertrag war in den Potsdamer Verhandlungen auf unbestimmte Zeit vertagt worden. Die Alliierten besaßen weiterhin
Vorbehaltsrechte in beiden deutschen Staaten.*
* *Wie verliefen die Vertragsverhandlungen und wie endeten sie?*

M 1 *Bundeskanzler Kohl (rechts) und Generalsekretär Gorbatschow
(Mitte) bei den Verhandlungen zur deutschen Einheit, hinter
Gorbatschow seine Frau Raissa, hinter Kohl der sowjetische
Außenminister Schewardnadse. Links Außenminister Genscher.
Foto, Juli 1990
In der Heimat Gorbatschows im Vorland des Kaukasus-Gebirges
schafften die deutsche und sowjetische Delegation den diploma-
tischen Durchbruch für die Zustimmung der Sowjetunion zur
deutschen Wiedervereinigung.*

Die Haltung der europäischen Nachbarn

Die USA unterstützten von Beginn an die Bemühungen
der Regierung Kohl für die deutsche Einheit. Frankreich
und Großbritannien standen einer deutschen Einheit
eher ablehnend gegenüber, weil sie die Entstehung eines
5 neuen und in ihren Augen viel zu starken Deutschlands
in der Mitte Europas mit Sorge erfüllte. Erst nach langen
Verhandlungen gaben sie ihre Bedenken auf. Die sowjetische Führung musste davon überzeugt werden, dass
ein vereintes Deutschland nicht neutral, sondern Mit-
10 glied der NATO bleiben werde. Dank vertrauensvoller

M 2

Währungsunion	Wirtschaftsunion	Sozialunion	

• DM einzige Währung
• Deutsche Bundesbank alleinige Zentralbank
 	
• Mark der DDR: DM
  1:1 für Löhne und Gehälter, Renten, Mieten, Pachten, Stipendien, Guthaben von natürlichen Personen (Höchstgrenze: 5000 Mark)
  2:1 für alle übrigen Forderungen und Verbindlichkeiten
	Die DDR schafft Voraussetzungen für die soziale Marktwirtschaft:
	
	• Privateigentum
	• Freie Preisbildung
	• Wettbewerb
	• Gewerbefreiheit
	• Freier Verkehr von Waren, Kapital und Arbeit
	• Ein mit der Marktwirtschaft verträgliches Steuer-, Finanz- und Haushaltswesen
	• Einfügung der DDR-Landwirtschaft in das EG-Agrarsystem
		Die DDR schafft Einrichtungen entsprechend denen in der BR Deutschland:
		
		• Rentenversicherung
		• Krankenversicherung
		• Arbeitslosenversicherung
		• Unfallversicherung
		• Sozialhilfe
			Die DDR schafft und gewährleistet nach dem Vorbild der BR Deutschland:
			
			• Tarifautonomie
			• Koalitionsfreiheit
			• Streikrecht
			• Mitbestimmung
			• Betriebsverfassung
			• Kündigungsschutz

Die BR Deutschland gewährt für die Aufschubfinanzierung
der Sozialsysteme Mittel aus dem Bundeshaushalt und
für den Haushaltsausgleich der DDR Finanzzuweisungen
aus dem Sonderfonds
„Deutsche Einheit" in Höhe
von 115 Mrd. DM.

Staatsvertrag zwischen der Bundesrepublik und der DDR vom 1. Juli 1990

Zusammenarbeit zwischen Bundeskanzler Kohl und dem sowjetischen Generalsekretär Gorbatschow akzeptierte die sowjetische Führung diese Position schnell. Die Bundesrepublik sicherte der Sowjetunion großzügige Wirt-
15 schaftshilfe zu. Am 12. September 1990 konnte in Moskau der „Vertrag über die abschließenden Regelungen in Bezug auf Deutschland" unter dem Motto „2 (die beiden deutschen Staaten) plus 4 (die vier Siegermächte)" un-
20 terzeichnet werden. Damit wurde die Bundesrepublik ohne Einschränkungen souverän. Am 3. Oktober 1990 traten die Länder der DDR der Bundesrepublik bei.

M3 Stellungnahmen der Regierungschefs zur Frage der deutschen Einheit:

Margaret Thatcher (Großbritannien): Im Unterschied zu George Bush war ich von Anfang an gegen die deutsche Wiedervereinigung ... Deutschland zu vereinigen hieß, es zur beherrschenden
5 Nation in der Europäischen Gemeinschaft zu machen ... Ich hielt es auch für falsch, dass Ostdeutschland, gegen das wir schließlich gekämpft hatten, sich als erstes [Land] der Europäischen Gemeinschaft anschließen sollte, während Polen
10 und die Tschechoslowakei, für die wir in den Krieg gezogen waren, noch warten mussten ...

George Bush (USA): Um ganz ehrlich zu sein: Wir hatten unsere Differenzen mit Lady Thatcher und François Mitterand, vielleicht weil Amerika weit
15 entfernt ist ... Aber ich hatte das Gefühl, die deutsche Wiedervereinigung wäre im fundamentalen Interesse des Westens ... Ich war überzeugt, dass Helmut Kohl ein vereintes Deutschland nicht aus der NATO herausführen würde. Ich war mir sicher,
20 dass er sich für den Westen und nicht für die Neutralität zwischen NATO und Warschauer Pakt entscheiden würde, wie Herr Gorbatschow es sich wünschte ...

Michail Gorbatschow (Sowjetunion): Wie Kanzler
25 Kohl nahmen wir ursprünglich an, es werde eine Art Assoziation deutscher Staaten geben, eine Konföderation vielleicht ... Wir hatten den Kalten Krieg beendet ... Sollte all das aufs Spiel gesetzt werden für den Versuch, das aufzuheben, was die
30 Deutschen selbst wollten, indem wir Truppen einmarschieren ließen? Nein!
Zit. nach „Die Zeit" vom 8. März 1990.

M4 Der Zwei-plus-Vier-Vertrag vom 12. September 1990 zwischen der BRD und der DDR sowie den USA, der UdSSR, Frankreich und Großbritannien:
Artikel 1
(1) Das vereinte Deutschland wird die Gebiete der Bundesrepublik Deutschland, der Deutschen Demokratischen Republik und ganz Berlins um-
5 fassen. Seine Außengrenzen werden die Grenzen der Deutschen Demokratischen Republik und der Bundesrepublik Deutschland sein und werden am Tage des Inkrafttretens dieses Vertrages endgültig sein. Die Bestätigung des endgültigen
10 Charakters dieser Grenzen des vereinten Deutschlands ist ein wesentlicher Bestandteil der Friedensordnung in Europa.
(2) Das vereinte Deutschland und die Republik Polen bestätigen die zwischen Ihnen bestehenden
15 Grenzen in einem völkerrechtlich verbindlichen Vertrag.
(3) Das vereinte Deutschland hat keinerlei Gebietsansprüche gegen andere Staaten und wird solche auch nicht in Zukunft erheben.
20 **Artikel 2**
Die Regierungen der Bundesrepublik Deutschland und der Deutschen Demokratischen Republik bekräftigen ihre Erklärungen, dass von deutschem Boden nur Frieden ausgehen wird.
25 **Artikel 7**
(2) Das vereinte Deutschland hat demgemäß volle Souveränität über seine inneren und äußeren Angelegenheiten.
Zit. nach www.auswaertiges-amt.de/cae/servlet/contentblob/373160/publicationFile/153338/ZweiPlusVierVertrag.pdf (Stand: 17. 06. 2015).

1 Erkläre die Vorbehalte der Siegermächte zur Wiedervereinigung (M3, Darstellungstext).
2 Sammle Gegenargumente aus deutscher Sicht.
3 **Vorschlag für eine Gruppenarbeit:** Erläutert in drei Gruppen (Währung, Wirtschaft, Soziales) die Vereinbarungen des Staatsvertrages (M2).

4 Erkläre die Schlagzeile im Foto M1 mithilfe des Darstellungtextes und der Bildunterschrift.
5 Nenne die wesentlichen Punkte des Zwei-plus-Vier-Vertrages (M4).
6 **Recherche:** Stelle die verschiedenen Stationen auf dem Weg zur deutschen Einheit im Verhältnis von Kohl und Gorbatschow dar.

Webcode: FG642335-129
„Wunder von Kaukasus"; Deutsche Einigung

Staatliche Einheit – gespaltene Gesellschaft?

Nach wie vor gibt es zu dieser Frage vielfältige Meinungen. Anhand von unterschiedlichen Aussagen (Gruppe A oder B) oder aber einer Meinungsumfrage (Gruppe C) kannst du dir dazu eine eigene Meinung bilden.

A

Eine Schülerin der Klasse 11 des Jahres 1989 in der DDR erinnerte sich an den Fall der Mauer:

Die Atmosphäre in der Klasse hat sich im Herbst 89 verändert. Wir waren ziemlich schnell gespalten. Die eine Gruppe hing am alten System, die andere war wesentlich offener … Anfangs fand ich
5 schon toll, dass die Mauer weg war. Als aber das Einheitsgeschrei in Leipzig losging und ich merkte, dass es mit der DDR zu Ende geht, war ich schon nicht mehr so begeistert. Ich wusste natürlich auch, dass es so kommen musste. Es war ja
10 wirklich ein Unding, dass zwischen zwei deutschen Ländern so eine undurchlässige Grenze war. Diese Erkenntnis entwickelte sich bei mir aber auch erst allmählich. Manchmal habe ich überlegt, ob wir die Chance gehabt hätten, etwas
15 Besseres aus diesem Land zu machen, wenn die Grenze später geöffnet worden wäre. Vielleicht hätten sich die Leute dann nicht so blindlings in die Einheit gestürzt. Gewünscht hätte ich mir den dritten Weg, von dem anfangs die Rede war. Eben
20 eine DDR, in der die Menschen gern gelebt hätten. Je mehr Zeit nach der Wende verging, desto klarer wurde mir, dass eine andere Entwicklung unlogisch gewesen wäre. Die Teilung war nur möglich durch die Diktatur und die starke Mauer.
25 Unter den Jugendlichen hat sich auch schnell herauskristallisiert, wofür man war. Entweder du warst für Deutschland oder du warst noch für diese DDR.
Zit. nach Christoph Kleßmann/Georg Wagner, Das gespaltene Land, München (C. H. Beck) 1993, S. 47 f.

Der Mitbegründer der „Initiative 3te Generation Ost", Johannes Stammler, schrieb 2011:

Wir, die jungen Ostdeutschen, waren vielleicht acht oder zehn Jahre alt, als die Mauer fiel … Die Mauer ist vor 20 Jahren niedergerissen worden, doch wir fühlen sie bis heute in unseren Familien.
5 Sie trennt inzwischen Eltern von Kindern, sie bestimmt, wie wir uns erinnern und woran … Unsere Großeltern, die erste Generation, haben noch den Krieg erlebt. Sie haben maßgeblich dazu beigetragen, die DDR aufzubauen und ein
10 neues Leben zu beginnen. Unsere Eltern wurden in den Fünfziger- und Sechzigerjahren geboren und kannten nichts anderes als dieses Land … Wir, die Dritte Generation, haben in den letzten 20 Jahren mehr als andere auf unsere Eltern auf-
15 passen müssen. Auch wir hatten keine Erfahrung mit dem neuen System, nur hatten wir junge Menschen nichts zu verlieren … Unsere Eltern verkriechen sich heute in schablonenhaften Erinnerungen. Sie berichten wenig und meist nur das,
20 was ihnen heute kein Unbehagen bereitet. Sie wollen ihre gerade neu errungene Identität nicht gefährden. So erzählen sie auch ihr Leben, lückenhaft und verträglich. Sie sprechen vom Kollektiv, in dem sie gearbeitet haben. Oder von Montags-
25 demonstrationen und organisierten Ferienreisen. Erinnerungen werden nur bruchstückhaft weitergegeben, verdrängt, vielleicht sogar vergessen. Wir vermissen, dass sie mit uns einen differenzierten Blick auf eine Zeit werfen, die nicht wider-
30 spruchsfrei zu interpretieren ist – weder heute noch damals.
Johannes Stammler, Wir, die stumme Generation Ost, in: Michael Hacker u. a., Dritte Generation Ost, 3. Auflage, Berlin (Ch. Links) 2012, S. 212 f.

1 Vergleiche die beiden Texte (M1, M2) in Bezug auf die geschilderten Erfahrungen mit der „Wende". Achte auch auf den Zeitpunkt der Aussage.

„Ihr habt Angst vor der Freiheit, Ossis" – „Ihr habt Angst vor der Einheit, Wessis", 2005

Der Journalist Michael Jürgs (geb. 1945):

3a) Schon im ersten Jahr nach der Einheit begannen die Neufünfländer, unsere Republik madig zu machen und die ihre zu verklären. Vergaßen zu erwähnen, wie viel wir dem Volk ohne Vermögen von unse-
5 rem Volksvermögen bereits rübergeschaufelt hatten, damit ihre Straßen befahrbar wurden, ihre Luft sauber, ihre Städte beleuchtet ... Mit vagen Vorstellungen von Freiheit habt ihr euer zweites Leben nach der Stunde null 1989 begonnen, aber dabei das erste nur
10 verdrängt. Im Unterbewusstsein blubbert es jetzt herum, und die Blasen produzieren eine gemischte Sehnsucht: bisschen Zonenmief wie einst, bisschen Freiheitsluft, wie jetzt, bisschen Arbeit wie einst, bisschen Einheit wie heute. – So hättet ihr es wohl gern,
15 Ossis ... Ihr verlangt, dass der Staat zuständig zu sein habe für das soziale Netz, das Wetter und einen sicheren Arbeitsplatz ... Teil eurer provinziellen Miefmentalität ist die Angst vor der Freiheit. Im Herbst 1989 habt ihr die Freiheit zwar erstritten, aber an-
20 schließend nicht mitgenommen nach Hause. Ihr fremdelt vor der Freiheit, denn die ist eine Geisteshaltung, und die ist euch fremd.

Zit. nach Michael Jürgs, Ihr habt Angst vor der Freiheit, Ossis, in: Spiegel special Nr. 4, 2005, S. 168.

Die Fernsehmoderation Angela Elis (geb. 1966):

3b) Wir hätten ihre Milliarden verplempert, stöhnen sie. Verdrängen, dass auch wir Ossis Solidaritätszuschlag zahlen. Übersehen, dass wir ihnen nicht nur jede Menge Baumarktkram, sondern vom Auto bis
5 zum Videorecorder alles abgekauft haben ... Langsam aber vergeht selbst dem anderen Deutschen das Siegerlachen. Deshalb die neue Strategie. Der Wessi stellt sich als Opfer dar. Jetzt, da die Goldgräberstimmung bei uns im Osten vorbei ist, Herrenhäuser in
10 bester Innenstadtlage oder am See abgeschrieben sind und die Mieteinnahmen weniger werden, fällt euch nichts anderes ein, als über das Billionengrab Ost zu klagen und euch zu weigern, die Pflege zu verlängern ...
15 Immer wenn's eng wird, träumt sich der Wessi die Zeit in seinem Sinne zurecht, trauert seiner alten Bundesrepublik hinterher ... Mit uns ein Volk zu werden, muss für diese Wessis furchtbar gewesen sein ...
20 Fakt ist: Der Jammer-Wessi hat den Besser-Ossi zwar nicht verdient, aber er könnte einiges von ihm lernen. Wenn er nicht so viel Angst hätte vor der Einheit.

Zit. nach Angela Elis, Ihr habt Angst vor der Einheit, Wessis, in: Spiegel special, Nr. 4, 2005, S. 168.

1 Erkläre die ironischen Kommentare über Ossis (in 3a) und Wessis (in 3b).

2 Erörtere, ob die jeweils erhobenen Vorwürfe heute noch aktuell sind.

1 Analysiere M4. Welches Bild von den beiden Deutschen wird hier vermittelt?

2 Entwickle Vorschläge, wie man Vorurteile abbauen könnte.

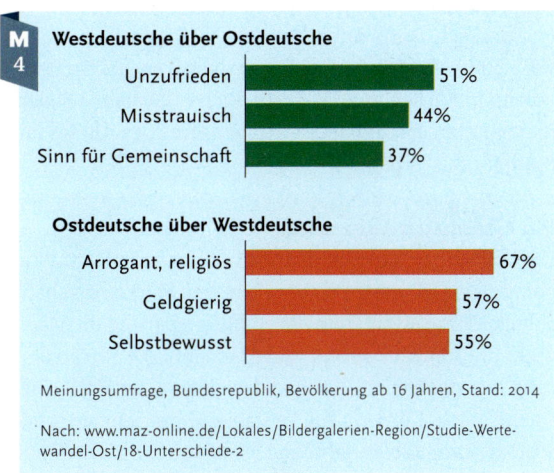

Westdeutsche über Ostdeutsche

Unzufrieden	51%
Misstrauisch	44%
Sinn für Gemeinschaft	37%

Ostdeutsche über Westdeutsche

Arrogant, religiös	67%
Geldgierig	57%
Selbstbewusst	55%

Meinungsumfrage, Bundesrepublik, Bevölkerung ab 16 Jahren, Stand: 2014

Nach: www.maz-online.de/Lokales/Bildergalerien-Region/Studie-Wertewandel-Ost/18-Unterschiede-2

Sichtweisen Ost – West

Aufgabe für alle:

Diskutiert aufgrund eurer Ergebnisse die Frage der Überschrift: Ist die These von der „gespaltenen Gesellschaft" heute noch aktuell? Was könnte dazu Anlass geben, davon zu sprechen?

Webcode: FG642335-131
Vorurteile Ost-/Westdeutsche

Folgen der Wiedervereinigung

„Jetzt wächst zusammen, was zusammengehört", sagte der ehemalige Bundes-
kanzler Willy Brandt am Tag nach dem Mauerfall. Doch der Jubel über die kom-
mende Wiedervereinigung wich schnell der Ernüchterung. Bald wurde erkennbar,
wie schwierig das Zusammenwachsen von West und Ost sein würde. Gehe der
Frage nach, welche Probleme gelöst werden mussten und immer noch bestehen.

„Spiegel"-Titelseite, September 1995

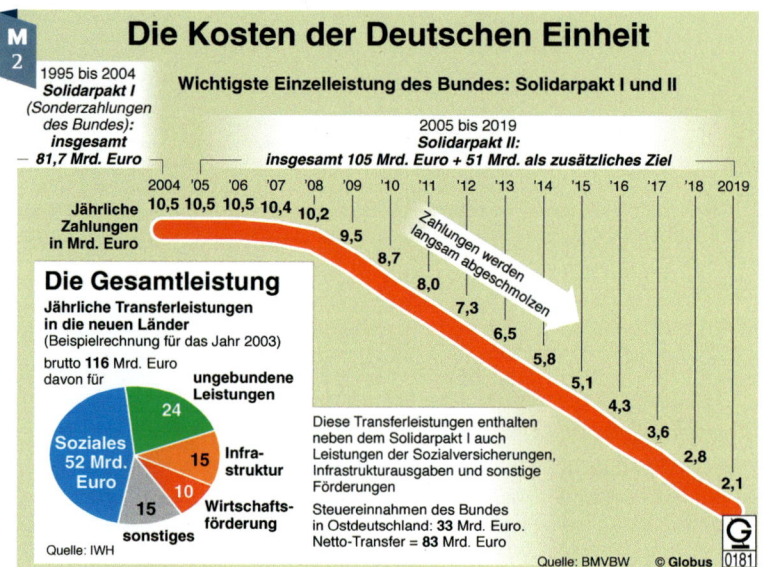

Leistungen für die fünf neuen Länder

Hohe Erwartungen an die Einheit

Mit großer Freude wurde der deutsche Einigungsvertrag
am 3. Oktober 1990 gefeiert. Bundeskanzler Kohl ver-
sprach „blühende Landschaften" in den neuen Bundesländern und eine rasche Angleichung an den Lebens-
5 standard im Westen. Die Einführung der D-Mark und die
mit Westprodukten gefüllten Läden steigerten diese
Hoffnungen. Doch diese Menschen fanden sich praktisch „über Nacht" in einem ganz anderen politischen,
gesellschaftlichen und wirtschaftlichen System wieder
10 und mussten erst die neuen „Spielregeln" des Alltags im
Kapitalismus lernen.

Der Umbau der Wirtschaft

Die DDR-Wirtschaft war maroder als angenommen. Wie
konnte ein Übergang von der Plan- zur Marktwirtschaft
15 gelingen? Dazu gründete die Bundesregierung im März
1990 die Treuhandanstalt. Sie übernahm die Privatisie-
rung der staatlichen Betriebe der ehemaligen DDR. Sie
suchte nach Käufern für rentable Unternehmen und
schloss unrentable Betriebe. Millionen von Ostdeut-
20 schen verloren ihren Arbeitsplatz. Dadurch wurden die

Bewohner der neuen Bundesländer mit dem für sie unbekannten Problem der Arbeitslosigkeit konfrontiert.
Die Übernahme der bundesrepublikanischen Sozialver-
sicherungen minderte die neue Not. Viele Arbeitslose
25 suchten sich Arbeit in den alten Bundesländern. Insgesamt überwog im Osten eine skeptische Einstellung gegenüber der sozialen Marktwirtschaft. Viele fühlten sich
als Verlierer der Einheit.

„Aufbau Ost" und die Frage des Eigentums

30 Eine zusätzliche Steuer, Solidaritätszuschlag genannt,
sollte mit rund zehn Milliarden Euro jährlich den Um-
und Aufbau im Osten unterstützen. Das meiste Geld floss
in den Ausbau von Verkehrswegen, Kommunikations-
netzen und in die Sanierung der Städte. Auch die
35 schlimmsten Umweltzerstörungen wurden beseitigt.
Streit gab es um die von der Bundesregierung beschlos-
sene „Rückgabe statt Entschädigung". Damit gelangten
Wohnungen, Häuser und Grundstücke wieder in den
Besitz der Personen zurück, die vor Jahrzehnten aus der
40 DDR geflohen waren und alles zurückgelassen hatten.
Nun forderten sie ihr Eigentum zurück oder verlangten

hohe Mieten von den Bewohnern. In vielen Fällen blieben die Besitzverhältnisse lange ungeklärt, da in der DDR Unterlagen zu Privatbesitz in den Ämtern vernich-
45 tet worden waren.

Aufarbeitung der DDR-Vergangenheit

Auch die Aufdeckung und Bestrafung des vom SED-Regime verübten Unrechts, insbesondere die Bespitzelung, Verfolgung und Verhaftung durch die Stasi,
50 beschäftigte die Deutschen. Erst nach der Wiedervereinigung wurde deutlich, wie dicht das Netz der Beobachtung durch die Stasi gewesen war. Nachbarn, Verwandte, ja sogar Ehepaare hatten einander als „Informelle" Mitarbeiter (IM) bespitzelt und verraten. Nach der Enttar-
55 nung der IM waren die Wut und die Enttäuschung bei vielen Bespitzelten sehr groß. Es stellte sich die Frage, ob und wie die Stasi-Mitarbeit bestraft werden sollte. Nach DDR-Recht war weder die Bespitzelung eines Bürgers durch den Staat noch das Verhalten derjenigen Grenzsol-
60 daten strafbar, die auf Flüchtlinge geschossen haben (siehe S. 117, M5).
Viele Behörden, Stiftungen sowie Museen und Gedenkstätten sind zur Aufarbeitung und Dokumentation des SED-Regimes geschaffen worden. Die „Bundesbehörde
65 für die Unterlagen des Staatssicherheitsdienstes der ehemaligen DDR" (BStU) verwahrt Tausende von Akten. Dort kann jeder von der MfS-Überwachung Betroffene Einsicht in seine personenbezogenen Akten nehmen.

„Metamorphose des aufrechten Gangs", Karikatur von Peter Dittrich, 1990

Frauen – die Verliererinnen der „Wende"?

Als die Wende kam, absolvierte Martina gerade eine Lehre als Wirtschaftshilfe im FDGB-Hotel und war schwanger. Die FDGB (die Gewerkschaft der DDR) wurde aufgelöst, das Hotel privatisiert,
5 die neuen Westbesitzer entließen das gesamte Personal. Seitdem ist sie immer noch auf der Odyssee durch Aushilfsjobs, Umschulungen, Weiterbildungen. „Zertifikate und der ganze Quatsch, das hat alles nichts gebracht, weil es ja keine Ar-
10 beitsplätze gibt." ...
Seit der Wende hat Bettina B. beruflich vor allem Pech gehabt ... Der Thüringerin erging es wie vielen qualifizierten Frauen mit kleinen Kindern. Bei der Umstrukturierung der Betriebe landete sie auf
15 der Straße und musste sich, um überhaupt Arbeit zu finden, mit Aushilfsjobs begnügen ...
Um der Arbeitslosigkeit zu entkommen, haben viele ostdeutsche Frauen ihren Arbeitsplatz selbst geschaffen. Ärztinnen, Rechtsanwältinnen, Archi-
20 tektinnen ... gründeten ihre eigene Existenz. Das Problem der Gründungswilligen ist bis heute: Die bescheidenen Einkommensverhältnisse verhindern die Anhäufung von Eigenkapital. Ohne Besitz, ohne Sicherheiten geben Banken keinen
25 Kredit. So bleibt ein Teil des großen Potenzials ostdeutscher Frauen an Engagement, Fachwissen und sozialer Kompetenz – Schlüsselqualifikationen in der boomenden Dienstleistungsbranche – brachliegen.

Katrin Rohnstock, Die jungen Seniorinnen sind die Gewinnerinnen, in: „Freitag" vom 26. November 1999.

1 **Wähle eine Aufgabe aus:**
   a) Schreibe einige Erwartungen auf, die die DDR-Bürger deiner Meinung nach 1990 mit der Wiedervereinigung verbanden (M1, Darstellungstext).
   b) Schreibe mithilfe des Darstellungstextes auf, warum viele Erwartungen enttäuscht wurden. Beziehe auch die Karikatur M3 mit ein.
2 Erkläre die Hauptschwierigkeiten und Folgen bei der Umwandlung der DDR-Wirtschaft in eine Marktwirtschaft nach westlichem Muster. Erläutere dazu auch die Grafik zu den Kosten der Einheit (M2).
3 Zum Zeitpunkt der „Wende" waren in der DDR 92 Prozent der Frauen berufstätig. Diskutiert anhand von M4, ob gerade Frauen im Osten zu den Benachteiligten der Vereinigung zählen.

Webcode: FG642335-133
Deutschland nach der Wiedervereinigung; Die Behörde des Bundesbeauftragten (BStU)

Die DDR – ein Unrechtsstaat?

Eine unabhängige Justiz ist ein wichtiges Kennzeichen eines Rechtsstaates.
* *Wie rechtsstaatlich war die DDR?*

Der westdeutsche Journalist Peter Klinkenberg (geb. 1934) bereiste 30 Jahre die DDR. Er schrieb 2012:

Auch mehr als zwei Jahrzehnte nach dem Untergang der DDR tun sich neben den ewig gestrigen Ex-Genossen insbesondere einige Politiker in Bund und Ländern noch immer schwer, den wahren Charakter
5 des SED-Regimes zu beschreiben … Dabei ist die Sache im Grund genommen ganz einfach: Die DDR war das lupenreine Gegenteil eines Rechtsstaates. In einem demokratischen Rechtsstaat, wie ihn die Bundesrepublik Deutschland verkörpert und dessen Seg-
10 nungen seit 1990 nun auch alle ehemaligen Bürger der DDR ohne Abstriche tagaus tagein genießen, kann jeder, der glaubt, seine Rechte seien durch die Obrigkeit beeinträchtigt, vor Gericht ziehen und seine Rechte einklagen. Für alle Sparten des Lebens
15 gibt es mehrstufig etablierte Gerichte. Da sind die Verwaltungsgerichte bis hinauf zum Bundesverwaltungsgericht in Leipzig, die jeder Bürger anrufen kann, wenn er mit Verwaltungsentscheidungen einer Behörde, seiner Gemeinde, seines Bundeslan-
20 des oder des Bundes nicht einverstanden ist. Für Konflikte im Arbeitsalltag sind die Sozialgerichte zuständig bis hinauf zum Bundessozialgericht in Erfurt. Glaubt jemand, die Steuerbehörde kassiere bei ihm unrechtmäßig zu viel Geld, so steht die
25 Finanzgerichtsbarkeit in Rufbereitschaft, deren höchstes Gremium, das Bundesfinanzgericht, in München seinen Sitz hat. Ist jemand der Meinung, er sei zu Unrecht verurteilt worden, kann er bis vor den Bundesgerichtshof in Karlsruhe gehen,
30 um sein vermeintliches Recht zu erstreiten. Über allem wacht darüber hinaus das System der Verfassungsgerichte jedes Bundeslandes, ob die von den Länderparlamenten beschlossenen Gesetze dem Geist und Buchstaben der jeweiligen Verfassung
35 entsprechen. Höchste Instanz ist dabei das Bundesverfassungsgericht, ebenfalls in Karlsruhe residierend …

Doch damit immer noch nicht genug. Es besteht über die nationalen Grenzen hinweg eine weitere
40 Möglichkeit, den Europäischen Gerichtshof in Straßburg anzurufen. Dieses vielstufige differenzierte Rechtsstaatssystem ist das Fundament der Demokratie und die wichtigste Garantie gegen die schleichende Aushöhlung verfassungsrechtlich garantier-
45 ter Bürgerrechte in Deutschland.
Nichts von alledem besaß die DDR. Niemals konnte ein DDR-Bürger gegen eine von Staat oder Partei verfügte Maßnahme klagen. Es gab überhaupt keine dafür zuständigen Gerichte. Das Einzige, was ihm
50 zur Verfügung stand, um gegen eine vom örtlichen Rat der Gemeinde, des Bezirks, des Ministerrates, des Politbüros oder des Staatsrates getroffene Entscheidung vorzugehen, war die „Eingabe" mit der untertänigen Bitte, die getroffene Maßnahme noch
55 einmal zu überprüfen. Diese an die rechtlosen Zeiten des Feudalismus und Absolutismus erinnernden „Bittschriften" an den Landesfürsten hatten nichts mit einer Beschwerde oder gar Klage gemein. Solche „Eingabe" beispielsweise an den DDR-Staatsratsvor-
60 sitzenden Erich Honecker landete außerdem üblicherweise exakt wieder auf dem Schreibtisch derjenigen Partei-Bürokraten, die diese vom Bürger als ungerecht empfundene Maßnahme zuvor verfügt hatten …
65 Wie perfekt der Unrechtsstaat DDR organisiert war, zeigt sich auch an dessen Justizsystem. Die Juristen waren allesamt willige Helfer der Machthaber. In der DDR waren sämtliche Richter SED-Mitglieder. Ebenso waren alle als Anwälte und Verteidiger zuge-
70 lassene Juristen Angehörige der Staatspartei und damit ausnahmslos an die Weisungen der Machtinhaber gebunden nach dem Motto: „Genosse, die Partei sieht den Fall so … und erwartet ein entsprechendes Urteil." … Wie diese SED-Justiz als Büttel
75 der Machthaber funktionierte, dafür liefern die heute zugänglichen Akten zehntausendfach perfekte Beweise.

Peter Klinkenberg, Der lupenreine Unrechtsstaat, zit. nach www.zeitzeugenbuero.de/fileadmin/zzp/publications/Klinkenberg_Unrechtsstaat_DDR.pdf (Stand: 30. 04. 2015).

M2

Aus einem Bericht der „Tagesschau" vom 30. September 2010:

Der letzte Ministerpräsident der DDR, Lothar de Maizière (CDU), hat anlässlich des 20. Jahrestags des Volkskammer-Beschlusses zum Beitritt der DDR zur Bundesrepublik Deutschland die Verwen-
5 dung des Begriffs „Unrechtsstaat" für die DDR abgelehnt. „Ich halte diese Vokabel für unglücklich", sagte er der „Passauer Neuen Presse" ...
„Die DDR war kein vollkommener Rechtsstaat. Aber sie war auch kein Unrechtsstaat. Der Begriff
10 unterstellt, dass alles, was dort im Namen des Rechts geschehen ist, Unrecht war." Wenn die DDR ein Unrechtsstaat gewesen wäre, hätte im Einigungsvertrag nicht vereinbart werden können, dass Urteile aus DDR-Zeiten weiter vollstreckt
15 werden können, sagte der CDU-Politiker. „Auch in der DDR war Mord Mord und Diebstahl Diebstahl", sagte de Maizière dem Blatt. „Das eigentliche Problem waren das politische Strafrecht und die fehlende Verwaltungsgerichtsbarkeit."

Zit. nach www.tagesschau.de/inland/ ddrunrechtsstaat100.html (Stand: 16.06.2015).

M3

Joachim Gauck (geb. 1940), Theologe und bis 2000 Bundesbeauftragter für die Stasi-Unterlagen, ab 2012 Bundespräsident:

Der Begriff trifft zu, weil es in der DDR keine Unabhängigkeit der Justiz gab, keine Gewaltenteilung. Es gab keine Herrschaft des Rechts, weil eine Instanz wie die herrschende SED in den Be-
5 reich des Rechts eingreifen konnte. Nicht jedermann konnte das, aber die zentralen Führungsinstanzen der Partei sehr wohl. Zudem war es unmöglich, staatliches Handeln auf dem Gerichtsweg anzugreifen, man hätte dazu die Verwaltungs-
10 gerichte gebraucht. Aber die gab es ebenso wenig wie ein Verfassungsgericht. Man konnte allerdings, wie im Feudalismus, Eingaben an die Herrschenden richten und appellieren: Hier geschieht Unrecht. Und dann hatte man vielleicht Glück.
15 Oder eben nicht. Das spricht alles dafür, das Regime der DDR ein Unrechtsregime zu nennen, auch wenn es im Land zum Beispiel ein Zivil- und ein Verkehrsrecht gegeben hat, was die Verteidiger der DDR immer wieder anführen.

Zit. nach „Mitteldeutsche Zeitung" vom 18.4.2009.

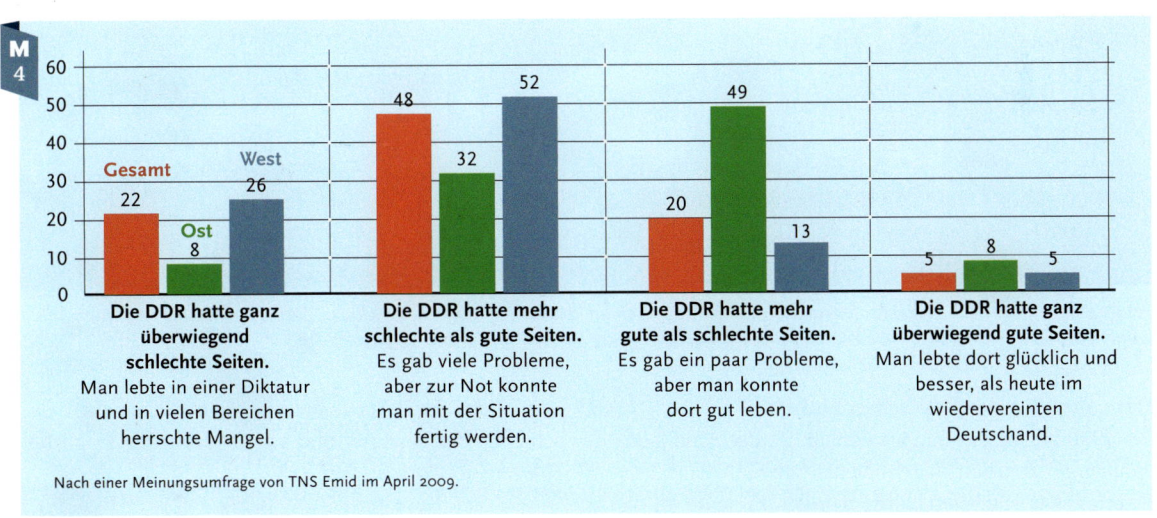

Nach einer Meinungsumfrage von TNS Emid im April 2009.

Beurteilung der Lebenssituation in der DDR, Meinungsumfrage aus dem Jahr 2009

....

1 Vorschlag für eine Gruppenarbeit:
a) Analysiert arbeitsteilig M1–M4 unter der Fragestellung: „War die DDR ein Unrechtsstaat?"
b) Sammelt die Ergebnisse in einer Übersicht.
c) Formuliert eine kurze Stellungnahme zu der Frage in der Überschrift auf der linken Seite.

2 Diskutiert in einer gemeinsamen Gesprächsrunde, wie sich in diesen Texten die historischen Urteile erkennen und wiedergeben lassen. Gebt eine eigene Bewertung dieser Urteile ab.

Webcode: FG642335-135
Die DDR – ein Unrechtsstaat?

Nationalfeiertage als Erinnerungstage: Warum feiern wir in Deutschland am 3. Oktober?

Franzosen erinnern an ihrem Nationalfeiertag, dem 14. Juli, an die Revolution von 1789, Amerikaner am 4. Juli an ihre Staatsgründung und Unabhängigkeit von Großbritannien 1774. Und Deutschland?

Heute erinnern nur noch Hinweistafeln und Bodenmarkierungen an den Verlauf der Berliner Mauer. Zum 25. Jahrestag des Mauerfalls wurde 2014 eine „Lichtgrenze" aus 8000 leuchtenden Ballons in der Berliner Innenstadt aufgebaut. Foto

Der „alte" Tag der Deutschen Einheit

Bis 1990 beging die Bundesrepublik Deutschland jedes Jahr am 17. Juni den „Tag der Deutschen Einheit". Dieser Feiertag war 1963 geschaffen worden. Er sollte an die Aufstände vom 17. Juni 1953 in der DDR erinnern, die
5 von sowjetischen Panzern niedergeschlagen wurden (siehe S. 114/115).

Nach der „friedlichen Revolution" in der DDR entstand eine Diskussion darüber, ob der 17. Juni als Nationalfeiertag beibehalten werden sollte. War der 9. November
10 1989 als Tag des Mauerfalls nicht viel besser geeignet? Die Erinnerung an den Mauerfall erschien zunächst am besten für einen nationalen Erinnerungstag geeignet zu sein. Doch der 9. November ist in der deutschen Geschichte „vorbelastet" und wurde daher als möglicher
15 Feiertag verworfen.

Der 9. November in der Geschichte

1918 „Novemberrevolution", Abdankung des Kaisers, Ausrufung der Republik

1923 Putschversuch Hitlers und seiner Anhänger, gescheiterter Marsch auf die Feldherrnhalle

1938 „Reichspogromnacht", Zerstörung von Synagogen und jüdischen Geschäften

1939 missglücktes Attentat Georg Elsers auf Hitler

1989 Fall der Mauer in Berlin, Ende der SED-Diktatur

**Der Historiker Heinrich August Winkler
über den 3. Oktober in einem Interview (2004):**

„SPIEGEL": Kritiker wenden ein, der 3. Oktober sei –
im Gegensatz zum 9. November oder dem 17. Juni –
ein rein verwaltungstechnischer Akt.

Winkler: Der 3. Oktober wird in Deutschland noto-
5 risch unterschätzt. Immerhin ist an diesem Tag ein
Jahrhundertproblem gelöst worden – die deutsche
Frage. Zusammen mit der deutschen Frage wurde
durch die endgültige Anerkennung der Oder-Neiße-
Grenze ein anderes Jahrhundertproblem, die polni-
10 sche Frage, gelöst. Die zeitgleiche Lösung beider
Punkte war von größter Bedeutung für Europa.
Ohne den 3. Oktober gäbe es heute keine erwei-
terte EU, kein Zusammenwachsen Europas.

„SPIEGEL": Aber historisch aufgeladen ist der Tag
15 für viele Menschen nicht.

Winkler: Mag sein, aber ich sehe das anders. An diesem Tag wurde endlich das Doppelziel der gescheiterten deutschen Revolution von 1848 erreicht – Einheit in Freiheit. Wenn es einen Anlass zum Feiern für
20 alle Menschen in Deutschland gibt, dann an diesem
Tag.

„SPIEGEL": Ist der 9. November – Mauerfall 1989,
Pogromnacht 1938 und Ausrufung der ersten deutschen Republik 1918 – nicht als Feiertag sinnvoller,
25 weil er die Brüche der deutschen Geschichte dokumentiert?

Winkler: Der 9. November ist ein deutscher Nach-
denktag. Aber daraus einen deutschen Nationalfeiertag zu machen, halte ich für keinen guten Gedanken.
30 Welcher Redner wäre nicht überfordert, der in ein
und derselben Rede Freude und Trauer zum Ausdruck bringen müsste? Der 17. Juni ist ein denkwür-
diger Tag der deutschen Freiheitsgeschichte. Aber er
eignet sich nicht als Nationalfeiertag. Wollen wir
35 denn wirklich, nachdem wir die Wiedervereinigung
erlebt haben, jeden 17. Juni auf den Bildschirmen
sehen, wie russische Panzer einen deutschen Arbei-
teraufstand niederwalzen?

„SPIEGEL": Aber der Tag des Mauerfalls 1989 war
40 ein wirklicher Tag der Freude, der noch heute, in den
Erzählungen vieler Menschen, Emotionen auslöst.

Winkler: Das war er in der Tat. Doch ist der 9. November historisch gesehen nur eine Zwischenetappe
zur deutschen Einheit gewesen. Es bedurfte zäher
45 Verhandlungen, eines Höchstmaßes an diplomati-
schem Geschick, um dahin zu kommen – eben zu
jenem 3. Oktober ... Ein weltlicher Staat wie die Bundesrepublik Deutschland bedarf auch eines verbin-
denden weltlichen Feiertagssymbols. Und ich bleibe
50 dabei: Als Historiker wüsste ich keinen besseren
Nationalfeiertag als den 3. Oktober.

*Zit. nach www.spiegel.de/politik/deutschland/historiker-
winkler-zur-feiertagsdebatte-der-3-oktober-wird-notorisch-
unterschaetzt-a-326468.html (Stand: 05. 07. 2015). Das Interview führte Severin Weiland am 4. November 2004.*

Wie kam es zum 3. Oktober als Feiertag?

Warum wurde ein Tag zum deutschen Nationalfeiertag,
an dem eigentlich nichts historisch Bedeutendes geschah?

20 Angesichts der desolaten wirtschaftlichen Lage nach
dem Zusammenbruch der DDR liefen die Verhandlungen
für den Einigungsvertrag auf Hochtouren. In der Nacht
vom 22. auf den 23. August 1990 beschloss die Volkskammer der DDR mit 294 Stimmen bei 64 Gegenstim-
25 men den „Beitritt der DDR zum Geltungsbereich des
deutschen Grundgesetzes". Da nach den Vereinbarungen am 2. Oktober 1990 die Außenministerkonferenz
der KSZE über das Ergebnis der Zwei-plus-Vier-Ver-
handlungen zur deutschen Einheit informiert werden
30 sollte, war der 3. Oktober der frühestmögliche Termin für
die offizielle Besiegelung der deutschen Einheit.

1 Vergleiche die Anlässe 17. Juni und 3. Oktober für
   einen nationalen Feiertag (M2, Darstellungstext).
2 Suche die Wertungen des Historikers Winkler zu den
   erwähnten Gedenktagen aus M2 heraus. Nimm Stellung zu seinen Wertungen.
3 Eine Ausstellung im „Haus der Geschichte" 2015
   in Bonn betonte, Deutschland habe einen „jungen
   Nationalfeiertag, der sich erst noch im Gedächtnis
   der Deutschen entwickeln müsse". Beurteile diese
   These.
4 Diskutiert, ob nationale Feiertage zugunsten eines
   einheitlichen Europatages am 9. Mai abgeschafft
   werden sollten.
5 **Recherche:** Wann und wie feiern unsere Nachbarn
   ihren Nationalfeiertag? Stelle ein Beispiel vor.

	1950		1960		1970

1949–1963 Bundeskanzler Konrad Adenauer (CDU)

1969–1974 Bundeskanzler
Willy Brandt (SPD)

1949–1971 Walter Ulbricht Generalsekretär der SED
und seit 1960 Staatsratsvorsitzender der DDR

1970 Ostverträge (BRD mit
Polen und der Sowjetunion)

1971–1989 Erich Honecker
Generalsekretär der SED
und Staatsratsvorsitzender
der DDR

17. Juni 1953 Volksaufstand in der DDR

13. August 1961 Bau der Berliner Mauer

Deutschland – geteilt und wieder vereint

Merkmale der Teilung

Bundeskanzler Adenauer setzte in seinen Amtsjahren konsequent die Westintegration der Bundesrepublik Deutschland durch: Einbindung in die Europäische Wirtschaftsgemeinschaft und in das Verteidigungsbündnis
5　der NATO. Die DDR trat den von der Sowjetunion angeführten Bündnissen bei. Insbesondere Demontagen durch die Sowjetunion, der teure Aufbau einer Schwerindustrie sowie Probleme bei der Umwandlung der Landwirtschaft in staatliche Produktionsgenossenschaften
10　erschwerten in der DDR die wirtschaftliche Erholung nach dem Krieg und brachten anhaltende Versorgungsmängel mit sich. Die Erhöhung der Arbeitsnormen führte zu den Aufständen des 17. Juni 1953 in weiten Teilen der DDR, die durch sowjetische Truppen niedergeschlagen
15　wurden; es gab Tote und Verletzte, viele Verhaftungen, auch zahlreiche Todesurteile. Der Bau der Berliner Mauer am 13. August 1961 beendete die Abwanderung vieler für den Aufbau der Wirtschaft wichtigen Arbeitskräfte von Ost nach West. Die innerdeutschen Grenzen wurden
20　zu unüberwindlichen Hindernissen.

Neue Ost- und Deutschlandpolitik

Der Politikwechsel 1969 zu einer Koalition aus Sozialdemokraten und Liberalen führte zu einer neuen Ostpolitik unter dem Motto „Wandel durch Annäherung".
25　Bundeskanzler Willy Brandt unterschrieb Abkommen zum Gewaltverzicht mit Polen und der Sowjetunion. Zwischen beiden deutschen Staaten regelte der Grundlagenvertrag von 1972 die Zusammenarbeit auf vielen Gebieten, ermöglichte eine Reihe von „menschlichen Erleichterungen" und vereinfachte die Kontrollen auf den
30
Transitstrecken nach West-Berlin. Beide Staaten wurden 1973 als Vollmitglieder in die UNO aufgenommen.

Die DDR in der „Ära Honecker"

Unter Erich Honecker verbesserte sich nur kurzfristig die
35　Versorgungslage der Bevölkerung. Weiterhin gab es Schlangen vor den Geschäften. Die Zustimmung der Bevölkerung zum SED-Staat wurde durch sehr gute Sozialleistungen erkauft. Die hohen Kosten dafür waren einer der Gründe für die wachsende Staatsverschuldung der
40　DDR. Gleichzeitig wurde der Überwachungsstaat der Staatssicherheit massiv ausgebaut.
Angesichts funktionierender Beziehungen auf der Ebene des Grundlagenvertrages glaubte nach den Umfrageergebnissen auch im Westen ab den späten 1970er
45　Jahren kaum noch jemand an eine mögliche Wiedervereinigung. Man setzte auf weitere Entspannung durch den Ausbau der Beziehungen auf allen Ebenen und Erleichterungen im Reiseverkehr. Kredite in Milliardenhöhe an die DDR sicherten Anfang der 1980er Jahre das
50　wirtschaftliche Überleben des Landes.

1989 – die „friedliche Revolution" in der DDR

Das Ende des SED-Regimes kam für die meisten Menschen überraschend. Dennoch gab es Anzeichen für einen stetigen Niedergang im Laufe der 1980er Jahre.
55　Ausschlaggebend für das Ende der SED-Diktatur waren mehrere Ursachen. Die SED-Führung wollte von den Reformen in der Sowjetunion unter Gorbatschow und im benachbarten Polen nichts wissen und setzte auf alte Parolen. Im Sommer 1989 öffneten die Ungarn ihre
60　Grenze zu Österreich. Zahlreiche DDR-Bürger nutzten

|1980 |1990

1972 Grundlagenvertrag (BRD/DDR)

1973 DDR und BRD als gleichberechtigte Mitglieder in die UNO aufgenommen

ab 1982 wirtschaftlicher Niedergang der DDR

1982–1998 Bundeskanzler Helmut Kohl (CDU)

Frühjahr/Sommer 1989 Massenflucht von
DDR-Bürgern und Montagsdemonstrationen

9. November 1989 Fall der Mauer

31. August 1990 Staatsvertrag zur Währungs-,
Wirtschafts- und Sozialunion

12. September 1990 Zwei-plus-Vier-
Vertrag zur deutschen Einheit

3. Oktober 1990 Beitritt der fünf neu gegründeten DDR-Länder zur Bundesrepublik

diese Situation zur Flucht in den Westen. Die Zahl der Ausreiseanträge stieg. Parallel dazu bildeten sich Oppositionsgruppen wie das „Neue Forum". Ab September 1989 kam es zu Demonstrationen – mit Unterstützung
65 der evangelischen Kirche in der DDR. Leipzig wurde zum Zentrum der demokratischen Reformbewegung.
Während die Flucht tausender DDR-Bürger in Botschaften der Bundesrepublik anhielt, feierte die Staatsspitze unter Anwesenheit zahlreicher internationaler
70 Gäste am 7. Oktober 1989 das 40-jährige Jubiläum der DDR. Schon zwei Tage danach zogen 70 000 Bürgerinnen und Bürger durch Leipzig und riefen dort: „Wir sind das Volk!", um eine Gegenbewegung zu den offiziellen Feierlichkeiten zu bilden.

75 **Der Zerfall der SED-Macht**
Die Zahl der Demonstrationen nahm zu. Da die Fluchtwelle anhielt und die sowjetische Führung eine militärische Niederschlagung der Proteste ablehnte, geriet die SED-Führung weiter unter Druck. Wahlfälschungen,
80 Berichte über die Beschönigung der Wirtschaftsdaten und Verharmlosung der Umweltschäden verstärkten den Machtzerfall der SED. Erich Honecker trat am 18. Oktober 1989 zurück, am 7./8. November die gesamte SED-Führung; am 9. November wurde die Grenze nach Wes-
85 ten für Bürger der DDR geöffnet.

Der Weg zur deutschen Einheit
Durch den Fall der Mauer traten die ursprünglichen Ziele der Oppositionsgruppen, nämlich den DDR-Sozialismus zu reformieren und menschlicher zu machen, in den
90 Hintergrund. Neue Kräfte, die eine rasche Vereinigung mit der Bundesrepublik und die Einführung der D-Mark anstrebten, drängten in den Vordergrund. Auf zuneh-

mende Forderungen nach der deutschen Einheit reagierte Bundeskanzler Helmut Kohl am 28. November
95 1989 mit einem 10-Punkte-Programm, das eine enge Zusammenarbeit der beiden Staaten vorsah und sogar eine Einheit der beiden Länder ins Auge fasste.
Ab Ende November entstanden überall in der DDR „Runde Tische", an denen Vertreter der Opposition, der SED, der Blockparteien und der Massenorganisationen
100 das weitere Vorgehen besprachen. Am 1. Dezember strich die Volkskammer der DDR den Führungsanspruch der SED aus der Verfassung. Stasi-Gebäude als Symbole der Unterdrückung wurden besetzt. Die ersten freien Wahlen zur Volkskammer fanden am 18. März 1990 statt. Es siegten Parteien, die sich für eine Einheit aus-
105 sprachen. Erster frei gewählter Ministerpräsident der DDR wurde Lothar de Maizière (CDU).
Mit Verträgen auf innerdeutscher und außenpolitischer Ebene wurde die deutsche Einheit vorbereitet – so mit dem Staatsvertrag zur Währungs-, Wirtschafts- und Sozialunion (31. August 1990) und dem Zwei-plus-Vier-
110 Vertrag vom 12. September 1990. Am 3. Oktober traten die neu gegründeten Länder der DDR der Bundesrepublik bei; Haupstadt wurde Berlin.
Bald wurde deutlich, dass das politisch und wirtschaftlich bankrotte DDR-System enorme finanzielle und wirt-
115 mentalen Folgen der deutschen Teilung, wie Vorurteile und feindbildähnliche Klischees, auf beiden Seiten erst überwunden werden. Die Regierungen unter den Bundeskanzlern Helmut Kohl (bis 1998) und Gerhard Schröder (bis 2005) sowie Bundeskanzlerin Angela Merkel (seit 2005) standen und stehen immer noch vor zahlrei-
120 chen innen-, sozial- und wirtschaftspolitischen Herausforderungen.

In diesem Kapitel konntest du folgende Kompetenzen erwerben:

- die Politik der Westbindung der Bundesrepublik einordnen und beurteilen
- die Krisen in der DDR 1953 und 1961 erklären und in den internationalen Kontext einordnen
- die Verfestigung der Teilung beschreiben
- die Ostpolitik als Entspannungspolitik des deutsch-deutschen Verhältnisses einschätzen und beurteilen

- die Ziele der Oppositionsbewegung in der DDR erläutern und den Verlauf der „friedlichen Revolution" 1989 wiedergeben
- die Schwierigkeiten der Vereinigung auf unterschiedlichen Ebenen erläutern und beurteilen
- **Methode:** Ein zeitgeschichtliches Museum besuchen

M1

Deutsche Bundeskanzler (Auswahl)　　　　　*SED-Generalsekretäre*

M2 Deutsch-deutsche Wegmarken

Wegmarken der deutsch-deutschen Vereinigung

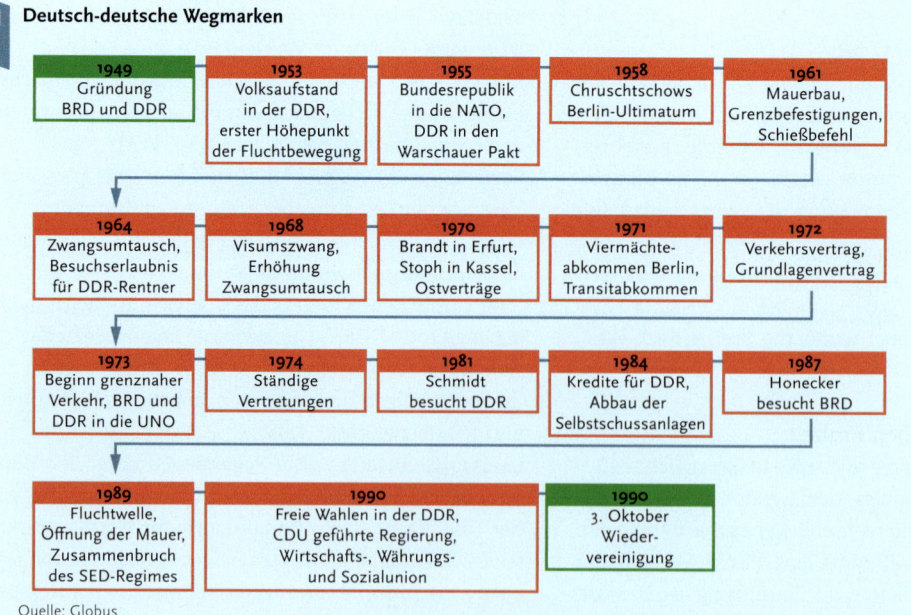

1949	1953	1955	1958	1961
Gründung BRD und DDR	Volksaufstand in der DDR, erster Höhepunkt der Fluchtbewegung	Bundesrepublik in die NATO, DDR in den Warschauer Pakt	Chruschtschows Berlin-Ultimatum	Mauerbau, Grenzbefestigungen, Schießbefehl
1964	1968	1970	1971	1972
Zwangsumtausch, Besuchserlaubnis für DDR-Rentner	Visumszwang, Erhöhung Zwangsumtausch	Brandt in Erfurt, Stoph in Kassel, Ostverträge	Viermächte-abkommen Berlin, Transitabkommen	Verkehrsvertrag, Grundlagenvertrag
1973	1974	1981	1984	1987
Beginn grenznaher Verkehr, BRD und DDR in die UNO	Ständige Vertretungen	Schmidt besucht DDR	Kredite für DDR, Abbau der Selbstschussanlagen	Honecker besucht BRD
1989	1990	1990		
Fluchtwelle, Öffnung der Mauer, Zusammenbruch des SED-Regimes	Freie Wahlen in der DDR, CDU geführte Regierung, Wirtschafts-, Währungs- und Sozialunion	3. Oktober Wieder-vereinigung		

Quelle: Globus

Auf dem Weg zur Wiedervereinigung?

3a) *Bundeskanzler Konrad Adenauer im Deutschen Bundestag (1952):*

... Ich glaube, dass wir die Wiedervereinigung Deutschlands nur erreichen werden mithilfe der drei Westalliierten, niemals mithilfe der Sowjetunion ... Ich denke ..., dass, wenn der Westen
5 stark genug ist, Sowjetrussland bereit ist, in vernünftige Verhandlungen mit dem Westen einzutreten.

Zit. nach www.cvce.eu/content/publication/ -2002/1/4/4b905344-a10b-4b12-9d3b-f7e1f3358702/ publishable_de.pdf (Stand: 15.05.2015).

3b) *Egon Bahr, der Berater des ehemaligen Regierenden Bürgermeisters von Berlin, Willy Brandt in einem Vortrag (1963):*

... Die Voraussetzungen zur Wiedervereinigung sind nur mit der Sowjetunion zu schaffen. Sie sind in Ostberlin zu bekommen, nicht gegen die Sowjetunion, nicht ohne sie ... Die Wiedervereinigung
5 gung ist ein außenpolitisches Problem ... Die amerikanische Strategie des Friedens lässt sich auch durch die Formel definieren, dass die kommunistische Herrschaft nicht beseitigt, sondern verändert werden soll ...

Zit. nach www.fes.de/archiv/adsd_neu/inhalt/ stichwort/tutzinger_rede.pdf (Stand: 15.05.2015).

Der Historiker Philipp Ther über den „Preis der Einheit" (2015):

Die deutsche Einheit hatte einen hohen Preis. Der Sozialstaat, der nicht zuletzt wegen der Systemkonkurrenz zwischen Ost und West stark ausgebaut war, wurde infolge der Einheit deutlich
5 zurückgefahren. Für die sozialen Einschnitte stehen vor allem Hartz IV und die Arbeitsmarktreformen der Jahre 2001–2005.
Der Verfall der Ostmark nach der Öffnung der Mauer bedeutete, dass die ohnehin niedrigen Ge-
10 hälter und Löhne in der DDR weiter entwertet wurden ... Infolge der Wirtschaftskrise verließen allein 1,4 Millionen Ostdeutsche ihre Heimat ... Der Absturz der ostdeutschen Wirtschaft überforderte den Bundeshaushalt und vor allem die So-
15 zialversicherungen, die für die Millionen Arbeitslosen einstehen mussten, etwa durch Renten für die zahlreichen Frührentner oder Zahlungen an die ostdeutschen Krankenkassen. Die westdeutschen Sozialsysteme waren ja schon seit Anfang
20 der 1980er Jahre permanent überlastet ... Die Hartz-IV-Reformen vollzogen dann viele Maßnahmen ... Der Preis der Reformen war die sprunghafte Zunahme der sozialen Ungleichheit ... Bei den Einkommen ist die Bundesrepublik heute
25 sogar eine tiefer gespaltene Gesellschaft als die Tschechische Republik.

Philipp Ther, Der Preis der Einheit, in: „Süddeutsche Zeitung" Nr. 147 vom 30. Juni 2015, S. 12.

Methodenkompetenz

1 Wiederhole die wichtigen Schritte für die Vor- und Nachbereitung eines Besuchs in einem zeitgeschichtlichen Museum. Lies nach auf S. 119.

Fach- und Kommunikationskompetenz

2 **Vorschlag für eine Gruppenarbeit:**
   a) Findet heraus, welche Personen in M1 abgebildet sind.
   Tipp: Erstellt Kurzbiografien für die Beantwortung der folgenden Fragen.
   b) Ordnet dann die in M1 abgebildeten Personen bestimmten Wegmarken in M2 zu. Begründet eure Entscheidung. Die meisten Wegmarken werden auch im Buch erwähnt.
   c) Diskutiert, zu welchen Wegmarken ihr zusätzliche Informationen benötigt, und teilt die Recherche auf.

d) Stellt wichtige Leistungen und Probleme während der Amtszeit der abgebildeten Personen dar.

3 Gib die Bedeutung des Zwei-plus-Vier-Vertrages in einem Kurzreferat wieder. Verwende dazu auch die Begriffe „Besatzungsmächte", „Potsdamer Abkommen", „Ostverträge" und „Souveränität". Lies nach auf den Seiten 14/15, 120/121 und 128/129.

Urteilskompetenz

4 Ordne die Aussagen Adenauers und Bahrs (M3a und M3b) in den historischen Hintergrund ein und beurteile ihre Positionen.

5 Erkläre die These des Historikers Ther, dass die Kosten der Einheit zu erheblichen Einschnitten bei den sozialen Leistungen in Deutschland führten und die Ungleichheit von Arm und Reich stark anstieg (M4).

6 Recherchiere die Gründe für die Einführung von Hartz IV und beurteile Thers Aussagen.

5
Europa auf dem Weg zur Einheit

Zwei hochbetagte Staatsmänner, der französische Präsident Charles de Gaulle (71) und Bundeskanzler Konrad Adenauer (86), begründen mit der deutsch-französischen Aussöhnung den Weg zum Zusammenwachsen Europas im 20. Jahrhundert. Dem ehemaligen Organisator des französischen Widerstandes gegen die deutsche Besatzung Frankreichs und dem ehemaligen Kölner Bürgermeister vor 1933 gelingt die Überwindung der Vorbehalte gegen das jeweilige Nachbarland, die seit dem 19. Jahrhundert bestanden.

Deute die Geste des französischen Staatspräsidenten vor dem Hintergrund der Spruchtafeln.

Besuch des französischen Staatspräsidenten Charles de Gaulle in Bonn bei Bundeskanzler Adenauer, 1962

1940   1950   1960   1970

1949 Europarat: Schutz der Menschenrechte

1952 Gründung der Europäischen Gemeinschaft für Kohle und Stahl (EGKS): gemeinsame Kontrolle über die Schlüsselindustrien

1957 Gründung der Europäischen Wirtschaftsgemeinschaft (EWG) mit dem Ziel eines gemeinsamen Marktes

1963 Deutsch-französischer Freundschaftsvertrag

1967 Gründung der Europäischen Gemeinschaft (EG): gemeinsame Außen- und Sicherheitspolitik, Zusammenarbeit von Polizei und Justiz

1945 Ende des Zweiten Weltkrieges

Europa auf dem Weg zur Einheit

Nach dem Ende von Weltkrieg und Völkermord wollten die Menschen in den europäischen Staaten nie wieder Krieg. Die Staaten versprachen, sich gegenseitig beim Wiederaufbau zu helfen. Der britische Premierminister
5 Winston Churchill regte 1946 die Schaffung der „Vereinigten Staaten von Europa" an. Dabei berief er sich auf gemeinsame europäische Werte, geschichtliche Wurzeln und Traditionen und betonte: „Wäre jemals ein vereintes Europa imstande, sich das gemeinsame Erbe zu teilen,
10 dann würden seine drei- oder vierhundert Millionen Einwohner Glück, Wohlstand und Ehre in unbegrenztem Ausmaße genießen."
Heute besteht eine stabile Europäische Union mit einem großen Binnenmarkt und dem Euro als Währung in vie-
15 len Mitgliedsländern. Seine Bewohner genießen Freizü-

gigkeit bei Reisen und Wahl des Wohnsitzes. Dennoch waren Anfang 2015 rund 40 Prozent der Europäer gegenüber der Europäischen Union negativ eingestellt.
In diesem Kapitel findest du Antworten auf folgende
20 Fragen:
- In welchen Schritten und Phasen verlief seit 1945 der Weg zu einem gemeinsamen Europa?
- Welche Rolle spielte und spielt das deutsch-französische Verhältnis für die europäische Einigung?
25 - Nationale Interessen gegen europäische Interessen – handelt es sich hier um Widersprüche oder um gemeinsame Anliegen?
- Wie setzen die europäischen Institutionen gemeinsame Werte in Recht und Demokratie um?

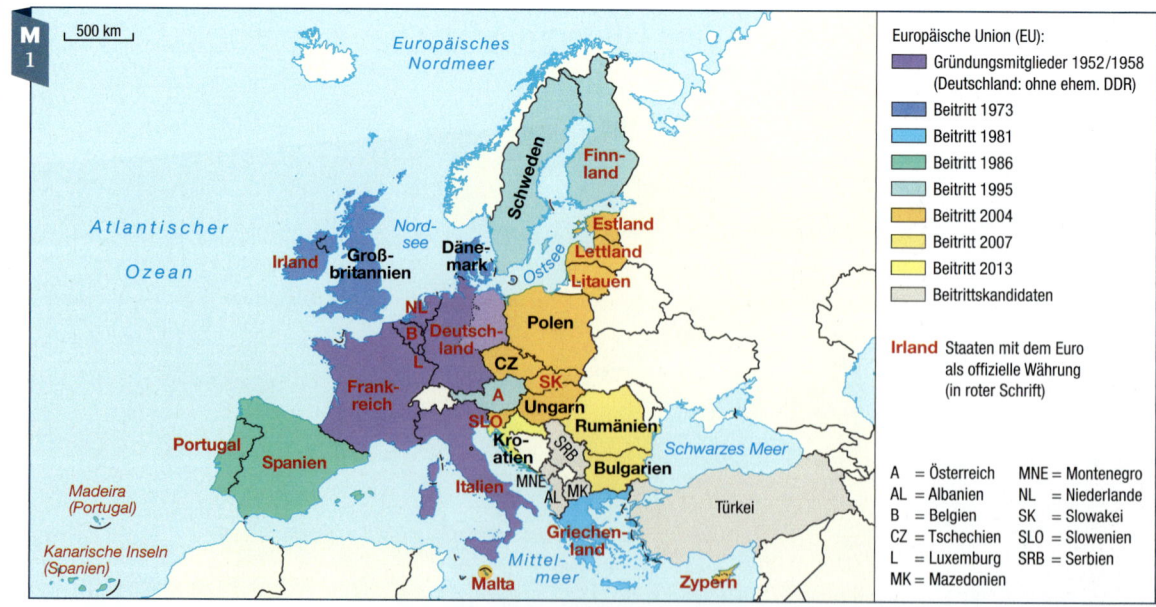

Europäische Union (2015)

1980	1990	2000	2010

1993 Vertrag von Maastricht: allmähliche Öffnung aller Grenzen für Waren, Personen, Dienstleistungen und Kapital; gemeinsame Wirtschafts-, Währungs-, Außen- und Sicherheitspolitik

2004 Entwurf einer Verfassung für Europa

2007 Vertrag von Lissabon

2008/09 Eurokrise

1991 Ende der Sowjetunion
Auflösung des Warschauer Pakts

„Von höherer Warte betrachtet". Konrad Adenauer und Charles de Gaulles treffen sich in Reims. Karikatur von Fritz Behrendt, 1962

1 Finde die Gesamtzahl der EU-Einwohner (M1) heraus. Vergleiche dann mit anderen Wirtschaftsräumen wie Japan oder Amerika.

2 Betrachte den Zeitstrahl. Nenne die Bereiche, die ursprünglich vereinheitlicht werden sollten und welche im Laufe der Zeit hinzukamen.

3 Beschreibe und deute den Bildkommentar des Karikaturisten Fritz Behrendt (M2). Beziehe den Text zum Auftaktbild mit ein (siehe Seite 142/143).
   Tipp: Die Zuschauer über den Wolken sind von links: der Preußenkönig Friedrich II., Napoleon und Bismarck.

4 Stelle Vermutungen an, warum die Begeisterung für den europäischen Zusammenschluss nachgelassen hat (M3).
   Tipp: Nutze dazu auch die Karte M1 und den Zeitstrahl.

Lage Europas: Traumschiff – ohne Kapitän, aber mit zu vielen Steuermännern, Karikatur von Oliver Schopf, 2011

Was ist Europa?

Auf einer Weltkarte erscheint Europa als ein Anhängsel der riesigen eurasischen Landmasse. Wo liegen die geografischen Grenzen Europas? Achtet man weniger auf Geografie, sondern begibt sich auf die Suche nach historischen und kulturellen Gemeinsamkeiten, so findet man viele Beispiele, die die Einheit und Vielfalt der Europäer bis heute belegen. Erarbeite hier gemeinsame Kennzeichen des Kontinents Europa und sammle gleichzeitig Kriterien, die dessen Vielfalt aufzeigen.

Fünf-Euro-Banknote (Ausschnitt)

M 1 *Oberflächengestalt Europas*

Europa – zahlreiche Völker und Sprachen

Arabische Kaufleute, die im 12. Jahrhundert den Westen Europas bereisten, wunderten sich über die vielen unterschiedlichen Sprachen, Ernährungsweisen und Geldstücke, die ihnen auf wenigen hundert Kilometern ihrer
5 Reise durch Westeuropa begegneten. In islamischen Ländern kamen sie mit einer einzigen Sprache und Währung aus.

Das antike Erbe

In den griechischen Stadtstaaten der Antike entstanden
10 neue Formen des politischen Zusammenhalts. In der Polis Athen wurde erstmals die Form der Volksherrschaft (Demokratie) erprobt. Die Ideen der großen Philosophen wie Platon, Sokrates oder Aristoteles sind über viele Jahrhunderte bis in die heutige Zeit Unterrichtsstoff in
15 Schulen und Universitäten. Mit der Ausbreitung des Römischen Reichs vom Mittelmeerraum nach Norden gelangten römische Lebensart und Rechtsvorstellungen auch in Regionen nördlich der Alpen.

Die Bedeutung des Christentums

20 Viele europäische Gemeinsamkeiten gehen auf das Christentum zurück. Bis heute bestimmen die christliche Zeitrechnung sowie der Rhythmus der Arbeits-, Sonn- und Feiertage des christlichen Kalenders unseren Alltag. Das christliche Menschenbild entwarf die Idee der indi-
25 viduellen Freiheitsrechte und der rechtlichen Gleichheit, ungeachtet der sozialen Unterschiede.

Die Durchsetzung der Menschenrechte

In der Französischen Revolution von 1789 wurden erstmals in Europa die unantastbaren Menschen- und Bür-
30 gerrechte formuliert und zum Gesetz erhoben. Diese Ideen waren in der Zeit der Aufklärung im 17. und 18. Jahrhundert entwickelt worden. Es dauerte jedoch noch bis ins 20. Jahrhundert, bis in den Verfassungen der einzelnen europäischen Staaten Rechte wie Glaubens- und
35 Meinungsfreiheit sowie Schutz der Persönlichkeit aufgenommen wurden.

Raub der Europa, römisches Mosaik, 3. Jh. n. Chr.

Bildhafte Landkarte Europas von Sebastian Münster, 1628

Ein Historiker über Europa (2006):

Europa war keineswegs identisch mit der Verbreitung der lateinischen Sprache, dem Abendland oder dem Bereich der Papstkirche. Es war ein Raum, in dem sich, verglichen mit der Vorge-
5 schichte und den anderen Teilen der gleichzeitigen Welt, in einzigartiger Weise der Monotheismus durchgesetzt hatte: der Glaube an einen einzigen Schöpfer und universal herrschenden Gott, freilich ausgeprägt in drei Religionen. Eine davon,
10 das Christentum, zerfiel noch in zwei Richtungen, die griechisch-slawische Orthodoxie und den römischen Katholizismus. Der Sieg des Monotheismus über die Vielgötterei und den Mythos war nie vollkommen, doch er unterschied Europa
15 von der Antike ebenso wie vom Fernen Osten, er hat in diesem Sinne Europa „gemacht". Keine der drei Religionen hat Europa jemals ganz beherrscht und jede hat umgekehrt über Europa hinausgereicht ...

Michael Borgolte, Christen, Juden, Muselmanen. Die Erben der Antike und der Aufstieg des Abendlandes 300 bis 1400 n. Chr., München (Siedler) 2006, S. 9 f.

Menschenrechte

In der Epoche der europäischen Aufklärung entstand die Idee, dass jeder Mensch unantastbare Rechte besitzt. Es handelt sich um das Recht auf Leben, auf Glaubens-, Meinungs-, Versammlungs- und Vereinigungsfreiheit, Freizügigkeit, persönliche Sicherheit, Eigentum sowie das Recht auf Widerstand bei Verletzung dieser Grundrechte. Im 20. Jahrhundert kamen soziale Rechte wie das Recht auf Arbeit und Bildung hinzu.

1 Erkläre mit Blick auf M1, wo und warum eine genaue Festlegung der geografischen Grenzen Europas schwierig ist.
2 Lies die Sage vom Raub der Europa (M3) und erzähle sie mit eigenen Worten.
3 Suche aus dem Darstellungstext Beispiele für die Vielfalt und Einheit Europas heraus. Beziehe auch die Abbildung des Euro-Scheines (M2) mit ein.
4 **Partnerarbeit:** Vergleicht M1 und M4, indem ihr zunächst die Anordnung der Länder in M4 entschlüsselt. Überprüft dann die Grenzen in M4 mit denen einer heutigen Karte Europas.
5 Gib weitere Erläuterungen zu den einzelnen Grundrechten, die im Begriffskasten erwähnt werden.
6 Europa ist der Kontinent von drei monotheistischen Religionen. Erkläre und bewerte die Aussage des Historikers Borgolte in M5.

Webcode: FG642335-147
„Raub der Europa"

Wie weit geht die Vereinigung Europas?

Über Krisen und Streitigkeiten zwischen den Mitgliedsstaaten der Europäischen Union hören wir heute fast täglich. Aber bereits die ersten Schritte zur Zusammenarbeit waren kompliziert.
Sammle hier Informationen über unterschiedliche Interessen der europäischen Staaten sowie über die Maßnahmen und Hintergründe auf dem Weg zur wirtschaftlichen und allmählichen politischen Einigung Europas.

Europa – ein Projekt des Westens?

Ein erster Schritt zur Zusammenarbeit war die Gründung des Europarates im Jahre 1949 auf Initiative von westeuropäischen Politikern. Der Europarat hat heute wenig politisches Gewicht. Alle 48 Mitgliedsstaaten haben die
5 Europäische Menschenrechtskonvention unterzeichnet, einen Vertrag zum Schutz der Menschenrechte, der Demokratie und der Rechtsstaatlichkeit. Neben den EU-Ländern sind auch Russland und die Türkei Mitglieder des Europarates.
10 Die stärksten Impulse für eine weitere Integration Europas ergaben sich aus wirtschaftlichen Notwendigkeiten: Die im Rahmen des Marshallplans (siehe S. 24/25) versprochenen amerikanischen Hilfsgelder für Europa mussten koordiniert und verteilt werden. Die osteuropä-
15 ischen Länder waren davon ausgeschlossen.

Werbung für ein einiges Europa, Plakat von Reyn Dirksen, 1952

Auf dem Weg zur Europäischen Gemeinschaft

Gezielte Vorschläge für eine Integration der europäischen Einzelstaaten kamen aus der Wirtschaft. Der französische Unternehmer und Wirtschaftspolitiker
20 Jean Monnet (1888–1979) entwickelte die Idee von einem Zusammenschluss der europäischen Industrien für Kohle und Stahl. Eine gemeinsame europäische Kontrolle über diese kriegswichtigen Rohstoffe sollte jede Form der militärischen Auseinandersetzungen in Westeuropa
25 verhindern. Am 18. April 1951 unterzeichneten sechs Gründerstaaten den Vertrag über die gemeinsame „Montanunion" von Kohle und Stahl (Europäische Gemeinschaft für Kohle und Stahl = EGKS).
Die Mitgliedsländer machten auch gleich zu Anfang der
30 Gründung deutlich, dass mit der „Montanunion" nur ein Schritt auf dem Weg zur europäischen Einigung gemacht worden sei und weitere Zusammenschlüsse folgen sollten. So unterzeichneten sie 1957 die Römischen Verträge, in denen sie die Gründung der Europäischen Wirt-
35 schaftsgemeinschaft (EWG) und der Europäischen Atomgemeinschaft (EURATOM) zur friedlichen Nutzung der Atomenergie beschlossen. Ziele der EWG waren unter anderem die schrittweise Errichtung eines gemeinsamen Marktes durch die Abschaffung der Zölle zwi-
40 schen den Mitgliedsstaaten und gemeinsame Regelungen der Landwirtschaft zur Sicherung der Ernährung. Zehn Jahre später wurden EGKS, EWG und EURATOM zur Europäischen Gemeinschaft (EG) zusammengeschlossen. In den folgenden Jahren traten weitere Staaten der EG
45 bei (siehe S. 144/M1).

Die Europäische Union entsteht

Schon 1948 hatte die Sechsergemeinschaft ihrem Willen zu einer politischen Zusammenarbeit im Brüsseler Vertrag Ausdruck gegeben. Daraus entwickelte sich später
50 die WEU (Westeuropäische Union). Nach langwierigen Verhandlungen wurde in Maastricht der Vertrag über die Europäische Union (EU) geschlossen, der 1993 in Kraft trat. Mit ihm übertrugen die Mitgliedsstaaten hoheitliche Aufgaben in der Wirtschafts- und Umweltpolitik,
55 in der Innen- und Rechtspolitik sowie im Gesundheits-

wesen an die EU. Für 1999 wurde eine gemeinsame Währung festgelegt und 2002 mit dem Euro in zunächst elf Mitgliedsstaaten eingeführt. Neue Staaten traten der EU bei. Sie umfasste 2015 28 Staaten mit über einer hal-
60 ben Milliarde Einwohnern.

Kriterien für eine Aufnahme als EU-Mitglied, festgelegt in Kopenhagen 1993:

Jedes europäische Land kann einen Aufnahmeantrag stellen, wenn folgende Vorgaben erfüllt werden:
65 • Verwirklichung demokratischer Grundsätze
• Achtung der Menschenrechte, Schutz von Minderheiten
• eine funktionierende und wettbewerbsfähige Marktwirtschaft
70 • Angleichung nationaler Rechtsvorschriften an die der Europäischen Gemeinschaft auf allen Gebieten

M 2

Der französische Außenminister Robert Schuman in einer Rede am 9. Mai 1950:

Europa lässt sich nicht mit einem Schlage herstellen ... Die Vereinigung der europäischen Nationen erfordert, dass der jahrhundertealte Gegensatz zwischen Frankreich und Deutschland
5 ausgelöscht wird ...
Die französische Regierung schlägt vor, die Gesamtheit der französisch-deutschen Kohle- und Stahlproduktion einer gemeinsamen Hohen Behörde zu unterstellen, in einer Organisation, die
10 den anderen europäischen Ländern zum Beitritt offensteht. Die Solidarität der Produktion, die so geschaffen wird, wird bekundet, dass jeder Krieg zwischen Frankreich und Deutschland nicht nur undenkbar, sondern materiell unmöglich ist.

Zit. nach http://europa.eu/about-eu/basic-information/ symbols/europe-day/schuman-declaration/index_de.htm (Stand: 15. 01. 2015).

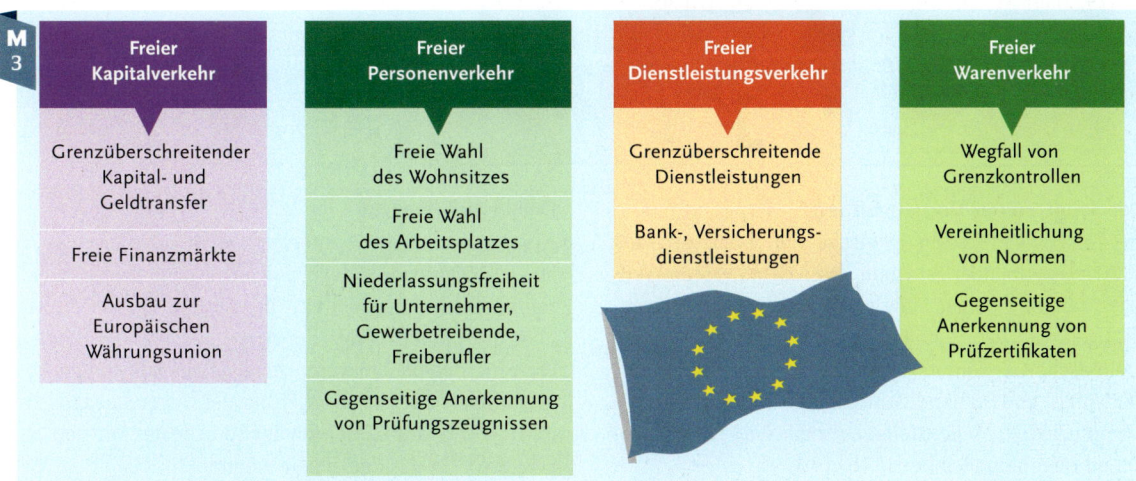

Die vier Freiheiten im Binnenmarkt

1 Erstelle eine Mindmap der unterschiedlichen Schritte hin zu einem geeinten Europa. Nutze dazu den Darstellungstext und die Quellen. Du kannst so beginnen:

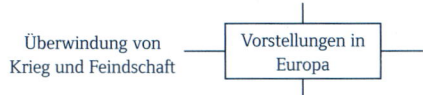

2 Begründe, warum der französische Plan bei der gemeinsamen Kontrolle über die Kohle- und Stahlproduktion ansetzte (M2 und Darstellungstext).

Webcode: FG642335-149
Europäische Union – Geschichte

3 Wähle eine Aufgabe aus:
Erläutere als Kurzvortrag:
a) die Freiheit des Waren- und Kapitalverkehrs (M3)
b) die Freiheiten im Dienstleistungssektor und Personenverkehr (M3)
4 **Partnerarbeit:** Diskutiere mit deinem Banknachbarn die Frage, ob eine Wirtschaftsgemeinschaft mit einem gemeinsamen Haushalt ohne eine politische Gemeinschaft von Dauer sein kann.
Tipp: Überlegt euch Voraussetzungen für eine funktionierende Partnerschaft zwischen zwei Ländern.

Deutschland und Frankreich – Motor der EU?

Für die Integration Europas wird immer wieder auf die deutsch-französische Zusammenarbeit als „Motor" verwiesen.
- *Wie kam es, dass aus „Erbfeinden" Freunde wurden?*
- *Welche wichtigen Impulse gingen von diesen beiden Ländern aus?*

Deutsche und Franzosen im Wandel der Zeit, Karikatur von Fritz Behrendt, 1988

Der Schatten der Vergangenheit

In drei Kriegen hatten Deutsche und Franzosen seit 1870 gegeneinander gekämpft. Nach dem Zweiten Weltkrieg kam es zu einer Fülle von Kontakten und Abmachungen, die das Zeitalter der deutsch-französischen
5 Freundschaft einläuteten. Die gemeinsame Verwaltung der Kohle- und Stahlindustrie und die Bildung der EWG waren wichtige Meilensteine auf dem Weg zur europäischen Integration (siehe S. 148/149).

Erste Schritte zur Freundschaft

10 Der französische Staatspräsident General Charles de Gaulle (1890–1970, Präsident 1959–1969) hatte nach der französischen Kapitulation 1940 vom Londoner Exil aus den Widerstand gegen die deutsche Besatzung Frankreichs gesteuert. De Gaulle begeisterte bei seinem
15 Deutschlandbesuch 1962 die Zuhörer in Deutschland mit seiner Vision einer deutsch-französische Versöhnung (siehe S. 142/143) und des Aufbaus eines neuen Europas ohne Großbritannien als weitere Macht zwischen Ost und West. Eine Versöhnungsmesse in der Ka-
20 thedrale in Reims und der Abschluss des Freundschaftsvertrages am 22. Januar 1963 stellten die Beziehungen beider Länder auf eine neue Grundlage.

Der Élysée-Vertrag

Am 22. Januar 1963 unterzeichneten Adenauer (1876
25 bis 1967) und de Gaulle den nach dem Amtssitz des französischen Präsidenten benannten Élysée-Vertrag über die künftige enge Partnerschaft zwischen beiden Ländern. Bedeutsam waren vor allem die kulturellen Abmachungen über die Förderung des Jugendaustauschs
30 und das verstärkte Erlernen der Sprache des Partners als Schulfach. In der deutschen Innenpolitik blieb der Vertrag umstritten; es entbrannte ein Streit zwischen den „Atlantikern", die für eine privilegierte Beziehung zu den USA eintraten, und den „Gaullisten", Befürwortern
35 der französischen Idee eines Europas vom Atlantik bis zum Ural, entbrannte. Die Franzosen lehnten einen Beitritt Großbritanniens zur EWG strikt ab, während die Deutschen dafür waren. Erst 20 Jahre nach seinem Abschluss wurde der Vertrag durch zusätzliche Abmachun-
40 gen zu neuem Leben erweckt und entfaltete den symbolischen Charakter, den er heute genießt. Die Regierungen beider Länder stimmen ihre Außen-, Verteidigungs- und Wirtschaftspolitik eng ab, und es gibt regelmäßige Treffen (Konsultationen) auf allen politischen Ebenen.

Der französische Staatspräsident François Mitterand und Bundeskanzler Helmut Kohl in Verdun, 1984

45 Zusammenarbeit auf wirtschaftlichem Gebiet

Auf Initiative von Bundeskanzler Helmut Kohl (geb. 1930) und des französischen Staatspräsidenten François Mitterand (1916–1996) wurde 1988 der Deutsch-Französische Finanz- und Wirtschaftsrat geschaffen, in dem
50 seither regelmäßig wirtschaftspolitische Maßnahmen abgestimmt werden. Frankreich und Deutschland erbringen zusammen 40 Prozent der Wirtschaftsleistung der EU und haben dadurch eine tragende Rolle innerhalb der Gemeinschaft. Durch diese Kooperation gelten beide
55 Länder als Integrationsmotor der EU, weil sie die wichtigen Impulse für die Entwicklung und Durchsetzung der Wirtschafts- und Währungsunion und des Binnenmarktes setzen.

Europäische Währungskrise: der deutsche Bundeskanzler Helmut Schmidt (geb. 1918) und der französische Staatspräsident Valéry Giscard d'Estaing (geb. 1926) als Samariter, Karikatur aus der „Frankfurter Allgemeinen Zeitung" vom 31. Mai 1974

Das Verhältnis Deutschland – Frankreich
60 **nach 1990**

Nach der deutschen Einigung 1990 kam es zu zahlreichen Unstimmigkeiten in den deutsch-französischen Beziehungen vor allem in Fragen der Energiepolitik und der Rolle der europäischen Zentralbank. Während
65 Deutschland seine außenpolitischen Schwerpunkte nach Osteuropa verlegte, plädierte Frankreich für eine „Mittelmeer-Union" mit den Staaten Nordafrikas. Erst die Bankenkrise seit 2009 hat Bundeskanzlerin Merkel und den französischen Präsidenten Sarkozy (seit 2012:
70 Hollande) wieder zu einer intensiven Zusammenarbeit auf allen Gebieten gezwungen.

Frankreich und Deutschland als Friedensvermittler in der Ukraine-Krise. Von links: der russische Präsident Putin, der französische Ministerpräsident Hollande, die deutsche Bundeskanzlerin Merkel und der ukrainische Präsident Poroschenko, Foto, 2015

1 **a)** Erkläre typische Vorurteile in der Karikatur M1 und ordne die dargestellten Karikaturen in den passenden Zeithintergrund ein.
   b) Zeige den Wandel im Bild vom jeweils Anderen.
2 Erläutere die Bedeutung der Gesten zwischen den Staatsmännern in Verdun (M2).
3 **Wähle eine Aufgabe aus:**
   Fasse die wichtigsten Inhalte für ein Kurzreferat zusammen (Darstellungstext/Internetrecherche):
   a) Der Élysée-Vertrag – Basis für die deutsch-französische Partnerschaft.
   b) Der Deutsch-Französische Finanz- und Wirtschaftsrat.
4 **Recherche:** Finde heraus, welche Themen derzeit zwischen Frankreich und Deutschland im Vordergrund stehen.

Webcode: FG642335-151
Deutsch-Französisches Jugendwerk;
Film: Die deutsch-französische Freundschaft

Partnerschaften als Basis für die europäische Einigung

Rheinland-Pfalz liegt geografisch in der Mitte von Europa. Dadurch profitiert es als Wirtschaftsstandort vom europäischen Binnenmarkt.
* *Wie gestaltet Rheinland-Pfalz seine Rolle in Europa? Welche Partnerschaften existieren? Wie sind sie historisch gewachsen?*

Rheinland-Pfalz und die Europa-Idee

Bereits sechs Jahre nach dem Ende des Zweiten Weltkrieges setzte Rheinland-Pfalz ein wichtiges Signal zur Verwirklichung der Idee von Europa. Mit der Grundsteinlegung eines Europa-Hauses in Marienberg im Wes-
5 terwald sollten alte Vorurteile aufgebrochen werden. Die internationale Begegnungsstätte bietet seit 1951 bildungspolitische Veranstaltungen für Jugendliche aus ganz Europa an. Neben der Bildungsarbeit setzt das Land Rheinland-Pfalz vor allem aber auch auf Partnerschaften
10 mit vielen anderen europäischen Regionen. So ist Rheinland-Pfalz im sogenannten „4er Netzwerk der Regionalpartner" mit den Regionen Burgund (Frankreich), Mittelböhmen (Tschechien) und Oppeln (Polen) verbunden. Innerhalb dieses Verbundes gibt es viele Städtepartner-
15 schaften. Sie tragen zu einem gesellschaftlichen, kulturellen, wirtschaftlichen und verwaltungstechnischen Austausch der beteiligten Regionen bei. Durch diese Partnerschaften wird die Idee von Europa fassbar und der europäische Einigungsprozess gelebt.

Städtepartnerschaften

20 Rund 450 Partnerschaften existieren zwischen Städten in Rheinland-Pfalz und anderen europäischen oder außereuropäischen Kommunen. Viele Partnerschaften bestehen insbesondere zu französischen Städten. Die ers-
25 ten von ihnen entstanden in den 1950er Jahren als Geste der Versöhnung, so zum Beispiel die Verbindung zwischen der Landeshauptstadt Mainz und Dijon.

Die Großregion „Saar-Lor-Lux"

Seit 1969 ist eine Zusammenarbeit im Netzwerk der
30 Großregion „Saar-Lor-Lux" (Saarland, Lothringen, Luxemburg, Rheinland-Pfalz) gewachsen. Nachdem im Laufe der 1980er und 1990er Jahre verstärkt Kooperationen mit dem belgischen Grenzgebiet zustande kamen, beantragten 1998 sowohl die Region Wallonien als auch
35 die französischen und die deutschsprachigen Gemeinschaften die Aufnahme in den Verbund. Durch die Verbesserung der Verkehrsnetze, Kooperation beim Hochwasserschutz und Tourismus wird die Attraktivität der Großregion immer weiter gestärkt. Die nationalen Gren-
40 zen sind kaum noch spürbar, was sich an rund 120 000 Berufstätigen sowie Verbrauchern zeigt, die zwischen Frankreich, Luxemburg und Belgien pendeln.

Europaregion Pamina

Charles de Gaulle, Rede an die Jugend, 9. September 1962 in Ludwigsburg:

Ich beglückwünsche Sie, ... junge Deutsche zu sein, das heißt Kinder eines großen Volkes, ... das manchmal im Laufe seiner Geschichte große Fehler begangen und viel verwerfliches Unglück verur-
5 sacht hat. Ein Volk, das aber auch der Welt fruchtbare geistige wissenschaftliche, künstlerische und philosophische Wellen beschert hat, das die Welt um unzählige Erzeugnisse seiner Erfindungskraft, seiner Technik und seiner Arbeit bereichert hat ...
10 Das französische Volk weiß das voll zu würdigen, da es auch weiß, was es heißt, unternehmens- und schaffensfreudig zu sein, zu geben und zu leiden ...
Diese jetzt ganz natürliche Solidarität müssen wir
15 selbstverständlich organisieren ... Vor allem müssen wir ihr aber einen lebensfähigen Inhalt geben, und das soll insbesondere das Werk der Jugend sein. Während es die Aufgabe unserer beiden Staaten bleibt, die wirtschaftliche, politische und
20 kulturelle Zusammenarbeit zu fördern, sollte es Ihnen und der französischen Jugend obliegen ... engere Bande zu schließen. Die Zukunft unserer beiden Länder, der Grundstein, auf dem die Einheit Europas errichtet werden kann und muss,
25 und der höchste Trumpf für die Freiheit der Welt bleiben die gegenseitige Achtung, das Vertrauen und die Freundschaft zwischen dem französischen und dem deutschen Volk.

Zit. nach www.charles-de-gaulle.de/9-september-1962-rede-vor-der-deutschen-jugend-in-ludwigsburg.html (Stand: 16. 04. 2015).

Europadiplom für Montabaur:

Mit Stolz konnte im Mai 2010 Stadtbürgermeister Klaus Mies eine besondere Urkunde in Empfang nehmen: das Europadiplom. Bereits im ersten Anlauf hat sich die Stadt Montabaur für die seit
5 1988 vom Europarat verliehene Auszeichnung qualifiziert. Mit diesem Preis wird „eine Stadt oder Gemeinde für außergewöhnliche Leistungen zur Förderung des europäischen Einigungsgedankens" prämiert. Der Ausschuss für Umwelt, Land-
10 wirtschaft und Gebietskörperschaften der Parlamentarischen Versammlung des Europarates in Straßburg nahm den Bewerbungsantrag einstimmig an ... Die Stadt hat die Juroren des Europarates davon überzeugt, dass der Partnerschafts-
15 gedanke in Montabaur von vielen Bürgerinnen und Bürgern aktiv gelebt wird. Insbesondere das vielfältige Engagement der Deutsch-Französischen Gesellschaft und der Deutsch-Englischen Gesellschaft wurde mit der Preisverleihung gewürdigt.

Zit. nach www.montabaur.de/montabaur/de/-STADT%20&%20POLITIK/Europadiplom (Stand: 16. 04. 2015).

1 Erarbeite die Rolle von Rheinland-Pfalz im europäischen Einigungsprozess (Darstellungstext).
2 **Vorschlag für eine Gruppenarbeit:**
Erarbeitet in Gruppen Präsentationen, mit denen ihr folgende Kooperationen detaillierter vorstellt:
a) die Großregion „Saar-Lor-Lux"
b) den Partnerschaftsverband Rheinland-Pfalz/ Burgund
c) die Europaregion „Pamina"
Bezieht dazu die entsprechenden Informationen und Materialien der Doppelseite ein und erklärt sie.
3 Erörtere, inwiefern die Kooperation in europäischen Großregionen für benachteiligte Randgebiete Entwicklungschancen bietet.
4 Diskutiert die Bedeutung der Rede des französischen Ministerpräsidenten (M2).
5 Recherchiere, wie und warum das Europadiplom vergeben wird. Gehe dabei auch auf das Beispiel von Montabaur (M3) ein.
6 **Recherche:** Finde heraus, welche europäischen Städtepartnerschaften in deinem Umkreis bestehen und wie diese konkret gefördert und damit gelebt werden.

Webcode: FG642335-153
*Großregion „Saar-Lor-Lux";
Städtepartnerschaften Rheinland-Pfalz*

PARTNERSCHAFTSVERBAND RHEINLAND-PFALZ / BURGUND E.V.

Logo des Partnerschaftsverbandes Rheinland-Pfalz/Burgund, e. V., der bereits 1956 gegründet wurde.

Die EU – auf dem Weg zu einer gemeinsamen Verfassung?

Je mehr Staaten der Union beitraten, desto schwieriger wurde es, Beschlüsse gemeinsam zu erarbeiten und diese in allen Mitgliedsstaaten durchzusetzen. Untersuche hier die Bemühungen um eine europäische Verfassung und die Arbeit wichtiger EU-Institutionen.

M1 „Auf dem Weg zu Reformen", Karikatur von Gerhard Mester, 2000

Der Vertrag von Lissabon

Im Jahre 2004 verabschiedeten die Regierungschefs der Mitgliedsstaaten den Entwurf einer europäischen Verfassung. Sie sollte alle bisherigen Grundlagenverträge ablösen und die EU demokratischer und handlungsfähiger machen. Die Verfassung wurde jedoch bei Volksabstimmungen in Frankreich und den Niederlanden abgelehnt und trat daher nie in Kraft.

Statt einer Verfassung einigten sich die Staatschefs nach Jahren des Stillstands und vieler Diskussionen 2007 auf
10 den Vertrag von Lissabon*, der 2009 in Kraft trat. Er betont die Menschenrechte und stärkt die Rolle des EU-Parlaments bei der Gesetzgebung und der Verteilung der Haushaltmittel. Kritische Stimmen beklagen eine immer noch unzureichende Bürgerbeteiligung und die fehlende
15 demokratische Legitimation des Vertrages. Denn die Bürger Europas sind zwar über die Wahlen im Europäischen Parlament vertreten, aber das Parlament darf keine eigenen Gesetzesvorschläge einbringen. Dies bleibt der Europäischen Kommission vorbehalten, deren Kom-
20 missare wiederum vom Kommissionspräsidenten bestimmt werden.

Wer entscheidet – Europa oder der Nationalstaat?

Die EU-Verträge, die an die Stelle der gescheiterten Verfassung traten, ersetzen nicht die nationalen Verfassun-
25 gen und Gesetze. Sie regeln die Zusammenarbeit der Einzelstaaten in Hinblick auf die EU-Gesetzgebung und die Aufgaben der EU-Organe. Während in vielen Bereichen – z.B. der Sozial- und Steuerpolitik – die Eigenständigkeit der Staaten gewahrt bleibt, wird auf anderen
30 Gebieten die Zuständigkeit der EU ausgeweitet. Das gilt vor allem für die Bereiche Umwelt, Verkehr und Gesundheit. Außerdem sollen die Grundlagen für eine gemeinsame Außen- und Sicherheitspolitik geschaffen werden. Um diese Aufgabe besser umsetzen zu können, wurde
35 2009 die Stelle eines EU-Außenbeauftragten geschaffen. Kern der Zusammenarbeit innerhalb der EU bleibt aber die gemeinsame Wirtschafts- und Finanzpolitik mit dem europäischen Binnenmarkt.

Bleiben die Mitgliedsstaaten souverän?

40 Die Mitgliedsstaaten haben durch ihren Beitritt einen Teil ihrer Souveränität an die EU abgegeben. Die Einschränkung von Hoheitsrechten und damit der Souveränität ist für einen Staat von schwerwiegender Bedeutung. Die Staaten werden sicherlich nur dann freiwillig
45 solche Rechte abgeben, wenn sie dadurch auch profitieren.

Die Zukunft wird zeigen, ob die Mitgliedsländer weitere Rechte an die EU abtreten werden müssen oder ob es noch andere Lösungswege gibt, um die europäische
50 Integration voranzubringen (siehe S. 158/159). Den europäischen Staaten ist auch bewusst, dass nur ein starkes, geeintes Europa gegenüber anderen Welt- und Wirtschaftsmächten auftreten kann und dass viele Probleme, wie im Bereich des Umweltschutzes, nicht allein,
55 also national, gelöst werden können.

Europäische Integration

Bezeichnung für die immer engere wirtschaftliche und politische Zusammenarbeit europäischer Staaten, beginnend mit der Bildung der „Montanunion" 1952 bis zur EU von heute. Der Prozess der europäischen Einigung geht noch weiter.

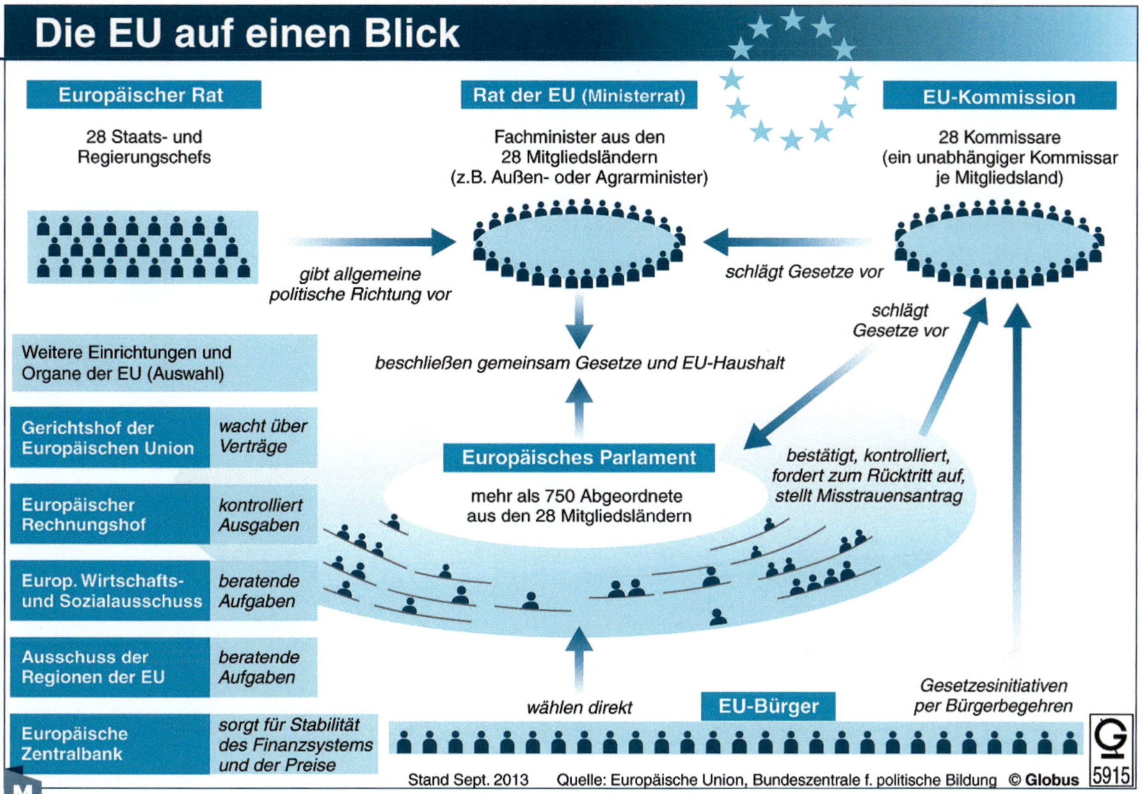

Die EU auf einen Blick

Europäischer Rat

28 Staats- und
Regierungschefs

*gibt allgemeine
politische Richtung vor*

Rat der EU (Ministerrat)

Fachminister aus den
28 Mitgliedsländern
(z.B. Außen- oder Agrarminister)

schlägt Gesetze vor

EU-Kommission

28 Kommissare
(ein unabhängiger Kommissar
je Mitgliedsland)

*schlägt
Gesetze vor*

beschließen gemeinsam Gesetze und EU-Haushalt

**Weitere Einrichtungen und
Organe der EU (Auswahl)**

Gerichtshof der Europäischen Union	*wacht über Verträge*
Europäischer Rechnungshof	*kontrolliert Ausgaben*
Europ. Wirtschafts- und Sozialausschuss	*beratende Aufgaben*
Ausschuss der Regionen der EU	*beratende Aufgaben*
Europäische Zentralbank	*sorgt für Stabilität des Finanzsystems und der Preise*

Europäisches Parlament

mehr als 750 Abgeordnete
aus den 28 Mitgliedsländern

*bestätigt, kontrolliert,
fordert zum Rücktritt auf,
stellt Misstrauensantrag*

wählen direkt

EU-Bürger

*Gesetzesinitiativen
per Bürgerbegehren*

Stand Sept. 2013   Quelle: Europäische Union, Bundeszentrale f. politische Bildung © **Globus**   5915

M 2 *Schaubild zur politischen Organisation der EU*

GEPLANT

REALISIERT

Ein bisschen bescheidener, aber Hauptsache, er fährt!

EU-VERFASSUNG

EU-Vertrag

EU

M 3 *„Einfachere Variante", Karikatur von Haiko Sakurai, 2014*

---

1 Auf dem Weg zu einer gemeinsamen Verfassung. Zähle Fortschritte auf. Nenne Probleme, die einer Lösung noch im Wege stehen (M1–M3, Darstellungstext).

2 **Vorschlag für eine Gruppenarbeit:**

 a) Recherche: Bildet mehrere Gruppen und informiert euch über eine in M2 genannte Institution und deren Aufgaben. Fügt weitere Stichpunkte hinzu.

 b) Erstellt dann aus den Ergebnissen der verschiedenen Gruppen ein neues Schaubild.

Tipp: Berücksichtigt bei jeder Organisation Zusammensetzung, Zweck und Kontrolle.

3 **Partnerarbeit:**

 a) Informiert euch über die Definitionen der Begriffe „Bundesstaat" und „Staatenbund". Schreibt Stichpunkte dazu auf.

 b) Entscheidet und begründet, welcher Begriff besser auf die EU zutrifft (Darstellungstext).

Webcode: FG642335-155
Europäische Union – Auf dem Weg zu einer Verfassung

Die EU und die Türkische Republik

Die Türkei ist seit 1949 Mitglied des Europarates und erhielt auf eigenen Wunsch 1999 den Status eines Beitrittskandidaten für die Europäische Union. Eine Vielzahl von Reformen in der Türkischen Republik machten den Weg frei für die 2005 begonnenen Beitrittsverhandlungen nach den „Kopenhagener Kriterien" (siehe S. 149). Du kannst dich entweder über Argumente der Befürworter (A) oder über die Ansichten der Gegner eines EU-Beitritts (B) informieren.

M1 Türkei und EU im Vergleich:

Türkei		EU der 28
77 Mio.	Bevölkerung	507 Mio.
827 000 USD	Bruttoinlandsprodukt[1]	17 371,618 USD
10,3 %	Arbeitslosenquote	10 %
26,1 %	Anteil der in der Landwirtschaft Beschäftigten	4,7 %

Stand: 2014; Quelle: Eurostat, Weltbank

[1] *BIP = Gesamtwert aller Güter, d. h. Waren und Dienstleistungen, die innerhalb eines Jahres in einer Volkswirtschaft hergestellt wurden*

A

M3 **Argumente für einen EU-Beitritt:**

- Die Wirtschaftsunion kann eine neue Dynamik entwickeln. Der Binnenmarkt wird erheblich größer.

5 - Die EU ist eine Werte-Gemeinschaft. Religiöse Überzeugungen sind Privatangelegenheit. Für eine Mitgliedschaft sind nur die Kriterien des Kopenhagener EU-Gipfels von 1993 von Bedeutung.

- Die Türkei ist ein wichtiges „Brückenland" zwischen Kontinentaleuropa, dem Vorderen Orient
10 und den Nationen Zentralasiens. Damit erhält die EU mehr weltpolitische Bedeutung.

- Die Chancen auf Frieden und Sicherheit im Nahen Osten und im Kaukasus wachsen.

- Die Integration der in Europa lebenden Türken
15 und Muslime wird unterstützt.
Vom Autor nach Zeitungsberichten zusammengestellt.

1 Sammle die in M3 aufgeführten Argumente und schreibe sie thesenartig auf. Unterscheide Sach- und Werturteile.

2 Argumentiere, welche Erklärung dir am überzeugendsten erscheint.

Webcode: FG642335-156
EU-Beitritt der Türkei

B

M4

Argumente gegen einen EU-Beitritt:

- Die Meinungsfreiheit wird nicht durchgehend respektiert. Journalisten werden bei der Arbeit behindert und landen wegen missliebiger Artikel ohne Anklage im Gefängnis.

5 - Eine Mitgliedschaft der Türkei mit Freizügigkeit der Arbeitnehmer führt zu einer Überschwemmung des Arbeitsmarktes in den alten EU-Ländern durch Millionen von türkischen Arbeitssuchenden.

- Die Türkei ist ärmer und rückständiger als alle anderen EU-Länder. Die nötigen Ausgaben für
10 die Anpassung der Landwirtschaft an den EU-Standard würden den Finanzrahmen der Gemeinschaft sprengen.

- Viele Türken sind an einem EU-Beitritt nicht mehr
15 interessiert, weil sich ihr Land angesichts der hohen Wachstumsraten wirtschaftlich stark genug fühlt, mit befreundeten Nationen („Turkvölker") ein Gegengewicht zur EU aufbauen zu können.

- Christliche Gemeinden (Orthodoxe, Armenier,
20 Aramäer) werden in der Türkei benachteiligt und bedroht.

- Die bisherige EU ist christlich geprägt. Christliche und islamische Lebensformen passen nicht zueinander.

Vom Autor nach Zeitungsberichten zusammengestellt.

M5

Die Türkei steht vor der Tür. Im Gepäck: Hinweise auf offene Fragen zum Thema Menschenrechte und Kurden in der Türkei. Im Fenster sind deutsche Minister zu sehen. Karikatur von Walter Hanel, 1997

1 Sammle die in M4 und M5 aufgeführten Argumente und schreibe sie thesenartig auf. Unterscheide Sach- und Werturteile
2 Argumentiere, welche Erklärung dir am überzeugendsten erscheint.

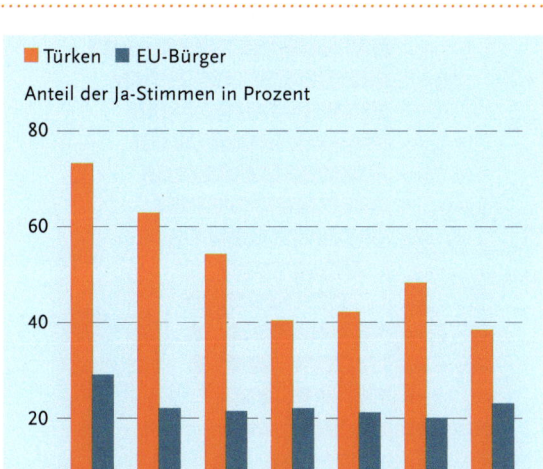

Quelle: German Marshall Fund

Aufgabe für alle:
- Stellt die Pro- und Contra-Aussagen gegenüber. Unterscheidet Sach- und Werturteile.
- Bezieht M1 in euren Vergleich mit ein.
- Versucht nun auch die Sichtweise der Umfrage zu hinterfragen (M6). Nennt mögliche Gründe für die abnehmende Begeisterung der türkischen Bevölkerung zum Thema EU-Beitritt.

 Umfrageergebnis zu der Frage: „Würden Sie einen EU-Beitritt der Türkei begrüßen?"

Perspektiven der EU –
Auswege aus der Eurokrise

Uneinigkeit unter den 28 Mitgliedsstaaten, die Eurokrise und der Vorwurf von zu viel Bürokratie sowie zu wenig Mitsprache in der Bevölkerung haben die Begeisterung der ersten Jahrzehnte europäischer Einigung verfliegen lassen. In vielen Ländern beobachten wir wachsenden Nationalismus und offene Ablehnung der EU.
* *Welche Rolle spielt der Euro für die weitere Entwicklung der EU?*

Die Einführung einer gemeinsamen Währung

Im Jahre 2002 wurde der Euro als gemeinsame europäische Währung in zwölf Mitgliedsstaaten eingeführt. Er sollte das Gemeinschaftsgefühl der Europäer stärken, ein Garant für Wohlstand und Frieden in Europa sein und
5 helfen, eine gemeinsame Identität zu schaffen. Innerhalb der Eurozone entfielen Geldumtausch, Wechselgebühren und die Preise wurden über Ländergrenzen hinweg vergleichbar. Alle Teilnehmerstaaten mussten sich an die in Maastricht festgelegten Kriterien halten. Die beiden
10 wichtigsten Regeln lauteten:
* keine höhere Staatsverschuldung als 60 Prozent des Bruttoinlandsprodukts (BIP)
* die maximale jährliche Neuverschuldung darf nicht höher sein als 3 Prozent des BiP.
15 Seit 2014 gehören der Eurozone 18 Länder an. Die teilnehmenden Staaten gaben ihre „Macht über das Geld" an die Europäische Zentralbank in Frankfurt ab. Bald zeigten sich aber Probleme zwischen Ländern mit hoher und weniger hoher Wirtschaftskraft. Bei einer gemeinsa-
20 men Währung konnte ein Land nicht mehr wie früher seine Währung einfach abwerten und damit seine Produkte für ausländische Abnehmer billiger machen. Umgekehrt wurden in Ländern, die ihre Währung abwerteten, alle importierten Waren teurer. Deutschlands
25 Exportwirtschaft profitierte stark vom Euro, da die Preise für den Kauf deutscher Produkte nun in der gemeinsamen Währung festgelegt waren und keinen Schwankungen wie in der Zeit vor dem Euro unterlagen.

Die Finanzkrise von 2008/09

30 Amerikanische und südeuropäische Banken hatten seit der Jahrtausendwende großzügig Kredite an Käufer von Häusern und Wohnungen ohne ausreichende Sicherungen vergeben. Als immer mehr Menschen wegen zu geringen Einkommens ihre Kredite nicht zurückzahlen
35 konnten und Bankenmanager sich bei Finanzgeschäften verspekulierten, standen viele Banken weltweit vor dem Aus. Sie konnten nur durch Übernahme durch den Staat

oder staatliche Finanzhilfen in Milliardenhöhe gerettet werden. Dies geschah mit Steuergeldern und führte zu
40 einem sprunghaften Anstieg der Staatsschulden in vielen Ländern. Schließlich sorgte eine weltweite wirtschaftliche Rezession auch in den europäischen Staaten für weniger Steuereinnahmen und eine erhöhte Belastung der Sozialkassen. In ganz Europa brach die Wirtschaft massiv
45 ein. Länder wie Spanien, Portugal, Irland und Griechenland waren durch die Krise praktisch pleite. Ein europäischer „Rettungsschirm" gewährte den gefährdeten Ländern Kredite in Milliardenhöhe, damit die laufenden Ausgaben, z.B. für Renten, Pensionen und im Bereich
50 des Gesundheitswesens, gewährleistet werden konnten. In allen Ländern, die sich unter den „Rettungsschirm" begaben, wurden im Rahmen radikaler Sparprogramme die Steuern erhöht, Löhne und Renten gekürzt und die Ausgaben für das Gesundheitswesen zurückgefahren.

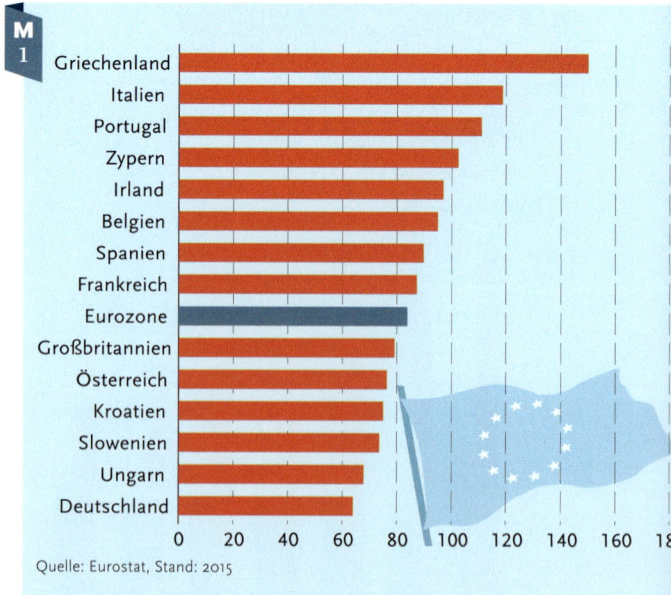

Quelle: Eurostat, Stand: 2015

Verschuldungsquote von EU-Mitgliedsländern in Prozent des BIP

Die Zukunft der EU

Obwohl die EU im Jahre 2012 mit dem Friedensnobelpreis für ihre Politik geehrt wurde, sprachen 2015 nach EU-weiten Umfragen nur 30 Prozent der Bürger positiv über die EU, 2007 waren es noch 52 Prozent. Die Euro-
60 krise ist ein Grund dafür, dass das Vertrauen in die Machbarkeit des europäischen Projektes massiv erschüttert wurde. Die Bereitschaft zur Aufnahme neuer Mitgliedsstaaten ist gesunken. Zudem sind viele europafeindliche Parteien entstanden, von denen zahlreiche
65 Abgeordnete bei den Wahlen ins Europäische Parlament 2014 gewählt wurden. Viele dieser Europakritiker wol-

len, dass ihr Land aus dem Euro „aussteigt" und zu festen Grenzen und abgeschotteten Märkten zurückkehrt.

Auf der anderen Seite werben politisch Verantwortli-
70 chen damit, dass nur „mehr Europa", also die Übertragung nationaler Aufgaben und Rechte an Brüssel für das „Projekt Europa" nötig sei, da die EU auch im globalisierten Wettbewerb mit anderen Industrieländern wie den USA und China steht. Dazu sei die die Schaffung einer
75 einheitlichen Steuer- und Wirtschaftspolitik und einer gemeinsamen europäischen Arbeitslosenversicherung vorrangig.

Olaf Leiße, Professor für Europäische Studien in Jena, 2012:

Die übermäßige Verschuldung der Staaten in den vergangenen Jahrzehnten seit der Wirtschaftskrise der 1970er Jahre ist offensichtlich an eine Grenze gestoßen ...
5 Zentral für die Erklärung der Schuldenkrise ist ... die Ungleichheit der Wirtschaft in den Mitgliedsstaaten der Europäischen Union. Die Währungsunion ließ nach außen das verführerische Bild einer harmonisch und gleichmäßig entwickelten Europäischen
10 Union entstehen, doch wurden die Gräben zwischen den Staaten noch vertieft. Die Länder des Südens kamen billig an Geld und verschuldeten sich übermäßig. Notwendige Reformen wurden aufgeschoben. Gleichzeitig verteuerte der Euro die Exporte aus
15 diesen Ländern. Die gegenwärtige Krise macht deutlich, dass die Europäische Union zwar über einen gemeinsamen Wirtschaftsraum verfügt, aber trotz des bald 20-jährigen Bestehens des Binnenmarktes zu wenig gemeinsame Wirtschaftsstruktur entwickelt
20 worden ist. Dies hatte zur Folge, dass sich die Un-

terschiede zwischen wirtschaftlich erfolgreichen und weniger erfolgreichen Staaten und Regionen eher vertiefen als angleichen.

Um der Perspektivlosigkeit in ihren Ländern zu ent-
25 gehen, suchen die Arbeitssuchenden nach einem Berufsstart beispielsweise in Deutschland ... Binnenmigration in Europa ist durchaus gewollt – Arbeitsuchenden steht im euopäischen Binnenmarkt der gesamte Arbeitsmarkt offen –, aber die Zahlen wei-
30 sen doch auf einen Missstand hin. Länder und Regionen, die am stärksten von Abwanderung insbesondere junger, gut ausgebildeter Menschen betroffen sind (Brain drain), geraten in eine Abwärtsspirale. Durch die Abwanderung verringert sich die Binnen-
35 nachfrage, es gibt weniger wirtschaftliche Dynamik, das Angebot an Arbeitsplätzen nimmt ab. Allgemeine Perspektivlosigkeit lässt die Geburtenquote sinken, je höher die Arbeitslosigkeit, desto größer die Abwanderung. Die Folge ist eine so nicht beabsich-
40 tigte Zementierung der Ungleichheit in Europa.

Otto Leiße, Die Schuldenkrise, in: Praxis Geschichte, Heft 5, 2012, S. 5f.

---

1 Fasse zusammen, welche Erwartungen mit der Einführung des Euro verknüpft waren, und erkläre die Grundregeln des Euro (Darstellungstext).

2 Erläutere anhand von M3 die unterschiedliche Wirtschaftsentwicklung in den einzelnen EU-Staaten und zeige daraus entstehende Probleme auf.

3 **Wähle eine Aufgabe aus:**
Recherchiere und stelle die europakritischen Positionen einer der folgenden Parteien vor:
a) Ukip in Großbritannien
b) Front National in Frankreich

4 Sammle Argumente eines überzeugten Europäers gegen diese Haltungen.

5 **Partnerarbeit:** Wie steht es heute um das „Projekt Europa"? Sammelt aktuelle Zeitungsartikel oder Nachrichten und berichtet vor der Klasse, welche EU-Themen derzeit vorrangig behandelt werden.

Einen historischen Fall analysieren

Die Analyse eines historischen Fallbeispiels ermöglicht genauere Einblicke in ein übergreifendes Thema, z.B. die Gründe für den Austritt eines Mitglieds aus der Gemeinschaft. Großbritannien besitzt mit Deutschland und Frankreich eine der drei großen Volkswirtschaften Europas. Lerne mithilfe der Arbeitsschritte selbstständig Informationen zu ordnen und Zusammenhänge zu verstehen.

Großbritanniens Weg zur Mitgliedschaft

1961 hatten Großbritannien und Irland einen Antrag auf Mitgliedschaft gestellt, da die wirtschaftlichen Vorteile verlockend erschienen. Die Frage eines Beitritts zur EWG war in Großbritannien von Beginn an umstritten. Bedeu-
5 tete die Hinwendung zum Kontinent nicht eine starke Beeinträchtigung des traditionell engen Bündnisses mit den USA? Waren die Briten bereit, sich von Kontinentaleuropäern in ihre Angelegenheiten „hineinreden" zu lassen? Anderthalb Jahre lang wurde über die Bedin-
10 gungen für den Beitritt verhandelt – der französische Präsident Charles de Gaulle brachte sie zum Scheitern, weil er strikt gegen eine Mitgliedschaft der „Inselbewohner" war (siehe S. 150). Schon damals stand bei den Beitrittsverhandlungen die Frage im Mittelpunkt, wie hoch
15 der britische Nettobeitrag zum EWG-Haushalt sein würde. Denn anders als Frankreich oder Deutschland profitierte das Industrieland Großbritannien kaum von den umfangreichen Agrarsubventionen der Gemeinschaft, die bis heute den Löwenanteil der Ausgaben des EU-
20 Haushalts bilden. Außerdem pochten die Briten darauf, weiterhin Lebensmittel aus den Commonwealth-Staaten günstig importieren zu dürfen, z.B. neuseeländische Butter oder Zucker aus der Karibik.

Erst nach dem Ende der Ära de Gaulle konnten die Briten
25 im August 1972 zusammen mit Irland und Dänemark der EWG beitreten. Zuvor hatte das Parlament in London dem Beitritt zugestimmt. In beiden großen Parteien, den Konservativen und der Labour Party, saßen Befürworter und Gegner einer EWG-Mitgliedschaft.

30 „I want my money back!"

Doch der Beitritt erfolgte gerade zu einem Zeitpunkt, als die Weltwirtschaft in der Krise steckte. Die Rohölpreise stiegen, das Wirtschaftswachstum sank. Streiks und steigende Inflation erzeugten Unsicherheit. Viele Briten
35 machten den EWG-Beitritt ihres Landes für steigende Preise und sinkende Kaufkraft verantwortlich. Im Juni 1975 kam es zur ersten Volksabstimmung in der Geschichte des Landes, ob Großbritannien in der EWG bleiben solle. Das Ergebnis war eindeutig – 67,2 Prozent
40 Ja- und 32,8 Prozent Nein-Stimmen. Die Wirtschaft und die anglikanische Kirche hatten sich zuvor für die EG ausgesprochen.

Premierministerin Margaret Thatcher erreichte 1984 nach harten Verhandlungen unter dem Motto „I want
45 my money back!" eine Verminderung des britischen Beitrags an die EG. Wieder ging es um die aus britischer Sicht viel zu hohen Subventionen für die Landwirtschaft. Der „Britenrabatt" von bis zu zwei Dritteln der Zahlungen gilt bis heute und sorgt in vielen Mitglieds-
50 ländern für Verärgerung.

Europakritiker machen mobil

Seit der Jahrtausendwende sammelt die europakritische Ukip-Partei die Stimmen der Europagegner. Sie fordert einen Austritt aus der EU und wendet sich u. a. gegen die
55 „unkontrollierte Einwanderung" auch von EU-Bürgern. Bei der Europawahl des Jahres 2014 erreichte sie 28 Prozent der Stimmen und sandte 24 Abgeordnete nach Brüssel. Die Freizügigkeit von Wohnort- und Arbeitsplatzwahl in der EU lehnen viele Briten ab. Zwar haben
60 sich rund 1,5 Millionen britische Rentner in Südeuropa dauerhaft niedergelassen, doch umgekehrt wollen die meisten Briten die starke Zuwanderung aus Staaten der neuen Beitrittsländer, insbesondere von zwei Millionen Polen, am liebsten rückgängig machen.
65 Der britische Regierungschef David Cameron sprach in einer Rede 2013 erstmals von einem möglichen Austritt seines Landes aus der EU. Großbritannien habe kein Interesse an einer weiteren politischen Integration und wolle ein völliges „remodelling of Europe".

Arbeitsschritte „Einen historischen Fall analysieren"

Vorwissen aktivieren	Lösungshilfen
1. Was weiß ich bereits über das Thema „Großbritannien – ein ‚unsicheres' EU-Mitglied?"	• *Kenntnisse über Großbritannien und die Haltung der Briten zur EU, z. B. aus dem Englischunterricht oder aus Medienberichten*

Warum interessiert uns das Fallbeispiel Großbritannien?	
2. Welche Erkenntnisse kann ich durch die Betrachtung des britischen Beispiels zum Thema EU gewinnen?	*Lies dazu den gesamten Text einmal zügig durch und markiere wichtige Aussagen:* • *Eine britische Mitgliedschaft erschien vielen Briten vorteilhaft, weil …* • *Großbritannien und die USA hatten besondere Beziehungen, die …* • *Frankreich verhindert lange …* • *Bis heute gibt es Anhänger und Gegner der Mitgliedschaft des Landes in der EU in den britischen Parteien und in der Bevölkerung.*

Fragen an den Text stellen	
3. Worüber gibt mir der Text Auskunft?	• *Welchen Stellenwert hat Großbritannien innerhalb der EU?* • *Welche Zugeständnisse der Partner hat GB im Laufe der Zeit erreicht? …*
4. Worüber gibt mir der Text keine oder nur ungenügende Informationen?	• *Ist ein EU-Austritt überhaupt möglich?* • *Was haben die hohen Subventionen für die Landwirtschaft mit dem „Britenrabatt" zu tun?* • *Wie werden die EU-Partner vermutlich auf diese Pläne reagieren?*

Die Sachlage mittels weiterer Informationen beurteilen	
5. Wo bekomme ich geeignete Informationen zu den unbeantworteten Fragen?	• *Zeitschriften, Internetrecherche, Bibliothek*
6. Wie präsentiere ich die gesammelten Materialien?	• *Thesen der Texte und eigene Arbeitsergebnisse, z. B. mithilfe eines Diagramms, einer Mindmap oder einer PowerPoint-Präsentation, vorstellen*

Ein eigenes Urteil zur Leitfrage bilden	
	• *Die Urteilsbildung fällt mir schwer, weil …*

Webcode: FG642335-161
GB – Mitglied der EU

| 1940 | | 1950 | | 1960 | | 1970 |

1949 Europarat

1951 Gründung der Europäischen Gemeinschaft für Kohle und Stahl (EGKS/Montanunion) – erster gemeinsamer Markt für Kohle und Stahl

1957 „Römische Verträge": Europäische Wirtschaftsgemeinschaft (EWG) entsteht; Mitglieder: F, BRD, I, B, NL, Lux

1963 Deutsch-französischer Freundschaftsvertrag

Europa auf dem Weg zur Einheit

Die Wurzeln der heutigen EU

Der Nationalismus des 19. Jahrhunderts und die Erfahrungen der beiden Weltkriege hatten tiefe Feindschaften der Europäer untereinander erzeugt und verfestigt. Nach dem Zweiten Weltkrieg entstand die Idee einer europäischen Zusammenarbeit zur Vermeidung kriegerischer Konflikte durch die Schaffung eines vereinten Europa aus zunächst sechs Staaten Westeuropas. Ein enges politisches Bündnis der westeuropäischen Nationen sollte das internationale Gewicht des „alten Kontinents" vor allem gegenüber den beiden Supermächten USA und Sowjetunion stärken.

Erste Bündnisse

Die Zusammenarbeit zwischen den Ländern Westeuropas begann 1951 mit einer gemeinsamen Kontrolle über die für den Wiederaufbau nach dem Zweiten Weltkrieg wichtigen Güter Stahl und Kohle. Da es im Laufe der Geschichte immer wieder zu Auseinandersetzungen zwischen Frankreich und Deutschland um die Montanindustriegebiete Lothringen und Saarland gekommen war, wollte man die Bergbau- und Industriegebiete nach dem Vorschlag des französischen Außenministers Robert Schuman gemeinsam kontrollieren. Die Montanunion mündete 1957 in die Sechsergemeinschaft der Europäischen Wirtschaftsgemeinschaft (EWG) aus Frankreich, den Benelux-Staaten, Italien und der Bundesrepublik Deutschland. Gleichzeitig einigte man sich auf eine Absprache im Rahmen der gemeinsamen friedlichen Nutzung der Atomkraft (EURATOM).

Die Mitglieder waren sich schon damals einig, dass der Vertrag nur ein erster Schritt auf dem Weg zur europäischen Einigung war. Weitere Zusammenschlüsse sollten folgen und die Gemeinschaft auch offen für weitere Mitglieder sein.

Deutschland und Frankreich als „Motor" der europäischen Einigung

Den wichtigsten Schritt für die europäische Integration stellte die deutsch-französische Aussöhnung dar. Bundeskanzler Konrad Adenauer und der französische Staatspräsident Charles de Gaulle legten mit dem Elysée-Vertrag von 1963 die Grundlagen für ein enges und freundschaftliches Verhältnis zwischen den beiden Nationen auf vielen Ebenen. Städtepartnerschaften und eine Vielzahl von Austauschprogrammen für Jugendliche aus beiden Ländern füllten den Freundschaftsvertrag mit Leben. Im Laufe der Jahre wurde die politische, wirtschaftliche und kulturelle Zusammenarbeit immer weiter ausgebaut und gefestigt. Da die beiden Länder insgesamt 40 Prozent der Wirtschaftsleistung der EU erbringen, sind sie in vielfacher Hinsicht Wegweiser und Antriebsgeber für viele wirtschaftlichen Entwicklungen innerhalb der Wirtschafts- und Währungsunion.

Von der EWG zur EU

Zwischen 1973 und 1986 traten sechs weitere europäische Länder der Wirtschaftsgemeinschaft bei.

Die Kriterien für einen Aufnahme als Mitglied wurden 1993 in Kopenhagen festgelegt. So müssen die Antragsteller die demokratischen Grundsätze verwirklicht haben, marktwirtschaftlich orientiert sein und die Rechtsvorschriften der EU in nationales Recht übertragen.

|1980　　　　　　　|1990　　　　　　　|2000　　　　　　　|2010

1986 Europäische Gemeinschaft (EU), erweitert um GB, DK, IRL, E, P, GR

1992 Vertrag von Maastricht: gemeinsame Außen-
und Sicherheitspolitik, Binnenmarkt

2002 Euro wird in zwölf Ländern eingeführt

2004–2007 Integration zahlreicher
ehemaliger Ostblockstaaten in die EU

2008/09 Beginn der Eurokrise,
Vertrauensverluste in die EU,
Suche nach neuen Wegen der
Zusammenarbeit

2009 Vertrag von Lissabon

2013 Kroatien wird
28. EU-Mitglied

---

60 Seit dem Vertrag von Maastricht 1992 trägt das Bündnis den Namen Europäische Union (EU). Aus der Wirtschaftsgemeinschaft wurde eine politische Union. Dieser Vertrag sah die Schaffung einer gemeinsamen europäischen Außen- und Sicherheitspolitik vor. Zudem wur-
65 den eine enge Zusammenarbeit in der Innen- und Rechtspolitik vereinbart und eine gemeinsame Währung für Europa beschlossen.

1993 wurde der Europäische Binnenmarkt mit seinen „vier Freiheiten" verwirklicht. Seitdem gibt es innerhalb
70 der EU weder für Waren noch für Personen Grenzkontrollen. Waren können billiger verkauft werden, weil Zölle entfallen.

Als nächsten Schritt planten die EU-Politiker eine europäische Verfassung, um den EU-Staaten zu einer stabilen
75 und verlässlichen Gemeinschaft zu verhelfen. Es zeigte sich aber, dass nicht alle Bürger Europas das Fortschreiten des Staatenbündnisses guthießen; Niederländer und Franzosen sprachen sich in Volksabstimmungen gegen eine europäische Verfassung aus. So blieb als Kompro-
80 miss der Reformvertrag von Lissabon aus dem Jahre 2007 (umgesetzt 2009).

Wachsende Probleme in der EU

Heute ist offensichtlich, dass viele Mitgliedsstaaten nationale Interessen für wichtiger halten als gemeinsame
85 europäische Vereinbarungen und Ziele. Erkennbar ist dies in allen politischen, wirtschaftlichen und sozialen Bereichen. Stets erfordert es große Kompromissbereitschaft im Ministerrat, in dem die Minister und Regierungschefs der Mitgliedsstaaten vertreten sind, wenn es
90 um gesamteuropäische Entscheidungen geht. Je schwieriger die Probleme und Fragen werden – das hat auch die Eurokrise seit 2008/09 deutlich gemacht –, desto zäher ist das Ringen um eine Lösung im Einverständnis aller.

Zu beachten ist, dass die Entscheidungen grundsätzlich
95 zwischen den Regierungen der EU-Länder ausgehandelt werden. Die Bürger Europas, die ihre Vertreter in das europäische Parlament entsenden, haben auf die europäische Gesetzgebung nur so weit Einfluss, als sie zustimmen bzw. ablehnen und so eine Überarbeitung des
100 Gesetzesentwurfs herbeiführen können. Das Recht, eigene Gesetzesvorschläge einzubringen (Gesetzesinitiative) hat das europäische Parlament nicht.

Diese komplizierte Entscheidungsfindung im ersten Jahrzehnt des 21. Jahrhunderts führte im vergangenen
105 Jahrzehnt zu einem Vertrauensverlust in die „Eurokratie". Die Wahl zum Europäischen Parlament 2014 zeigte, dass antieuropäische Parteien in vielen Ländern starken Stimmenzuwachs verzeichnen konnten.

Aktuelle Fragen

110 Angesichts dieses gegenwärtigen Befundes gehen auch die Regierungschefs in Europa vorsichtig mit den Aufnahmebegehren weiterer Staaten um. Die Eurokrise seit 2008/09 machte eine enge Zusammenarbeit zwischen den Eurostaaten nötig, um angesichts einer dramati-
115 schen Überschuldung einiger Mitgliedsstaaten finanzielle Bürgschaften, sogenannte „Rettungsschirme", in einem Europäischen Stabilitätsmechanismus (ESM) zu ermöglichen. Seither sollen eine gemeinsame Bankenaufsicht die Spekulationen der Finanzhäuser kontrollie-
120 ren und ein Fiskalpakt für eine strengere Ausgabenkontrolle in den EU-Staaten sorgen. Viele Experten sehen aber nur in der Schaffung einer gemeinsamen Wirtschafts- und Sozialpolitik unter Aufgabe weiterer Souveränitätsrechte und wichtiger nationaler Interessen
125 eine stabile Zukunft für die Europäische Union.

In diesem Kapitel konntest du folgende Kompetenzen erwerben:

- die Entwicklung von einer wirtschaftlichen Gemeinschaft in Richtung einer politischen Union in Europa nachvollziehen und bewerten
- die Bedeutung der deutsch-französischen Freundschaft für das Zusammenwachsen in Europa erklären
- nationale Interessen und Identitäten in Europa unterscheiden

- die Schwierigkeiten und deren mögliche Lösungen im Europa des neuen Jahrtausends kennen
- die Diskussion um den Beitritt der Türkei zur EU in Ansätzen erschließen
- **Methode:** Einen historischen Fall analysieren

M 1

Aus dem Vertrag über eine Verfassung in Europa (2004):

Artikel I–2 Die Werte der Union

Die Werte, auf die sich die Union gründet, sind die Achtung der Menschenwürde, Freiheit, Demokratie, Gleichheit, Rechtsstaatlichkeit und die Wahrung der Menschenrechte einschließlich der Rechte der Per-
5 sonen, die Minderheiten angehören. Diese Werte sind allen Mitgliedstaaten in einer Gesellschaft gemeinsam, die sich durch Pluralismus, Nichtdiskriminierung, Toleranz, Gerechtigkeit, Solidarität und die Gleichheit von Frauen und Männern auszeichnet.

10 *Artikel I–3 Die Ziele der Union*

Die Union bietet ihren Bürgerinnen und Bürgern einen Raum der Freiheit, der Sicherheit und des Rechts ohne Binnengrenzen und einen Binnenmarkt mit freiem und unverfälschtem Wettbewerb. Die
15 Union wirkt auf die nachhaltige Entwicklung Europas auf der Grundlage eines ausgewogenen Wirtschaftswachstums und von Preisstabilität, eine in hohem Maße wettbewerbsfähige soziale Marktwirtschaft,

die auf Vollbeschäftigung und sozialen Fortschritt
20 abzielt, sowie ein hohes Maß an Umweltschutz und Verbesserung der Umweltqualität hin. Sie fördert den wissenschaftlichen und technischen Fortschritt. Sie bekämpft soziale Ausgrenzung und Diskriminierungen und fördert soziale Gerechtigkeit und
25 sozialen Schutz ... Sie fördert den wirtschaftlichen, sozialen und territorialen Zusammenhalt und die Solidarität zwischen den Mitgliedstaaten. Sie wahrt den Reichtum ihrer kulturellen und sprachlichen Vielfalt und sorgt für den Schutz und die Entwick-
30 lung des kulturellen Erbes Europas. In ihren Beziehungen zur übrigen Welt schützt und fördert die Union ihre Werte und Interessen. Sie leistet einen Beitrag zu Frieden, Sicherheit, globaler nachhaltiger Entwicklung, Solidarität und gegenseitiger Achtung
35 unter den Völkern ... sowie zur strikten Einhaltung und Weiterentwicklung des Völkerrechts ...

Zit. nach http://europa.eu/eu-law/decision-making/treaties/pdf/treaty_establishing_a_constitution_for_europe/treaty_establishing_a_constitution_for_europe_de.pdf (Stand: 15. 08. 2015).

M 2

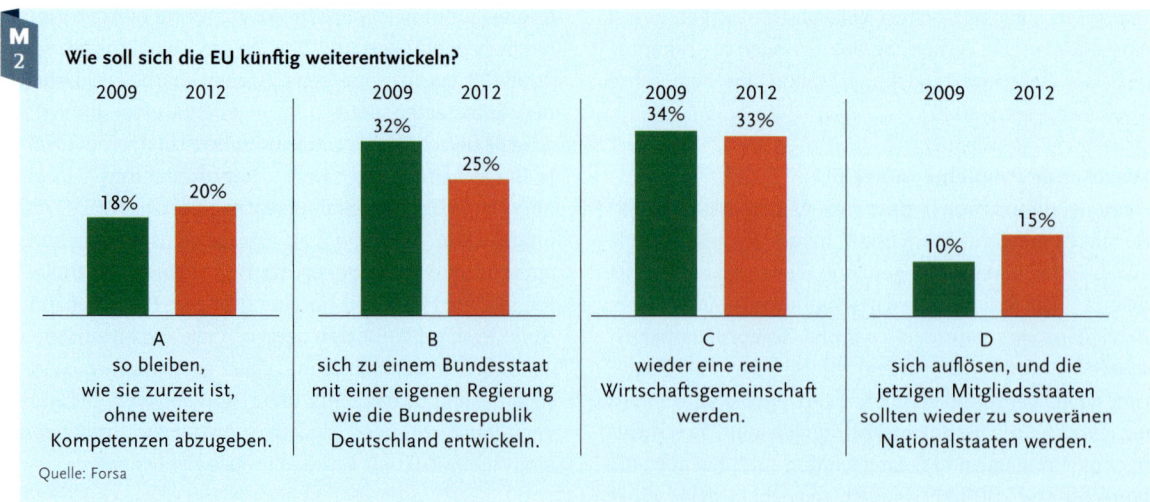

Wie soll sich die EU künftig weiterentwickeln?

A so bleiben, wie sie zurzeit ist, ohne weitere Kompetenzen abzugeben.
- 2009: 18%
- 2012: 20%

B sich zu einem Bundesstaat mit einer eigenen Regierung wie die Bundesrepublik Deutschland entwickeln.
- 2009: 32%
- 2012: 25%

C wieder eine reine Wirtschaftsgemeinschaft werden.
- 2009: 34%
- 2012: 33%

D sich auflösen, und die jetzigen Mitgliedstaaten sollten wieder zu souveränen Nationalstaaten werden.
- 2009: 10%
- 2012: 15%

Quelle: Forsa

Wie soll die EU künftig zusammenarbeiten?

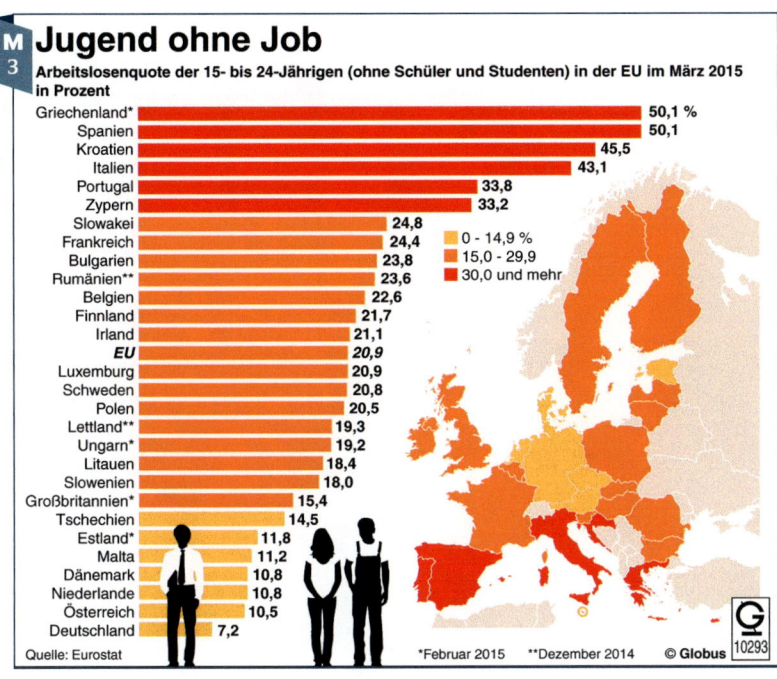

Jugend ohne Job

M3 Arbeitslosenquote der 15- bis 24-Jährigen (ohne Schüler und Studenten) in der EU im März 2015 in Prozent

Land	Prozent
Griechenland*	50,1 %
Spanien	50,1
Kroatien	45,5
Italien	43,1
Portugal	33,8
Zypern	33,2
Slowakei	24,8
Frankreich	24,4
Bulgarien	23,8
Rumänien**	23,6
Belgien	22,6
Finnland	21,7
Irland	21,1
EU	*20,9*
Luxemburg	20,9
Schweden	20,8
Polen	20,5
Lettland**	19,3
Ungarn*	19,2
Litauen	18,4
Slowenien	18,0
Großbritannien*	15,4
Tschechien	14,5
Estland*	11,8
Malta	11,2
Dänemark	10,8
Niederlande	10,8
Österreich	10,5
Deutschland	7,2

Legende:
- 0 - 14,9 %
- 15,0 - 29,9
- 30,0 und mehr

Quelle: Eurostat   *Februar 2015   **Dezember 2014   © Globus 10293

Arbeitslosigkeit in der EU

Methodenkompetenz

1 **a)** Erläutere die Aussage der Grafik (M3).
b) Erörtere mögliche Ursachen und Folgen der Jugendarbeitslosigkeit in den ausgewählten europäischen Ländern.

2 **Wähle eine Aufgabe aus:**
a) Beschreibe die grafische Darstellung der Umfrage zur Zukunft Europas (M2). Erkläre dazu Fachbegriffe wie Bundesstaat, Wirtschaftsgemeinschaft und souveräne Nationalstaaten.
b) Untersuche die Veränderungen zwischen 2009 und 2012 (M2) und deute sie vor dem Hintergrund der Eurokrise.

Fach- und Kommunikationskompetenz

3 Sammle mit deinem Banknachbarn die Werte und Ziele der EU (M1) und stelle diesen in einer Tabelle die historischen Hintergründe gegenüber. Beispiel:

Werte/Ziele:	Historischer Hintergrund:
Achtung der Menschenwürde, Freiheit	Wille zur europäischen Zusammenarbeit nach dem Kriegsende 1945 ...
Werte: Rechtsstaatlichkeit, Demokratie	...

4 Fertige eine Zeitleiste zur Entwicklung von der EWG zur EU bis heute an. Füge aus der Perspektive Großbritanniens deren Probleme mit der EU ein.

5 Die deutsche Bundeskanzlerin Angela Merkel erwähnte in ihrer Regierungserklärung am 18. Dezember 2013 die „gestiegene Verantwortung Deutschlands für unseren ganzen Kontinent". Erläutere die historischen Hintergründe zu dieser Aussage.

Urteilskompetenz

6 Bundeskanzler Konrad Adenauer erklärte 1954: „Die Einheit Europas war ein Traum von wenigen. Sie wurde eine Hoffnung für viele. Sie ist heute eine Notwendigkeit für uns alle." Überprüfe diese Aussage vor dem Hintergrund der historischen Entwicklung bis heute.

7 Diskutiert in kleinen Gruppen: Hat die EU versagt, wenn sie Vollbeschäftigung (M1) anstrebt und die Jugendarbeitslosigkeit in einigen Staaten dennoch sehr hoch ist (M3)?
Tipp: Argumentiert in der Rolle eines Vertreters Spaniens, Deutschlands und Großbritanniens.

6

Die Welt seit 1990: Eine Welt? Viele Welten?

Der Golfplatz der spanischen Stadt Melilla im Norden Afrikas. Flüchtlinge versuchen vom angrenzenden Marokko aus die über zehn Meter hohen Grenzbefestigungen aus Mauern und Stacheldraht zu überwinden. Ein spanischer Polizist will verhindern, dass sie nach Europa gelangen.
Im Jahre 2015 waren erstmals mehr Menschen auf der Flucht als im Zweiten Weltkrieg.

Welche Gedanken gehen vermutlich in den Flüchtlingen, den Golfern und dem Polizisten vor? Verfasse Sprechblasentexte.

Golfplatz in Melilla an der nordafrikanischen Mittelmeerküste, Foto, Oktober 2014

1980

1990

1991 Ende der Sowjetunion; Gründung der Gemeinschaft Unabhängiger Staaten

ab 1991 nach dem Zusammenbruch Jugoslawiens Bürgerkriege in den neu entstehenden Republiken

1997–2009 Osterweiterung der NATO

1990/91 Ende des Ost-West-Konflikts

1994 Völkermord in Ruanda

Die Welt seit 1990: Eine Welt? Viele Welten?

Durch den Zusammenbruch der Sowjetunion endete die bipolare Welt des Kalten Krieges. Die USA blieben zunächst die einzige Weltmacht. Wurde die Welt seither friedlicher? Durch den Rückgang der Kosten für das
5 Wettrüsten hoffte man nach 1991, mehr Geld für die Bekämpfung von Hunger, Unterentwicklung und Friedensprojekte zur Verfügung zu haben. So glaubte man vor allem in Europa und Nordamerika, dass sich immer mehr Länder zu demokratisch regierten Industrienatio-
10 nen mit einer breiten Mittelschicht entwickeln würden. Hoffnungen auf eine friedlichere Zeit haben sich nicht erfüllt. Kriege und Bürgerkriege dauern weltweit an. Trotz teurer Hilfsprogramme ist der Hunger auf der Welt nicht besiegt. Der Kampf um lebenswichtige Ressourcen
15 wie Wasser bietet ebenfalls Konfliktstoff. Die Erderwärmung und der Klimawandel bergen noch zahlreiche unbekannte Risiken für die Zukunft.

In diesem Kapitel untersuchst du,
- welche Aufgaben die Vereinten Nationen seit dem
20 Ende des Kalten Krieges übernommen haben,
- die Folgen der NATO-Osterweiterung,
- wie aus der bipolaren Welt des Kalten Krieges eine multipolare mit neuen Regionalmächten, wie China, entstand,
25 - die Schwierigkeiten der weltweiten Durchsetzung von Menschenrechten,
- welche Bedrohung der internationale Terrorismus und autoritäre Regierungen weltweit darstellen,
- wie die zunehmende Kluft zwischen Arm und Reich
30 sowie Kriege Menschen zur Flucht zwingen,
- die Chancen und Gefahren einer globalisierten Wirtschaft,
- die Bedeutung des Kampfes um sauberes Wasser.

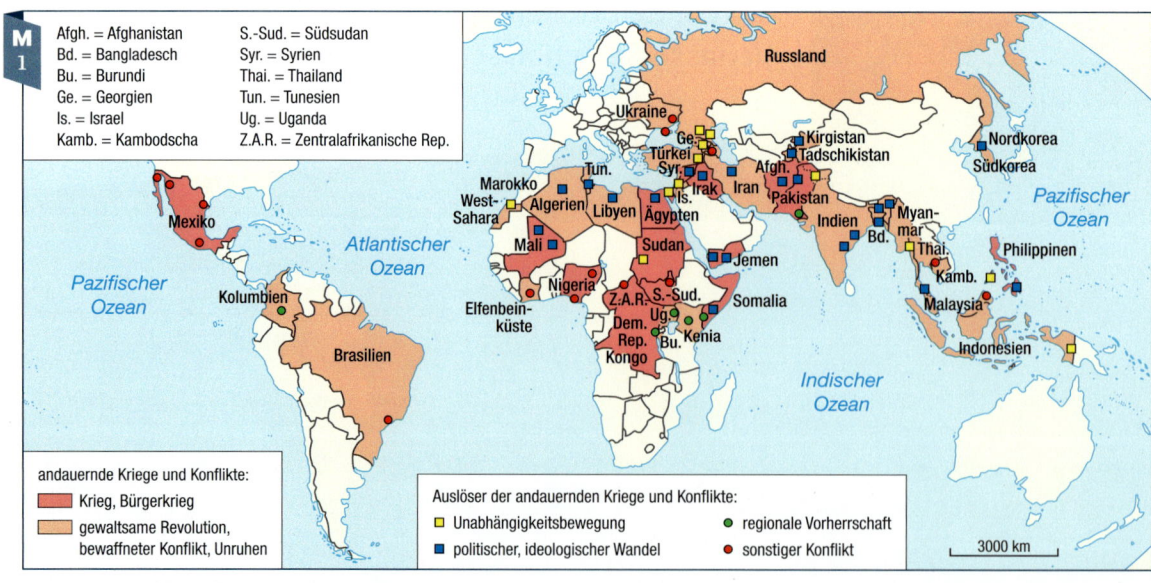

Kriege und Konflikte weltweit (2014)

2000				2010			

11. September 2001 Anschlag auf das World Trade Center in New York

2010 Beginn des „Arabischen Frühlings"

ab 2011 Bürgerkrieg in Syrien

2014 russische Annexion der Halbinsel Krim; Krieg im Osten der Ukraine

2008 Weltwirtschaftskrise

2013 EU der 28

Zerstörung nach einem Taifun auf den Philippinen, Foto, 2013

Bosnische Frauen und Kinder aus Srebrenica erreichen das Flüchtlingslager in Tuzla, während ihre Männer und erwachsenen Söhne, an die 8000, ermordet werden. Foto, Juli 1995

Flüchtlingsboot aus Libyen vor der Küste der italienischen Insel Lampedusa, Foto, Mai 2011

Unter dem Motto „Mensch und Natur vor Profit" engagiert sich die Nichtregierungsorganisation „attac" in mehr als 50 Ländern für eine „andere" Globalisierung. Foto, Berlin, 2012

1 Schreibe zu jedem der Bilder (M2–M5) deine Eindrücke in Stichwörtern auf.
2 Suche aus dem Informationstext und aus dem Zeitstrahl die aktuellen Probleme und Konflikte der Welt im 21. Jahrhundert heraus. Ordne sie in einer Tabelle oder erstelle damit eine Mindmap.

3 Erläutere anhand der Karte M1, wo es heute zu großen kriegerischen Konflikten kommt.
4 **Recherche:** Wähle einen Konflikt aus und erkläre in einem Kurzreferat Gründe und Verlauf der Auseinandersetzungen.

Kann die UNO Frieden schaffen?

Nach 1990 waren die Erwartungen groß, dass die UNO eine bedeutendere Rolle in der Weltpolitik spielen würde als während der Zeit des Kalten Krieges.
- *Welche Funktionen hatte die UNO bislang in der Weltpolitik?*
- *Welche Probleme und Perspektiven hat die UNO?*

Die Rolle der UNO in der Weltpolitik

Im Jahre 1945 gründeten in San Francisco Delegationen von 51 Staaten die United Nations Organization (siehe S. 42/43). Wichtigstes Entscheidungsgremium ist der Sicherheitsrat, in dem neben Frankreich, Großbritannien und China die beiden Supermächte USA und Russland (früher Sowjetunion) vertreten sind. Entscheidungen im Sicherheitsrat müssen einstimmig beschlossen werden. In den Jahrzehnten des Kalten Krieges war der Sicherheitsrat nicht sehr handlungsfähig, denn über 270 mal legte einer der fünf Staaten sein Veto ein und verhinderte damit einen Beschluss. Nach dem Ende des Kalten Krieges haben sich die Aufgaben der UNO vervielfacht. Finanzierungsprobleme durch ausstehende Mitgliedsbeiträge und Vorwürfe wegen Korruption bei einzelnen Einsätzen behindern die Arbeit. Weiterhin blockieren einzelne Mitglieder des Sicherheitsrates immer wieder Beschlussvorlagen (Resolutionen) durch ihr Veto. Die Handlungsmöglichkeiten der UNO sehen vor, dass sie in Konfliktfällen zunächst Verhandlungen der Konfliktparteien fordert. Wenn diese keine positiven Ergebnisse bringen, kann die UNO wirtschaftliche Sanktionen verhängen. In einer dritten Stufe können UN-Streitkräfte in Krisengebiete geschickt werden. Die UN-Friedenstruppen oder „Blauhelme" werden von verschiedensten Mitgliedsstaaten an die UN „ausgeliehen". Seit 1990 wurden doppelt so viele Einsätze beschlossen wie in den Jahrzehnten davor.

Einsatz für den Weltfrieden

Heute greift die Friedenssicherung der UN vor allem bei regionalen Konflikten, Bürgerkriegen und Menschenrechtsverletzungen durch Kriegsverbrechen. Neben der Überwachung des Friedens („peace keeping") erzwingen UN-Soldaten auch als kämpfende Truppen eine Einhaltung von UN-Beschlüssen. Obwohl die UN-Truppen zur Neutralität verpflichtet sind, zwingt sie das Kriegsgeschehen oft dazu, Partei zu ergreifen. Im Ort Srebrenica in Bosnien geschahen Massentötungen unbewaffneter Männer und Jungen unter den Augen der UNO-Schutztruppen, deren Hilfe sich auf die Flüchtlinge beschränkte (siehe S. 169, M3). Auch den Völkermord in Ruanda konnte die UNO nicht verhindern (siehe S. 102).

Erfolgreich arbeiten heute zahlreiche Unterorganisationen der UNO, die sich für eine Verbesserung der Lebensbedingungen weltweit einsetzen. So formulierte die UNO für den Zeitraum von 2000 bis 2015 acht Millenniumsziele. Im Jahre 2015 wurde ein neues Programm nachhaltiger Entwicklung für den Zeitraum 2015–2030 beschlossen.

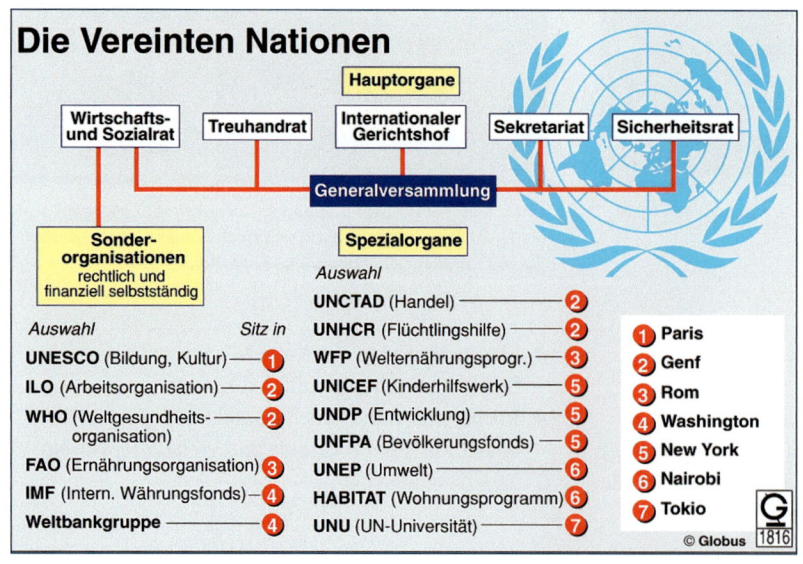

Die Organisation der UNO

M2 Zur Rolle der UNO im syrischen Bürgerkrieg schrieb das „Handelsblatt" am 12. März 2015:

Hilfsorganisationen haben dem Sicherheitsrat völliges Versagen in der Syrien-Krise vorgeworfen. Den UN sei es nicht gelungen, die Menschen in dem Land zu schützen ... und bewerteten ihren Syrien-
5 Bericht als „katastrophales Zeugnis" für die Vereinten Nationen und die Konfliktparteien. Seit 2011 seien 220 000 Menschen getötet worden. Die Helfer werfen dem Sicherheitsrat vor, dass keine seiner drei Resolutionen etwas bewirkt habe. Statt geschützt zu
10 werden, hätten die Syrer das blutigste Jahr des Konflikts erlebt. 76 000 Menschen seien getötet worden, mehr als ein Drittel der Toten der vierjährigen Gewalt. Die Zahl der kaum zu erreichenden Hilfebedürftigen habe sich trotz einer UN-Resolution auf

15 4,8 Millionen mehr als verdoppelt. 5,6 Millionen Kinder seien auf Hilfe von außen angewiesen ... Den Helfern von UN und anderen Hilfsorganisationen könnte auch noch das Geld ausgehen ... Derzeit seien 3,7 Millionen Flüchtlinge aus Syrien in den
20 Nachbarländern. „Allein in den Camps entlang der türkisch-syrischen Grenze leben über 250 000 Flüchtlinge, die vollständig auf internationale Unterstützung angewiesen sind", erklärte das Welternährungsprogramm (WFP) dazu. „Die Zahl der Todes-
25 opfer und das Leid der Zivilisten haben untragbare Ausmaße erreicht" ...
Durch den vierjährigen Konflikt ist Syriens Gesundheitssystem zusammengebrochen ...

Zit. nach www.handelsblatt.com/politik/international/ kritik-an-der-uno-weltsicherheitsrat-versagt-in-syrien/ 11492670.html (Stand: 12. 08. 2015).

M3
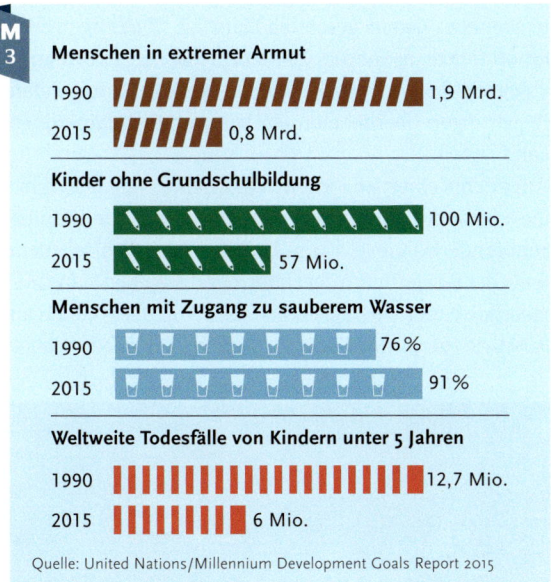

Quelle: United Nations/Millennium Development Goals Report 2015

Die Bilanz der UN-Millenniumsziele nach Auslaufen des Programms im Jahre 2015 (Auswahl)

M4 UN-Ziele 2015–2030 (Auswahl):
• Hunger und Armut sollen überall auf der Welt beseitigt werden. Armut betrifft derzeit eine Milliarde Menschen weltweit, die mit weniger als 1 Euro pro Tag auskommen müssen. Die
5 meisten von ihnen leben in Afrika und Asien.
• Zugang aller Menschen zu sauberem Wasser und einer vernünftigen Toilette
• Jungen und Mädchen sollen weltweit eine kostenlose Grundschulbildung erhalten.
10 • Eine Benachteiligung von Frauen und Mädchen soll es nicht mehr geben.
• Jeder Mensch soll Zugang zu verlässlicher, umweltschonender Energie bekommen.
• Die Ozeane sollen umsichtig genutzt und das Klima geschützt werden.

Zit. nach www.spiegel.de/politik/ausland/uno-will-armut- und-hunger-besiegen-bis-2030-a-1046441.html (Stand: 12. 08. 2015).

1 Fasse kurz zusammen,
   a) welche Rolle die UNO in der Weltpolitik spielt (M1 und Darstellungstext),
   b) auf welche Weise die UNO zur Sicherung des Friedens agieren kann (M1 und Darstellungstext).
2 Erläutere die Vorwürfe des Versagens der UNO in M2.
3 Untersuche die Grafik M3 und beurteile, ob das Ergebnis als Erfolg gewertet werden kann.

Webcode: FG642335-171
Die Vereinten Nationen; Syrien-Konflikt

4 **Vorschlag für eine Gruppenarbeit:** Ordnet die einzelnen UN-Ziele in M4 nach ihrer Wichtigkeit. Diskutiert zu erwartende Schwierigkeiten bei der Umsetzung und sucht nach Lösungen.
5 **Wähle eine Aufgabe aus:**
   Recherchiere
   a) die Gründe des syrischen Bürgerkrieges und das daraus resultierende Flüchtlingsdrama
   b) die Vorgänge um das Massaker im bosnischen Srebrenica und die damalige Rolle der UNO-Schutztruppe

Die NATO-Osterweiterung –
ein Vertragsbruch?

Nach dem Zerfall der Sowjetunion 1991 orientierten sich Polen, Tschechen,
Slowaken, Ungarn und Slowenen rasch nach Westeuropa, mit dem sie sich
historisch und kulturell stark verbunden fühlten. Sie erhofften sich Wirtschafts-
hilfe durch die EU und militärischen Schutz durch die NATO.
• *Untersuche hier die Folgen der NATO-Osterweiterung.*

Ehemalige Warschauer-Pakt-Staaten werden Mitglieder der NATO

Bei den Verhandlungen über die Wiedervereinigung Deutschlands (siehe S. 128/129) hatten die Westmächte der Sowjetunion versichert, dass eine Erweiterung des NATO-Gebiets nach Osten nicht beabsichtigt sei. Auf
5 eigenen Wunsch wurden 1997 Polen, Tschechien und Ungarn NATO-Mitglieder. Zwischen 2002 und 2009 traten weitere Länder des ehemaligen Ostblocks dem westlichen Verteidigungsbündnis bei. Der Eintritt dieser Länder wurde von Russland eher widerwillig akzeptiert.

Die Ukraine-Krise 2014

10 Die Ukraine, ehemalige Teilrepublik der UdSSR, wurde 1991 ein unabhängiger Staat. Im kulturell und religiös westlich geprägten Teil der Ukraine sprachen sich viele Menschen für eine engere Anbindung an den Westen
15 aus, während im durch Bergbau und Industrie geprägten Osten des Landes die meisten Einwohner Russisch als Muttersprache sprechen und daher für eine engere An-

bindung an Russland eintraten. Präsident Janukowitsch (geb. 1950) beendete 2013 alle Spekulationen über eine
20 Westorientierung seines Landes. Ein bereits mit der EU ausgehandeltes Abkommen über enge Wirtschaftsbeziehungen wurde nicht in Kraft gesetzt, da die Ukraine die lebensnotwendige Lieferung von Öl und Gas zu Vorzugspreisen aus Russland nicht gefährden wollte. Proteste
25 gegen die autoritäre Herrschaft des Präsidenten, der sich und seine Familie auf Staatskosten erheblich bereicherte, weiteten sich im gesamten Land aus. Die Bürgerrevolution führte im Februar 2014 zur Absetzung von Janukowitsch, der nach Moskau flüchtete. Die nachfolgenden
30 Regierungen übernahmen ein wirtschaftlich bankrottes Land.
Angesichts einer möglichen Westorientierung der Ukraine entsandte Russland Soldaten auf die zur Ukraine gehörende Halbinsel Krim. Dort befindet sich seit dem
35 Ende der Sowjetunion der Hafen der russischen Schwarzmeerflotte, der vertraglich bis 2048 von der Ukraine an Russland verpachtet wurde. Mit großer Medienkam-

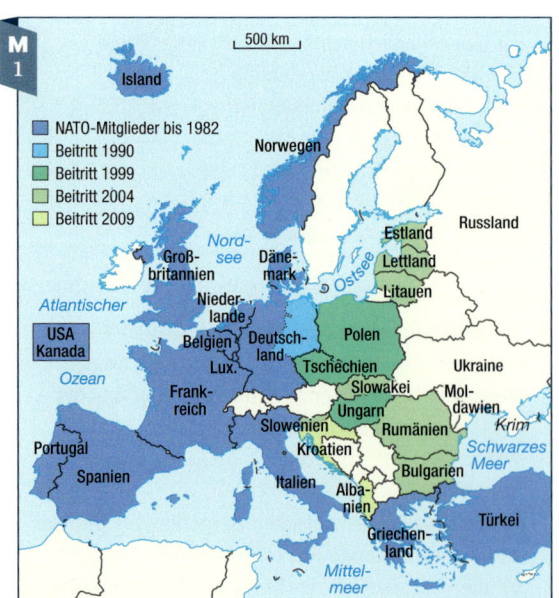

Demonstration für Westorientierung in der Hauptstadt
der Ukraine in Kiew, Foto, 2013

Die NATO in Europa (2015)

pagne warb Präsident Putin für die „urrussische" Krim ein (siehe S. 175/M2) und ließ eine Volksabstimmung organisieren, in der sich 2014 die große Mehrheit der Bevölkerung der Krim für einen Anschluss an Russland aussprach. In den ukrainischen Grenzregionen um die Städte Donezk und Luhansk begannen von Russland unterstützte Soldatenverbände (Separatisten) einen Krieg gegen die ukrainische Armee mit dem Ziel der Angliederung dieser Gebiete an Russland. Hunderttausende Zivilisten flohen, Hunderte starben. Das Waffenstillstandsabkommen von Minsk 2014 wurde immer wieder gebrochen. Die EU und die USA lehnen die gewaltsame Änderung der Grenzen als völkerrechtswidrig ab und verhängten Wirtschaftssanktionen gegen Russland. Russland reagierte u. a. mit einem Importverbot für viele westliche Produkte.

Gorbatschow kritisiert den Westen

3a) *Interview zum 20. Jahrestag des Mauerfalls am 11. Oktober 2009:*

Kohl, US-Außenminister James Baker und andere sicherten mir zu, dass die NATO sich keinen Zentimeter nach Osten bewegen würde. Daran haben sich die Amerikaner nicht gehalten, und den Deutschen war es gleichgültig. Vielleicht haben sie sich sogar die Hände gerieben, wie toll man die Russen über den Tisch gezogen hat. Was hat es gebracht? Nur, dass die Russen westlichen Versprechungen nun nicht mehr trauen ... Je länger man Russland nicht auf die Beine kommen lasse, desto leichter könne man sich ein paar weitere fette Bissen schnappen ... In Europa, in der EU, ist Deutschland das Schwergewicht, es steht an erster Stelle. Ich lege meine Hand dafür ins Feuer: Russland bleibt ein zuverlässiger Partner. Aber auch ein ebenbürtiger!

Zit. nach www.bild.de/politik/2009/interview-mit-der-bams-10060566.bild.html (Stand: 08. 08. 2015).

3b) *Zusammenfassung eines Interviews vom 8. November 2014:*

Bei den Feiern zum 25. Jahrestag des Mauerfalls in Berlin hat der frühere sowjetische Staatschef Michail Gorbatschow schwere Vorwürfe gegen den Westen erhoben, vor allem im Zusammenhang mit dem Ukraine-Konflikt. „Die Welt ist an der Schwelle zu einem neuen Kalten Krieg. Manche sagen, er hat schon begonnen." In den vergangenen Monaten habe sich ein „Zusammenbruch des Vertrauens" vollzogen. Die Ereignisse seien die Konsequenzen aus einer kurzsichtigen Politik. Es sei der Versuch, vollendete Tatsachen zu schaffen und die Interessen des Partners zu ignorieren.

Der 83-Jährige, der früher eher als Kritiker des russischen Präsidenten Wladimir Putin bekannt war, warb direkt am Brandenburger Tor um Verständnis für die aktuelle Moskauer Politik ...

„Lasst uns daran erinnern, dass es ohne deutsch-russische Partnerschaft keine Sicherheit in Europa geben kann." Außerdem müssten die von der EU und den USA verhängten Strafmaßnahmen schrittweise aufgehoben werden.

Der Friedensnobelpreisträger warf dem Westen und insbesondere den USA vor, ihre Versprechen nach der Wende 1989 nicht gehalten zu haben ... Gorbatschow nannte Beispiele, an denen sich die Geringschätzung Russlands durch den Westen ablesen lasse ... „Und wer leidet am meisten unter der Entwicklung? Es ist Europa, unser gemeinsames Haus."

Zit. nach www.sueddeutsche.de/politik/jahrestag-des-mauerfalls-gorbatschow-klagt-an-1.2211398 (Stand: 08. 08. 2015).

---

1 Wähle eine Aufgabe aus:

a) Wiederhole, was du bisher über die NATO gelernt hast. Lies nach auf S. 42/43.

b) Schreibe aus der Karte M1 die neuen NATO-Staaten in der Reihenfolge ihres Beitritts heraus.

2 Erkläre die Vorwürfe, die Michail Gorbatschow 2009 gegen den Westen erhebt (M3a). Was kannst du dem Staatsmann aus westlicher Sicht antworten?

3 Suche aus M3b Argumente für ein Streitgespräch zwischen einem Anhänger Russlands und einem des Westens zur NATO-Osterweiterung heraus.

4 Fasse die Entwicklung in der Ukraine in eigenen Worten zusammen (M1, Darstellungstext).
Tipp: Schlage die Lage der im Darstellungstext genannten Orte in einem Atlas nach.

5 Recherche: Verfolge in den Medien die aktuelle Nachrichtenlage zur Politik Russlands gegenüber dem Westen und umgekehrt. Nenne Schwerpunkte.

Webcode: FG642335-173
NATO-Osterweiterung; Ukraine-Krise

Russland –
zwischen Stagnation und neuer Stärke

Verschaffe dir hier einen Überblick über ausgewählte Veränderungen in der sowjetischen Geschichte seit 1945 und bewerte die Rede Präsident Putins zur Annexion der Krim 2014.

Die Sowjetunion bis zu ihrer Auflösung 1991

Nach dem Tod Stalins 1953 wurden die Gulags aufgelöst und über vier Millionen Häftlinge entlassen. Die Periode des „Tauwetters" unter Parteichef Chruschtschow (1958–1964) setzte neue Ziele: Statt mit Unterdrückung
5 und brutaler Gewalt sollten die Bürger nun mit anderen Mitteln überzeugt werden, im besten Gesellschaftssystem zu leben. Die Löhne wurden verdreifacht und die überall entstehenden Plattenbauten linderten die Wohnungsnot. 1960 teilten sich die meisten Familien ein
10 einziges Zimmer. Über 40 Prozent der Sowjetbürger besaßen in ihren Unterkünften weder fließendes Wasser noch eine Heizung. Trotz allmählicher wirtschaftlicher Verbesserungen blieb der Lebensstandard im Vielvölkerstaat Sowjetunion weit hinter dem anderer Europäer
15 zurück.

Eine Explosion im Atomkraftwerk im ukrainischen Tschernobyl 1986 stellte die Politik der neuen Offenheit unter Generalsekretär Gorbatschow auf die Probe. Weite Gebiete wurden radioaktiv verstrahlt, und bis heute sind
20 die Folgen dieser Katastrophe spürbar (siehe S. 64/65).

Wirtschaftschaos nach dem Zerfall der Sowjetunion

Am 31. Dezember 1991 wurde die Sowjetunion aufgelöst – die meisten der ehemaligen Teilrepubliken der
25 UdSSR schlossen sich zur Aufrechterhaltung des Wirtschaftslebens zur „Gemeinschaft Unabhängiger Staaten" zusammen.

Unter Präsident Jelzin (1991–1999) kam es in Russland zu einer Vielzahl demokratischer Reformen. Die im De-
30 zember 1993 verabschiedete Verfassung garantierte die Menschenrechte, doch wurden seither demokratische Grundrechte in der Praxis vielfach eingeschränkt. Die Wirtschaft wurde mithilfe westlicher Experten zum Teil privatisiert. Die Schocktherapie der übereilten Moderni-
35 sierung führte zum Zusammenbruch vieler Industriezweige. Bis dahin unbekannte Arbeitslosigkeit, ein massiver Anstieg der Verbraucherpreise und die hohe Inflation ließen große Teile der Bevölkerung verarmen. Zugleich bildete sich eine neue Schicht von Superreichen
40 („Oligarchen"). Die Geburtenrate sank massiv; der Alkoholkonsum nahm dramatisch zu.

Die Auflösung der UdSSR und die Gemeinschaft Unabhängiger Staaten

Der wachsende Nationalismus in Teilen Russlands sorgte für weitere Destabilisierung – allein im ersten Tschetschenienkrieg* (1994–1996) kamen zehntausende Zivilisten ums Leben. Viele Russen sehnten sich angesichts der chaotischen Jahre unter Präsident Jelzin nach der Größe und Stabilität der alten Sowjetunion. Die NATO-Osterweiterung wurde in Russland kritisiert, angesichts der innenpolitischen Schwäche jedoch hingenommen (siehe S. 172/173).

Aufstieg Russlands unter Präsident Putin

Nach dem Amtsantritt Präsident Wladimir Putins (2000–2008 und wieder ab 2012) begann eine allmähliche wirtschaftliche Erholung Russlands. Durch hohe Erlöse aus dem Verkauf der riesigen Rohstoffvorkommen wie Öl und Gas und eine wirksame Steuerreform verfügte der Staat wieder über solide Einnahmen. Sie sollten zur Finanzierung der sozialen Leistungen dienen, konnten aber die Armut und Perspektivlosigkeit in vielen Landesteilen nicht beseitigen. Innenpolitisch wurde Russland unter Putin zu einer „gelenkten Demokratie", in der der Präsident nahezu unumschränkte Macht erhielt und das Parlament seine eigenständige Rolle verlor. Seither wird Russland autoritär regiert. Oppositionelle werden verfolgt und die Medien zensiert. Wegen der Rückbesinnung auf russische Größe und die Wiederherstellung von Ordnung und Versorgung genießt der Präsident dennoch hohe Zustimmungswerte.

M2

Präsident Putin 2014 zum Anschluss der Krim-Halbinsel:

Über 96 Prozent der Wähler haben sich für die Wiedervereinigung der Krim mit Russland ausgesprochen ... Auf der Krim liegt das alte Cherson, wo sich der Heilige Wladimir, Großfürst der Rus, taufen ließ.
5 Seine geistige Heldentat, die Hinwendung zur Orthodoxie, hat die kulturellen Werte und die zivilisatorische Grundlage geschaffen, die die Völker Russlands, der Ukraine und Weißrusslands verbindet ... Die Krim, das ist auch die Stadt Sewastopol, die Hei-
10 mat der russischen Schwarzmeerflotte ... Von den 2,2 Millionen Einwohnern der Krim sind 1,5 Millionen Russen, 350 000 Ukrainer, die Russisch als ihre Muttersprache betrachten und 300 000 Krimtataren ... Wir respektieren die Vertreter aller Nationalitäten ...
15 Viele Menschen fragen sich, warum die Krim plötzlich Bestandteil der Ukraine wurde ... Was damals unglaublich schien, wurde leider Realität, als die UdSSR zerfiel. Viele hofften, dass die damals gegründete GUS eine neue Form der Staatlichkeit wird. Ih-
20 nen wurden ... ein einheitlicher Wirtschaftsraum und gemeinsame Streitkräfte versprochen, doch all dies blieben Versprechungen.
Als die Krim plötzlich Teil des Auslands wurde, fühlte Russland, dass es nicht nur bestohlen wurde, son-
25 dern bestraft ... Zugleich sollten wir ehrlich zugeben, dass auch Russland selbst den Zerfall der Sowjetunion begünstigte ... Millionen Russen legten sich in einem Land schlafen und wachten im Ausland auf – als nationale Minderheiten in ehemaligen Unionsre-
30 publiken ... Man wirft uns vor, dass wir Normen des Völkerrechts verletzen ... Unsere westlichen Partner haben ... die Abtrennung des Kosovo von Serbien anerkannt ... Warum dürfen das die Kosovo-Albaner, aber die Russen, Ukrainer und Krimtataren nicht?
Zit. nach http://kremlin.ru/news/20603
Übers. der unbequeme.blogspot.de (Stand: 13. 08. 2015).

1 Schreibe aus M1 die neuen Staaten heraus und unterscheide dabei:
Welche von ihnen sind
a) Mitglieder der GUS,
b) der EU (siehe auch S. 144/M1),
c) souveräne Staaten, die keinem Bündnis angehören?
2 Stelle in einer Tabelle wichtige Entwicklungen der sowjetischen (russischen) Geschichte zu den Epochen 1945–1991, der Ära Jelzin und der Präsidentschaft Putins nebeneinander (Darstellungstext).

3 **Partnerarbeit:** Sammelt Artikel zur aktuellen **a)** politischen und **b)** wirtschaftlichen Lage Russlands.
4 Gib die Argumente Präsident Putins wieder, mit denen er die russische Annexion der Krim rechtfertigt (M2).
5 Welche Haltung nimmt der Westen gegenüber der Annexion ein (Darstellungstext)?
6 **Recherche:** Finde heraus, unter welchen Umständen das Kosovo unabhängig wurde. Versuche eine Bewertung von Putins Vergleich im letzten Satz seiner Rede.

Webcode: FG642335-175
Russland unter Putin

China heute – führende Weltwirtschaftsmacht?

„Werkstatt der Welt" und „Exportweltmeister" lauten gängige Bezeichnungen für das moderne China. Untersuche hier den Wandel zum Industriestaat und erläutere die mit dem chinesischen „Staatskapitalismus" verbundenen Probleme des Landes.

China bis zum Tode Maos

Aus dem chinesischen Bürgerkrieg ging Mao Zedong als Sieger hervor. Der unterlegene Chiang Kaishek errichtete auf der Insel Taiwan eine eigene, westlich ausgerichtete Diktatur. Der Inselstaat gilt in China bis heute als
5 abtrünnige Provinz. Mao Zedongs Herrschaft von 1949 bis 1976 war durch Terror, Rechtlosigkeit und Gewalt gekennzeichnet. Nach der Abkehr von der Sowjetunion als kommunistischen Bruderstaat führte er das Land in die völlige Isolation. Die Idee des „Großen Sprungs" und
10 der „Kulturrevolution" brachten China an den Rand des wirtschaftlichen Abgrundes (siehe S. 47).

Ein radikaler Kurswechsel

Maos Nachfolger Deng Xiaoping (1904–1997) läutete durch umfassende Wirtschaftsreformen eine grundle-
15 gende Wende ein. Die zentralistische Planwirtschaft wurde zur kommunistischen Marktwirtschaft umgebaut. Bauern erhielten Land zur Pacht; die Volkskommunen wurden aufgelöst. Die private Bewirtschaftung erbrachte höhere Erträge, Überschüsse konnten auf den neuen
20 freien Märkten verkauft werden. Erstmals musste in China niemand mehr hungern. Betriebe durften nun privatwirtschaftlich arbeiten und ausländische Firmen in China investieren. Lenkung und Kontrolle der Wirtschaft verblieben aber beim Staat bzw. bei der Kommu-
25 nistischen Partei. Mit großer Schnelligkeit verwandelte sich China in ein Industrieland. Heerscharen ehemaliger Bauern stampften als Wanderarbeiter Industriestädte und neue Wirtschaftszonen aus dem Boden. Niedrige Löhne, billige Rohstoffe und niedrige Abgaben führten
30 dazu, dass chinesische Produkte auf den Weltmärkten konkurrenzlos billig waren. Im Jahre 2009 löste China die Deutschen als Export-Weltmeister ab. In den letzten Jahren werden aber die Nachteile dieser einseitigen Politik immer deutlicher: Die Umweltbelas-
35 tung ist in einigen Landesteilen unerträglich. Enteignungen und Zwangsumsiedlungen wegen der vielen Bauprojekte verbittern viele Bewohner. Mit dem Wirtschaftswachstum nahm auch die Korruption zu. Parteiführer bereicherten sich durch die Erhebung illegaler
40 Abgaben oder durch Schmiergelder. Die sozialen Unterschiede zwischen armen Arbeitern und Bauern sowie der Schicht Neureicher wachsen stetig. Im Jahre 2015 galten 900 Millionen der 1,4 Milliarden Chinesen als arm.

Wirtschaftlich dynamisch – politisch autoritär und unbeweglich?

45 Eine demokratische Entwicklung im westlichen Sinne hin zu einem Mehrparteiensystem und zur Gewaltenteilung wurde von der allmächtigen KP Chinas verhindert. Die Demokratiebewegung der Studenten 1989 wurde
50 blutig niedergeschlagen. Die KP gab auf keiner Ebene Macht ab, auch wenn die Klagen über korrupte Parteiführer immer wieder zu hören sind. Betrachter aus dem Westen kritisieren die „Eiserne Faust" der Partei, die die Menschenrechte mit den Füßen tritt und die Medien
55 zensiert. Viele Politiker und Wirtschaftsexperten im Westen loben jedoch die außergewöhnliche wirtschaftliche Dynamik des Landes und vertrauen auf die Wirkung der Marktwirtschaft.
In den Städten ist eine neue konsumorientierte Mittel-
60 schicht entstanden, die ihre Kinder auf gute Schulen schickt und sie zu Höchstleistungen für die spätere Berufslaufbahn zwingt. Die „Einkind-Politik" hat China 2013 aufgegeben. Die meisten Familien wollen einen Jungen als Nachwuchs – Mädchen gelten als „weniger
65 erwünscht".
Von Nationalitätenkonflikten hört man im Ausland selten. Etwa 90 Prozent der Bevölkerung bilden die Han-Chinesen. Die anderen zehn Prozent bevölkern aber zwei Drittel der Gesamtfläche des Landes. Konflikte treten
70 immer wieder in der von den muslimischen Uiguren bewohnten Provinz Sinkiang und im 1951 von China annektierten Tibet auf.
Außenpolitisch folgt China dem Prinzip „Verbirg deine Stärke und warte ab". Es steigert seine Militärausgaben
75 und beunruhigt seine Nachbarn durch Gebietsansprüche. Die USA verlegten wegen dieser Spannungen Truppen aus Europa nach Asien. In Afrika engagiert sich China massiv in der Entwicklungshilfe und sichert sich im Gegenzug billige Rohstoffe und die Nutzung land-
80 wirtschaftlicher Produktionsflächen.

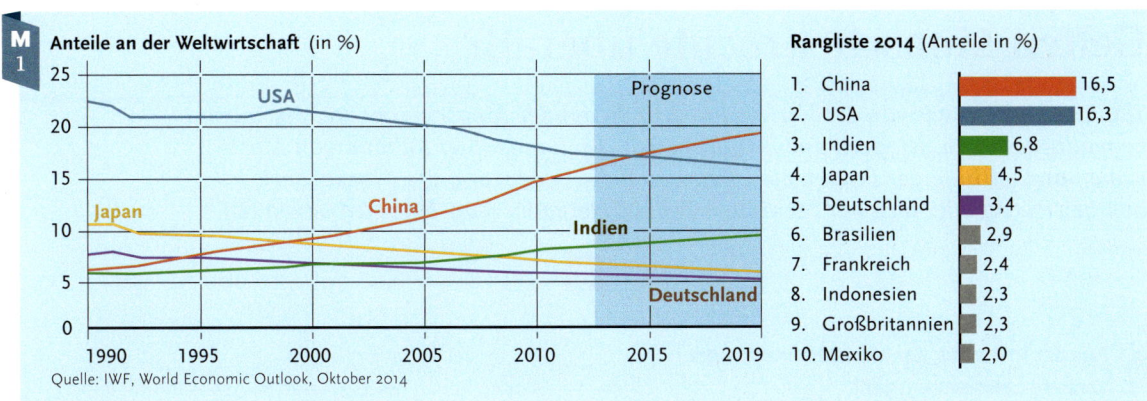

Anteile an der Weltwirtschaft (in %)

Rangliste 2014 (Anteile in %)	
1. China	16,5
2. USA	16,3
3. Indien	6,8
4. Japan	4,5
5. Deutschland	3,4
6. Brasilien	2,9
7. Frankreich	2,4
8. Indonesien	2,3
9. Großbritannien	2,3
10. Mexiko	2,0

Quelle: IWF, World Economic Outlook, Oktober 2014

Chinas Wirtschaft im internationalen Vergleich

Der Journalist Alexander Jung über die chinesische Wirtschaft, August 2015:

In den vergangenen zwei Jahrzehnten ist China zur Hightech-Macht aufgestiegen, systematisch vorangetrieben durch die Eliten der Partei. Die Funktionäre steuerten mit arithmetischer Präzision, wohin
5 sich das Land bewegen sollte. Wachstum, Inflation, Produktivität: Fast immer gelang eine Punktlandung. Chinas Führung lenkte, die Welt staunte. Jetzt wundern sich alle nur.

In den vergangenen sechs Wochen haben börsen-
10 notierte Unternehmen in Peking und Shanghai umgerechnet rund 3,5 Billionen Euro an Wert verloren ... Alle staatlichen Eingriffe halfen nur vorübergehend. Parteichef Xi Jinping ist das Schlimmste widerfahren, was einem Staatskapitalisten passieren kann: Er hat
15 die Kontrolle verloren ... Die Erkenntnis des Kontrollverlusts muss niederschmetternd sein für eine Führung, die sich bislang allmächtig gab ... und offenbart die Schwächen einer autoritären Wirtschaftsführung. Im Staatskapitalismus setzt sich
20 nicht die beste Idee durch, sondern jene, die eine Planungskommission als beste identifiziert hat. Was fehlt, ist der Wettstreit um die effizienteste Lösung, ein Ringen darum, genau das zu liefern, was nötig ist.
25 Auch die soziale Marktwirtschaft hat einen Hang zu Fehlanreizen. Doch hier steht der Staat neuen Ideen und Konzepten für Produkte nicht im Wege, indem er den Zugang zum Markt blockiert. Wenn nur akzeptiert und vor allem finanziert wird, was gerade in
30 den Plan passt, beraubt sich eine Volkswirtschaft der Möglichkeit, flexibel zu reagieren, wenn sich die Kundenwünsche ändern ...

Alexander Jung, Wohlstand nach Drehbuch, in: Der Spiegel 32 (2015), S. 62.

Die Stadt Shenzhen wuchs von 30 000 Einwohnern im Jahre 1972 auf zehn Millionen im Jahre 2010 an, Foto, 2011

1 Erkläre mit eigenen Worten, warum das moderne China als „Werkstatt der Welt" bezeichnet wird.
2 Stelle in einer Tabelle positive und negative Seiten der wirtschaftlichen Modernisierung Chinas nebeneinander (M1, M3 und Darstellungstext).
3 Wiederhole mithilfe der Grafiken M1 und M2 auf S. 75 die Merkmale der sozialen Marktwirtschaft und der Planwirtschaft. Wie müsste das Schema für den chinesischen „Staatskapitalismus" aussehen? Nimm dazu die Aussagen des Journalisten in M2 zu Hilfe und erkläre seine Bewertung.
4 Beurteile anhand der Informationen und Materialien auf dieser Seite, ob China als „zweite Weltmacht" neben den USA bezeichnet werden kann.

Webcode: FG642335-177
Chinas Wirtschaft

Gelten Menschenrechte überall?

Täglich erfahren wir von der Verletzung grundlegender Menschenrechte, vor allem gegenüber Frauen, Kindern und Minderheiten. Du kannst hier anhand von Materialien und mithilfe der Fragen die Inhalte und die Bedeutung der Menschenrechte bearbeiten (A) oder dich mit Menschenrechtsverletzungen auseinandersetzen (B).

 A

 M1

Aus der Erklärung der Menschenrechte der Vereinten Nationen (1948):

Art. 1: Alle Menschen sind frei und gleich an Würde und Rechten geboren ...

Art. 2: Jeder hat Anspruch auf alle in dieser Erklärung verkündeten Rechte und Freiheiten ohne
5 irgendeinen Unterschied, etwa nach Rasse, Hautfarbe, Geschlecht, Sprache, Religion, politischer Idee oder sonstiger Anschauung, nationaler oder sozialer Herkunft, Vermögen, Geburt oder sonstigem Stand ...

10 **Art. 3:** Jede Person hat das Recht auf Leben, Freiheit und Sicherheit.

Art. 4: Niemand darf in Sklaverei oder Leibeigenschaft gehalten werden ...

Art. 5: Niemand darf der Folter... unterworfen wer-
15 den.

Art. 7: Alle Menschen sind vor dem Gesetz gleich und haben ohne Unterschied Anspruch auf den gleichen Schutz durch das Gesetz ...

Art. 9: Niemand darf willkürlich festgenommen, in
20 Haft gehalten oder des Landes verwiesen werden.

Art. 13: Jeder hat das Recht, sich innerhalb eines Staates frei zu bewegen und seinen Aufenthaltsort frei zu wählen ...

Art. 14: Jede Person hat das Recht, in anderen Län-
25 dern vor Verfolgung Asyl zu suchen ...

Art. 16: Heiratsfähige Frauen und Männer haben ohne Beschränkung aufgrund der Rasse, der Staatsangehörigkeit oder der Religion das Recht, zu heiraten und eine Familie zu gründen.

30 **Art. 18:** Jeder hat das Recht auf Gedanken-, Gewissens- und Religionsfreiheit ...

Art. 19: Jeder hat das Recht auf Meinungsfreiheit und freie Meinungsäußerung ...

Art. 20: Alle Menschen haben das Recht, sich fried-
35 lich zu versammeln ...

Art. 23: Jeder hat das Recht auf Arbeit, auf freie Berufswahl und günstige Arbeitsbedingungen sowie Schutz vor Arbeitslosigkeit.

Art. 26: Jede Person hat das Recht auf Bildung. Die
40 Bildung ist unentgeltlich, zum mindesten der Grundschulunterricht ...

Art. 29: Jeder hat Pflichten gegenüber der Gemeinschaft ...

Zit. nach www.un.org/depts/german/-menschenrechte/aemr.pdf (Stand: 03. 09. 2015).

M2

1776	1789	1849	1948	1949	1989
USA	**Frankreich**	**Deutschland**	**Vereinte Nationen**	**Deutschland**	**Vereinte Nationen**
Unabhängigkeits-erklärung	Erklärung der Menschen- und Bürgerrechte	Grundrechte des deutschen Volkes	Allgemeine Erklärung der Menschenrechte	Grundgesetz	Kinderrechte

Die Entwicklung der Menschenrechte von 1776 bis heute

1 Fertige eine Mindmap der allgemeinen Menschenrechte an und kommentiere ihre jeweilige Bedeutung.

2 Erläutere, welche Rechte besonders „anfällig" sind, verletzt zu werden. Beurteile, warum das so ist.

3 Wiederhole mithilfe des Schemas M2 die schrittweise Entwicklung der Menschenrechte.

Webcode: FG642335-178
Menschenrechte

B

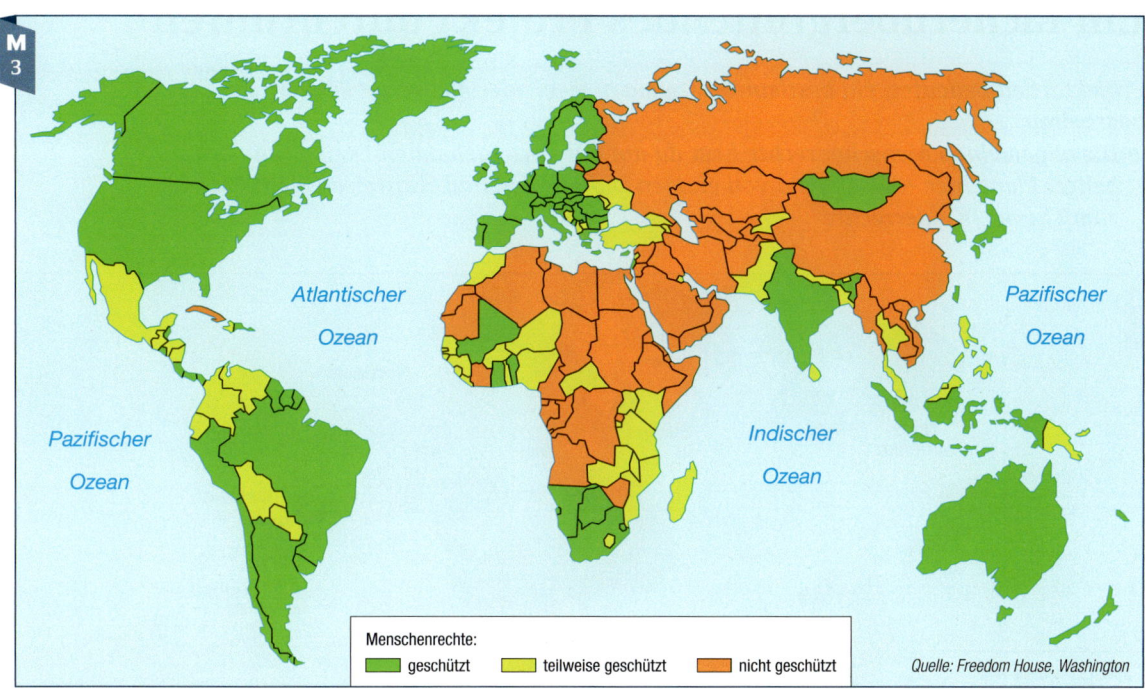

Menschenrechte:

☐ geschützt   ☐ teilweise geschützt   ☐ nicht geschützt

Quelle: Freedom House, Washington

Menschenrechte weltweit (2013)

Aus dem Bericht vom Amnesty international (ai) zur Lage der Menschenrechte (2013):

In 112 Staaten dokumentierte die Organisation Folter und Misshandlung sowie in 101 Staaten Einschränkungen der Meinungsfreiheit … Der Bericht dokumentiert auch zahlreiche Beispiele von
5 Menschenrechtsverletzungen und Kriegsverbrechen in bewaffneten Konflikten … Dramatisch zugespitzt hat sich der Bürgerkrieg in Syrien. Beide Seiten begingen dort schwere Menschenrechtsverletzungen und Kriegsverbrechen …
10 In Brasilien wurden wegen der Fußballweltmeisterschaft 2012 und der Olympischen Spiele 2016 zahlreiche Menschen aus ihren Wohnungen vertrieben, um der Welt im Zuge der Sportereignisse ein geschöntes Bild des Landes zu zeigen. 2012
15 dokumentierte Amnesty rechtswidrige Zwangsräumungen in 36 Staaten …

Zit. nach www.amnesty.de/2013/5/22/amnesty-report-2013-zivilgesellschaft-global-staerken (Stand: 03. 09. 2015).

Aus einem Artikel der „Zeit" (2014):

In Nigeria sind 800 000 Kinder auf der Flucht vor der Gewalt der islamistischen Terrorgruppe Boko Haram. Das berichtet das Kinderhilfswerk Unicef. Insgesamt habe sich die Zahl der Flüchtlinge in-
5 nerhalb eines Jahres auf 1,2 Millionen fast verdoppelt. Mehr als 200 000 Menschen suchten nach Angriffen oder Drohungen gegen ihre Dörfer Schutz in den Nachbarländern Niger, Tschad und Kamerun.
10 Tausende Kinder aus Nigeria sind demnach Opfer schwerer Menschenrechtsverletzungen. Jungen würden getötet, entführt, zwangsverheiratet, als Kämpfer rekrutiert oder gezwungen, sich als Selbstmordattentäter in die Luft zu sprengen.
15 Immer mehr Kinder und Jugendliche seien auf sich allein gestellt, weil ihre Eltern tot oder auf der Flucht von ihnen getrennt worden seien.

Zit nach www.zeit.de/politik/ausland/2015-04/kinder-fluechtlinge-nigeria (Stand: 03. 09. 2015).

1 Gib mittels M3 und M4 eine Einschätzung zur Lage der Menschenrechte heute.
2 Erläutere die Art der Menschenrechtsverletzungen laut M5.

Aufgabe für alle:
Gestaltet ein Plakat mit Beispielen zu Anspruch und Wirklichkeit der Menschenrechte heute.

Ein fächerübergreifendes Projekt durchführen

Projektarbeit bedeutet, ein bestimmtes Thema in zwei oder mehreren Fächern zu bearbeiten.
- *Die allgemeinen Menschenrechte hast du auf der vorangehenden Doppelseite bearbeitet. Plane hier – ausgehend von einigen Materialien und Hinweisen – ein Projekt zum Thema „Kinderrechte".*

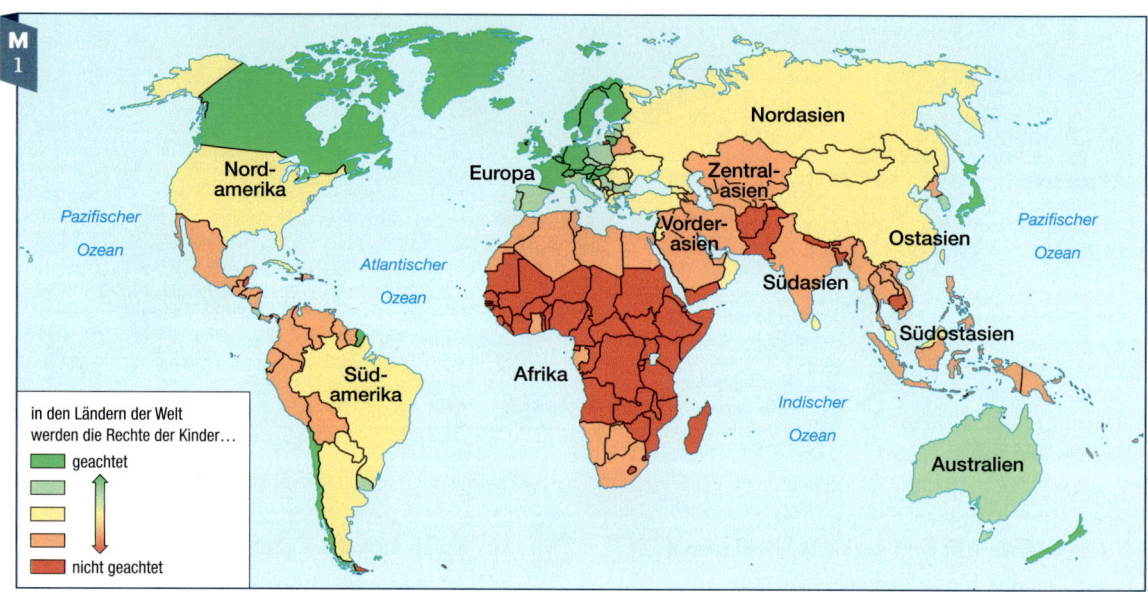

Verwirklichung der Kinderrechte. Bis auf die USA und Somalia haben alle Mitgliedsstaaten der Vereinten Nationen die Kinderrechtskonvention 1989 unterzeichnet (Stand 2015).

Kinderrechte sind Menschenrechte

Die Vereinten Nationen beschlossen 1989, ein die „Rechte der Kinder" festzulegen. Die einzelnen Mitgliedsstaaten erkennen mit der Unterzeichnung der sogenannten Kinderrechtskonvention insgesamt 54
5 Grundrechte zum Schutz aller Kinder und Jugendlichen bis zum Alter von 18 Jahren in ihrem Land an.
Noch immer gibt es in vielen Ländern der Erde Kinder, die dringend Schutz benötigen. Die Kindersterblichkeit ist dank verschiedener UN-Programme (siehe S. 171,
10 M3) gesunken, doch Infektionskrankheiten durch unsauberes Wasser sowie Malaria, Tuberkulose und Aids sind die häufigsten Todesursachen von Kindern und Jugendlichen in armen Ländern. Nach Schätzungen von UNICEF, dem Kinderhilfswerk der Vereinten Nationen,
15 mussten im Jahre 2015 rund 150 Millionen Kinder zwischen vier und 14 Jahren regelmäßig arbeiten – als Straßenhändler, auf Baustellen, in der Landwirtschaft oder in Werkstätten für Teppiche und Kleidung.
In Deutschland geht es den Kindern vergleichsweise gut,
20 da die Kindersterblichkeit niedrig ist. Alle Kinder erhalten eine Schulbildung, eine Gesundheitsversorgung und Freizeitangebote. Dennoch leben auch in Deutschland 1,5 Millionen Kinder in Armut. In den letzten Jahren sind viele Flüchtlingskinder nach Deutschland gekom-
25 men, weil sie vor Kriegen, Folter, Verfolgung, Beschneidung oder Zwangsehen geflüchtet sind. Manche haben ihre Eltern verloren oder sind mit ihnen geflohen.

1 Stelle in einer Tabelle nebeneinander, in welchen Gebieten oder Staaten Kinder besonders wenig und wo guten Schutz genießen (M1).
2 Finde heraus, ob die Kinderrechtskonvention der UNO weitergehende Schutzbestimmungen enthält als die allgemeine Erklärung der Menschenrechte.
3 Bekannte Größen aus Sport, Film oder Musik treten als UNICEF-Botschafter für die Rechte von Kindern weltweit ein. Auch du kannst als „Junior-Botschafter" aktiv werden: Recherchiere und berichte vor der Klasse, welche Aufgaben damit verbunden sind.

Screenshot von www.kinderrechte.rlp.de, Internetseite des Ministeriums für Integration, Familie, Kinder, Jugend und Frauen in Rheinland-Pfalz (Stand: 12. 09. 2015)

Arbeitsschritte „Ein fächerübergreifendes Projekt durchführen"

Planen	
1. Welche Fächer arbeiten mit Geschichte zusammen?	• *z. B. Deutsch, Erdkunde, Politik, Sozialkunde, Religion (Absprache mit den jeweiligen Lehrkräften)* • *z. B. Kinderarbeit, Kinderarmut in Deutschland, Kinder und Jugendliche in Ruanda*
2. Welche Kinderrechte gibt es, welche Schwerpunkte und Ziele stehen im Mittelpunkt unseres Projekts? Wer macht was in welchem Fach in welcher Zeit?	• *Gliederung und Arbeitsplan erstellen und überlegen, was zeitlich machbar ist*
3. Wo bekommen wir Informationen?	• *z. B. siehe Webcode, Anfrage bei Hilfsorganisationen, die sich für Kinderrechte einsetzen; bezieht auch die Informationen auf S. 180 mit ein.*

Durchführen	
4. Inhalts- und Materialbeschaffung	• *Wer macht was zu welchem Thema?*
5. regelmäßige Gruppenbesprechungen	• *Wo gibt es Probleme, wo fehlt noch Material? Kann der Zeitplan eingehalten werden?*
6. Wie gehen wir mit dem gefundenen Material um?	• *Ergebnispräsentation vorbereiten*

Präsentieren	
7. Wer präsentiert welche Teile und wie wird das Ergebnis veröffentlicht?	• *z. B. in Form eines Plakates, einer Wandzeitung, einer PowerPoint-Präsentation*

Auswerten	
8. Was lief besonders gut/schlecht?	• ...

Webcode: FG642335-181
Kinderrechte; „Junior-Botschafter"

Warum gibt es Terroranschläge?

Politisch motivierten Terror hat es seit dem ausgehenden 19. Jahrhundert in vielen Formen und zahlreichen Ländern gegeben. Seit dem 11. September 2001 ist ein „neuer" Terrorismus in unserem Alltag allgegenwärtig geworden, der unsere Gewohnheiten verändert hat.
Versuche hier mithilfe unterschiedlicher Materialien zu einer Einschätzung der Gründe und Auswirkungen des „neuen" Terrorismus zu kommen.

Terrorismus in der Geschichte

Der lateinisch schreibende jüdische Historiker Flavius Josephus (37–97 n. Chr.) berichtet in seinen Schriften von „Mördern neuen Typs", die es bis dahin noch nie gegeben habe. Als die Römer bei ihren Eroberungen
5 auch die von Juden bewohnten Regionen zu römischen Provinzen machten, schlichen sich Mörder an Römer und Juden, die mit den römischen Besatzern zusammenarbeiteten, heran. Mit einem kurzen Dolch, lateinisch „sica", töteten sie ihre Gegner. Diese „Sikarier" gelten als
10 die „ersten Terroristen".
In Europa tauchte der Begriff Terror erstmals in der radikalen Phase der Französischen Revolution 1793/94 auf. Der staatliche Terror des herrschenden Wohlfahrtsausschusses unter Maximilien de Robespierre führte zur
15 Verfolgung und Hinrichtung von wirklichen und vermeintlichen Gegnern der Revolution.
Zum Ende des Zweiten Weltkrieges machten in Westeuropa immer wieder Terrorakte Schlagzeilen, so z. B. wenn Basken, die einen von Spanien unabhängigen
20 Staat forderten, Attentate verübten. In den 1970er Jahren agierten in Italien und der Bundesrepublik Terrorgruppen (siehe S. 96/97).

11. September 2001 – der „neue Terror"

An diesem Tag wurden die Vereinigten Staaten erstmals
25 in ihrer Geschichte auf ihrem eigenen Boden angegriffen. Terroristen des Terror-Netzwerkes Al-Kaida hatten Flugzeuge entführt, von denen sie zwei in die Türme des das New Yorker World Trade Centers lenkten und eines auf einen Flügel des amerikanischen Verteidigungsministe-
30 riums Pentagon in Washington. Über 3000 Menschen kamen bei diesen Angriffen ums Leben. Die Selbstmordattentäter gaben in zuvor aufgezeichneten Videos an, im Namen eines radikalen Islam zu handeln: „Alle Verbrechen, die von Amerikanern begangen wurden, sind eine
35 offene Kriegserklärung an Gott, seinen Propheten und alle Muslime. Es ist die persönliche Pflicht eines jeden Muslim, überall und wo immer möglich die Amerikaner und deren Alliierte zu töten." Die Weltöffentlichkeit reagierte mit Abscheu, und führende Vertreter muslimi-
40 scher Verbände verurteilten die Tat als „unislamisch".

Seitdem fanden sich immer wieder Anhänger des Al-Kaida-Anführers Osama bin Laden bereit, ihr Leben bei weiteren Anschlägen zu opfern. Zu den heute bekanntesten Nachfolge-Organisationen von Al-Kaida wurden
45 Boko Haram in Nigeria (siehe S. 179, M5) und der „Islamische Staat" im Nahen Osten.

Das zweite Flugzeug prallt in den Südturm des World Trade Centers in New York – wenig später werden beide Türme zusammenbrechen. Foto, 11. September 2001

„Krieg gegen den Terror"

Als Folge der Terroranschläge wurden von der UN zahlreiche Maßnahmen beschlossen, um weitere Anschläge
50 zu verhindern. Es kam zu verstärkten Überwachungen, Grenzkontrollen und Abhörmaßnahmen, die die Bürgerrechte einschränkten. Die Amerikaner begannen mit der Tötung führender Terroristen. Als Rückzugsraum von Al-Kaida galt das von radikalen Islamisten, den Taliban,
55 regierte Afghanistan. Die USA und ihre westlichen Ver-

bündeten stürzten in einer aufwendigen Militäraktion die Taliban. Dabei kam es zu massiven Menschenrechtsverletzungen auf beiden Seiten. Osama bin Laden wurde erst 2011 von einem amerikanischen Spezialkommando
60 getötet. Die westlichen Truppen zogen ab 2013 schrittweise aus Afghanistan ab, ohne einen dauerhaften Frieden hergestellt zu haben.

Der neue globalisierte Terror lässt keinen Raum für Verständigung, Verhandlungen oder Kompromisse. Er trifft
65 Unschuldige, die sich zufällig am Ort des Geschehens aufhalten. Mit Entführungen von westlichen Journalis-

ten oder Entwicklungshelfern erpressen die Terroristen hohe Lösegelder zur Finanzierung weiterer Anschläge. Sympathisanten finden die Terroristen vor allem in isla-
70 mischen Ländern. Jedoch auch in Deutschland und anderen EU-Staaten lassen sich junge Menschen anwerben, um in Pakistan, Syrien, im Irak oder im Jemen zu Terroristen ausgebildet zu werden und um Anschläge in Europa zu planen. Bis Anfang 2015 hatten sich 6000
75 zumeist männliche Jugendliche aus Westeuropa islamistischen Terrorgruppen angeschlossen, darunter 600 aus Deutschland.

Der Anführer von Al-Kaida, Osama bin Laden (1957–2011), in einem Interview im Mai 1996:

Wir Muslime sind selber das Ziel von Attentaten, Zerstörung und Grausamkeiten. Wir verteidigen uns nur. Das ist defensiver Dschihad[1]. Wir verteidigen unsere Leute und unser Land. Der Terroris-
5 mus, den wir ausüben, richtet sich nur gegen die Tyrannen, die uns terrorisieren. Terror und Strafe sind notwendige Mittel, die Dinge wieder in Ordnung zu bringen.

Zit. nach Ulrich Schneckener, Transnationaler Terrorismus – Charakter und Hintergründe des „neuen" Terrorismus, Frankfurt a. M. (Suhrkamp) 2006, S. 67.

....

[1] *Dschihad = ursprünglich heiliger Kampf jedes Einzelnen für ein gottgefälliges Leben, heute Ausdruck für den „Heiligen Krieg" gegen die Ungläubigen aus Sicht der Islamisten.*

Der französische Islamwissenschaftler Olivier Roy (2010):

Beim Dschihad geht es nicht um den Islam. Beim Dschihad gibt es Leute mit Maschinengewehren, du kämpfst, kannst jemanden umbringen, hast Geld, du bist ein toller Kerl, es gibt
5 Mädchen ... Der Zulauf zu Terrororganisationen ist eine Jugendbewegung. Das hat mit dem Islam nichts zu tun. Da gibt es eine bestimmte Faszination der Gewalt ... Man sieht diese Faszination auch im amerikanischen Kino – weniger Sex,
10 immer mehr Gewalt – das ist Horrorfilm, globale Jugendkultur.

Zit. nach www.pro-medienmagazin.de/gesellschaft/ -detailansicht/aktuell/der-dschihad-ist-die-neue-revolution-90295 (Stand: 05. 09. 2015).

Der Islamwissenschaftler Michael Kiefer (2014):

Besonders anfällig für radikale Strömungen sind Menschen, die nicht auf der goldenen Seite des Lebens stehen und Diskriminierungserfahrungen hinter sich haben. Prediger der Salafisten[1] sagen
5 den jungen Männern: Wenn ihr zu uns kommt, dann seid ihr auf der richtigen Seite. Wenn ihr gottgefällig handelt, nach Syrien reist und für Gottes Sache kämpft, ist euch das Paradies gewiss. Und die anderen kommen in die Hölle ...
10 Dieses sehr einfache Modell der Weltdeutung erübrigt jedes weitere Nachdenken.

Zit. nach www.dw.com/de/rekruten-f%C3%BCr-den-dschihad/a-17482040 (Stand: 05. 09. 2015).

....

[1] *Salafisten = extrem konservative Strömung des Islam*

....

1 **Wähle eine Aufgabe aus:**
Schreibe aus dem Darstellungstext heraus:
a) Merkmale des historischen Terrorismus
b) Merkmale des „neuen" Terrorismus

2 Stelle Gemeinsamkeiten und Unterschiede fest und notiere offene Fragen.

3 Erkläre, was unter „Krieg gegen den Terror" verstanden wird, und bewerte die Erfolgsaussichten (M1, Darstellungstext).

4 Nenne Beweggründe, warum Jugendliche aus Europa sich Terrorgruppen anschließen (M3, M4).

5 Diskutiert die Aussage von Olivier Roy, der Zulauf zum Dschihad sei eine Jugendrevolte von bestimmten Jugendlichen (M3).

6 Diskutiert, ob die Freiheit des Einzelnen zugunsten der Sicherheit eingeschränkt werden darf.

Webcode: FG642335-183
Terrorismus

Wohin führte der „Arabische Frühling"?

Im Jahr 2011 kam es in vielen arabischsprachigen Ländern Nordafrikas und des Nahen Ostens durch revolutionäre Bewegungen zu überraschenden Veränderungen. Diese Proteste und Demokratisierungsbestrebungen wurden bald als „Arabischer Frühling" bezeichnet. Verschaffe dir einen Überblick über Gründe und Verlauf der Umwälzungen und beurteile die heutige Lage in den ausgewählten Staaten.

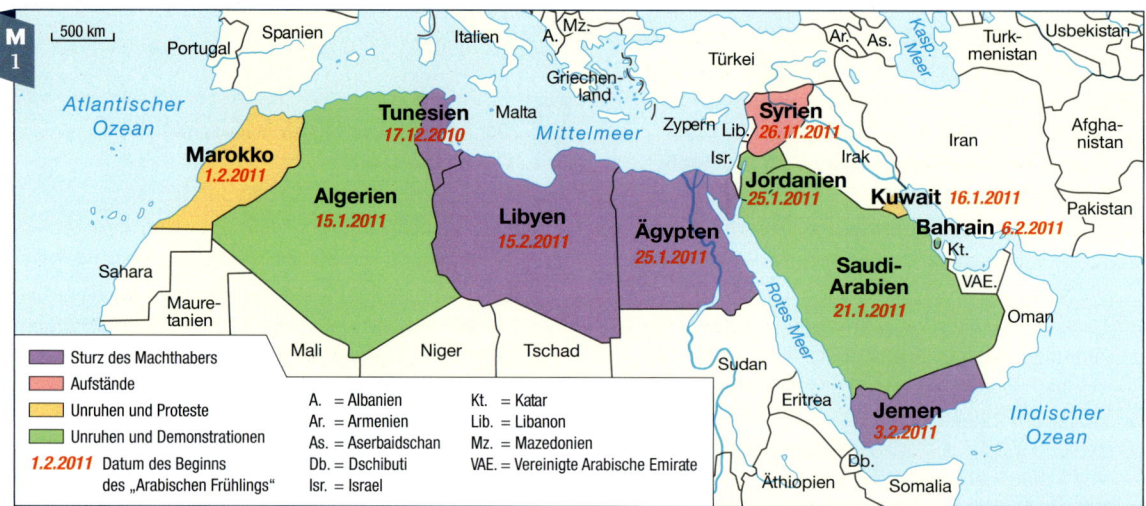

Veränderungen in der arabischen Welt (2011)

Revolution in Tunesien 2011

Aus lokalen Protesten gegen polizeiliche Willkür und steigende Lebensmittelpreise entwickelten sich ab Dezember 2010 landesweite Proteste gegen die autoritäre Herrschaft von Präsident Ben Ali (geb. 1936). Das Militär ergriff Partei für die Protestierenden; der Präsident und seine Frau flohen nach Saudi-Arabien. Erstmals kam es in Tunesien zu freien Wahlen, aus denen eine konservative islamische Partei als Sieger hervorging. Für das Gelingen der Revolution war entscheidend, dass alte Machtverhältnisse beseitigt wurden und eine Übergangsregierung eine verfassunggebende Versammlung berief. Nach dreijähriger Beratung wurde in Tunesien im Januar 2014 die neue Verfassung mit großer Mehrheit angenommen. Sie garantiert die Grundrechte, insbesondere die Gleichstellung von Mann und Frau, sowie – eine Ausnahme in arabischen Ländern – die Freiheit der Religion. Damit wurde die Grundlage für innenpolitische und wirtschaftliche Entwicklung geschaffen. Eine Bedrohung der demokratischen Entwicklung stellten die islamistischen Attentate des Jahres 2015 auf Touristen im Nationalmuseum von Tunis und Strandurlauber in Sousse dar. Damit wurde der Tourismus als wichtige Einnahmequelle des Landes erheblich getroffen.

Proteste auch in Ägypten

Protestkundgebungen gegen autoritäre Herrscher, die allgemeine Korruption und die fehlenden Arbeitsmöglichkeiten für Jugendliche erfassten viele andere arabische Staaten wie das bevölkerungsreiche Ägypten. Auch hier spielten Aufrufe in den sozialen Netzwerken und Mobiltelefone trotz staatlicher Zensur eine bedeutende Rolle bei der Ausbreitung und Organisation der Proteste. Nach mehrmonatigen Aufständen mit hunderten Toten trat der langjährige Staatschef Hosni Mubarak (geb. 1928) zurück. Aus den ersten freien Wahlen ging die „Gerechtigkeitspartei" der unter Mubarak verbotenen Muslimbrüder als Sieger hervor. Als der neu gewählte Präsident Mohammed Mursi (geb. 1951) zahlreiche Muslimbrüder auf wichtige Verwaltungsposten berief, geriet er in Konflikt mit dem mächtigen Militärrat. Mursi wurde von den Militärs verhaftet und 2015 wegen Landesverrats zum Tode verurteilt. Neuer Präsident wurde mit 96 Prozent der Stimmen der vormalige General as-Sisi (geb. 1954). Ägypten wird wieder diktatorisch regiert und steht vor großen wirtschaftlichen Problemen.

Webcode: FG642335-184
„Arabischer Frühling"

Bürgerkriege in Libyen und in Syrien

Im ehemaligen Königreich Libyen herrschte seit 1969 der Diktator Muammar al-Gaddafi (1942–2011), der von westlichen Staaten als Unterstützer weltweiter Ter-
50 roraktionen lange geächtet wurde. Gegen das Regime Gaddafis kam es 2011 zu landesweiten Protesten und bürgerkriegsähnlichen Auseinandersetzungen rivalisierender Clans. Kampfflugzeuge der NATO-Staaten griffen auf Seiten der Gaddafi-Gegner ein. Nach dem Sturz und
55 dem Tod des langjährigen Diktators zerfiel das Land unter zwei sich bekämpfenden Regierungen. In einem Landesteil gibt die Terrororganisation „Islamischer Staat" den Ton an, im anderen spielt „Al-Kaida" eine entscheidende Rolle.
60 Auch in Syrien schienen die Tage der langjährigen Diktatur der Familie Assad gezählt. Ein Teil des Militärs desertierte und bildete die neue „Freie Syrische Armee". Die Assad-Regierung ließ die Städte der Revolten bombardieren und setzte Giftgas gegen die eigene Bevölke-
65 rung ein. Über neun Millionen Syrer flüchteten bis 2015 aus ihrem Land (siehe S. 171/M2).

Die Rolle der Religion*

In den Aufstandsbewegungen des „Arabischen Frühlings" spielten insbesondere in Syrien und im Jemen

Einwohner im zerstörten Aleppo/Syrien, Foto, 2015

70 auch die Spannungen zwischen den beiden großen Konfessionen des Islam, den Sunniten* und Schiiten*, eine bedeutende Rolle. Immer wieder kommt es zu Protesten von Anhängern der jeweiligen religiösen Minderheit, weil sie sich von der Mehrheit der anderen Konfession
75 benachteiligt fühlt. Dahinter verbirgt sich auch ein Machtkampf der beiden großen Regionalmächte des Nahen Ostens: Saudi-Arabien unterstützt die Sunniten und der Iran die Schiiten.

Tagebuchauszug eines libyschen Fotografen aus Darna, 11. März 2015:

Maryam schwatzt fröhlich auf mich ein. Sie trägt eine schwarz-weiße Schuluniform. Mein Onkel Faruk hat mich gebeten, sie von der Schule abzuholen. Maryam ist elf Jahre alt. Wie ich warten hier viele
5 andere männliche Verwandte, Brüder und Väter, bis die Mädchen aus der Schule kommen. Und wie immer fährt die Hisba, die Moral-Polizei des Islamischen Staates, in ihren weißen Vans Streife. Früher lauerten in den Gassen Teenager darauf, die
10 Aufmerksamkeit eines der älteren Mädchen auf sich zu lenken. Das traut sich niemand mehr. Die Aufpasser tragen lange Gewänder, wie in Afghanistan, und lange Bärte. Sie zwingen jetzt auch die Ladenbesitzer, ihre Geschäfte zu schließen, fünfmal am Tag,
15 wie in Saudi-Arabien.
Die Schulen waren zwei Monate geschlossen. Die Lehrpläne wurden von unislamischen Inhalten gereinigt. Biologie, Physik, Sport und Musik gibt es nicht mehr. Für Maryam ist die Schule der einzige Ort, wo
20 sie Freundinnen treffen kann. Mädchen dürfen das Haus kaum noch verlassen.
Wir hassten Gaddafi. Er und seine Söhne herrschten brutal. Und wir hatten Angst vor seiner prügelnden Polizei. Aber Islamisten gab es damals nicht.
Zit. nach www.spiegel.de/politik/ausland/islamischer-staat-in-libyen-tagebuch-aus-dem-fegefeuer-a-1045861.html (Stand: 26.08.2015).

---

1 **Wähle eine Aufgabe aus:**
   a) Erstelle mithilfe der Karte M1 eine Zeitleiste über die Ausbreitung des „Arabischen Frühlings" 2011.
   b) Erstelle eine Tabelle zum Verlauf und Ergebnis der Protestbewegungen in den im Text erwähnten Ländern.

2 Beschreibe die Veränderungen im Alltagsleben in Libyen durch die Machtkontrolle der Islamisten in M3. Finde eine Erklärung dafür, warum gerade die genannten vier Schulfächer abgeschafft wurden.

3 **Recherche:** Suche Informationen zur weiteren Entwicklung in der Region und beurteile aus heutiger Sicht die Ergebnisse der Leitfrage in der Überschrift.

Migration: Viele Gründe, viele Grenzen

Zu allen Zeiten der Menschheitsgeschichte gab es freiwillige oder erzwungene Wanderungen. Im 19. Jahrhundert z. B. verließen über 50 Millionen Menschen Europa in Richtung Nordamerika. Im Jahre 2015 befanden sich weltweit mehr Menschen auf der Flucht als zur Zeit des Zweiten Weltkrieges und in den Nachkriegsjahren.
* *Welche Gründe geben Anlass für die heutige Migration?*

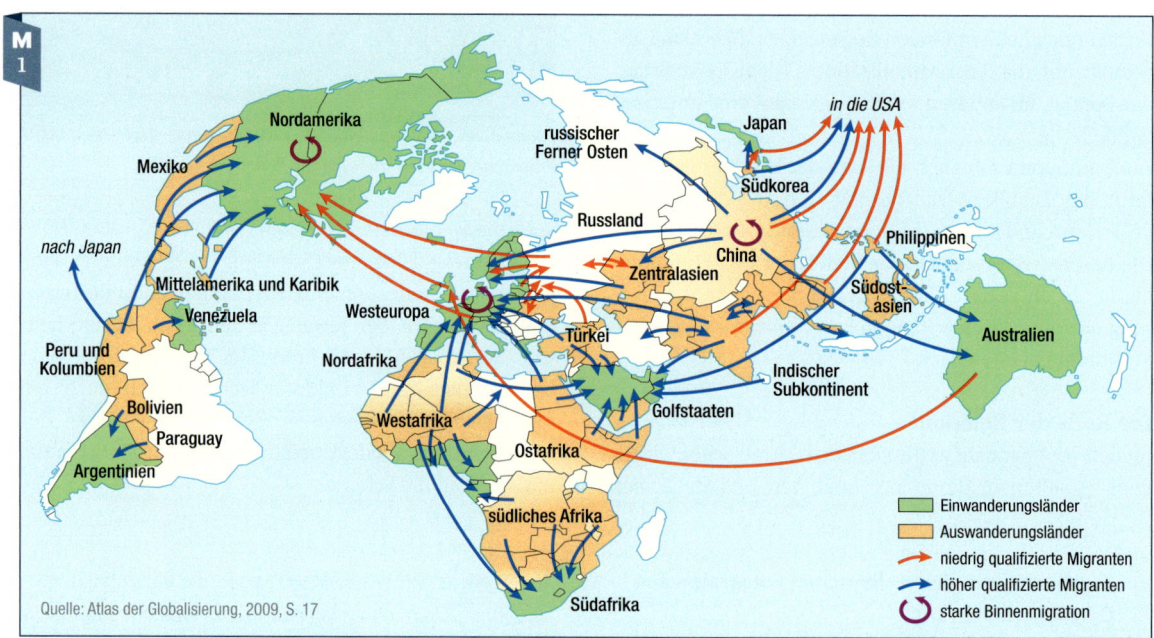

Quelle: Atlas der Globalisierung, 2009, S. 17

Wanderungsbewegungen heute

Arbeits- und Armutsmigration

Nach dem Ende des Kalten Krieges erhofften viele Menschen eine neue Zeit des Friedens und Wohlstands. Doch diese Hoffnung wurde enttäuscht. Seit den 1990er Jahren haben die Wanderungsbewegungen von Menschen
5 auf der Suche nach Arbeit und besserem Leben fast alle Länder der Erde erfasst: als Herkunfts-, Aufnahme- oder Transitland. Hauptgrund für diese Armuts- und Arbeitsmigration sind die großen Unterschiede in Einkommen und Vermögen zwischen reichen und armen Ländern.
10 Etwa 200 Millionen Menschen waren im Jahre 2015 als Arbeitsmigranten in anderen Ländern tätig und schickten monatlich Geld an ihre Verwandten zu Hause. Diese Migranten sind als billige Arbeitskräfte zu einer wichtigen Stütze der globalisierten Wirtschaft geworden. Die
15 Summe der Geldüberweisungen der Migranten ist für viele Entwicklungsländer heute bedeutender als die von den Industrieländern gezahlte Entwicklungshilfe. Die Hälfte der weltweiten Migration findet heute zwischen

den Ländern der Südhalbkugel statt. Die begehrtesten
20 Ziele auf der Nordhalbkugel sind die Europäische Union, die USA und Kanada.

Flucht vor Krieg und Unruhen

Kriege in Afghanistan, im Irak und in Syrien sowie in einigen Teilen Afrikas verstärkten ab 2014 die Flücht-
25 lingswelle nach Europa. Das Mittelmeer wurde zum Grab für Tausende, die die Überfahrt auf kaum seetüchtigen Booten mit dem Leben bezahlten. Die Außengrenzen der Europäischen Union sind an vielen Stellen durch Mauern und Stacheldraht immer undurchdringlicher gewor-
30 den (siehe S. 166/167). Auch die Vereinigten Staaten haben ihre 3000 Kilometer lange Südgrenze nach Mexiko mit Mauern und Zäunen gegen illegale Einwanderer aus Lateinamerika gesichert. Flüchtlinge erhoffen sich in Europa Schutz vor Verfolgung. Doch ein Bleiberecht
35 (Asyl) erhalten nur Menschen, die aus rassischen, politischen oder religiösen Gründen verfolgt werden. Armut

und Arbeitssuche sind keine Asylgründe. In vielen Aufnahmeländern werden Zuwanderer von einem Teil der Bevölkerung als Bedrohung angesehen. Rechtsnationale
40 Medien prangern „Überfremdung" an und fordern mehr Grenzkontrollen und die schnelle Abschiebung der Flüchtlinge. Zugleich engagieren sich jedoch viele Menschen ehrenamtlich, um den Flüchtlingen einen neuen Start zu ermöglichen.

Migranten berichten

2a) Evarista aus den Philippinen, 25 Jahre:

Mein Mann starb bei einem Arbeitsunfall. Wie sollte ich mit zwei kleinen Kindern allein überleben? Einige Monate konnte ich bei Verwandten wohnen, dann
5 unterschrieb ich einen Vertrag bei einer Agentur, die Hausmädchen in die Vereinigten Arabischen Emirate vermittelt. Dort kümmere ich mich um die Kinder, wasche, koche und putze. Freie Zeit habe ich kaum. Aber ich werde nicht geschlagen wie andere Haus-
10 mädchen. Ich überweise regelmäßig Geld an meine Eltern, die sich um meine Kinder kümmern. Einmal im Jahr erhalte ich meinen Reisepass zurück und darf für vier Wochen nach Hause fliegen und die Kinder in die Arme schließen.

15 **2b) Amadou aus Mali, 20 Jahre:**

In meinem Land herrscht Krieg. Mit Freunden bin ich abgehauen. Drei Monate haben wir durch die Sahara bis nach Marokko gebraucht. Über Monate haben wir immer wieder versucht, über die Grenz-
20 zäune von Marokko ins spanische Melilla zu gelangen. Da musst du auf selbst gebauten Holzleitern hoch bis in den Himmel klettern, um über Mauer und Stacheldraht zu kommen. Viele haben sich dabei schwer verletzt, einige sind gestorben. Bei
25 einem Massenansturm 2014 habe ich es geschafft rüberzukommen. Jetzt sitze ich in einem Heim für Asylbewerber auf dem spanischen Festland. Ob ich abgeschoben werde, weiß ich nicht.

2c) Amir aus Afghanistan, 16 Jahre:

30 Meine Eltern starben bei einem Angriff der Taliban in Kabul. Mit meinem Onkel machte ich mich auf die Flucht nach Großbritannien, wo ein Teil unserer Familie bereits lebt. Zwei Jahre waren wir illegal im Iran, wo die Sprache der unseren ähnelt und mein
35 Onkel Gelegenheitsjobs fand.
Ein LKW-Fahrer versteckte uns für 100 Dollar hinter seiner Ladung und brachte uns über die Grenze in die Türkei. Eine Woche später wateten wir durch den Grenzfluss zwischen der Türkei und Griechenland.
40 Dort zahlten wir unser letztes Geld an Schlepper, die uns auf ein völlig überfülltes Boot Richtung Italien setzten. Das Boot kenterte kurz vor der italienischen Küste – die im Innern des Bootes Eingeschlossenen schrien um Hilfe. Über 50 Menschen ertranken. Wir
45 klammerten uns an Holzteile im Wasser und wurden von einem Boot der Küstenwacht aufgefischt. Nach vielen Schwierigkeiten erreichten wir vor drei Monaten Calais in Nordfrankreich. Unser Geld ist aufgebraucht. Das Rote Kreuz versorgt uns mit Essen in
50 unserem primitiven Zeltlager. Jeden Abend wandern wir eine Stunde zum Terminal des Kanaltunnels, um unbemerkt auf einen Lastwagen zu springen – bislang vergeblich. Dabei ist das Ziel so nah – am Tage kann man die englische Küste sehen.

Vom Verfasser nach Zeitungsberichten aus den Jahren 2014 und 2015 zusammengestellt und gekürzt.

Mobilität

Mobilität bedeutet die Bereitschaft und den Willen, seinen Wohnort oder sein Land freiwillig zu wechseln, wenn die Wahl des Arbeitsplatzes, die Ausbildung oder die Interessen des Arbeitgebers dies notwendig machen. Bei Flucht und Vertreibung sprechen wir von erzwungener Mobilität.

1 **Vorschlag für eine Gruppenarbeit:**
Bearbeitet in Gruppen je einen der Berichte M2a)–c). Erläutert dann in einem Vortrag die jeweiligen Gründe für Migration. Zeigt die Wege anhand der Karte M1 auf. Stellt Vermutungen an, wie ihre weitere Zukunft aussehen könnte.

2 Benenne mithilfe der Karte M1 wichtige Herkunfts-, Durchgangs- (Transit) und Zielländer der Migranten.

3 **Recherche:** Finde heraus, wer in Deutschland Anspruch auf Asyl hat. Stelle zwei Fallbeispiele von Migranten in Deutschland vor.

Webcode: FG642335-187
Migration; Flüchtlingsschicksale

Globalisierung – Segen oder Fluch?

Unter „Globalisierung" verstehen wir die zunehmende Vernetzung der Welt auf unterschiedlichen Gebieten. Die Entdeckungsreisen der Portugiesen und Spanier im 15. und 16. Jahrhundert gelten als „erste Globalisierung". In der Folge der Industrialisierung wurden während des Zeitalters des Imperialismus im 19. und Anfang des 20. Jahrhunderts Raum und Zeit immer schneller durch Telegrafen, Eisenbahnen, Automobile und Flugzeuge überwunden.
• Welche Auswirkungen hat die heutige, die „dritte Globalisierung"?

Veränderungen durch die heutige Globalisierung
Voraussetzung für die heutige Globalisierung war die Entstehung eines weltweiten Internets und der Ausbau der Satellitentechnik seit den 1990er Jahren. Dank der Geschwindigkeit neuer Kommunikationstechniken gibt
5 es seitdem eine immer schneller wachsende internationale Verflechtung in Wirtschaft, Politik, Kultur und Umwelt. Touristen schicken digitale Fotos aus entfernten Weltgegenden an ihre Verwandten zu Hause, oder Studenten besorgen sich Fachliteratur in den Datenbanken
10 amerikanischer Universitäten. Obst, Gemüse und Blumen, die früher saisonbedingt nur wenige Wochen im Handel waren, sind nun ganzjährig in den Geschäften zu finden.
Der Welthandel ist stark gewachsen, weil in den bevöl-
15 kerungsreichsten Ländern der Welt, Indien und China, Millionen Menschen durch höheren Lebensstandard zu Konsumenten wurden. Der Preis vieler Waren sank durch Standardisierung der Massenproduktion. Auf der anderen Seite verlagern international tätige Unterneh-
20 men („Global Player") immer häufiger Arbeitsplätze aus Ländern mit starken Arbeitnehmerrechten ins Ausland, wo es weniger strenge Schutzvorschriften, geringere Löhne und Steuern und kaum Umweltauflagen für diese Unternehmen gibt. Durch ihre beherrschende Marktstel-
25 lung können sie politische Entscheidungen beeinflussen oder steuern. Die Wirtschaftszweige der industriellen Revolution wie Kohle und Stahl sind aus den europäischen Industrieländern fast völlig verschwunden. Die neue Wirtschafts- und Geschäftslogik setzt das Profit-
30 streben an die oberste Stelle. Die Herrschaft der Märkte ist in vielen Gebieten der Erde bedeutender, als es die politischen Entscheidungen einzelner Regierungen sind. Englisch wurde überall zur Firmensprache. Heute befinden sich die meisten Unternehmen in einem ständigen
35 Prozess der Umstrukturierung. Der Begriff „Rationalisierung" steht für die Entlassung von Mitarbeitern und die Verdichtung der Arbeit zur Senkung der Kosten. Unternehmensberatungen beschleunigen diesen Prozess.
Heute fragen sich viele Menschen, ob die Chancen oder
40 die Risiken der Globalisierung überwiegen. Werden wir irgendwann alle das Gleiche essen und die gleichen Freizeitangebote wahrnehmen? Lässt es sich verhindern, dass Menschen für Hungerlöhne arbeiten, damit wir günstig einkaufen können? In Deutschland achten ver-
45 schiedene Organisationen darauf, dass für Produkte aus Billiglohnländern faire Preise gezahlt werden. Diese Produkte sind mit besonderen Siegeln gekennzeichnet. Damit wird garantiert, dass die Arbeiter und Bauern einen festen Mindestlohn erhalten, der die Kosten einer nach-
50 haltigen Produktion deckt. Kinderarbeit, Zwangsarbeit und Diskriminierung sind verboten und im Umweltschutz müssen bestimmte Mindeststandards eingehalten werden. Durch den Kauf „fair" gehandelter Produkte können Konsumenten in den reichen Ländern zur Bekämpfung
55 von Ausbeutung und Armut beitragen.

Fallbeispiel für Globalisierung:
Die Produktion eines Smartphones
Viele Menschen nutzen täglich ein Smartphone, ohne sich Gedanken über dessen Herstellung zu machen. Das
60 Gerät besteht aus einer Reihe von Bauteilen (Gehäuse, Akku, Display, Mikrofon, Leiterplatte, Mikrochip usw.). Zu deren Herstellung werden rund 60 Stoffe benötigt: Kunststoffe, Metalle, Glas und Keramik. Unter den Metallen befinden sich Kobalt, Palladium, Gold und Silber.
65 Hinzu kommen seltene Metalle wie Tantal (aus dem Erz Coltan), Indium und Gallium.
Die Bauteile der Smartphones werden an vielen Stellen der Welt hergestellt und in einem Werk zu Ende montiert. Neben den äußerlich sichtbaren Bauteilen wie dem Ge-
70 häuse enthalten Smartphones auch zahlreiche kleinste Bauteile der Hochtechnologie (Hightech-Komponenten). Alle Smartphones müssen vor der Auslieferung mit Software programmiert werden. Die nötigen Hightech-Komponenten stammen oft aus Deutschland.
75 Die Konzerne, unter deren Markennamen Smartphones verkauft werden, konzentrieren sich nur auf die Produktentwicklung, die Werbung und den Verkauf. Der weltweite Markt ist stark umkämpft und verspricht gute Gewinne.

Webcode: FG642335-188
Globalisierung

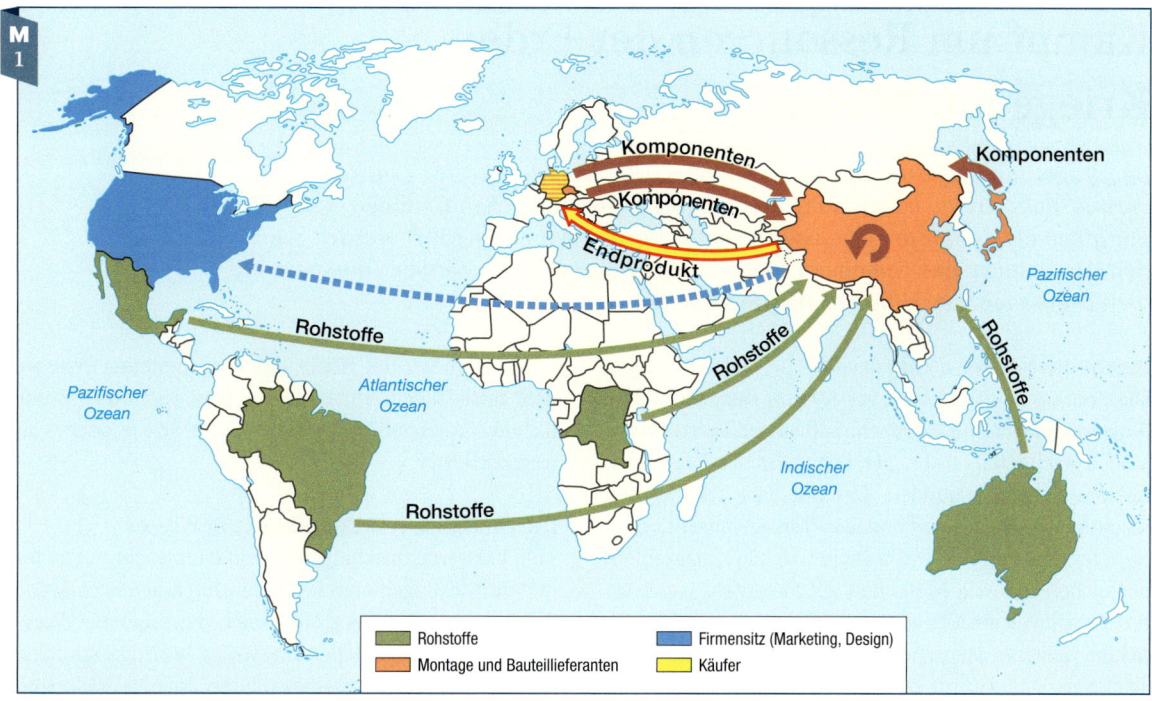

Die weltweite Produktionskette eines Smartphones

Rohstoff-Abbau in der Demokratischen Republik Kongo, Foto, 2011

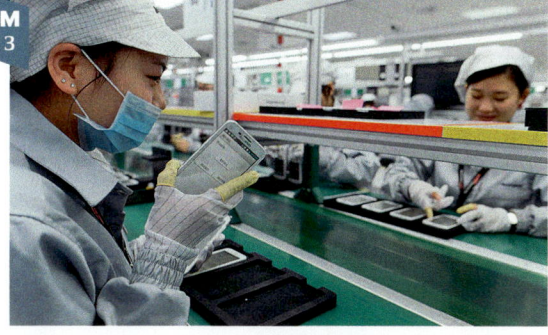

Montage von Smartphones in einer Fabrik in Wuhan, China, Foto, 2013

Globalisierung

bedeutet einen Prozess der zunehmenden Vernetzung der Welt zu einem „globalen Dorf". Weltumspannende Telekommunikation (Telefon, E-Mail, Internet) ermöglicht einen Informationsaustausch innerhalb von Sekunden. Die Globalisierung erfasst auch viele andere Bereiche: Sport verbindet international, und Wissenschaftler tauschen über Kontinente hinweg Forschungsergebnisse aus. Kritiker der Globalisierung weisen auf den ruinösen Wettbewerb um den billigsten Produktionsstandort mit Lohndumping und Verlagerung von Arbeitsplätzen hin. Globalisierte Wertvorstellungen und Denkweisen verdrängen immer öfter nationale Eigenheiten.

1. Wiederhole die allmähliche Vernetzung der Welt in der „ersten" und „zweiten" Globalisierung. Welche Fortschritte kannst du feststellen (Moderationstext)?
2. Schreibe aus dem Darstellungstext deiner Meinung nach positive und negative Aspekte der Globalisierung heraus. Begründe deine Wertung.
3. Beschreibe die Herstellung eines Smartphones anhand von M1 bis M3. Beurteile, ob es ein typisches Produkt der Globalisierung darstellt.
4. Erläutere anhand von Beispielen, woran sich „fair" produzierte Waren erkennen lassen.
5. Gib ein Urteil zur Leitfrage dieser Seite ab.

Kampf um Ressourcen der Erde:
Kriege um Wasser?

Bereits im Jahre 1988 sagte der damalige UNO-Generalsekretär Boutros Ghali voraus, dass Kriege im 21. Jahrhundert nicht aus politischen Gründen, sondern vor allem als Kampf um lebenswichtige Güter wie Wasser geführt werden würden. Untersuche das Thema am Beispiel des „Konfliktstoffs Wasser" und bewerte die Voraussage von 1988 aus heutiger Sicht.

Reicht das Wasser nicht für alle?

Die Erde ist zu 70 Prozent von Wasser bedeckt, allerdings sind davon nur 3 Prozent Süßwasser. Letzteres ist jedoch größtenteils als Eis oder Schnee an den Polen und im Hochgebirge gebunden. Das nutzbare Trinkwasser
5 macht nur 0,3 % des vorhandenen Wassers aus. Es würde allerdings auch bei wachsenden Bevölkerungszahlen ausreichen, um alle Menschen zu versorgen, wenn es nicht so ungleichmäßig verteilt wäre. Im Jahre 2015 hatte eine Milliarde Menschen keinen Zugang zu sauberem
10 Trinkwasser und rund zwei Milliarden Menschen verfügten nicht über akzeptable Toiletten. Daher sterben jährlich immer noch rund fünf Millionen Menschen an Krankheiten, die durch verunreinigtes Wasser ausgelöst werden. Riesige Entsalzungsanlagen von Meerwasser,
15 wie sie in den Golfstaaten üblich sind, produzieren lediglich einen Bruchteil der benötigten Wassermengen. Nur etwas mehr als die Hälfte des entnommenen Wassers wird tatsächlich verbraucht. Der Rest versickert in undichten Leitungen, verdunstet in der Sonne oder wird
20 weggeschüttet.

Die Ursachen von Konflikten um Wasser

Vom Wassermangel betroffen sind hauptsächlich Länder in den Trockengebieten der Erde. Durch den Klimawandel verlagern und vergrößern sich diese Gebiete. Wasserstau und Wasserumleitungen sind wichtige Konflikt-
25 gründe. Über 260 wichtige Flüsse auf der Welt sind Trinkwasserspender für mehrere Länder zugleich. Wenn z. B. in der Türkei am Oberlauf des Euphrat ein riesiger neuer Staudamm das Wasser zurückhält, fordern die Nachbarn und weiterer Nutzer des Flusswassers wie
30 Syrien und der Irak eine bestimmte Wassermenge, die garantiert weiter durchgeleitet wird. Wo es keine Ab-

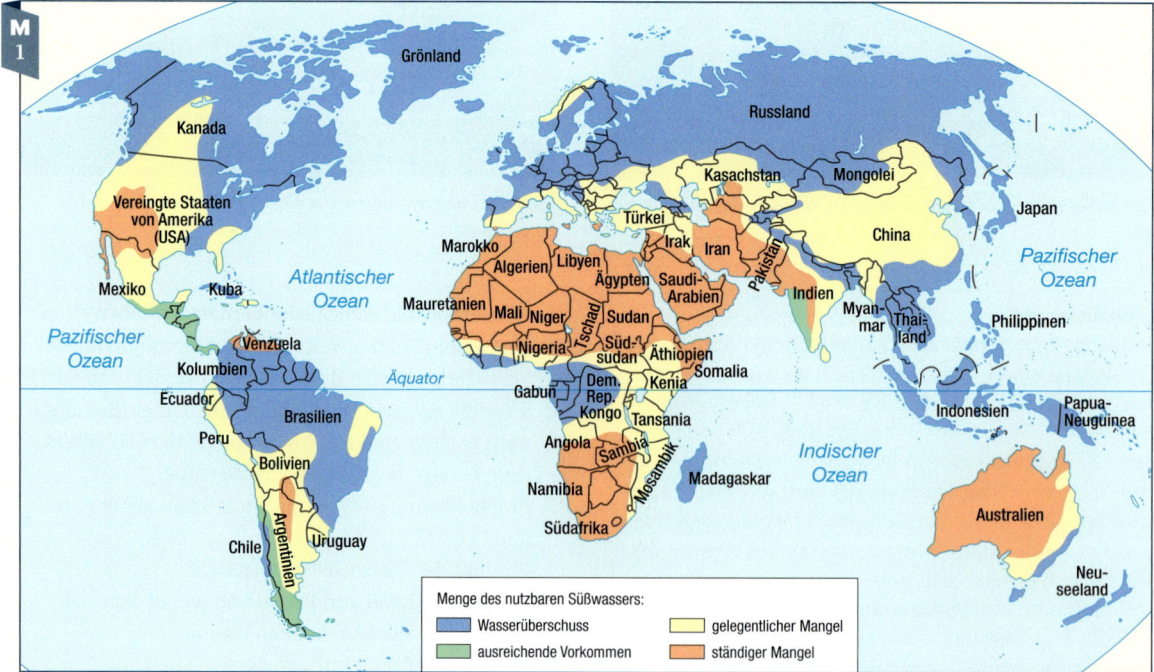

Überfluss und Mangel an Wasser auf der Welt (2014)

kommen gibt, weil der „Erstnutzer" den anderen das Wasser buchstäblich „abgräbt", kann es zu kriegerischen
35 Auseinandersetzungen kommen. Eine weitere Konfliktursache liegt in der Verschmutzung der Flüsse durch ungeklärte Abwässer aus Industrie, Landwirtschaft und Haushalten, wodurch die flussabwärts liegenden Länder kein Trinkwasser entnehmen können.
40 Etwa 5–10 Prozent des Wassers auf der Welt sind heute in privatem Besitz. Dann entscheiden Firmen über die Nutzung und die Höhe des Preises für den Verkauf des Wassers. Es wird zum Spekulationsobjekt und Quelle des Profits für wenige. Gegen die fortschreitende Privatisie
45 rung des Wassers gibt es in vielen Ländern massive Proteste.

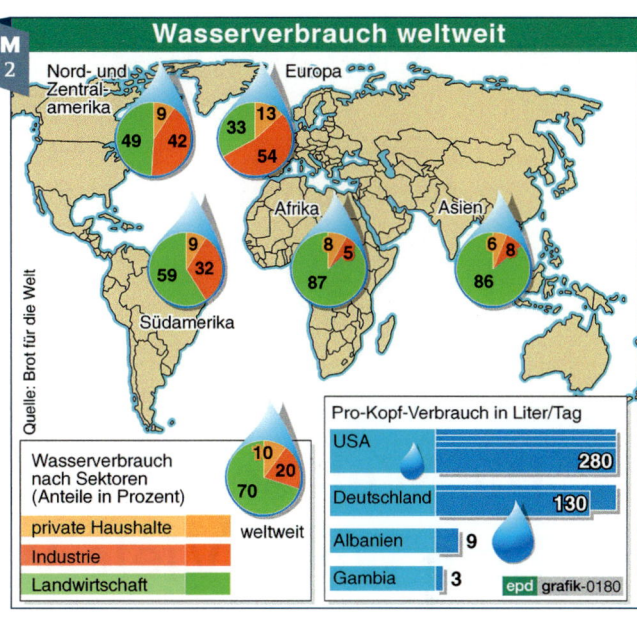

Anteiliger Wasserverbrauch in Haushalten, Industrie und Landwirtschaft sowie der Pro-Kopf-Verbrauch an Trinkwasser in ausgewählten Ländern

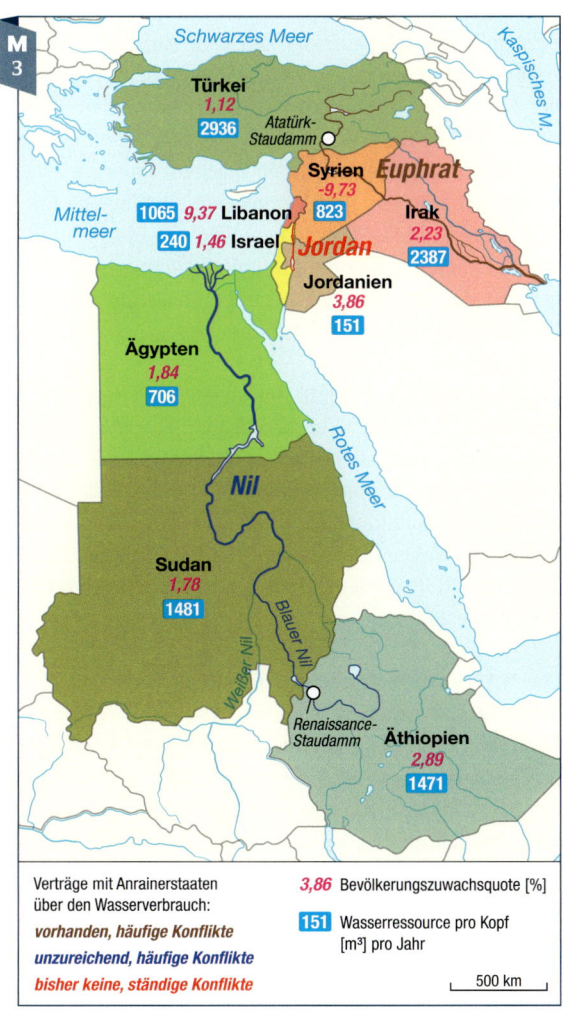

Verträge mit Anrainerstaaten über den Wasserverbrauch:
vorhanden, häufige Konflikte
unzureichend, häufige Konflikte
bisher keine, ständige Konflikte

3,86 Bevölkerungszuwachsquote [%]

151 Wasserressource pro Kopf [m³] pro Jahr

⊢—— 500 km

Konflikte um Wasser im Nahen Osten und in Afrika

· ·

1 Bereite anhand des Darstellungstextes einen Kurzvortrag zum Thema „Wasser wird ein seltenes und umkämpftes Gut" vor.

2 Wähle eine Aufgabe aus:
a) Suche aus der Karte M1 die Gebiete mit Wasserüberschuss heraus.
b) Suche aus der Karte M1 die Gebiete mit Wassermangel heraus.

3 Überlegt dann gemeinsam nach Gründen (z. B. Landwirtschaft, Klima) für stetigen Mangel oder Überfluss an Wasser. Erklärt, wo sich die Wasserknappheit in nächster Zeit vermutlich verschärfen wird.

4 Werte die Grafik M2 aus und stelle Unterschiede fest.

5 Erläutere anhand der Grafik M3 Konflikte um die Wassernutzung in Afrika (Nil) oder Asien (Euphrat).

6 Vorschlag für eine Gruppenarbeit: Die UNO organisiert eine Konferenz zum Thema „Wasser – Mittel der Friedenssicherung oder Auslöser von Krieg"? Stellt Argumente zusammen, diskutiert und urteilt.

Webcode: FG642335-191
Konfliktstoff Wasser

| 1990 | 1995 | 2000 |

1991–1999 Boris Jelzin russischer Präsident

1991 Ende der Sowjetunion; Gründung der Gemeinschaft Unabhängigen Staaten (GUS)

ab 1991 nach dem Zusammenbruch Jugoslawiens Bürgerkriege in den neu entstehenden Republiken

1995 UN-Soldaten können Massaker im bosnischen Srebrenica nicht verhindern

1997–2009 Osterweiterung der NATO

2000–2008 und ab 2012 Wladimir Putin russischer Präsident

11. September 2001 Terroranschlag auf das World Trade Center in New York

2000–2015 Millenniumsziele der UNO

Die Welt seit 1990:
Eine Welt? Viele Welten?

Von der bipolaren zur multipolaren Welt

Mit dem Zerfall der Sowjetunion 1991 endete die Konfrontation der Supermächte USA und UdSSR und damit der Kalte Krieg. In den folgenden Jahrzehnten stieg die Volksrepublik China dank eines gewaltigen wirtschaftli-
5 chen Aufschwungs zur neuen Regionalmacht auf, die auf vielen Gebieten die verbliebene Supermacht USA herausfordert. Der Liberalisierung der chinesischen Wirtschaft standen allerdings keine Veränderungen im politischen Bereich gegenüber. Bis heute lenkt die Kom-
10 munistische Partei Chinas alle Entscheidungen im Land. Die Demokratiebewegung der Pekinger Studenten wurde 1989 blutig niedergeschlagen. Ausländische Beobachter machen auf zahlreiche Menschenrechtsverletzungen aufmerksam.
15 Die seit dem Ende des Kalten Krieges geäußerte Hoffnung auf weniger Kriege und bewaffnete Konflikte hat sich nicht erfüllt. Nationalitätenkonflikte nach dem Zerfall Jugoslawiens und der Sowjetunion forderten auf dem Balkan und im Kaukasus zehntausende Menschen-
20 leben. Der Versuch, während des „Arabischen Frühlings" diktatorische Regime durch demokratisch gewählte Regierungen zu ersetzen, ging mit Unruhen einher. Nur in Tunesien konnte auf der Grundlage einer neuen Verfassung eine Demokratie errichtet werden, während Libyen
25 im Bürgerkrieg versank und in Ägypten das Militär die Macht ausübt.

Die Vereinten Nationen

Die im Jahre 1945 gegründete Weltorganisation zur Friedenssicherung hat seit dem Kalten Krieg an Gewicht
30 gewonnen, doch fehlt es ihr nach wie vor an politischer Durchsetzungskraft in den zahlreichen Konflikten. Außerdem kamen im Laufe der Zeit viele Aufgaben hinzu, zugleich fehlt Personal und mangelt es an Geld. Während der Kriege und Bürgerkriege der letzten beiden Jahr-
35 zehnte konnte die UNO nur wenig mäßigenden Einfluss auf die Kriegsparteien geltend machen. Immer wieder verhindert eine der fünf Vetomächte einstimmige Entscheidungen. Die UNO errichtete Flüchtlingslager für die Vertriebenen der Kriege und findet es immer schwieri-
40 ger, mit den Mitgliedsbeiträgen die steigende Zahl der Menschen in den Lagern mit dem Lebensnotwendigen zu versorgen.

Erfolgreich arbeiten heute die vielen UN-Organisationen, die sich mit der Verbesserung der Lebensbedingun-
45 gen weltweit befassen. Die Millenniumsziele des Jahres 2000 brachten Erfolge im Bereich Armutsbekämpfung und Grundschulbildung für Kinder sowie den Zugang zu sauberem Wasser. Die neuen UN-Ziele für die Jahre 2015 bis 2030 verdeutlichen, dass noch immer große
50 Defizite bestehen.

Die NATO-Osterweiterung und Russlands Großmachtstreben

Nach dem Ende des Kalten Krieges drängten viele ehemalige Staaten des Ostblocks in die NATO, weil sie nach
55 Jahrzehnten der erzwungenen Mitgliedschaft im sowjetisch bestimmten Ostblock in einem westlichen Bündnissystem die besten Chancen für Selbstbestimmung und die Garantie ihrer Unabhängigkeit sahen.

In Moskau wurde die Osterweiterung angesichts vieler
60 eigener Probleme, insbesondere der katastrophalen Wirtschaftslage nach dem Zerfall der Sowjetunion, ohne

2009 China löst Deutschland als Exportweltmeister ab

ab 2011 „Arabischer Frühling",
Bürgerkriege in Libyen und Syrien

ab 2014 verstärkt Flüchtlingswellen
von Afrika und Asien nach Europa

2014 Wunsch der Ukraine nach Westorientierung
führt zu Spannungen mit Russland
russische Annexion der Halbinsel Krim im Osten
der Ukraine

2015–2030 neue Ziele der UNO

Gegenmaßnahmen hingenommen. Erst unter Präsident Wladimir Putin regte sich Widerstand. Er wollte Russland wieder zu seiner einstigen Größe zurückführen,
65 indem er versuchte, die ehemaligen Sowjetrepubliken enger an sein Land zu binden. Erst dann entstand der Vorwurf des „Vertragsbruchs" in Bezug auf die Osterweiterung.

Die Auseinandersetzungen um eine Westorientierung in
70 der Ukraine führten zu nicht nur russisch-ukrainischen Spannungen, sondern auch zu kriegerischen Konflikten zwischen der ukrainischen Armee und von Russland unterstützten Kämpfern (Separatisten) im Osten Deutschlands. Letztere wollen einzelne Gebiete der Ostukraine
75 in eine von ihnen bestimmte „Unabhängigkeit" führen.

Der „neue" Terror

Im Jahre 1998 erließ der saudische Millionär Osama bin Laden einen Aufruf zur Bildung einer islamischen „Weltfront zum Kampf gegen Juden und Kreuzfahrer". Das
80 von ihm gegründete Terrornetzwerk Al-Kaida steht für Hass auf Israel, die USA und ihre westlichen Verbündeten. Bei Anschlägen von Al-Kaida-Terroristen in New York und Washington am 11. September 2001 kamen über 3000 Menschen ums Leben. Der von den USA und
85 ihren Verbündeten ausgerufene „Krieg gegen den Terror" führte zur Besetzung Afghanistans, wo sich die Rückzugsräume Al-Kaidas befanden. Bin Laden wurde 2011 von einer amerikanischen Spezialeinheit in Pakistan getötet. Die westlichen Truppen verließen Afghanis-
90 tan ohne der Region Frieden und Sicherheit gebracht zu haben. Neue Terrororganisationen wie Boko Haram in Nigeria und der „Islamische Staat" im Nahen Osten haben das Erbe Al-Kaidas angetreten.

Wirtschaftliche Globalisierung

95 Der schnelle Ausbau von Internet und Satellitentechnik ermöglichte ab den 1990er Jahren eine zunehmende internationale Verflechtung von Wirtschaft, Politik und Kultur, aber auch u. a. eine engere Zusammenarbeit in Wissenschaft und Sport.
100 China wurde zur „Werkstatt der Welt". Kohle und Stahl als Schlüsselindustrien der Nachkriegszeit verschwanden fast völlig aus den alten Industrieländern Europas. Neue Konsumentenschichten entstanden in den einst bitterarmen bevölkerungsreichsten Ländern der Erde,
105 Indien und China. Wachsende Rationalisierung und Standardisierung der Produktionsabläufe verbilligten die Waren.

Um noch höhere Gewinne zu erzielen, verlagern international tätige Unternehmen Arbeitsplätze aus Ländern
110 mit starken Arbeitnehmerrechten und hohen Schutzvorschriften in Billiglohnländer mit geringen Steuern und fehlenden Umweltauflagen. Oft produzieren die „Gobal Player" in Ländern, in denen autoritär regiert, und Menschenrechtsverletzungen an der Tagensordnung sind.
115 Gegen die Auswüchse der wirtschaftlichen Globalisierung kämpfen Nichtregierungsorganisationen wie „attac". Sie verlangen z. B. ein Verbot bestimmter Börsengeschäfte, eine Spekulationssteuer auf internationale Finanztransaktionen, eine strengere Kontrolle der Ban-
120 ken und einen Schuldenerlass für die ärmsten Länder. Teile dieser Forderungen wurden nach dem Zusammenbruch der Finanzmärkte 2008 in die Tat umgesetzt.

Die Globalisierung bewirkt auch, dass die Kluft zwischen Arm und Reich immer breiter wird. Als Folge da-
125 von sind immer größer werdende Migrationsbewegungen festzustellen.

Die Kriege der Zukunft werden um Rohstoffe und um die ungleich verteilten Wasservorkommen geführt werden – so die Ansicht von UN-Experten.

In diesem Kapitel konntest du folgende Kompetenzen erwerben:

- den Übergang von der bipolaren Welt des Kalten Krieges zur heutigen multipolaren Welt beschreiben und erläutern
- die Rolle der Vereinten Nationen bei der Friedenssicherung und in aktuellen Konflikten erklären und bewerten
- die Bedeutung der Menschenrechte einordnen und an Beispielen sowie einem Projekt untersuchen

- Gründe für heutige Migrationsbewegungen benennen und deren Folgen erläutern
- die Chancen und Bedrohungen durch eine globalisierte Wirtschaft beschreiben und bewerten
- die Entstehung des „neuen" Terrorismus beschreiben
- Auseinandersetzungen um Ressourcen als Auslöser für bewaffnete Konflikte untersuchen und erklären

M1 Der Historiker Hans-Ulrich Wehler (2009):

Weltpolitisch bleibt die Auflösung der Sowjetunion im Jahre 1991, der Kollaps [Zusammenbruch] einer Weltmacht ohne Krieg, ein markanter Einschnitt ... Seither hat mächtepolitisch ein neues
5 Zeitalter begonnen, da an die Stelle der Bipolarität die amerikanische Vorherrschaft getreten ist. Das Ende dieser Vorrangstellung ist jedoch abzusehen, da Chinas Aufstieg zur neuen Weltmacht voranschreitet. Ihm werden sich Indien und Russ-
10 land nach einer Erholungsphase anschließen. Mit der neuen Globalisierungswelle ist die Herausforderung verbunden, dass der weltweit agierende Turbokapitalismus auf eine Weise rechtlich gebändigt werden muss, wie den westlichen Na-
15 tionalstaaten die Zähmung des Privatkapitalismus im ausgehenden 19. Jahrhundert durch Sozialgesetze gelungen ist ... Zuerst in Amerika und Großbritannien in den 1980er Jahren, dann auch in der Bundesrepublik
20 gab es eine gesellschaftliche Polarisierung [Spaltung], in deren Folge die oberen fünf bis zehn Prozent der Erwerbstätigen an Vermögen und Einkommen deutlicher hinzugewonnen haben, während die Lage der Mittelklassen und erst recht der
25 Unterschichten durch Stagnation und Rückgang gekennzeichnet ist. Damit werden die Gleichbehandlungsideale der modernen Demokratie auf dramatische Weise in Frage gestellt ... Seit den 1990er Jahren verkörpert der militante
30 Islamismus eine politische Pest, wie sie das kurze 20. Jahrhundert in Gestalt des Nationalsozialismus und des Bolschewismus erlebt hat.

Hans-Ulrich Wehler, Deutsche Gesellschaftsgeschichte 1949 bis 1990, München (C. H. Beck) 2009, S. XI ff.

Titelseite des „Spiegels", 30/2001.

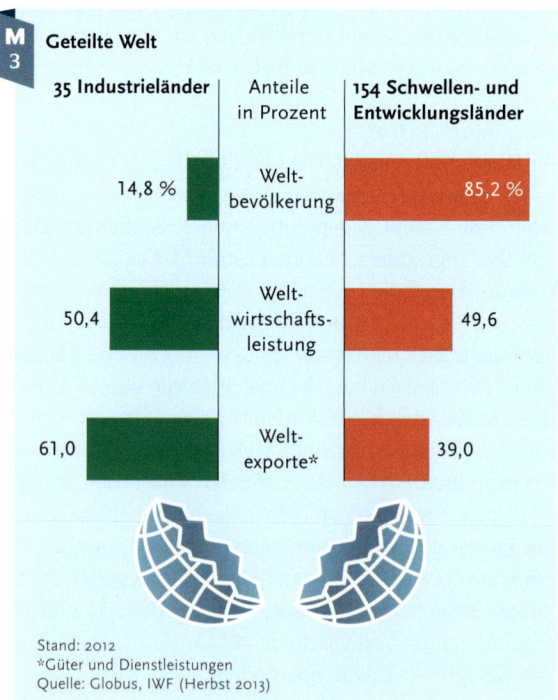

M3 Geteilte Welt

35 Industrieländer	Anteile in Prozent	154 Schwellen- und Entwicklungsländer
14,8 %	Weltbevölkerung	85,2 %
50,4	Weltwirtschaftsleistung	49,6
61,0	Weltexporte*	39,0

Stand: 2012
*Güter und Dienstleistungen
Quelle: Globus, IWF (Herbst 2013)

Weltbevölkerung = mehr als 7 Milliarden Menschen (2015)
Schwellenländer = Länder auf dem Weg zu einem Industrieland, z. B. Brasilien

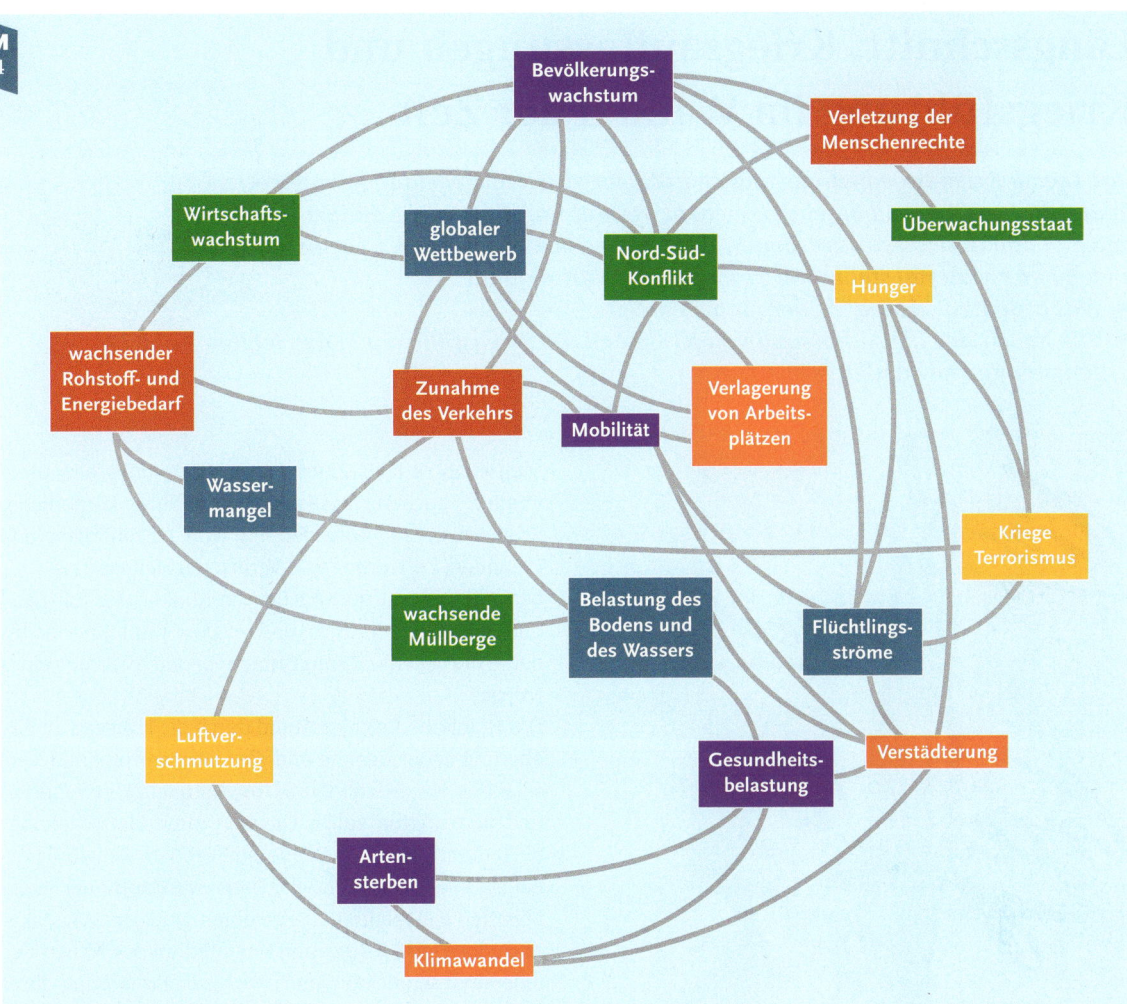

M4

Problemnetz der Erde

Methodenkompetenz

1 Bearbeite den Text des Historikers Wehler (M1) und formuliere seine Aussagen zu kurzen Thesen um.

Fach- und Kommunikationskompetenz

2 **a)** Erkläre den Übergang von der bipolaren zur multipolaren Welt.
   b) Erläutere dabei die Bedeutung der neuen Großmacht China (siehe S. 176/177).

3 **a)** Erkläre deinem Nachbarn – ohne die Begriffe zu nennen – „Globalisierung" und „Migration".
   b) Stelle Beispiele heutiger Migration vor und benenne die jeweiligen Gründe.

4 Korrigiere die Aussagen und vervollständige den Satz:
   • Die Organisation „attac" setzt sich für den Schutz der Kinder in Afrika ein …
   • Der „Arabische Frühling" ist eine besondere Jahreszeit …
   • Die Menschenrechte wurden in Europa erstmalig 1948 erklärt …

Urteilskompetenz

5 Entwirre das Geflecht im Problemgitter M4, indem du die einzelnen Punkte in eine Mindmap umgestaltest.

6 Wähle zwei Problemfelder aus und zeige Lösungsansätze auf.

7 Bewerte die Vor- und Nachteile der wirtschaftlichen Globalisierung anhand gut gewählter Beispiele. Versuche eine Antwort auf die Frage auf der Titelseite des „Spiegels" (M2) zu finden. Beziehe M3 mit ein.

Längsschnitt: Kriegsauffassungen und Kriegsführung im Wandel der Zeit

Das Thema Krieg begegnet uns täglich in Nachrichten und Meldungen aller Art. In diesem Band hast du bereits Ursachen, Verlauf und Ergebnisse einiger bewaffneter Konflikte seit 1945 erarbeitet. Das auf den beiden folgenden Doppelseiten angebotene Material stellt zwei Fragen in den Mittelpunkt:
- *Was bedeutete „Krieg" in vergangenen Zeiten?*
- *Wie haben sich die Auffassung von Krieg und die Kriegsführung in den letzten Jahrzehnten gewandelt?*

M 4

„Nie wieder Krieg", Lithografie/Plakatentwurf von Käthe Kollwitz, Plakat zum Mitteldeutschen Jugendtag in Leipzig im August 1924

Was bedeutet „Krieg"?

Der griechische Philosoph Heraklit schrieb im 5. Jahrhundert v. Chr.: „Der Krieg ist der Vater aller Dinge und der König aller. Die einen macht er zu Göttern, die anderen zu Menschen. Die einen zu Sklaven, die anderen zu
5 Freien."
Ein junger deutscher Soldat berichtete von der Front im Ersten Weltkrieg 1916 an seine Familie: „Da liegen die Kameraden von Minen zerrissen tot, blutige Haufen von Leibern. Das Grausigste kann ich euch gar nicht erzäh-
10 len. Wir wissen gar nicht mehr, was Frieden bedeutet."
Zwischen diesen beiden Zitaten liegen mehr als zweieinhalb Jahrtausende. Die Frage von Krieg und Frieden hat

Menschen zu allen Zeiten beschäftigt. Krieg bedeutete in allen Epochen Angst und Verzweiflung, körperlicher
15 Schmerz, Trauer über den Tod von Angehörigen und Freunden, Zerstörung und Verlust der Heimat. Das Streben nach Macht und Rache, die Konkurrenz um Land und Rohstoffe, ethnische und religiöse Konflikte sind bis heute die bedeutendsten Gründe für den Ausbruch eines
20 Krieges.
Das Römische Reich entstand durch die kriegerische Eroberung neuer Gebiete und die Unterwerfung und Versklavung der Bevölkerung. Im Mittelalter erweiterten und verteidigten adlige Familien ihren Herrschaftsbe-
25 reich durch Jahrzehnte dauernde Fehden. Religiöser Fanatismus und Gewinnsucht waren das Motiv der europäischen Kreuzfahrer. Sie verübten grausame Massaker an Juden und Muslimen in den Städten des Nahen Ostens und schreckten auch vor der Ermordung ihrer
30 christlichen Brüder in Byzanz nicht zurück.
Der erste große Krieg der Neuzeit war der Dreißigjährige Krieg (1618–1648). Er wurde ausgelöst durch die Machtinteressen und religiösen Auseinandersetzungen der europäischen Großmächte und ließ weite Teile Mit-
35 teleuropas verwüstet zurück. Seit dem 17./18. Jahrhundert veränderte sich durch Kanonen und Gewehre die Kriegsführung: Der Schütze erlebte den Tod seines Gegners nicht mehr unmittelbar mit. Mit dem Ersten Weltkrieg begann das Zeitalter des „totalen Krieges", in dem
40 alle Bereiche des öffentlichen und privaten Lebens der Kriegsführung unterstellt wurden. Der industrielle Mord durch Maschinengewehre, Panzer und Flugzeuge wurde zu seinem Kennzeichen („technisierter Krieg"). Die Atombombeneinsätze der Amerikaner in Japan und der
45 Abwurf chemischer Mittel wie „Agent Orange" zur Entlaubung des Dschungels im Vietnamkrieg bildeten neue Eskalationsstufen im Kriegsgeschehen. Das 20. Jahrhundert war wegen der beiden Weltkriege das blutigste der Menschheitsgeschichte.

Frieden schaffen –
ohne Waffen oder durch Aufrüstung?

Im 20. Jahrhundert starb eine bis dahin unvorstellbare Zahl von Menschen durch Kriege und ihre Folgen. Seit dem Ende des 19. Jahrhunderts erhoben aber auch einzelne Personen und Gruppen ihre Stimme gegen gewaltsame Auseinandersetzungen. Im Jahre 1907 trafen sich 256 Delegierte aus 42 Ländern bei einer internationalen Friedenskonferenz in Den Haag, um über die Wahrung des Weltfriedens zu beraten und „Regeln" für Kriege zu bestimmen.

Zum „Apostel des Friedens" wurde die aus dem Habsburgerreich stammende Baronin Bertha von Suttner. Sie überzeugte den schwedischen Erfinder von Dynamit und waffentechnischen Neuerungen, Alfred Nobel, jährlich einen Preis an eine Person oder Institution zu verleihen, die „der Menschheit großen Nutzen" gebracht habe. Den ersten Friedensnobelpreis teilten sich 1901 der Gründer des Internationalen Roten Kreuzes, der Schweizer Henri Dunant, und der Gründer der ersten französischen Friedensgesellschaft, Frédéric Passy. Bertha von Suttner wurde 1905 mit dem Preis ausgezeichnet.

Nach 1945 lautete die Strategie der Machtblöcke „Frieden durch nukleare Abschreckung". Den Handlungsträgern beider Blöcke war dabei bewusst, dass ein möglicher Atomschlag das eigene Überleben infrage stellte. Während des Kalten Krieges lösten sich Phasen der Aufrüstung und der Entspannung ab. Die UNO und die KSZE hatten zum Ziel, ein System der Friedenssicherung aufzubauen.

Kriege im 21. Jahrhundert

In der heutigen Zeit traten neben die herkömmlichen neue Formen der Kriegsführung. Modernste Raketen und Drohnen werden über Satellitentechnik von Ferne gesteuert. Soldaten können von Bildschirmen weit entfernt vom Kriegsgeschehen aus Waffen abfeuern und präzise ihre Ziele treffen. Dadurch sollen die Leiden der Zivilbevölkerung gering gehalten werden. Doch durch Fehleinschätzungen der Entscheidungsträger kommt es bei dieser „chirurgischen Kriegsführung" immer wieder zu Tod und Verderben unbeteiligter Zivilisten.

Seit dem Ende des 20. Jahrhunderts entstanden zahlreiche private Sicherheits- und Militärfirmen. Diese bieten Staaten und internationalen Organisationen polizeiliche und militärische Dienste an, die von der Beratung über das Training von Soldaten und die Minenräumung bis hin zu Kampfeinsätzen reichen.

Krieg im Computerspiel

Unter den beliebtesten Computerspielen für Jugendliche hat eine große Anzahl das Thema Krieg in historischen „Settings" und die Konfliktlösung durch Gewalt zum Inhalt. Strategiespiele machen den größten Anteil aus. Dabei werden historische Kriege, aktuelle Konflikte und mögliche Zukunftskriege thematisiert. Online-Multiplayer-Spiele um die Frage des „First Person Shooter" sind Grundlage für eine Reihe von militärtechnischen Simulationen.

Wissenschaftler haben herausgefunden, dass diese Spiele heute in stärkerer Weise das Geschichtsverständnis besonders von männlichen Jugendlichen prägen als der Geschichtsunterricht in der Schule. Damit seien Video- und Computerspiele zu „virtuellen Erinnerungsorten" geworden.

---

1 Schreibe stichpunktartig aus dem Darstellungstext heraus, wie sich die Kriegsführung im Laufe der Zeit gewandelt hat.

2 Diskutiert die Frage, ob „der Krieg mächtiger ist als der Frieden", wie Heraklit schreibt. Beziehst das Plakat M1 ein.
Tipp: Achtet auf den Entstehungszeitpunkt des Plakats.

3 **Recherche:** Suche unter dem Stichwort „Pazifismus" nach Beispielen für Bewegungen zur Kriegsvermeidung.

4 Diskutiert die These, dass Kriegsspiele heute eine wichtige Informationsquelle für das Geschichtsbewusstsein von Jugendlichen darstellen.

5 **Wähle eine Aufgabe aus.**
a) Finde heraus, welche Persönlichkeiten bzw. Organisationen in den letzten fünf Jahren den Friedensnobelpreis für welche Verdienste erhielten. Berichte.
b) Wiederhole am Beispiel des Friedensnobelpreises für Kanzler Willy Brandt die Würdigung seiner Ostpolitik (siehe S. 120/121).

Aus der Haager Landkriegsordnung (1907):

Art. 22 Die Kriegführenden haben kein unbeschränktes Recht in der Wahl der Mittel zur Schädigung des Feindes.

Art. 23 ... namentlich untersagt sind:

5 a) die Verwendung von Gift ...,

b) die meuchlerische (hinterhältige) Tötung oder Verwundung von Angehörigen des feindlichen Volkes oder Heeres,

c) die Tötung oder Verwundung eines wehrlosen

10 Feindes, der sich ergeben hat,

d) die Erklärung, dass kein Pardon (keine Gnade) gegeben wird,

e) der Gebrauch von Waffen ... oder Stoffen, die geeignet sind, unnötig Leiden zu verursachen ...

15 **Art. 24** Kriegslisten, ... um sich Nachrichten über den Gegner und das Gelände zu verschaffen, sind erlaubt.

Art. 25 Es ist untersagt, unverteidigte Städte, Dörfer, Wohnstätten oder Gebäude ... anzugreifen

20 oder zu beschießen ...

Art. 27 Bei Belagerungen und Beschießungen sollen alle erforderlichen Vorkehrungen getroffen werden, um die dem Gottesdienste, der Kunst, der Wissenschaft und der Wohltätigkeit gewidme-

25 ten Gebäude, die ... Denkmäler, die Hospitäler und Sammelplätze für Verwundete so sehr wie möglich zu schonen ...

Art. 28 Es ist untersagt, Städte oder Ansiedelungen, selbst wenn sie im Sturme genommen sind,

30 der Plünderung preiszugeben.

Zit. nach www.1000dokumente.de/index.html/ index.html?c=dokument_de&dokument=0201_ haa&object=pdf&l=de (Stand: 26. 09. 2015).

Die Weltkriege als „totale Kriege":

Totale Mobilisierung – des Militärs, der Volkswirtschaft und der Bevölkerung für den Krieg. Auch Frauen und Kinder wurden als Soldaten an der Front oder als Arbeiter in der Heimat für den

5 Kampf mobilisiert.

Totale Kontrolle – aller gesellschaftlichen Bereiche durch den Staat inklusive Freizeit und Kultur, um die totale Mobilisierung sicherzustellen.

Totale Kriegsziele – zur vollständigen Niederwer-

10 fung des Feindes ...

Totale Kriegsmethoden – um in dem zum Kampf auf Leben und Tod hochstilisierten Krieg siegreich zu sein. Alles schien erlaubt, solange es nur dem eigenen Erfolg diente. Der Unterschied zwi-

15 schen Kämpfern und Zivilisten verschwamm zusehends,und die Zivilbevölkerung wurde immer mehr zum eigentlichen Ziel der Kriegshandlungen.

Sönke Neitzel, Der Totale Krieg, zit. nach www.bpb.de/ izpb/183865/der-totale-krieg?p=all (Stand: 26. 09. 2015).

Der Philosoph Luciano Floridi über künftige „Cyberkriege" (2015):

Cyberkriege benutzen die Methoden der Piraterie, als Francis Drake im 16. Jahrhundert ... spanische Schiffe überfiel und plünderte und ... [dafür] sogar zum Ritter geschlagen wurde. So ähnlich verhält

5 es sich heute mit Regierungen und ihren Geheimdiensten ... Indem die Geheimdienste fremde Rechner benutzen, verwischen sie ihre eigenen Spuren ... Chemische Waffen kamen im Ersten Weltkrieg zum Einsatz. Ihre schreckliche Wirkung

10 führte ab 1928 zu einer Ächtung durch das Genfer Protokoll. 1975 verbot ein Abkommen die Entwicklung, Produktion und Lagerung von biologischen Kampfstoffen ... Und jetzt brauchen wir dringend eine vergleichbare Konvention für E-Waffen. Wenn

15 ein Digitalangriff die Computersysteme in einem Krankenhaus oder bei der Flugüberwachung lahmlegt, dann sterben Patienten und stürzen Flugzeuge ab. Das kann so tödlich sein wie eine herkömmliche Granate. Nur weiß niemand, woher

20 der Angriff kommt. Die Atombombe können nur wenige Länder herstellen. Digitalwaffen dagegen können theoretisch von einem Teenager mit einem Laptop missbraucht werden.

Zit. nach Luciano Floridi, Tödlich wie eine Granate, in: Der Spiegel, 8/2015, S. 120. Interview: Hilmar Schmundt.

---

1 **Partnerarbeit:** Ordnet die Soldaten (M2 bis M5) bestimmten Epochen zu. Vergleicht ihre Bewaffnung. Beschreibt und beurteilt die Veränderungen in der Kriegsführung durch die unterschiedliche Bewaffnung.

2 Untersuche die Vorgaben der Haager Landkriegsordnung (M6) und bewerte ihre Einhaltung anhand eines aktuellen kriegerischen Konflikts.

3 Charakterisiere die beiden Weltkriege als „totale Kriege", indem du Beispiele für die in M7 genannten Aspekte heraussuchst.

4 Definiere den Begriff „Cyberkrieg" und nimm Stellung zu der Aussage des Philosophen in M8.

Übersicht der Methoden aus Band 1 bis Band 4

Methoden aus Band 1/2 und 3

• Das Internet nutzen

Suche durchführen

1. Welche Suchmaschine wähle ich aus?

Suchabsicht festlegen

2. Welche Suchwörter helfen mir zur Beantwortung meiner Fragen weiter?

Ergebnisse ordnen

3. Wie gehe ich mit den gefundenen Informationen um?
   - Brauchbarkeit und Übersichtlichkeit prüfen
   - Wichtiges von Unwichtigem trennen
   - Unverständliches zu erklären versuchen

Informationen sichern und auswerten

4. Wie halte ich die gefundenen Informationen fest?

Eine Präsentation vorbereiten

5. In welcher Form präsentiere ich meine Ergebnisse?

• Eine Medienrecherche durchführen

Vorüberlegungen anstellen/Suche vorbereiten

1. Über welches Thema möchte ich Bescheid wissen/mich informieren? Thema genau festlegen
2. Wofür brauche ich diese Informationen?
3. Welche Medien kommen dafür infrage?

Zur Bibliothek gehen

4. Informationen einholen

Titelübersicht erstellen

5. Welche Titel/Medien gibt es zu diesem Thema?

Internetrecherche durchführen

6. Weitere Informationen zu bereits gefundenen Titeln sammeln
7. Neue Titel hinzufügen

Die Ergebnisse der Medienrecherche präsentieren

8. In welcher Form und wo sollen die Ergebnisse präsentiert werden?

• Eine biografische Recherche durchführen

Suche vorbereiten/Thema festlegen

1. Über welche Person möchte ich mich informieren? Soll ein bestimmter Aspekt oder eine bestimmte Lebensphase berücksichtigt werden?
2. Welche Medien kommen als Informationsquelle infrage?

Eine Gliederung erstellen

3. Wie baue ich mein Referat oder meine Präsentation auf (Text-, Bild-, evtl. auch Tonquellen)?
4. Welche Schwerpunkte möchte ich beim Inhalt und der Quellenart (Quellenauswahl) setzen?
5. Habe ich auch die historische Zeit berücksichtigt, in der die beschriebene Person gelebt hat?

Informationen sammeln, Recherche durchführen

6. Gibt es in der Bibliothek Informationen?
7. Gibt es aussagekräftige Quellen im Internet?
8. Kann ich Orte besuchen, die für die Person wichtig waren, z. B. Ort ihres Wirkens?

Ergebnisse auswerten

9. Sind meine Quellen glaubwürdig, objektiv und vielfältig? Enthalten sie unterschiedliche Sichtweisen aus verschiedenen Zeiten?
10. Haben sich bei meinen Recherchen Widersprüche ergeben?

Biografie vorstellen

11. In welcher Form und wo sollen meine Ergebnisse präsentiert werden?

• Eine Exkursion durchführen

Informationen beschaffen

1. Besorgt euch zunächst Informationsmaterial von der Verwaltung der Sehenswürdigkeit.

Organisieren

2. Klärt, welcher Termin infrage kommt. Ermittelt Fahrzeiten und Fahrpreise der günstigsten Verkehrsmittel. Stellt vor der endgültigen Entscheidung fest, was die Fahrt wohl insgesamt kosten wird.

Themen in der Schule vorbereiten

3. Sichtet das Informationsmaterial, entscheidet über die Arbeitsschwerpunkte.
4. Teilt euch in Gruppen ein. Jede Gruppe bereitet ein Teilthema vor und bearbeitet es im Museum.
5. Formuliert Einzelfragen zu euren Themen. Bleibt aber auch offen für Unbekanntes.

Im Museum orientieren und Entdeckungen machen

6. Verschafft euch gemeinsam einen ersten Überblick (Rundgang mit Führung).
7. Fertigt Notizen, Skizzen und Fotos oder ein Video (Genehmigung einholen) an, evtl. ist auch ein Interview mit einem Museumsmitarbeiter möglich.

Befunde auswerten und dokumentieren

8. Wertet eure Arbeitsergebnisse in der Schule aus. Jede Gruppe berichtet.
9. Entscheidet, wie ihr eure Ergebnisse dokumentieren wollt: z. B. Exkursionsbuch, Wandzeitung, Reportage für die Schülerzeitung, Film.

• Ein Denkmal interpretieren

Beschreiben

1. Um welchen Denkmal-Typ handelt es sich (z. B. Krieger-, Sieges- oder Heldendenkmal, Mahnmal)?
2. Was sind die Hauptbestandteile?
3. Wie groß ist das Denkmal und aus welchem Material besteht es?
4. Welchen Kunststil vertritt es?
5. Welche Elemente, Symbole und Inschriften weist es aus?

Historisch einordnen

6. Aus welcher Zeit stammt das Denkmal?
7. Woran soll das Denkmal erinnern?
8. Ist etwas über den Auftraggeber und die Finanzierung bekannt?
9. War die Errichtung des Denkmals umstritten?
10. Wie wurde die Einweihung gestaltet?

Aussage deuten

11. Welche Absicht wurde mit der Standortwahl verfolgt?
12. Welche Funktion hatte das Denkmal bei seiner Errichtung?
13. Welche Aussageabsicht haben die einzelnen Elemente und Inschriften?
14. Gab es mit der Zeit einen Wandel in der Wahrnehmung des Denkmals, und wie wird es heute beurteilt?
15. Gibt es weitere Quellen, die die Auswertung des Denkmals unterstützen?

• Kriegerdenkmäler erkunden

Denkmal beschreiben

1. Wie ist das Denkmal gestaltet (Statue, Statuengruppe, ohne Statuen, Inschriften, Gedenksprüche, Sprüche zur Mahnung, Namenstafeln), welchen ersten Eindruck vermittelt es?
2. Welche Einzelheiten und Symbole werden verwendet (Waffen, Adler, Stahlhelme, Ölzweig, Taube)?
3. Welche Haltung nehmen die dargestellten Personen ein (nachdenklich, trauernd, betend, sterbend) bzw. welche Form hat das Objekt?
4. Nach welchen Gesichtspunkten wurde der Standort ausgewählt (Schlachtfeld, Friedhof, Kirchengarten, Ortskern, außerhalb der Ortschaft, Höhenlage)?
5. Welches Material wurde verwendet (Naturstein, z. B. Granit, Sandstein, Mauerwerk, Eisen, Bronze)?

Aussage deuten und Bedeutung klären

6. Zu welchem Zweck wurde das Denkmal errichtet (Heldenverehrung, Totentrauer, Mahnung gegen den Krieg)? Von wem wurde es in Auftrag gegeben?
7. Welche Aussage kann man aus Form und Materialien ableiten?
8. Welche Information erhält man aus den Inschriften?
9. Wurde das Denkmal nach seiner Errichtung verändert, restauriert oder umgesetzt?
10. Welche Bedeutung hat das Denkmal heute? Wer kümmert sich um die Denkmalpflege?

Bewerten

11. Hat sich die öffentliche Einstellung heute gegenüber damals verändert?
12. Wie denkst du über die Aussage des Kriegerdenkmals?
13. Wie dokumentierst du deine Ergebnisse?

• Einen Sachtext erschließen

Thema des Textes

1. Worüber berichtet der Text?
2. Wie lässt sich das Thema kurz formulieren (Überschrift)?

Inhalt des Textes

3. Welche unbekannten Wörter muss ich klären?
4. Welche Textstellen verstehe ich nicht?
5. Welche Schlüsselwörter enthält der Text?
6. Wie lautet die Kernaussage?
7. Welche Einzelinformationen liefert der Text?

Aufbau des Textes

8. Wie lässt sich der Text gliedern?
9. Welche Überschriften lassen sich für die Abschnitte finden?
10. Wie können die Abschnitte in Stichworten zusammengefasst werden?

Inhalt zusammenfassen

11. Wie kann der Inhalt knapp und treffend zusammengefasst werden?

• Eine schriftliche Quelle analysieren

Quelle und Verfasser einordnen

1. Wann und wo wurde die Quelle geschrieben (zeitlicher und örtlicher Abstand zum Ereignis)?
2. Wer war der Autor der Quelle (Augenzeuge; besondere Beziehung zwischen ihm und einer der beschriebenen Personen)?
3. An wen war der Text gerichtet?

Textinformationen entnehmen

4. Welche Begriffe muss ich klären?
5. Wie ist die Quelle aufgebaut? Finde Überschriften für die wichtigsten Abschnitte.
6. Welche Schlüsselbegriffe (= wichtige oder wiederholte Wörter) werden verwendet?
7. Was ist die Hauptaussage des Textes? Fasse sie in ein bis zwei Sätzen zusammen.

Tatsachen von Meinungen unterscheiden und selbst Stellung nehmen (urteilen)

8. Welche Aussagen des Textes sind historisch zuverlässig, welche sind die Meinungen des Autors? Prüfe Textaussagen mithilfe anderer Informationsquellen (Schulbuch, historisch zuverlässige Texte im Internet, Fachbücher). Berücksichtige auch die Informationen zum Autor aus Schritt 2.
9. Welche Meinung vertrittst du zum Thema der Quelle? Wie erscheint dir das Ereignis aus heutiger Sicht?

• Philosophische Textquellen erarbeiten und vergleichen

Leitfrage formulieren

Formale Aspekte

1. Wer sind die Autoren?
2. Wann und wo sind die Texte veröffentlicht worden?

3. Um welche Textquellen handelt es sich?

4. Wovon handeln die Texte?

5. An wen richten sich die Texte?

Inhalt erschließen

6. Was sind die wesentlichen Textaussagen?

7. Wie antworten beide Texte auf die Leitfrage?

Aussagen vergleichen

8. Welche Unterschiede und Gemeinsamkeiten lassen sich feststellen?

Beurteilen (sich in die Menschen der Zeit hineinversetzen und ein Urteil bilden)

9. Welche Ziele verfolgten die Autoren?

10. Welche Wirkung sollten die Texte beim Leser erzielen?

Bewerten (ein Urteil aus heutiger Sicht mit Blick auf die Leitfrage bilden)

11. Welche Bedeutung hat das jeweilige Thema für die Gesellschaft heute?

• Kontroverse Texte untersuchen

Thema benennen und Vorwissen aktivieren

1. Was sind kontroverse Texte?

2. Um welches Thema handelt es sich? Was erfahre ich aus der Einleitung zur Problemfrage und welches Vorwissen habe ich dazu?

Texte analysieren

3. Wann wurden die Texte verfasst?

4. Welche Behauptungen werden dort aufgestellt (z. B. zu den Ursachen des Krieges und zur Schuldfrage)?

5. Welche Aussagen sind belegbar, welche nur Behauptungen oder Vermutungen?

Wertungen und Interessen in den Texten erkennen und beurteilen

6. Wie wird der Leser durch die Texte beeinflusst?

7. Aus welchen Gründen wird die Sachlage so dargestellt?

Heutigen Forschungsstand wiedergeben und mit Texten von früher vergleichen

8. Welche Sichtweise hat der Historiker von heute zu diesem Thema (z. B. Verantwortung für den Ausbruch des Krieges)?

9. Aus welchen Gründen kam es zu Fehleinschätzungen der Politik im Jahre 1914? Worauf gründete diese Fehleinschätzung?

10. Welche Fragen bleiben offen?

• Lebenserinnerungen auswerten

Formale Aspekte

1. Über welches Ereignis wird berichtet?

2. Wer ist die Autorin/der Autor (Familie, Beruf, Biografie)?

3. In welchem zeitlichen Abstand zum Ereignis steht der Bericht?
Wie alt war die Verfasserin/der Verfasser zum Zeitpunkt des Geschehens?

4. In welcher Form hält sie/er die Erinnerung fest?

5. Warum hat sie/er diese aufgeschrieben?

Inhalte erschließen

6. Wie beschreibt die Zeitzeugin/der Zeitzeuge das Ereignis? Distanziert sie/er sich, bekundet sie/er Einverständnis?

7. Wie versucht sie/er die Sichtweise von damals zu begründen?

8. Hatte das beschriebene Ereignis Folgen für das Leben der Autorin/des Autors?

Autobiografische Erinnerung mit anderen historischen Quellen vergleichen

9. Sind die Aussagen glaubwürdig? Inwiefern lassen sie sich durch andere Quellen stützen oder infrage stellen? Was konnte die Verfasserin/der Verfasser wissen, was nicht?

10. Wie lässt sich die Erzählung abschließend bewerten?

11. Gibt es offene Fragen?

• Eine Bildquelle auswerten

Einzelne Elemente beschreiben

1. Was ist dargestellt (Personen, Gegenstände)?

2. In welchen Positionen (Haltungen), in welchen Bewegungen sind sie zu sehen?

3. Wie lässt sich die Situation beschreiben?

4. Was erscheint merkwürdig?

Zusätzliche Informationen hinzuziehen und Bedeutung der Bildelemente entschlüsseln

5. Welche Hinweise gibt die Bildunterschrift?

6. Welche Bedeutung würdest du der entsprechenden Geste, Gebärde, Handlung oder auch dem Gegenstand heute noch zuordnen?

7. Recherchiere Hintergrundinformationen zu den Symbolen (Bibliothek, Internet).

8. Welche Einzelaussagen ergeben sich aus den Symbolen und Gesten?

Bildaussage formulieren

9. Welche Gegenstände oder Handlungen scheinen besonders wichtig zu sein für die Aussage des Bildes? Woran erkennst du das?
10. Welche Gesamtaussage lässt sich formulieren? Gibt es mehrere Deutungen?

• Bilder auswerten und vergleichen

Einzelheiten des Bildes erfassen

1. Welche Personen sind dargestellt?
2. Welches Verhältnis zwischen den Personen wird angedeutet?
3. Ist es eine naturgetreue, eine stilisierte oder eine vereinfachte Darstellung?
4. Beschreibe Kleidung, Aussehen, Hintergrund, Bildrahmen.

Zusätzliche Informationen heranziehen

5. Ist der Titel des Gemäldes bekannt? Gibt es eine Bildunterschrift?
6. Wann ist das Bild entstanden?
7. Wer ist der Künstler?
8. Sind Auftraggeber bekannt?

Bildaussage erkennen

9. Welchen Zweck verfolgt die Darstellung (Erinnerung, Erhöhung, Kritik, Veranschaulichung, Verschleierung, Illustration u. a.)?

Bilder vergleichen

10. Welche Gemeinsamkeiten lassen sich erkennen?
11. Wie unterscheiden sich die Bilder in Aufbau, Farbgebung, Gestaltung?
12. Wie lassen sich besondere Unterschiede, aber auch besondere Gemeinsamkeiten erklären?

• Eine historische Fotografie analysieren

Entstehung der Fotografie

1. Wann ist das Foto entstanden?
2. Was stellt es dar?
3. Wer hat in wessen Auftrag fotografiert?
4. Für welchen Adressaten ist die Fotografie angefertigt worden?
5. Welche Bildtechnik ist zu erkennen (Perspektive, Brennweite, Entfernung, Ausschnitt)?

Aussage und Deutung

6. Was ist der erste Eindruck?
7. Welche Gesamtaussage lässt sich formulieren?
8. Welche Fragen bleiben offen?

• Fotos analysieren und Manipulationen erkennen

Einzelheiten beschreiben

1. Was ist auf dem Foto zu sehen?
2. Welche Unterschiede fallen direkt beim Vergleich von mehreren Fotos auf?
3. Welche Personen sind dargestellt?

Fragen zum Fotografen und zur Bildtechnik

4. Wer hat das Foto gemacht?
5. Wann wurde es aufgenommen?
6. Gab es einen bestimmten Anlass und einen Auftraggeber für das Foto?
7. Welche Bildtechnik wurde gewählt (Figuren, Gegenstände, Blickwinkel, Brennweite, Entfernung, Ausschnitt)?
8. Wurde das Bild bearbeitet durch Montage, Retusche oder Beschnitt?

Weitere Informationen hinzuziehen

9. Welche Informationen gibt die Bildunterschrift (Hilfe, Beeinflussung, Irreführung)?

Gesamtaussage und Deutung

10. Wozu sollte das manipulierte Bild dienen?
11. Wie kann ich mich über die „gelöschten" Personen informieren?
12. Welche Fragen bleiben offen?

• Eine Karikatur entschlüsseln

Ersten Eindruck festhalten

1. Wie wirkt die Karikatur auf dich?

Einzelheiten beschreiben

2. Welche Personen, Gegenstände und andere Details lassen sich erkennen? Achte auf den Gesichtsausdruck und die Körperhaltung. Beziehe die Bildunterschrift mit ein.

Zusätzliche Informationen heranziehen

3. Wer ist der Zeichner?
4. Wann und wo ist die Karikatur entstanden?
5. Gibt es einen Titel?
6. Welches Thema hat die Karikatur?

Bildaussage erkennen

7. Welche Bedeutung haben die Personen und die Gegenstände?
8. Auf welches Ereignis bezieht sich die Karikatur?

Aussage der Karikatur formulieren

9. Was ist die Botschaft?
10. Was wird kritisiert?
11. Welche Wirkung könnte die Karikatur haben?

• Spielfilme untersuchen (Propagandafilme/ Unterhaltung)

Formale Betrachtung
1. Wer ist der Regisseur?
2. Wer hat das Drehbuch geschrieben?
3. Was war der Anlass für die Filmproduktion?
4. Welche Schauspieler sind beteiligt?
5. Drehort

Handlungsablauf untersuchen
6. Lassen sich unterschiedliche Handlungsebenen erkennen?
7. Worin besteht der Höhepunkt? Gibt es mehrere Höhepunkte?

Figurenkonstellation analysieren
8. In welcher Beziehung stehen die Filmfiguren zueinander?
9. Werden Typen und Charaktere dargestellt?
10. Welche Entwicklung erfährt die Hauptfigur?

Welche Bauformen werden verwendet und wie beeinflussen sie die Wahrnehmung des Zuschauers?
11. Kameraführung und Kameraeinstellung, Musik, Licht, Farbe

Botschaft des Films erfassen
12. Welche Wertung ist erkennbar?
13. Wozu fordert der Film auf (Appell, Unterhaltung)?

• Eine Flugschrift untersuchen und deuten

Einzelheiten des Bildes erfassen
1. Wer wird dargestellt?
2. Wie wird die Person dargestellt (Kleidung, Gesichtsausdruck, Körperhaltung, Farbgebung)?
3. Wie sind Umgebung und Hintergrund gestaltet?
4. Gibt es einen Titel, eine Bildunterschrift?
5. Wie sind die Einzelheiten eines Bildes aufeinander bezogen?

Symbole deuten und auf den historischen Hintergrund Bezug nehmen
6. Welche Symbole werden zu welchem Zweck eingesetzt (z. B. Darstellungen von Personen als Tiere, Dämonen oder Heilige)?
7. Welchem Zweck dienen diese „Verkleidungen"?
8. Ziehe deine Kenntnisse zu dieser Epoche bzw. dem speziellen Ereignis heran.

Aussageabsicht des Künstlers deuten
9. Ist der Künstler bekannt?
10. Wo wurde die Flugschrift hergestellt? Ist die Religion, das Gebiet oder das Land wichtig für die Interpretation?
11. Wie hat die Flugschrift wohl auf die Zeitgenossen gewirkt? Wie wirkt sie auf dich?
12. Welchem Zweck diente die Flugschrift?

• Propagandaplakate untersuchen

Ersten Eindruck festhalten
1. Wie wirkt das Plakat?

Einzelheiten beschreiben
2. Welche Personen und Gegenstände erkennst du? Achte auf die Art der Darstellung (groß, klein, im Vordergrund, im Hintergrund, Position im Bild, farbliche Gestaltung) und auf den Zusammenhang zwischen Text und Bild.

Zusätzliche Informationen heranziehen
3. Wie heißt der Grafiker?
4. Aus welchem Anlass ist das Plakat entstanden?
5. Lässt sich über die dargestellten Personen etwas herausfinden?
6. Wer oder was verbirgt sich hinter den Anspielungen im Text?

Aussage des Plakats formulieren
7. Welche Bedeutung hat die Anordnung der dargestellten Figuren und Gegenstände?
8. Welchen Zweck verfolgt der Text zum Bild?
9. Welche Akzente werden durch die Farbgebung gesetzt?

Aussage des Plakats beurteilen
10. Welche Botschaft enthält das Plakat?
11. Welche Wirkung soll erzielt werden?

• Eine Wirtschaftskarte auswerten

Erste Fragen an die Karte stellen
1. Wie heißt das Thema der Karte?
2. Über welchen Zeitraum gibt die Karte Auskunft?

Kartenlegende und Maßstab deuten
3. Wofür stehen die verschiedenen Farben?
4. Was bedeuten z. B. die gezackten Linien?
5. Welche Meere und welche Flüsse kann ich erkennen?

6. Welche Symbole gibt es? Wofür stehen sie?
7. Maßstab feststellen

Inhalt der Karte erfassen

8. Was erfahre ich aus der Karte? Worüber gibt mir die Karte Auskunft?

Aussage der Karte zusammenfassen

9. Was sagt mir die Karte über das jeweilige Land als Wirtschaftsmacht?

Offene Fragen stellen und beantworten

10. Zum Beispiel: Wie gelang es den Römern, einen so großen Wirtschaftsraum zu errichten und erfolgreich zu beherrschen? Wo finde ich Informationen dazu?

• Historische Karten lesen und vergleichen

Formale Aspekte

1. Wann und wo ist die Karte entstanden und veröffentlicht worden?
2. Wer ist der Kartograf?
3. Ist ein besonderer Anlass für die Zeichnung der Karten bekannt? War es eine Auftragsarbeit?
4. Woher stammt das Wissen des Kartografen?

Inhalte erschließen

5. Was ist das Thema der Karte? Gibt es eine Bildunterschrift?
6. Was ist dargestellt?
7. Ist die Welt maßstabsgetreu dargestellt?
8. Welche Besonderheiten sind in der Karte eingezeichnet (Symbole, landschaftliche Merkmale wie Flüsse, Berge oder Beschriftung)?
9. Wie wird die Karte eingerahmt?
10. Welches Bild von der Welt lässt sich der Kartendarstellung entnehmen?

Gemeinsamkeiten und Unterschiede im Vergleich zu anderen Karten

11. Welche Gebiete/Kontinente werden dargestellt?
12. Wie unterscheiden sie sich in Symbolik und Einrahmung?
13. Welcher Unterschied besteht in der Gesamtaussage?

• Instrumentalisierte Kunst analysieren (hier Kunst der NS-Zeit)

Thema und Einzelaspekte des Bildes erfassen und beschreiben

1. Wer hat das Bild gemalt? Wann ist es entstanden?
2. Welchen ersten Eindruck und welche Stimmung vermittelt das Bild?
3. Welche Personen und Gegenstände sind zu sehen?
4. Wo befinden sich die Personen und wie ist das Bild aufgebaut (Bildmittelpunkt, Perspektive)?
5. Werden Farben, Licht und Schatten eingesetzt?

Symbolik und Geschichtlichkeit des Bildes erschließen und deuten

6. In welchem Bezug stehen die Einzelaspekte und welche „Geschichte" erzählt das Bild?
7. Lassen sich Symbole oder bildhafte Vergleiche finden?
8. An welchen Bildelementen werden die Vorstellungen der Nationalsozialisten sichtbar?

Entstehung und Wirkung des Bildes untersuchen und in seinem Zusammenhang interpretieren

9. Was wissen wir über die Entstehung des Werkes und über den Künstler? Wie stand der Künstler zu den Nationalsozialisten?
10. Welche Wirkung könnte es auf Zeitgenossen gehabt haben?
11. Lassen sich ideologische Bezüge erkennen? Inwiefern liegt hier ein Beispiel „instrumentalisierter Kunst" vor?

• Architektonische Quellen analysieren

Beschreiben/erste Eindrücke sammeln

1. Um welches Bauwerk handelt es sich? In welcher Stadt befindet es sich? Welche Maße hat es?
2. Wie wirkt das Gebäude auf dich im Vergleich zu anderen Bauten der damaligen Zeit und im Vergleich mit heutigen Bauten, die dem gleichen Zweck dienen?

Historisch einordnen

3. Zu welcher Zeit wurde das Bauwerk errichtet?
4. Wer war der Auftraggeber, wie heißt der Architekt und wer finanzierte den Bau?
5. Lässt sich der Bau einem bestimmten Architekturstil zuordnen?
6. Welche Bedeutung haben die Figuren und die Schmuckelemente?

7. Welchem vorrangigen Zweck diente es? Wird das Bauwerk auch heute noch so genutzt?

Weitere Informationen beschaffen

8. Wo finde ich Informationen über Architekturstil, Schmuckelemente außen, Innenausstattung, Nutzung des Vorplatzes, Umbauten und über das Bauwerk heute?

Informationen zusammenfassen

9. Gesamteindruck wiedergeben

Architektonische Quellen vergleichen

10. Welche Gemeinsamkeiten lassen sich erkennen?
11. Wie unterscheiden sich die Bauten in Aufbau, Gestaltung, Entstehungszeit, Zweck und Lage?

• Werturteile erkennen

Klären, worauf sich das Urteil des Verfassers/der Verfasserin bezieht

1. Welche Haltungen werden beurteilt?
2. Welche Handlungen werden beurteilt?

Maßstab erkennen

3. Lässt sich das Werturteil auf Sachwissen zurückführen oder ist es unsachlich?
4. Wird deutlich, welche Kriterien für die Bewertung verwendet werden (z. B. aus religiöser Sicht, vom Standpunkt der Menschenrechte oder einer toleranten Grundeinstellung)?
5. Lassen sich Informationen dazu finden, warum ein bestimmter Standpunkt vertreten wird?

Zu einem eigenen Urteil gelangen

6. Wie bewerte ich selbst den Sachverhalt?
7. Wie ist meine Position gegenüber dem Werturteil, das ich erkenne?
8. Wir urteilen andere Menschen darüber?

• Eine Statistik auswerten

Formale Aspekte

1. Gegenstand: Zeitabschnitt, historisches Ereignis, das dargestellt wird
2. Fundstelle, Ort, Zeit, Urheber der Daten (Institution oder Person, politische/öffentliche Stellung)
3. Adressatenbezug: Wer wird angesprochen?
4. Wie wird das Zahlenmaterial präsentiert (Tabelle oder Diagramm, Säulen- bzw. Balkendiagramm, Linien- bzw. Kurvendiagramm, Kreisdiagramm oder Stapeldiagramm)?

Inhaltliche Aspekte

5. Jahreszahlen, Spalten- oder Achsenbezeichnungen, Strukturierungshilfen
6. Legende, z. B. die Zuordnung von Farben zu bestimmten Staaten
7. Aussageart des Diagramms: Wird ein Vergleich angestrebt oder eine Entwicklung aufgezeigt? Gibt es Auffälligkeiten?

Aussagekraft bewerten

8. Gib der Statistik zunächst eine Überschrift mit eigenen Worten: Worum geht es überhaupt?
9. Fasse die Kernaussagen mit eigenen Worten zusammen und erläutere sie kurz.
10. Setze die Aussagen in ihren historischen Zusammenhang.
11. Bewerte die Aussagekraft der statistischen Daten: Ist die grafische Darstellung angemessen? Wird der Sachverhalt zu sehr vereinfacht?

• Ein Schaubild verstehen

Elemente der Abbildung erfassen

1. Welche Fachbegriffe werden verwendet, wie sind sie zu klären?
2. Welche Bedeutung haben Pfeile und Farben?

Aufbau untersuchen

3. Wie lese ich das Schaubild: von links nach rechts?

Inhalt erschließen und bewerten

4. Woran erkennt man, wer die „Macht" hat, wer bestimmt?
5. Sind „Stärken" der Verfassung erkennbar?
6. Sind „Schwächen" ersichtlich?

Historischen Zusammenhang einbeziehen

7. Welche weiteren Informationen zur Einordnung und Bedeutung des Schaubildes sind notwendig?

• Ein Verfassungsschaubild auswerten

Einzelne Elemente der Abbildung erfassen

1. Welche Fachbegriffe werden genannt?
2. Welche Bedeutung haben Farben, Pfeile etc.?

Formale Aspekte

3. Wie ist das Schaubild zu lesen (von unten nach oben, von links nach rechts)? Verändert sich die Aussage, wenn ich einen anderen Einstieg nutze?

Inhalt erschließen

4. Welche Verfassungsorgane sind dargestellt?
5. Wie ist die Gewaltenteilung umgesetzt?
6. Wer kontrolliert wen?
7. Wer darf wen wie oft wählen?
8. Um welche Staatsform handelt es sich?

Aussagen überprüfen

9. Sind die Angaben im Verfassungsschema historisch richtig?

Urteilen

10. Erkennt man „Stärken" und „Schwächen" dieser Verfassung?
11. Worüber gibt das Schaubild keine Auskunft?

• Informationen präsentieren

Referat vorbereiten

1. Informationen aus Büchern, digitalen Medien sammeln
2. Quellenmaterial bereits im Verlauf der Vorbereitung des Referats auswählen und überlegen, an welcher Stelle des Referats dies am besten eingebaut werden soll
3. Gliederung erstellen, Inhalt erarbeiten
4. Zeitvorgaben beachten

Bild-/Textquelle aufbereiten

5. Zuerst nach dem Inhalt, dann erst nach den Einzelheiten fragen, anfangs die Zuhörer Vermutungen anstellen lassen, z. B. was ist zu erkennen?
6. Was sagt das Bild zu dem speziellen Thema aus?

Aussagen visualisieren/Präsentation vorbereiten

7. Wie stelle ich mein Referat vor? Welches Medium nutze ich dafür?

Präsentatieren

8. Liegen alle Materialien vor, die ich für den Vortrag brauche?

• Historische Ereignisse bewerten

Themenstellung formulieren

1. Was genau soll beurteilt werden? Eine Person, eine Epoche, ein Ereignis, ein Konflikt, eine Aussage etc.

Voraburteil

2. Was hast du bisher über diese Thematik erfahren? Halte kurz deinen ersten spontanen Eindruck fest.

Ein begründetes Sachurteil treffen

3. Unter welchen sozialen, wirtschaftlichen und politischen Voraussetzungen handelten die Beteiligten?
4. Welche Interessen verfolgten sie?
5. Welche Handlungsmöglichkeiten hatten sie?
6. Wie beurteilten die Zeitgenossen die Situation?
7. Haben die Beteiligten ihre möglicherweise gesetzten Ziele erreicht? Wäre dies möglich gewesen?
8. Welche Aussagen sind belegbar, welche nur Vermutungen?

Ein begründetes Werturteil formulieren

9. Welchen Einflüssen unterliegt der Urteilende?
10. Wie sind die vergangenen Ereignisse aus heutiger Perspektive zu beurteilen?
11. Kann eine positive oder negative Wertung vorgenommen werden?
12. Ist das Handeln der Beteiligten aus eurer Perspektive gerechtfertigt? Würdet ihr ebenso handeln?

Lexikon

Im Lexikon werden Fremdwörter, historische Begriffe und Ereignisse erläutert, die in den Texten dieses Buches vorkommen und mit einem * versehen sind. Die Fachbegriffe, die auf den Themenseiten erklärt werden, haben einen Verweis auf die entsprechende Seite.

A

Außerparlamentarische Opposition (APO), unter diesem Begriff werden verschiedenste Gruppen zusammengefasst, die sich als Oppositionsbewegung außerhalb des Parlaments verstanden. Zur Zeit der Großen Koalition unter Bundeskanzler Kurt Georg Kiesiger (1966–1969) lastete die Arbeit der parlamentarischen Opposition ausschließlich auf der FDP. Sie schien jungen Erwachsenen, insbesondere den Studenten, nicht stark genug. Die Mitglieder der APO übten Kritik u. a. an der sogenannten „Wohlstandsgesellschaft" und den Notstandsgesetzen, sie verurteilten das amerikanische Eingreifen im Vietnamkrieg und forderten die Aufarbeitung des Nationalsozialismus.

B

Bipolarität, bezeichnet die Struktur des internationalen Staatensystems, bei dem zwei feindliche Machtzentren, zwei Führungsmächte, alleinbestimmend sind und das internationale Geschehen kontrollieren. Gegensatz dazu ist die Multipolarität, bei der es mehrere Machtzentren bzw. Führungsmächte gibt.

Blockbildung, siehe S. 41

Breschnew-Doktrin, 1968 formulierte These von der begrenzten Souveränität der sozialistischen Staaten im Falle einer Gefahr für die „sozialistische Gemeinschaft". Sie gilt als Versuch Breschnews, dem sowjetischen Partei- und Staatschef, den Einmarsch der Truppen des Warschauer Pakts und die sowjetische Interventionspolitik in der ČSSR 1968 („Prager Frühling") zu rechtfertigen.

D

Displaced Persons (engl. = eine Person, die nicht an diesem Ort beheimatet ist), Zwangsarbeiter, die durch die Achsenmächte oder durch eine mit ihnen verbündete Macht während des Zweiten Weltkrieges aus ihrer Heimat deportiert oder durch einen Arbeitsvertrag zum Verlassen ihrer Heimat gezwungen worden waren.

Dominotheorie, von US-Präsident Eisenhower 1954 verkündet, sollte verhindern, dass die Nachbarstaaten Vietnams – ähnlich umkippenden Dominosteinen – alle unter kommunistische Herrschaft geraten und zugleich ein amerikanisches Eingreifen auf dem Kriegsschauplatz in Hinterindien rechtfertigen. Auslöser dafür war der Krieg in Indochina, bei welchem die vietnamesische Befreiungsbewegung aus Nationalisten und Kommunisten, unterstützt von China, die französischen Kolonialherren besiegte und Frankreich zur Aufgabe Indochinas zwang.

Dritte Welt, dazu gehören alle industriell schwach entwickelten Länder in Afrika, Asien und Lateinamerika. Die Erste Welt bilden die industrialisierten Staaten Europas, die USA, Kanada, Australien, Neuseeland und Japan. Zur Zweiten Welt zählen die später industrialisierten sozialistischen Staaten des Ostblocks. Obwohl es den Ostblock nicht mehr gibt, wird weiterhin von der Dritten Welt im herkömmlichen Sinn gesprochen. Die dazugehörigen Länder fordern von den reichen Industriestaaten u. a. mehr Hilfe und Gleichberechtigung auf dem Weltmarkt (siehe auch Nord-Süd-Konflikt).

E

Eindämmungspolitik (engl. containment policy), vor allem von US-Außenminister Georg F. Kennan (1904–2005) entworfenes Konzept, das von US-Präsident Harry S. Truman als Ziel der amerikanischen Außenpolitik vertreten wurde. Damit wollte man dem Bestreben der Sowjetunion nach Erweiterung des Einflussbereichs in Europa und weltweit entgegenwirken und den Kommunismus zugunsten der „freien Welt" eindämmen. Dabei sollten wirtschaftliche, finanzielle und militärische Hilfen der USA eine große Rolle spielen. Die Truman-Doktrin wurde zum Grundprinzip der amerikanischen Außenpolitik im Kalten Krieg und führte zum Aufbau des nordatlantischen Paktsystems und zu einer starken antikommunistischen Einstellung.

„Eiserner Vorhang", Bezeichnung für die Abschottung des Ostblocks gegen den Westen. Vorrangig eine ideologisch unüberwindbare Grenze zwischen den westlichen, liberalen Demokratien in Westeuropa und den kommunistischen Ländern in Osteuropa. Damit wurden aber auch die Grenzschutzanlagen entlang der Grenze zwischen der Bundesrepublik und der DDR, zwischen West- und Ost-Berlin sowie entlang der Grenze von Ungarn bis zur Ostseeküste bezeichnet. Sie bestanden aus Stacheldraht, Selbstschussanlagen, Minenfeldern und Wachtürmen und sollten verhindern, dass Menschen aus kommunistisch regierten Staaten in den Westen flohen. Mit dem Zusammenbruch der kommunistischen Regierungen kam es zum Abbau des „Eisernen Vorhangs". Den Anfang machte Ungarn mit der Grenzöffnung im Mai 1989, die Berliner Mauer fiel im November 1989.

Emanzipation, siehe S. 85

Entnazifizierung, Versuch der Siegermächte, die deutsche Gesellschaft vom Nationalsozialismus zu „säubern". Maßnahmen waren unter anderem gerichtliche Verfolgung von Kriegsverbrechern (Nürnberger Prozesse), Entfernung ehemaliger Nationalsozialisten aus einflussreichen Positionen sowie Umerziehung (Reeducation) der Bevölkerung durch Schule und Medien. Mithilfe von Fragebögen sollte der berufliche und politische Werdegang der Deutschen während der NS-Zeit untersucht werden. Die Entnazifizierung wurde in den einzelnen Zonen unterschiedlich durchgeführt. Der Erfolg der Entnazifizierung ist in der Geschichtswissenschaft umstritten.

Entspannungspolitik, siehe S. 57

Entwicklungsländer, Länder, die gemessen an „hochentwickelten" Ländern, „unterentwickelt" sind. Merkmale bzw. Ursachen sind: Ein großer Anteil der Bevölkerung ist in der Landwirtschaft tätig, wenig Bildungsmöglichkeiten, niedriges Pro-Kopf-Einkommen, Kapitalmangel, ungenügende Infrastruktur, unzureichende medizinische Versorgung, einseitige Abhängigkeit von der Weltwirtschaft.

Europäische Integration, siehe S. 154

F

Friedliche Koexistenz, auf dem XX. Parteitag der KPdSU proklamierte der russische Ministerpräsident Nikita S. Chruschtschow (1894–1971) diesen Begriff als außenpolitische Leitlinie für das Verhältnis der UdSSR zu den kapitalistischen Staaten. Der Gedanke der friedlichen Koexistenz entsprang eher taktischen als ideologischen Überlegungen. Er sollte der UdSSR einen größeren Handlungsspielraum verschaffen. Das Prinzip hatte innerhalb des sowjetischen Machtbereichs aber keine Geltung.

G

Gemeinschaft Unabhängiger Staaten (GUS), loser Zusammenschluss von zunächst zwölf Teilrepubliken der ehemaligen Sowjetunion (1991). Mit einem gemeinsamen Markt wollte man die großen wirtschaftlichen Probleme beim Übergang zur Marktwirtschaft und zur Unabhängigkeit ehemaliger Teilrepubliken der Sowjetunion mildern. Außerdem waren Absprachen zu einer gemeinsamen Außenpolitik, beim Umweltschutz und bei der Kriminalitätsbekämpfung geplant. Die baltischen Staaten (Estland, Lettland, Litauen) schlossen sich nicht an, und Georgien trat 2008 aus. Die GUS hat heute praktisch keine Bedeutung mehr, da es eine Fülle bilateraler und multilateraler Abkommen zwischen den Mitgliedern gibt. Die Ukraine ließ angesichts der Spannungen mit Russland wegen der Krim ihre Mitgliedschaft seit 2014 ruhen.

„Glasnost" und „Perestroika", von dem russischen Ministerpräsidenten Gorbatschow zur Beschreibung seiner Reformpolitik verwendete zentrale Begriffe. „Glasnost" (Offenheit): Transparenz der Entscheidungen in den Staats- und Parteiorganen und öffentliche Diskussionen der Probleme und Aufgaben. „Perestroika" (Umbau): Ursprünglich als Modernisierung der Führungsrolle der KPdSU gedacht, führte sie, verschärft durch Machtkämpfe, Wirtschaftsprobleme und Nationalitätenkonflikte, zum Zerfall der Sowjetunion.

Globalisierung, siehe S. 189

Guerillakrieg (span. = kleiner Krieg), Kampf irregulärer einheimischer Truppen gegen eine Besatzungsmacht, eine feindliche Armee oder im Bürgerkrieg. In den Entwicklungsländern die vorherrschende Kampfform für die nationale und soziale Befreiung (China 1927–1949, Vietnam 1946–1973, Kuba 1956–1959 u. a.).

H

Hallstein-Doktrin, Doktrin von 1955–1969, benannt nach dem damaligen Staatssekretär im Auswärtigen Amt, Walter Hallstein. Damit verband sich der Anspruch der Bundesrepublik Deutschland, die einzig legitime Vertreterin aller Deutschen, auch der DDR-Bürger, zu sein, da Letztere nicht frei wählen konnten. Die damalige Bundesregierung erklärte, dass sie mit keinem Staat diplomatische Beziehungen aufnehmen würde, der seinerseits Beziehungen zur DDR eingehe.

K

Kalter Krieg, siehe S. 41

Kasten/wesen (portug. casta = Herkunft oder Rasse), im Hinduismus hierarchische Einordnung von Menschen in unterschiedliche Kasten; sie prägt das gesellschaftliche Leben zum Teil auch heute noch in ländlichen Gegenden. Mit der Zuordnung zu einer Kaste sind bestimmte Lebensweisen und Berufe verbunden. Die Kastenzugehörigkeit ist erblich bedingt, auch Ehen sind nur innerhalb einer Kaste möglich. Durch ein gutes Leben kann man bei einer Wiedergeburt in eine höhere Kaste aufsteigen, so die religiöse Anschauung. Mahatma Gandhi war der bekannteste Gegner des Kastensystems. Die indische Verfassung verbietet seit 1949 jegliche Diskriminierung aufgrund von Kasten.

KSZE (Konferenz für Sicherheit und Zusammenarbeit in Europa), 1975 von 35 Staaten unterzeichnete Schlussakte von Helsinki, in der sich die Unterzeichnerstaaten über folgende Problembereiche verständigten: Gewaltverzicht, friedliche Schlichtung von Streitfällen, Nichteinmischung in innere Angelegenheiten und Anerkennung der Menschenrechte; außerdem sprachen sie sich für eine Zusammenarbeit in Wissenschaft und Technik aus. Durch mehrere Nachfolgekonferenzen wurde die KSZE zu einer festen Einrichtung, um den Frieden in Europa zu festigen. Vor allem die Oppositionsgruppen in den Ostblockstaaten beriefen sich darauf, dass ihre Länder die Akte von Helsinki unterzeichnet hatten und forderten öffentlich die Einhaltung der Menschenrechte. 1990 unterzeichneten die KSZE-Staaten die Charta von Paris, durch die sie sich zu Demokratie, zur Marktwirtschaft, sozialer Gerechtigkeit und zu den Menschenrechten bekennen. Seit 1993 gehören der KSZE 53 Staaten an.

M

Markt, siehe S. 75

Marshallplan (European Recovery Program = ERP), Bezeichnung für das wirtschaftliche Hilfsprogramm zum Wiederaufbau Europas (1948–1952); benannt nach dem amerikanischen Außenminister George Marshall. Durch die Stärkung der Wirtschaft in Europa und ihre Rückführung zu Partnern des freien Welthandels sollten auch die politischen Verhältnisse stabilisiert und so die Anfälligkeit der europäischen Länder nach dem Zweiten Weltkrieg für die kommunistische Ideologie gebremst werden. Stalin ließ die osteuropäischen Länder, obgleich ihnen dies offen stand, nicht teilnehmen (siehe auch Eindämmungspolitik).

Menschenrechte, siehe S. 147

Mobilität, siehe S. 187

N

NATO-Doppelbeschluss, das atomare Wettrüsten der Supermächte USA und Sowjetunion führte dazu, dass das westliche Militärbündnis den NATO-Doppelbeschluss verkündete: Entweder würde die Sowjetunion ihre auf Westeuropa gerichteten Mittelstreckenraketen auf die Zahl der westlichen Mittelstreckenraketen verringern, oder der Westen würde ab 1983 atomare Mittelstreckenraketen aufstellen – vor allem in Westdeutschland. Gegen diese Pläne protestierten, besonders in der Bundesrepublik, viele Hunderttausende. Trotz aller Proteste unterstützte die 1983 neu gewählte Bundesregierung unter Bundeskanzler Helmut Kohl (CDU/FDP) die Nachrüstung mit Raketen auf dem Gebiet der Bundesrepublik. Sie setzte damit die Politik der Vorgängerregierung aus SPD und FDP unter Bundeskanzler Schmidt fort.

Nord-Süd-Konflikt, Konflikt zwischen den meist im Norden liegenden Industrieländern und den auf der südlichen Erdhalbkugel gelegenen Entwicklungsländern wegen ungerechter Einkommensverteilung in der Welt. Vonseiten der Entwicklungsländer wird der Vorwurf erhoben, die Industrieländer nutzten ihre wirtschaftliche Macht, um die Abhängigkeit der Entwicklungsländer von ihnen zu festigen bzw. billige Preise und Gehälter zu ihren Gunsten auszunutzen.

P

„Persilschein", eine Bezeichnung, die auf das Waschmittel „Persil" zurückzuführen ist. So war es üblich, dass Rekruten einen leeren Karton für die Rücksendung ihrer Zivilkleidung an ihre Familie zur Kaserne mitbringen mussten; meist waren die Kartons mit der Werbung dieses weitverbreiteten Waschmittels versehen. In der Nachkriegszeit konnte man durch einen solchen Schein entlastet werden. Er enthielt meist positive Aussagen von Opfern oder ehemaligen Gegner über das Verhalten der jeweiligen Person während der NS-Zeit. Umgangssprachlich bedeutete dieser Begriff, dass die jeweilige Person vom Vorwurf einer NS-Gesinnung „reingewaschen" wurde.

Planwirtschaft, siehe S. 74

„Prager Fühling", Reformversuch in der Tschechoslowakei 1968 unter dem damaligen Reformkommunisten und Parteichef Alexander Dubček. Er propagierte einen „Sozialismus mit menschlichem Anlitz". Politische und wirtschaftliche Reformen wurden eingeleitet, die Zensur aufgehoben, Gewerkschaften erhielten mehr Mitspracherechte. Der Führungsanspruch der Kommunistischen Partei blieb jedoch unangetastet. In den Augen der Sowjetunion stellte diese Reformbewegung eine Gefahr für die Einheitlichkeit des Ostblocks dar. Sie wurde daher als friedensgefährdend angesehen und im selben Jahr mithilfe der Warschauer-Pakt-Truppen niedergeschlagen.

R

„Reeducation", Umerziehung des deutschen Volkes auf demokratische Werte. Sie war eines der Ziele der westlichen Siegermächte nach dem Krieg. Dazu dienten folgende Maßnahmen: Auflösung und Neuorientierung des kompletten Kulturbereichs; Abschreckung durch Konfrontation mit den Gräueltaten der Nazis, Umerziehungsseminaren und Plakaten, die als Zwangsveranstaltungen durchgeführt wurden; Schulbücher aus der NS-Zeit wurden durch neue ersetzt, die Filmproduktion, der Rundfunk und das Pressewesen im positiven, demokratischen Sinne gefördert. Da diese Maßnahmen bei der Bevölkerung nicht die gewünschte Wirkung zeigten, wurde die „Reeducation" durch die sogenannte „Reorientierung" ersetzt. So versuchte man die Bevölkerung von der Notwendigkeit demokratischer Umgangsformen zu überzeugen. Dies gelang insbesondere auch, weil sie verknüpft wurde mit der tatsächlich anlaufenden Wirtschaftshilfe im Zuge des Marshallplans.

Religionen, Sammelbegriff für eine Vielzahl unterschiedlicher Weltanschauungen, deren Grundlage der jeweilige Glaube an bestimmte überirdische Kräfte und damit verbunden heilige Objekte ist, die nicht im Sinne der Wissenschaftstheorie bewiesen werden können. Religion bezeichnet soziale und kulturelle Phänomene, die menschliches Verhalten, Handeln, Denken und Fühlen prägen und Wertvorstellungen beeinflussen. In diesem Zusammenhang kann Religion eine Reihe von wirtschaftlichen, politischen und psychologischen Funktionen erfüllen. Diese Verflechtungen bergen zwangsläufig ein großes Risiko der Bildung religiöser Ideologien.

Die weltweit größten Religionen sind Christentum, Islam, Hinduismus, Buddhismus, Daoismus, Sikhismus, die jüdische Religion, Bahaitum und Konfuzianismus mit ihren unterschiedlichen Ausprägungen. Mit der wissenschaftlichen Erforschung von Religionen befasst sich besonders die Religionswissenschaft, die auch viele Inhalte, Institutionen und Erscheinungsformen grundsätzlich infrage stellt und Kritik übt.

„Runder Tisch", Bezeichnung für einen Versuch, eine politische Problemlösung mit einem Diskussionsforum zu erarbeiten, um dann die so erarbeiteten Lösungsvorschläge der Politik weiterzuleiten bzw. zu einer einvernehmlichen Lösung zu kommen. An einem „Runden Tisch" sitzen meist aktiv an dem jeweiligen Problem beteiligte gesellschaftliche Gruppen oder Vertreter. Im Januar 1989 in Polen eingeführt, diente diese Form von Problemlösung anfangs zur Verständigung zwischen der Opposition und der kommunistischen Regierung. Sie wurde auch danach in anderen Ostblockstaaten angewandt. Die „Runden Tische" waren kennzeichnend für die Zeit zwischen der Auflösung der DDR und dem Beitritt der neuen Länder zum Geltungsbereich des Grundgesetzes.

Rüstungswettlauf, siehe S. 57

S

Schiiten, zweitgrößte Glaubensrichtung des Islam. Sie führt sich zurück auf Ali, dem Schwiegersohne Mohammeds, der als erster Imam angesehen wird (Schia = die Partei, Schia-t-Ali = die Partei Alis). Schiiten bilden im Iran und im Irak eine Mehrheit.

Schwarzmarkt, auch Schwarzhandel, Bezeichnung für den unerlaubten Handel von Waren, die auf einem illegalen Markt angeboten werden. Da es in der Nachkriegszeit kaum möglich war, sich aufgrund der zugeteilten Marken und Bezugsscheine ausreichend zu versorgen, mussten sich Menschen anderweitig behelfen. Sie versuchten durch Tausch z. B. von Geschirr oder Schmuck (u. a. durch sogenannte „Hamsterfahrten" zu Bauern in der Umgebung) oder durch „Bezahlung" mit US-Zigaretten die lebensnotwendigen Güter zu erlangen.

Soziale Marktwirtschaft, siehe S. 75

Stellvertreterkrieg, kriegerische Auseinandersetzung während des Kalten Krieges. Sie wurde nicht direkt zwischen den beiden Supermächten USA und Sowjetunion ausgetragen, sondern über Drittländer, die als Stellvertreter fungierten und auf deren Territorium die Auseinandersetzungen stattfanden. Die Großmächte unterstützten dabei indirekt, z. B. durch Waffenlieferungen oder Geld, oder aber direkt durch den Einsatz eigener Soldaten.

Sunniten, größte Glaubensrichtung des Islam. Sie führt sich zurück auf Abu Bakr, den Schwiegervater Mohammeds. Die Sunniten stellen in den meisten Ländern die Mehrheit der Muslime, z. B. in Saudi-Arabien und Ägypten. Salafismus ist eine von vielen Auslegungen der Religion des sunnitischen Islam.

T

Terrorismus, der Begriff ist nicht eindeutig zu bestimmen. In der Fachliteratur werden drei Merkmale genannt: 1. Es muss Gewalt angewendet oder angedroht werden; Mittel des Terrors sind Sprengstoffanschläge, politische Erpressung, Geiselnahme bzw. -hinrichtung, Brandstiftung oder Flugzeugattentate. Gewalt insbesondere an Personen oder Sachen, die staatliche Macht repräsentieren. 2. Wichtig sind die emotionalen Reaktionen und 3. die sozialen, politischen und wirtschaftlichen Wirkungen. Ziel: Veränderung der bekämpften Politik. Terrorismus kann von Einzelnen, Gruppen, aber auch von diktatorischen Staatsführungen ausgeübt werden. Der „neue" Terrorismus verfügt über keine feste Struktur, sondern es bilden sich Netzwerke lokaler Gruppen. Die Terrorakte bleiben nicht auf einen Staat beschränkt.

Tschetschenienkriege, zwei grausam geführte Kriege von 1994 bis 1996 und von 1999 bis 2009. Nach dem Ende der Sowjetunion kam es in verschiedenen Regionen zu Unabhängigkeitserklärungen durch nationale Bewegungen, vor allem im Kaukasus. Gegen die tschetschenischen Unabhängigkeitsbestrebungen islamischer Separatisten marschierte 1994 die russische Armee ein und nahm nach zweimonatigem Artilleriebeschuss mit 25 000 Toten die Hauptstadt Grosny ein. Es folgte ein erbitterter Guerillakrieg der Tschetschenen gegen die russische Armee, bei der islamische Kämpfer aus unterschiedlichen Ländern auf Seiten der Tschetschenen eingriffen. Bei Kriegsende 1996 zählte man 80 000 Tote. Der ungeklärte politische Status Tschetscheniens führte zum zweiten Krieg (1999–2009). Tschetschenische Kämpfer verübten dabei Terrorangriffe und Geiselnahmen in russischen Städten mit hunderten Toten. Auch in diesem Krieg wurden auf beiden Seiten schwere Menschenrechtsverletzungen begangen. Tschetschenien blieb im russischen Staatsverband.

V

Vertrag von Lissabon, 2009 in Kraft getretener Vertrag zwischen den 27 EU-Mitgliedsstaaten zur Reform der EU-Institutionen. Er soll für mehr Demokratie, Transparenz und Wirksamkeit innerhalb der europäischen Gemeinschaft sorgen. Die EU wird von einem Vorsitzenden geführt (Amtsdauer: 2 ½ Jahre). Die Koordination der Außenpolitik übernimmt ein EU-Außenminister, der zugleich Vizepräsident der Europäischen Kommission ist. Neue Abstimmungsregeln werden eingeführt und Mehrheitsentscheidungen ausgeweitet. Die Parlamentarier erhalten größere Mitspracherechte in Haushaltsfragen, der Zusammenarbeit der Justizbehörden und bei der inneren Sicherheit. Der Vertrag enthält die im Jahr 2000 geschaffene Grundrechtscharta. Erstmals ist die Möglichkeit gegeben, aus der EU auszutreten.

Vier-Mächte-Abkommen, auch Berlinabkommen genannt. Im Zuge der Entspannungspolitik von den vier Alliierten (F, GB, UdSSR, USA) 1972 getroffene Regelungen mit dem Ziel einer Verbesserung der Beziehungen zwischen der BRD und der DDR in Bezug auf Berlin. Mit dem Abkommen hatte die Sowjetunion eine, wenngleich nicht rechtlich abgesichert, Anerkennung der DDR durch die Westmächte und die Bundesrepublik erreicht und erkannte ihrerseits die enge Bindung von West-Berlin an die Bundesrepublik an. Die Vertragsunterzeichner verpflichteten sich zu verbesserten Kommunikations- und Reisemöglichkeiten zwischen West- und Ost-Berlin. Zudem wurde der unbehelligte Zugang nach West-Berlin auf den Transitrouten garantiert.

Vietcong, hieß auch „Nationale Front für die Befreiung Südvietnams". Sie war 1960 gegründet, 1977 offiziell aufgelöst. Vietcong war eine Guerillaorganisation, die während des Vietnamkrieges den bewaffneten Widerstand in Südvietnam gegen die Regierung und das sie unterstützende amerikanische Militär führte. Er setzte sich aus religiösen, ethnischen und politischen Gruppierungen zusammen, wurde jedoch durch die Kommunistische Partei dominiert.

Lösungshilfen zu den Seiten „Kompetenzen prüfen"

Kapitel 1: Deutschland 1945–1949: Vier Zonen, eine Nation? (S. 34/35)

1 In Archiven werden Dokumente und Quellen (Archivalien) gesammelt, aufbewahrt, nach bestimmten Kriterien eingeordnet und für die Forschung zur Verfügung gestellt. Sie sind somit ein zentraler Ort für die historischen Untersuchungen, um zeitgenössische, originale Quellen zu finden und auszuwerten.

2 Lies nach auf S. 17.

3 Die 5 Ds standen für
Demilitarisierung: Abbau der Armee und Beseitigung der vorhandenen Kriegsgeräte; Überwachung der Industrie, damit keine neue Kriegsausrüstung bzw. Waffen hergestellt wurden; die Herstellung von Metallen wurde unterbunden
Denazifizierung: Auflösung aller NS-Organisationen und Verhaftung sowie Bestrafung von Nationalsozialisten, die an Verbrechen beteiligt waren
Demokratisierung: Umstellung des politischen Lebens auf der Grundlage demokratischer Werte
Dezentralisierung: Auflösung bestehender Kartelle und Monopole der Wirtschaft sowie einer zentralen politischen Regierung
Demontage: Stilllegung und Abtransport von Industrieanlagen als Teil der zu leistenden Reparationen
Die Bevölkerung litt besonders unter den Folgen der Demontagen noch funktionierender Betriebe wie auch unter der Entnazifizierung, aufgrund derer Zehntausende inhaftiert und teilweise auch zu Unrecht verurteilt wurden, während etliche Täter ungestraft davonkamen. Der daraus resultierende Mangel an Fachkräften und Führungspersonal wiederum hemmte die Wiedererrichtung funktionierender Strukturen in Wirtschaft und Verwaltung. Die 5 Ds verschärften insgesamt die Missstimmung zwischen den Siegermächten und der deutschen Bevölkerung.

4 Straßenumbenennnungen wurden unmittelbar nach Kriegsende durchgeführt. Da die Entfernung von NS-Symbolen und Parteiverbote nicht gleichzeitig das Verschwinden von NS-Gedankengut bedeutete, ergriffen die Siegermächte weitere Maßnahmen, die mit den Begriffen „Reeducation" und „Entnazifizierung" bezeichnet wurden (Lexikon). Schwierigkeiten bei der Umsetzung: Vorwurf an die Besatzungsbehörden, dass mit zweierlei Maß ge-

messen wurde: „Die Kleinen lässt man hängen, die Großen lässt man laufen." Vor allem die Einstufung bei kaum vorhandenen Beweisen führte oft zu ungerechten Urteilen; andererseits ermöglichten „Persilscheine", sich von möglichen Vorwürfen reinwaschen zu lassen. In den einzelnen Zonen wurde die Entnazifizierung unterschiedlich durchgeführt, was auch zu Unmut in der Bevölkerung führte.

5 Während die Vertreter der amerikanischen und britischen Zone ihre Zäune abreißen, scheint der französische Vertreter noch abzuwarten. Er blickt, wie der Amerikaner und der Brite, in Richtung Sowjetischer Besatzungszone. Der dortige Vertreter zeigt demonstrativ Protest; er ist nicht bereit, die trennenden Zäune abzureißen. Die englische Karikatur stammt vom 2. August 1946, also noch vor dem Zusammenschluss der amerikanischen und britischen Besatzungszone am 1. Januar 1947. Nachdem eine gesamtdeutsche Lösung immer unwahrscheinlicher wurde, hatten sich die Besatzer zu einem Kurswechsel entschlossen und die wirtschaftliche Vereinigung ihrer Zonen zum Ziel gesetzt. Zugleich zeichnete sich die sozialistische Umgestaltung Osteuropas ab. Mit dem Hungerwinter 1946/47 wurde den Besatzern deutlich, dass man nur durch eine stabile Versorgung und einen wirtschaftlichen Aufschwung die Bevölkerung für eine demokratische Ordnung gewinnen könne.

6 a) In der Antwort der Ministerpräsidenten wird die ablehnende Haltung gegenüber der von den Westmächten mit den „Frankfurter Dokumenten" vorgesehenen Gründung eines westdeutschen Teilstaates deutlich. Entgegen der sich im Juli 1948 abzeichnenden Spaltung Deutschlands (Währungsreform, Berlin-Blockade) wollten sie alle Schritte vermeiden, die eine endgültige Teilung manifestierten. So versuchten sie, der „drohenden" Staatsgründung mit dem Begriff des „Provisoriums" einen vorläufigen Charakter zu verleihen, um die Gründung eines gesamtdeutschen Staates aller vier Zonen als Zielvorstellung aufrechterhalten zu können.
b) Das „Grundgesetz" wurde zur vorläufigen Verfassung. In der Präambel wird auf das Ziel einer künftigen Wiedervereinigung Deutschlands hingewiesen.

7 a) Richard von Weizsäcker bezeichnet den 8. Mai aus seiner gegenwärtigen Perspektive als „Tag der Erinnerung" (Z. 5) und „Tag des Nachdenkens"

(Z. 6 f.) und fordert somit zur kritischen Reflexion der Gräueltaten des Nationalsozialismus und dem Erinnern an die Opfer auf. Weiterhin mündet seine Argumentation in dem Urteil, dass der 8. Mai 1945 ein „Tag der Befreiung" (Z. 20) gewesen sei. Aus der Sicht der Zeitgenossen beschreibt von Weizsäcker den 8. Mai als Moment, in welchem der Glaube an einen Kampf für die „gute Sache des eigenen Landes" (Z. 11) mit den „unmenschlichen Zielen einer verbrecherischen Regierung" (14 f.) konfrontiert worden sei. Die damit verbundenen Chancen zu einem positiven Neubeginn seien im Folgenden genutzt worden.

Der Hinweis, dass es keine „Stunde null" in der Folge gab, könnte so ausgelegt: Man könne zwar das Geschehene nicht aufheben, es bestünden etliche Kontinuitäten, aber man hätte die Chance zu einem Neuanfang genutzt.

8   M5: *„Restaurations- und Spaltungspolitik der Westmächte"* (2 f.): Die Formulierung zeigt deutlich die Abwertung und Verurteilung der Westmächte, denen eine bewusste „Spaltung" und Rückkehr zu Werten und Strukturen vergangener Zeiten (gemeint sind das Kaiserreich oder gar der Nationalsozialismus) wie auch die Alleinschuld an der Teilung Deutschlands zugeschrieben wird.

– *„jene Klassenkräfte … die das Volk schon zweimal in die Katastrophe gestürzt hatten"* (Z. 4–6): typisch kommunistische Rhetorik, welche die Gesellschaft in „Klassen" unterteilt, die miteinander um die Herrschaft konkurrieren. Hier sind die herrschenden Eliten des Kaiserreichs und des Nationalsozialismus gemeint, welche gegen den Willen der Arbeiterklasse zwei Weltkriege begonnen hätten.

– *„revolutionäre Errungenschaften der Werktätigen in der sowjetischen Besatzungszone"* (Z. 8–10): Gemeint sind hier vor allem die wirtschaftlichen und politischen Reformen, die als einzigartige Leistung besonders hervorgehoben werden. Bedenkt man, dass diese nach dem Vorbild und unter dem Einfluss der UdSSR durchgeführt, freie Willensbildung und Meinungsäußerung unterdrückt wurden, dann kann die Behauptung schnell als beschönigend bezeichnet werden. Eine für Historiker übliche kritisch-distanzierte und möglichst objektive Haltung wird nicht erkennbar.

9   Betrachtet man die Jahre 1945 bis 1949 aus heutiger Perspektive, so lässt sich von der Potsdamer Konferenz (Juli/August 1945) bis zur Gründung beider deutscher Staaten 1949 ein roter Faden erkennen.

In der Besatzungspolitik zeigten sich die unterschiedlichen Vorstellungen und Ziele in der SBZ vor allem in dem starken Eingreifen in die wirtschaftliche und politische Neuordnung.

Auf der anderen Seite förderten die Westmächte zwar deutlich die Entwicklung einer freiheitlich demokratischen Neuordnung, jedoch dominierte auch hier das Ziel eines deutschen Staates mit fester Einbindung in ein westliches Bündnissystem. Vor dem Hintergrund der Unvereinbarkeit der ideologischen Blöcke forcierten die USA und England schließlich die Bildung einer Bizone und die Gründung eines westdeutschen Teilstaates, was wiederum entsprechende Reaktionen in der SBZ auslöste. Indem die westlichen Alliierten schließlich mit den „Frankfurter Dokumenten" im Juli 1948 den Auftrag zum Verfassungsentwurf an die Ministerpräsidenten übergaben, nahmen sie die Teilung Deutschlands bewusst in Kauf.

Kapitel 2: Der Ost-West-Konflikt spaltet die Welt (S. 68/69)

1   Das Titelblatt zeigt unter der Überschrift „Is this tomorrow" die Gefahr einer angeblich bevorstehenden Übernahme Amerikas durch den Kommunismus. Dies wird durch die in Flammen stehende amerikanische Flagge symbolisiert. Im Vordergrund werden Menschen durch uniformierte Männer angegriffen und niedergerungen, am rechten Bildrand zeigt sich Armut und Niedergeschlagenheit in den Personen. Die konservative Catechetical Guild Educationals Society erzeugt mit dem Comic bei den Betrachtern Angst vor dem kommunistischen System und ruft die Amerikaner zu gemeinsamen Kampf gegen den kommunistischen Gegner auf.

2   **a)** Vergleiche die Weltsituation zur Zeit des Kalten Krieges mit der heutigen Situation.

Berücksichtigung sollte finden, dass die Politik auf Konfrontation und Abschreckung ausgerichtet war und dadurch ein allgemeines Klima der Angst entstand. Durch die starre Blockbildung standen sich zwei unversöhnliche Systeme gegenüber; die Bedrohung durch einen Atomschlag, in dessen Folge die gesamte Menschheit in Mitleidenschaft geraten würde, war unmittelbar greifbar. Der Versuch, den eigenen Einflussbereich rücksichtslos auszudehnen und dabei auch vor militärischen Einsätzen nicht zurückzuschrecken, prägte bis in die 1980er Jahre hinein die internationale Politik. Interessen kleinerer Staaten wurden dabei nur selten berücksichtigt. Heute wird hingegen auf internationaler Ebene stärker um Konsens gerungen, auch wenn ein Ausgleich der Interessen nicht einfacher geworden ist.

b) Mögliches Szenario:

– James Bond bekämpft im Auftrag der NATO international agierende Terroristen, die sowohl Russland als auch die USA bedrohen.

– Internetpiraten bedrohen durch die Übernahme der weltweiten Kommunikation Wirtschaft und Politik, sodass Bond eingreifen muss.

5   Michael Gorbatschow erkannte die Notwendigkeit für wirtschaftliche Reformen in der Sowjetunion. Er bemühte sich, auch innenpolitisch eine Erneuerung zu erreichen, indem er auf Transparenz und Offenheit abzielte. Er hatte erkannt, dass ohne diese Reformen („Glasnost" und „Perestroika"), das Land nicht mehr regierbar war. Andererseits waren seine Reformen für das Land eine schwere wirtschaftliche und soziale Belastung. Große Teile der Bevölkerung verarmten durch die rasche Geldentwertung und die notwendige Schließung von Fabriken, um am Weltmarkt konkurrenzfähig zu sein. Dies stürzte die Bevölkerung in eine Krise durch den rapiden Bedeutungsverlust als Supermacht. Die innenpolitischen Spannungen führten daher auch zu einem Untergang der Sowjetunion.

6   Individuelle Lösung möglich. Achte auf die Bedeutung der KSZE-Schlussakte für die Reformbewegungen im Ostblock allgemein (siehe S. 60) und die Forderungen der Solidarność nach mehr Mitsprache konkret in Polen. Bedenke die Entstehungsgeschichte der Solidarność-Bewegung als unabhängige Gewerkschaft der Werftarbeiter. Auch die enge Verknüpfung der Gewerkschaftsbewegung mit dem Papst ist zu erwähnen.

7   Der Konflikt scheint nicht unvermeidbar gewesen zu sein, die Haltung der beiden Supermächte machte eine andere Entwicklung aber sehr unwahrscheinlich (Z. 11 f.). Dies lag daran, dass beide Seiten nicht bereit waren, die Interessen der jeweils anderen Seite in ihren eigenen politischen Überlegungen zu berücksichtigen (Z. 16–19). Das führte im Verlauf des Ost-West-Konflikts zu einem „existenziellen Kampf" (Z. 5), also zu einem Kampf um Überleben oder Tod des eigenen politischen, wirtschaftlichen und gesellschaftlichen Systems.

8   Individuelle Lösungen möglich. Bedenke besonders, wie in den verschiedenen Ideologien das Verhältnis zwischen Individuum und Staat formuliert wird. Überlege auch, inwieweit politische Ideologi-

en dazu genutzt wurden, Menschen zu kontrollieren und für eine Sache zu überzeugen. Eine Bewertung sollte stattfinden, ob es auch heute noch politische Ideologien gibt, die in der Lage sind, Menschen in ihrer Entscheidung zu beeinflussen oder sogar freie politische Meinungsäußerung zu verhindern.

9   Die Kuba-Krise führte den Staatschefs und der Weltöffentlichkeit vor Augen, wie gefährdet der Weltfrieden durch die gegenseitige Bedrohung der Zerstörung geworden war. Ein möglicher atomarer Erstschlag gegen den Gegner hätte unweigerlich auch die eigene Zerstörung zur Folge (Z. 17–19). Beide Seiten erkannten in der Kuba-Krise, dass diese Politik keinen Sieger lassen würde. Zwar führt Kennedy an, dass der Kommunismus „abstoßend" sei (Z. 4 f.), doch trennt er das staatliche System von den Errungenschaften der Bevölkerung. Es scheint, als würde eine menschlichere Politik Einzug halten, die auf einen „gerechte[n] und ehrliche[n] Frieden" (Z. 23 f.) abzielt.

10   Individuelle Lösung möglich

Kapitel 3: Leben im geteilten Deutschland (S. 106/107)

1   Die Karikatur verweist darauf, dass Jugendliche sich häufig von der älteren Generation unterscheiden möchten. Zudem wird verdeutlicht, dass sich Werte wandeln können und damit einhergehend auch modische Trends. In beiden Bildern sieht man eine Familie, bestehend aus Vater, Mutter und Sohn. Während im ersten Bild der im Stil eines Punks gekleidete Junge seine konservativ und sehr schick gekleideten Eltern „provoziert", ärgern sich die sehr leger gekleideten Eltern im zweiten Bild über ihren konservativen/biederen Sohn. Unterstrichen wird die Mode jeweils durch die passende Zimmereinrichtung.

2   Vergleiche mit der Tabelle auf S. 94/95.

3   Lies nach auf den Seiten 74, 75 und 85.

4   Das Diagramm M1 veranschaulicht den Wertewandel in der Bundesrepublik Deutschland.
Selbstständigkeit und freier Wille: waren den Bundesdeutschen von den 1950er Jahren bis heute stets wichtig, ihre Bedeutung hat, allerdings einigen Schwankungen unterworfen, zudem bis 1989 stark zugenommen. Aber nach der Wende sinkt die Bedeutung dieser Werte leicht.
Im Vergleich dazu sank die Wichtigkeit von *Gehorsam und Unterordnung,* was den gesellschaftlichen Wandel widerspiegelt.

Die dritte Linie beschreibt die Werte *Ordnungsliebe und Fleiß*. Diese erlebten Mitte bis Ende der 1960er Jahre einen starken Aufschwung, sanken seitdem allerdings wieder ab, wenn auch mit einigen Schwankungen.

5 Individuelle Lösung möglich

6 Dem Gesetz nach waren Frauen und Männer in BRD und DDR gleichberechtigt, in der Praxis war dies jedoch vor allem in der BRD häufig nicht der Fall. Hier herrschte nach wie vor die klassische Rollenverteilung, die Männer gingen arbeiten und die Frauen kümmerten sich um Kinder und Haushalt. Da man in der DDR auf die Arbeitskraft der Frauen angewiesen war, wurde hier die Kinderbetreuung deutlich stärker ausgebaut und es gab einen Haushaltstag. Somit waren Beruf und Familie in der DDR leichter zu vereinbaren.

7 **a)** Um die oppositionellen Gruppen überwachen zu können, wurden viele Stasi-Mitglieder selbst Mitglied in diesen Gruppen und engagierten sich aktiv, um nicht aufzufallen – häufig sogar besonders radikal, da sie weniger zu befürchten hatten. Man kann also durchaus sagen, dass die Stasi oft die Opposition unterstützte, allerdings vorrangig viele Oppositionelle verhaftete.

b) Eine offene Opposition war kaum möglich, da man immer davon ausgehen musste, dass man von einem offiziellen oder einem inoffiziellen Mitarbeiter der Stasi denunziert wird. Dies konnte den Verlust des Arbeitsplatzes oder eine Gefängnisstrafe zur Folge haben.

8 Setze fort:
– In der DDR mussten die Menschen häufig Schlange stehen, weil Mangelwirtschaft herrschte und viele Güter knapp waren.
– Auch das sogenannte „Wirtschaftswunder" hatte seine Schattenseiten, denn nicht alle Menschen profitierten vom wirtschaftlichen Aufschwung gleichermaßen.
– Fast alle Jugendlichen in der DDR waren Mitglied in Jugendorganisationen, weil der Staat erreichen wollte, dass sie im Geiste des Sozialismus erzogen und geprägt werden.
– Große Sportereignisse können identitätsstiftend wirken, weil viele Menschen durch die Unterstützung ihrer Nationalmannschaft eine stärkere Verbindung zueinander und zu ihrer Nation entwickeln.

9 **a)** „Die Grünen" wollen
– eine Alternative zu anderen Parteien sein,
– die Einschränkung demokratische Rechte verhindern,

– die Umwelt schützen und den Bau von Atomkraftwerken verhindern,
– ein Umdenken in der (Wegwerf-)Gesellschaft erreichen.

b) Durch die Ölkrise 1973 wandte sich die Industrie immer mehr anderen Energiequellen zu, der Abbau von Kohle wurde gefördert und der Bau von Atomkraftwerken begann. Beide Technologien gefährden die Umwelt und führten zu zahlreichen Protesten. Eine Umweltschutzbewegung entstand, mit der auch die Forderung nach alternativen Energiequellen lauter wurde.

Kapitel 4: Deutschland – geteilt und wieder vereint (S. 140/141)

1 Lies nach auf S. 119.

2 **a)** (von links nach rechts – von oben nach unten) Konrad Adenauer (CDU) – Willy Brandt (SPD) – Walter Ulbricht (SED); Helmut Schmidt (SPD) – Helmut Kohl (CDU) – Erich Honecker (SED)

b) Adenauer: 1955 Bundesrepublik in die NATO; Brandt: 1970 Besuch der DDR, 1972 Grundlagenvertrag; Ulbricht: 1953 Volksaufstand und 1961 Mauerbau in der DDR; Schmidt: 1981 Besuch der DDR; Kohl: 1990 Wiedervereinigung; Honecker: 1984 Milliardenkredite; 1989 Fluchtwelle, Maueröffnung

c) Individuelle Lösung möglich

d) Adenauer: Einbindung in die NATO, zugleich Festigung der deutschen Teilung;
Brandt: Entspannung im Verhältnis zum Ostblock;
Schmidt: Bekämpfung des innenpolitischen Terrors und Bedrohung durch atomare Aufrüstung (NATO-Doppelbeschluss), Ölkrise
Kohl: 10-Punkte-Programm, Wiedervereinigung;
Ulbricht: Sozialisierung der DDR, aber auch 1953 Volksaufstand und 1963 Mauerbau;
Honecker: Ausbau des Sozialsystems, aber wirtschaftlicher Niedergang und Ende der DDR

3 Recherchiere anhand der Begriffe und genannten Seiten. Beachte vor allem auch die außenpolitischen Positionen der vier Alliierten und dabei die besondere Stellung der Sowjetunion unter Gorbatschow. Warum haben letztlich alle Alliierten der deutschen Einheit zugestimmt?

4 In M3a wird der Vorschlag unterbreitet, Stalin zu berücksichtigen, der Gesamtdeutschland als neutralen Staat anbot; Adenauer wollte aber von den westlichen Mächten nicht abrücken. Elf Jahre später schlug Bahr vor (M3b), die Wiedervereinigung als ein von allen Beteiligten zu lösendes Problem zu betrachten. Ein Urteil muss die jeweilige zeitgenössische Position berücksichtigen. Möglich ist es auch, von der Wiedervereinigung 1990 her zu beurteilen, welche Sichtweise zur Lösung des Problems beigetragen hat.

5 Es sollte deutlich werden, dass die enormen Kosten der Einheit und die ungleiche Ausgangssituation in Ost und West durch die Hartz-IV-Reformen verschärft worden sind und somit die Schere zwischen Arm und Reich noch größer wurde.

6 Berücksichtige dabei vor allem die gesamtgesellschaftliche Situation zur Zeit der Einführung unter der Regierung Schröder (SPD), die mit ihrer Agenda 2010 vor allem das Sozialsystem für den Arbeitsmarkt flexibler machen und die Kosten senken wollte. Beim Urteil sollte die von Ther angesprochene „soziale Ungleichheit" auf das Ziel der Agenda 2010, mehr feste Arbeitsplätze zu schaffen, bezogen werden.

Kapitel 5: Europa auf dem Weg zur Einheit (S. 164/165)

1 **a)** Die Grafik M3 zeigt den prozentualen Anteil arbeitsloser Jugendlicher an der Gesamtzahl der Arbeitnehmer im jeweiligen EU-Mitgliedsland an. Ins Auge fällt die hohe Arbeitslosenquote ausschließlich junger Arbeitnehmer in südlichen EU-Mitgliedsstaaten.

  b) *Mögliche Gründe der Jugendarbeitslosigkeit*: generell geringes Beschäftigungsangebot, vorrangige Absicherung der älteren Arbeitnehmer, sinkende Produktivität und geringe Subventionen des Staates
  Mögliche Folgen: Abwanderung gut ausgebildeter junger Arbeitskräfte, steigendes Protestpotenzial, mangelnde Möglichkeiten zur Altersabsicherung für junge Arbeitnehmer, Verzögerung von Familiengründungen

2 **a)** Die Teilnehmer der Forsa-Umfrage (M2) bekundeten 2012 die von ihnen favorisierte Zukunftsoption.
  Erkennbar: Wunsch nach Veränderung (im Vergleich zu 2009 um sieben Prozentpunkte geringeres Votum für den Erhalt des gegenwärtigen Status/B) und sinkende Zustimmung zum Modell der EU seit der Jahrtausendwende (im Vergleich zu 2009) um fünf Prozentpunkte höheres Votum für eine Auflösung der EU/D, wobei dieser Wunsch nur von 10 bzw. 15 Prozent der Befragten vertreten wurde. Wunsch nach bundesstaatlicher Entwicklung nahm zwischen 2009 und 2012 um zwei Prozentpunkte zu, wobei auch 2012 dafür nur ein Fünftel der Befragten votierte. Immerhin ein Drittel

der Befragten (nur minimale Veränderungen zwischen 2009 und 2012) befürwortete die Rückkehr zu einer reinen Wirtschaftsgemeinschaft.
  Fazit: Abnahme der Zustimmung zu einer Vertiefung der EU in den Jahren 2009–2012

  b) Veränderungen: siehe Ausführungen zu 2a).
  Hintergrund der Eurokrise: dauerhafte Gefährdung der hochverschuldeten EU-Staaten im Süden Europas durch die Finanzkrise seit 2008; Rettungsaktionen für diese gefährdeten Staaten durch EU-Maßnahmen; Komplexität der Rettungsaktionen, geringe Durchschaubarkeit finanztechnischer Vorgänge für breite europäische Bevölkerungsgruppen

3 Mögliche Weiterführung der Tabelle:
  Werte/Ziele – Historischer Hintergrund
  – *Rechtsstaatlichkeit, Demokratie* – z. B. basierend auf den negativen Erfahrungen der NS-Diktatur
  – *Solidarität* – z. B. Auswirkungen der Ideen der „Einen Welt" (Roosevelt), Gründung der UN
  – *Binnenmarkt und Wettbewerb* – z. B. Marshall-Plan, wirtschaftlicher Wiederaufbau in Europa nach dem amerikanischen Modell bzw. Verwertung der Erfahrungen aus einem marktwirtschaftlichen Wettbewerb ohne soziale Absicherungen wie in den USA
  – *Schutz und Entwicklung des kulturellen Erbes Europas* – Rückbesinnung auf die Traditionen

4 Großbritannien:
  1961 Antragstellung für einen Beitritt – langwierige Verhandlungen, Frankreich spricht sich gegen eine Mitgliedschaft aus
  1972 Beitritt GB zur EWG
  1975 Volksabstimmung in GB über Verbleib in der EWG, 67,2 Prozent stimmen für Verbleib
  1984 Verminderung des Beitrages an die EG nach langen Diskussionen; „Britenrabatt"
  2015 britischer Premier Cameron erwähnt erstmalig möglichen Austritt aus der EU

5 Angela Merkel „ … gestiegene Verantwortung":
  Einerseits: Bewusstsein der besonderen Geschichte Deutschlands (nationalsozialistische Expansion und Gewaltherrschaft über ganz Europa) und daraus resultierend eine umsichtige Politik. Andererseits: Wirtschaftlicher Erfolg der wiedervereinigten Bundesrepublik als Exportnation, vollständige Rückkehr in den Kreis der führenden Staaten der Welt, Mitglied der „westlichen Wertegemeinschaft" (Demokratie, Rechtsstaatlichkeit)

6 *„Traum von wenigen"*: Anspielung auf die Sechsergemeinschaft, auf die deutsch-französische Aussöhnung und die unbeirrte Politik der frühen europäischen Akteure

„Hoffnung von vielen": Hinweis auf die Solidaritäts-
erfahrungen und -erwartungen der später beitre-
tenden südlichen und östlichen Mitgliedsstaaten
„Notwendigkeit für uns alle": Europa als Staatenge-
meinschaft gegenüber den starken und international mächtigen Staaten wie USA, China, Russland

7   Diskussion: EU – Vollbeschäftigung – Jugendarbeitslosigkeit
EU-Vertreter: Ziele und Interessen der EU (Frieden,
gemeinsamer Markt, gemeinsame Außenpolitik,
Sicherheitspolitik) gehen über eine europäische
Beschäftigungspolitik weit hinaus, dennoch besteht
darin ein zentrales Anliegen, das die Zufriedenheit
der EU-Bürger beeinflusst
Vertreter Spaniens: Hoffnungen, die mit dem EU-
Beitritt verbunden waren, Zunahme des wirtschaftlichen Wohlstandes durch Zugang zum europäischen Mark, wurde gedämpft durch die hohe
Jugendarbeitslosigkeit
Vertreter Großbritanniens: Rückblick auf die außenpolitisch einflussreiche Rolle Großbritanniens
seit Jahrhunderten (Gleichgewichtspolitik, British
Empire), Vorteile des britischen EU-Beitritts im
wirtschaftlichen Bereich, aber Betonung von nationaler Souveränität und Eigenständigkeit – daher:
Beseitigung der Jugendarbeitslosigkeit liegt in der
Verantwortung der Nationalstaaten; Verweis auf
die Bewältigung in den zuletzt beigetretenen osteuropäischen Ländern
Vertreter Deutschlands: wirtschaftlicher Erfolg, Exportnation (daher angewiesen auf Konsummöglich-
keiten in anderen EU-Staaten), Erinnerung an die
politische Radikalisierung in Deutschland seit dem
Ausbruch der Weltwirtschaftskrise – daher: Erkenntnis, dass eine hohe Arbeitslosenquote unter
Berufsanfängern die Zustimmung nicht nur zum
europäischen Projekt, sondern auch zu demokratisch verhandelter Politik sinken lassen kann

**Kapitel 6: Die Welt seit 1990: Eine Welt? Viele
Welten? (S. 194/195)**

1   Thesen zu M1:
–   Auflösung der Weltmacht Sowjetunion erfolgt
ohne Krieg und stellt einen bedeutenden Einschnitt in der Weltgeschichte dar
–   anstelle der Bipolarität tritt für kurze Zeit die
amerikanische Vorherrschaft
–   China steigt zur Weltmacht auf
–   die Auswüchse der Globalisierung („Turbokapitalismus") müssen gebändigt werden
–   Beispiel für eine solche Bändigung durch staat-

liche Eingriffe sind z. B. die Sozialgesetze des
ausgehenden 19. Jahrhunderts gegen die Auswüchse des Privatkapitalismus
–   seit den 1980er Jahren erzeugt die neoliberale
Wirtschaftspolitik eine Spaltung der Gesellschaft
in vielen Ländern: Reiche werden reicher, Arme
werden ärmer
–   diese Tendenz bedroht das Gleichheitsideal als
Fundament der modernen Demokratie
–   der terroristische Islamismus wird zur neuen
„politischen Pest" (Gefahr)

2   **a)** Machtverlagerung von den Supermächten USA
und UdSSR (bipolar) zu Regionalmächten wie China, Indien, Brasilien (multipolar)
b) Unter Mao Zedong war China von der Außen-
welt isoliert. Umfassende Wirtschaftsreformen unter seinem Nachfolger Deng Xiaoping ließen das
zuvor rückständige China in relativ kurzer Zeit zu
einem Industrieland mit hohen Wachstumsraten
und zur Großmacht werden. China wurde angesichts billiger Löhne und einem schier unerschöpf-
lichen Reservoir von Arbeitskräften zur „Werkstatt
der Welt". Der Wirtschaftswandel ging nicht mit
demokratischen Reformen einher. Alle politischen
Entscheidungen werden von der allmächtigen
Kommunistischen Partei Chinas getroffen. Die
Opposition wird unterdrückt, Menschenrechtsverletzungen sind an der Tagesordnung. China erhöht
ständig seine Militärausgaben und beunruhigt seine
Nachbarn durch Gebietsansprüche.

3   **a)** Lies nach auf S. 188/189 und S. 186/187.
b) Flucht aus Ländern mit Bürgerkriegen und zu-
sammengebrochenen staatlichen Einrichtungen, im
Jahre 2015 insbesondere aus Syrien, Irak, Afghanistan und Somalia
Arbeitsmigration z. B. innerhalb von EU-Ländern
aus den besonders von Arbeitslosigkeit betroffenen
südlichen EU-Staaten Richtung Nord- und Mittel-
europa; ebenso starke Arbeitsmigration aus Lateinamerika Richtung Nordamerika und aus Indien sowie Südostasien in Richtung der Golfstaaten

4   Korrekturen der Aussagen:
–   Die Organisation „attac" setzt sich z. B. für faire
Handelsbedingungen und Schuldenerlass für die
ärmsten Länder ein.
–   Der „Arabische Frühling" war der Versuch, durch
Massendemonstrationen und Streiks in einigen
nordafrikanischen Ländern und im Nahen Osten
diktatorische Regime zu stürzen und durch de-
mokratische Regierungen zu ersetzen.
–   Die Menschenrechte wurden in Europa erstmals

während der Französischen Revolution erklärt und gingen mit der Erklärung der allgemeinen Menschenrechte der Vereinten Nationen (1948) in die Verfassungen fast aller Länder weltweit ein. Es gibt heute jedoch noch viele Länder, in denen die Menschenrechte entweder nur wenig oder überhaupt nicht eingehalten werden.

5 Orientiere dich bei der Erstellung der Mindmap an übergeordneten Begriffen wie „Krieg", „Globalisierung" und „Umweltfragen" und ordne dann die weiteren Aspekte zu.

6 Individuelle Lösungen möglich.

7 Aus dem Schaubild M3 wird deutlich, dass 15 Prozent der Weltbevölkerung die Hälfte der Weltwirtschaftsleistung erbringen und mit 61 Prozent den Welthandel beherrschen.
Vorteile z. B.: Waren werden insgesamt billiger, da Produktionsabläufe optimiert werden …
Nachteile z. B.: Produziert wird vorwiegend in Billiglohnländern ohne ausreichende soziale Absicherung der Arbeitskräfte und ohne Beachtung des Schutzes der Umwelt …

Register

Die mit einem * versehenen Begriffe werden im Lexikon näher erklärt.

Bildquellen

Abbildungen/Karten/Grafiken:

Umschlagfoto: picture-alliance/ abaca/Jacques Witt; 3 M1: Interfoto/awkz; 4 M1: Interfoto/TV-Yesterday; 4 M2: Deutsches Historisches Museum, Berlin; Inv. Nr. P94/2336; 4: picture-alliance/ dpa; 5, 169 M5: epd-bild; 5 M1: bkg; 6, 10, 32 M1: Carlos Borrell, Berlin; 6, 11 M4: W. Schütte/Karl Holtz Karikaturist; 6, 11 M2: Interfoto; 6, 11 M3: akg-images; 6, 128 M1: picture-alliance/dpa; 6, 128 M2: Erfurth Kluger Infografik; 6, 128 o. M. : Bild Zeitung, Axel Springer Syndication GmbH; 6, 166 Auftaktbild mit 167: Reuters/ Stringer; 7, 106 M1: Erfurth Kluger Infografik; 7, 106 M2: Erich Rauschenbach; 7, 107 M4: Deutsches Historisches Museum Inv. Nr. 54/833; 7, 115, 138 M3: akg-images/Gert Schütz; 7, 156 M1: Arnold & Domnick; 7, 156 M2: Carlos Borrell, Berlin; 7, 157 M5: Haus der deutschen Geschichte, Bonn; 7, 157 M6: Erfurth Kluger Infografik; 7, 158 o. M.: Fotolia; Auftaktbild 8-9, Süddeutsche-Zeitung-DIZ; 12 M1: bpk/Herbert Hensky; 12 M2: Arnold & Domnick; 13 M5: akg-images; 16 M1: Landeshauptarchiv Koblenz/Bestand 860 Nr. 84; 18 M1: Erfurth Kluger Infografik; 18 M2: Carlos Borrell, Berlin; 19 M4: akg-images; 19 M5: Arnold & Domnick; 19 M6: Haus der Geschichte Bonn, EB Nr. 1994/04/ 0331; 20 M1: Süddeutsche-Zeitung-DIZ; 20 M2: F1 online; 21 M4: bpk/ap/doa/picture; 22 M1: Deutsches Historisches Museum, Berlin; 22 M2: Arnold & Domnick; 23 M5: akg-images/Bildarchiv Pisarek; 24 M1 li: interfoto/Pulfer; 24 M1 re: Bundesarchiv, Koblenz;

/Archivnr.: 005-004-002; 25 M3 li: action press/ullstein-Archiv; 25 M3 re: Haus der Geschichte, Bonn; 26 M1: Erfurth Kluger Infografik; 27 M2: akg-images; 28 M1: Erfurth Kluger Infografik; 29 M2: akg-images; 30 M1: Carlos Borrell, Berlin; 30 o. M.: Shutterstock/ Zdenek Harnoch; 31 M5: dpa/picture-alliance; 34 M2: Süddeutsche-Zeitung-DIZ; 34 M3: Daily Herald, 1946; 36: Horst Haitzinger; 36-37: Interfoto; 38 M1: Carlos Borrell, Berlin; 39 M3: R. Gilsi; ; 39 M4: picture-alliance; 40 M1: Carlos Borrell, Berlin; 41 M3: Agentur Bridgeman; 42 M1: Erfurth Kluger Infografik; Infografik; 43 M2: NATO, Freigabe durch Volker Herzog, Referat für Presse- und Öffentlichkeitsarbeit Brüssel; 43 M3: Shutterstock/yui; 43 M4: Shutterstock/Alexander Zavadsky; 44, 45 o. M.: fotolia© konstan; 44, 45 o. M.: fotolia/© Pekchar; 44, 46 M1: GlowImages/Superstock RM; 44, 47 M1: Corbis/© Jon Woo/Reuters/Corbis; 44, 48 M1: picture-alliance/ASSOCIATED; 44, 49 M1: Mauritius images/Alamy; 50 M1: Carlos Borrell, Berlin; 51 M2: http://www.zapiro.com; 52 M1: Carlos Borrell, Berlin; 52 M2: akg-images / AP; 54 M1: akg-images; 56 M1: Punch Limited, UK; 57 M4: Erfurth Kluger Infografik; 59 M4: picture-alliance/AP Images; 59 M5: picture-alliance/AP Images; 60 M1: Hanns Erich Köhler, Wilhelm-Busch-Gesellschaft e. V.; 61 M2: Erfurth Kluger Infografik; 62 M1: picture-alliance/dpa; 62 M2: picture-alliance/dpa; 63 M3: Carlos Borrell, Berlin; 64 M1: Corbis/© Peter Turnley; 64 M2: Peter Leger, Freigabe durch Haus der Geschichte, Berlin; 65 M3: Erfurth

Kluger Infografik; 68 M2: U.S. Copyright Office found in the Catalog of Copyright Entries, 1947. Copyright registration number AA68361; 68 M3: Agentur Bridgeman; 69 M4: DER SPIEGEL 12/1985; 70-71: Ullstein Bild, Berlin; 72 M1: Carlos Borrell, Berlin; 75 M1: Erfurth Kluger Infografik; 75 M2: Erfurth Kluger Infografik; 76 M1: Haus der Geschichte, Bonn, Mit Genehmigung von Volkswagen; 76 M2: akg-images; 77 M5: action press/Uwe Gering; 78 M1: BPK/Abisag Tüllmann; 79 M4: laif/Patrick PIEL/GAMMA-RAPHO; 80 M1: Georg Schödl/SZ Photo; 80 M2: picture-alliance/ZB; 81 M5: picture-alliance/ZB; 81 M4: Arnold & Domnick; 82 M1: epd-bild/Uwe Winkler; 85 M3: Arnold & Domnick; 86 M1: akg-images/ddrbildarchiv.de; 87 M4: Deutsches Historisches Museum, Berlin; Inv. Nr. P94/2370; 88 M1, M2: Süddeutsche-Zeitung-DIZ; 88 M3: Interfoto; 89 M5: BPK/Felicitas Timpe; 90 M1: Süddeutsche-Zeitung-DIZ /dpa; 90 M2: akg-images; 92 M1: bpk; 92 M2: action press; 96 M1: Süddeutsche-Zeitung-DIZ/ap/dpa/picture; 98 M1: picture-alliance/Michael Moesch; 98 M2: Imago/Eckhard Stengel; 99 M3: laif/Paul Langrock/Zenit; 99 M4: Erfurth Kluger Infografik; 99 M5: Heinrich-Böll-Stiftung e.V.; 100 M1: akg-images; 100 M2: picture-alliance/Fotoagentur K; 101 M3: akg-images/euroluftbild.de; 102 M1, 103 M4: Verein Partnerschaft Rheinland-Pfalz - Ruanda e. V.; 108-109 picture-alliance; 110 M1: picture-alliance/dpa-infografik; 111 M2: Hanns Erich Köhler, Wilhelm-Busch-Gesellschaft e. V.; 111 M4: picture-alliance/dpa; 112

Museen, Weltkulturerbestätten sowie Gedenkstätten in Rheinland-Pfalz und im Saarland (Auswahl)

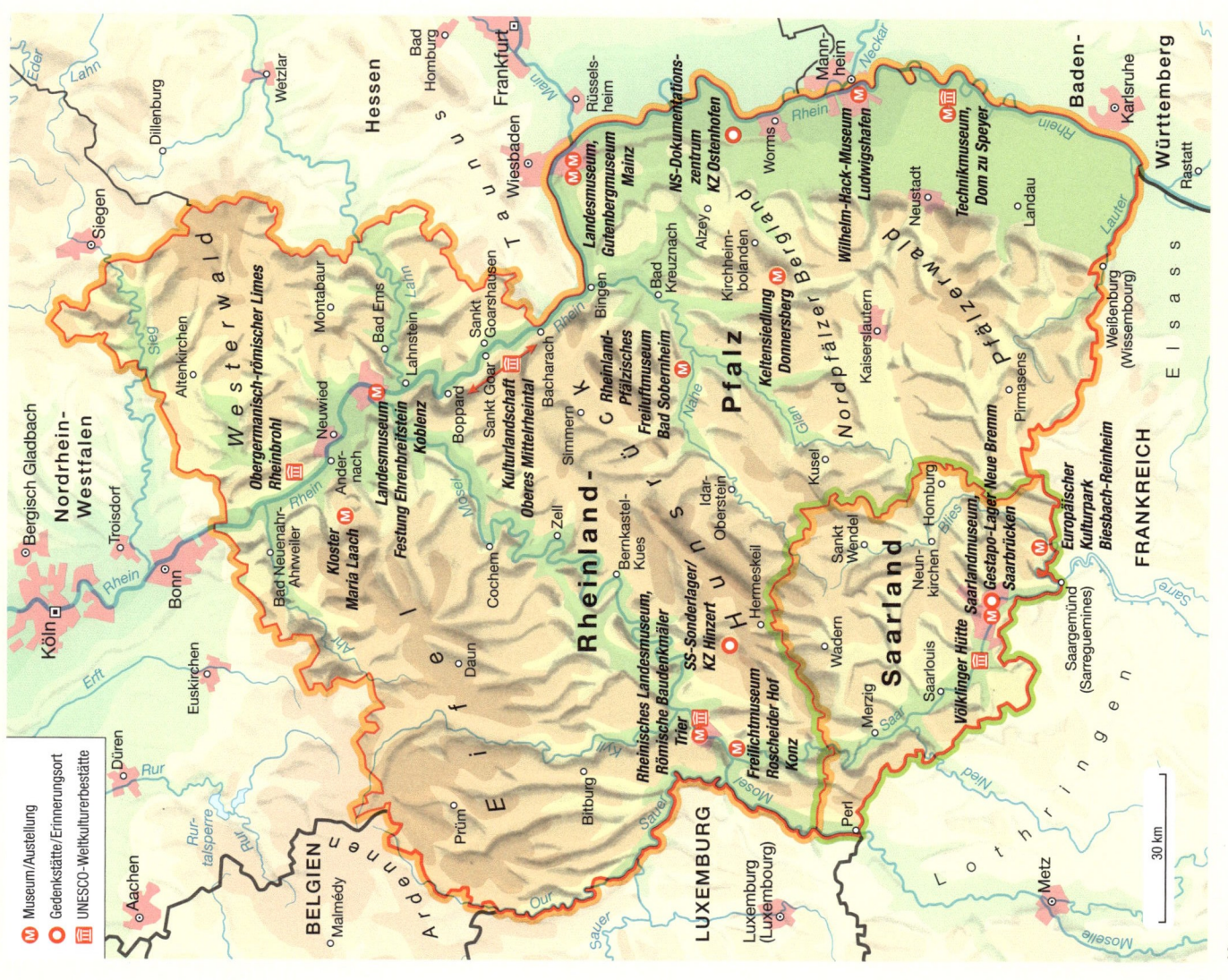

Legende:
- Ⓜ Museum/Ausstellung
- ◯ Gedenkstätte/Erinnerungsort
- 🏛 UNESCO-Weltkulturerbestätte

Beschriftungen auf der Karte:
- Bergisch Gladbach
- Nordrhein-Westfalen
- Köln
- Bonn
- Troisdorf
- Siegen
- Altenkirchen
- Westerwald
- Neuwied
- Rheinbrohl, *Obergermanisch-römischer Limes*
- Andernach
- Koblenz, *Landesmuseum*, *Festung Ehrenbreitstein*
- Bad Neuenahr-Ahrweiler
- *Kloster Maria Laach*
- Eifel
- Cochem
- Daun
- Zell
- Bernkastel-Kues
- Prüm
- Bitburg
- Trier, *Rheinisches Landesmuseum*, *Römische Baudenkmäler*
- *Freilichtmuseum Roscheider Hof*, Konz
- Hermeskeil
- Hunsrück
- *SS-Sonderlager/KZ Hinzert*
- Idar-Oberstein
- Wadern
- Sankt Wendel
- Neunkirchen
- Saarland
- Saarlouis
- Merzig
- Völklingen, *Völklinger Hütte*
- Saarbrücken, *Saarlandmuseum*, *Gestapo-Lager Neue Bremm*
- *Europäischer Kulturpark Bliesbach-Reinheim*
- Saargemünd (Sareguemines)
- Perl
- FRANKREICH
- LUXEMBURG (Luxembourg)
- BELGIEN, Malmédy
- Aachen
- Düren
- Euskirchen
- Metz
- Lothringen
- Wetzlar
- Bad Homburg
- Frankfurt
- Wiesbaden
- Rüsselsheim
- Hessen
- Taunus
- Mainz, *Landesmuseum*, *Gutenbergmuseum*
- *NS-Dokumentationszentrum*, *KZ Osthofen*
- Bingen
- Bad Kreuznach
- Alzey
- Worms
- Kirchheim-bolanden
- *Keltensiedlung Donnersberg*
- Pfalz
- Kaiserslautern
- Kusel
- *Rheinland-Pfälzisches Freilichtmuseum Bad Sobernheim*
- *Oberes Mittelrheintal*
- Sankt Goar
- Goarshausen
- Bacharach
- Boppard
- Simmern
- Mannheim
- Ludwigshafen, *Wilhelm-Hack-Museum*
- *Technikmuseum, Dom zu Speyer*
- Neustadt
- Pfälzerwald
- Nordpfälzer Bergland
- Landau
- Weißenburg (Wissembourg)
- Pirmasens
- Karlsruhe
- Rastatt
- Baden-Württemberg
- Elsass
- Neckar
- Rhein
- 30 km

Karte 4

Die Bundesländer Rheinland-Pfalz und Saarland heute

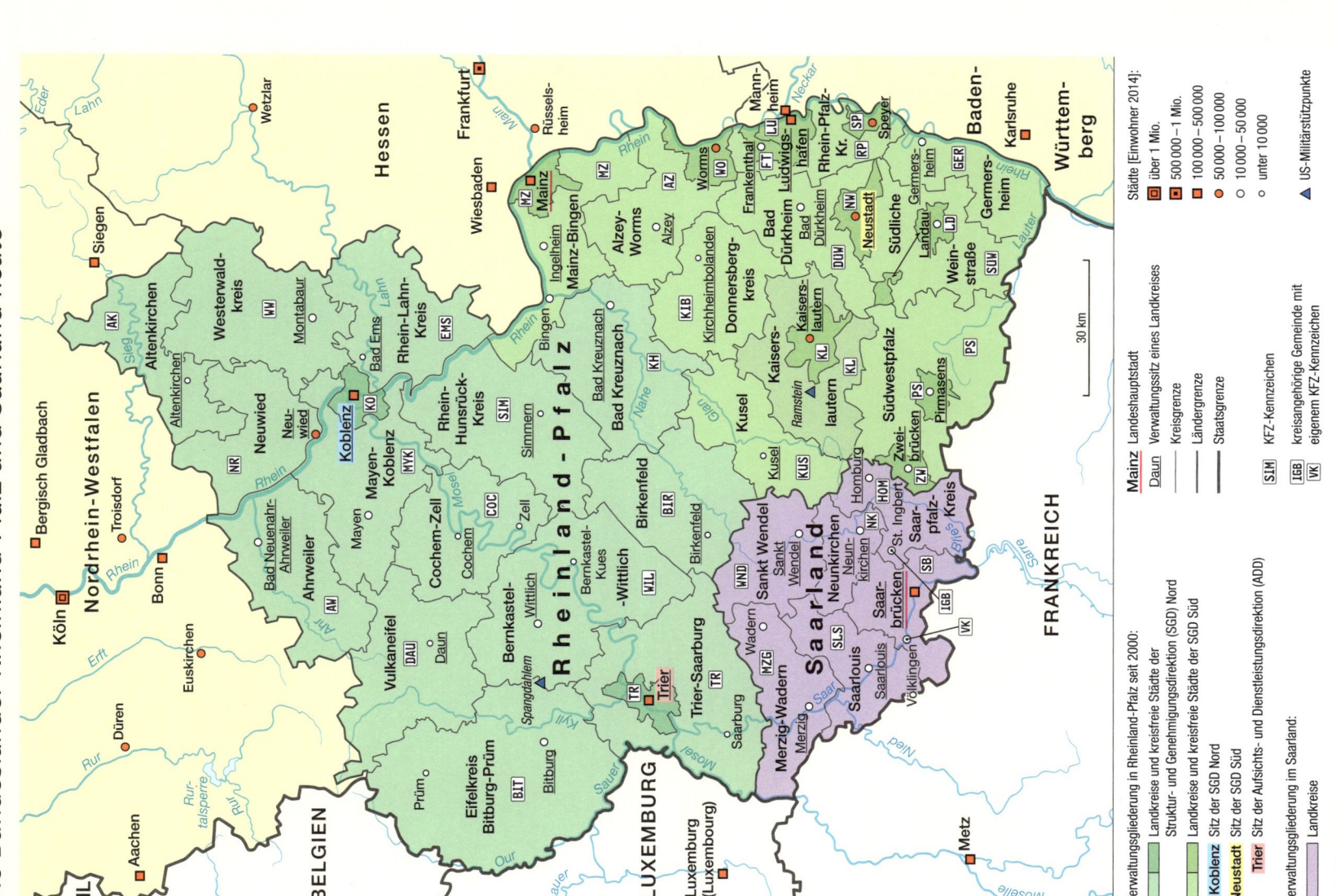

Verwaltungsgliederung in Rheinland-Pfalz seit 2000:
- Landkreise und kreisfreie Städte der Struktur- und Genehmigungsdirektion (SGD) Nord
- Landkreise und kreisfreie Städte der SGD Süd
- **Koblenz** Sitz der SGD Nord
- **Neustadt** Sitz der SGD Süd
- **Trier** Sitz der Aufsichts- und Dienstleistungsdirektion (ADD)

Verwaltungsgliederung im Saarland:
- Landkreise

- **Mainz** Landeshauptstadt
- **Daun** Verwaltungssitz eines Landkreises
- Kreisgrenze
- Ländergrenze
- Staatsgrenze
- **SIM** KFZ-Kennzeichen
- **IGB / VK** kreisangehörige Gemeinde mit eigenem KFZ-Kennzeichen

Städte [Einwohner 2014]:
- ▣ über 1 Mio.
- ▣ 500 000 – 1 Mio.
- ● 100 000 – 500 000
- ● 50 000 – 100 000
- ○ 10 000 – 50 000
- ○ unter 10 000
- ▲ US-Militärstützpunkte

Beschriftungen auf der Karte:
- NL
- BELGIEN
- LUXEMBURG (Luxembourg)
- FRANKREICH
- Nordrhein-Westfalen
- Aachen, Düren, Euskirchen, Köln, Bonn, Troisdorf, Bergisch Gladbach
- Siegen
- Hessen
- Wetzlar, Frankfurt, Wiesbaden, Rüsselsheim
- Altenkirchen [AK]
- Westerwaldkreis [WW]
- Neuwied [NR]
- Montabaur
- Rhein-Lahn-Kreis [EMS]
- Bad Ems
- Koblenz [KO]
- Mayen-Koblenz [MYK]
- Mayen
- Rhein-Hunsrück-Kreis [SIM]
- Simmern
- Ahrweiler [AW]
- Bad Neuenahr-Ahrweiler
- Cochem-Zell [COC]
- Cochem, Zell
- Vulkaneifel [DAU]
- Daun
- Bernkastel-Wittlich [WIL]
- Wittlich, Bernkastel-Kues
- Eifelkreis Bitburg-Prüm [BIT]
- Prüm, Bitburg
- Spangdahlem
- Trier [TR]
- Trier-Saarburg
- Saarburg
- Birkenfeld [BIR]
- Birkenfeld
- Bad Kreuznach [KH]
- Bad Kreuznach
- Mainz-Bingen [MZ]
- Bingen, Ingelheim
- Mainz [MZ]
- Alzey-Worms [AZ]
- Alzey, Worms [WO]
- Kirchheimbolanden [KIB]
- Donnersbergkreis
- Kusel [KUS]
- Kusel
- Kaiserslautern [KL]
- Bad Dürkheim [DÜW]
- Bad Dürkheim
- Frankenthal [FT]
- Ludwigshafen [LU]
- Rhein-Pfalz-Kr. [RP]
- Mannheim
- Neustadt [NW]
- Speyer [SP]
- Germersheim [GER]
- Südliche Weinstraße [SÜW]
- Landau [LD]
- Südwestpfalz [PS]
- Pirmasens [PS]
- Zweibrücken [ZW]
- Ramstein
- Merzig-Wadern [MZG]
- Merzig, Wadern
- Saarlouis [SLS]
- Saarlouis
- Sankt Wendel [WND]
- Sankt Wendel
- Saarbrücken [SB]
- Saarpfalz-Kreis [HOM]
- Homburg, St. Ingbert [IGB]
- Neunkirchen [NK]
- Völklingen [VK]
- Saarland
- Baden-Württemberg
- Karlsruhe, Rastatt
- Württemberg
- Metz
- 30 km

Karte 3

So löst du die Arbeitsaufträge in diesem Buch:

(Fortsetzung der vorderen Umschlagklappe)

Arbeitsauftrag = Operator (alphabetisch)	AFB	Das tust du:	Tipps und Formulierungsvorschläge:
deuten	II, III	Du untersuchst eine Quelle (z. B. Text, Bild, Denkmal) hinsichtlich ihrer Aussage und erklärst, welchen Sinn du ihr beilegst. siehe **analysieren** und **herausarbeiten**	
diskutieren	III	Du notierst zu einer bestimmten Fragestellung Argumente (pro und kontra) und gewichtest sie innerhalb einer schlüssigen Argumentationskette. Am Ende formulierst du eine eigene begründete Bewertung.	*Gegen diese Argumentation spricht ...* *Am meisten/Am wenigsten überzeugt mich ...*
einordnen zuordnen	II	Du arbeitest Informationen aus Materialien heraus und setzt diese miteinander oder mit anderen Sachverhalten in Beziehung.	
erklären	II	Du stellst einen historischen Sachverhalt oder einen Fachbegriff in einen schlüssigen Zusammenhang.	*Besonders diese beiden Ereignisse führten zu ...* *Deshalb spricht man von ...*
erläutern	II	Du verdeutlichst einen historischen Sachverhalt mithilfe von Beispielen oder Belegen aus einem Material.	*An dieser Stelle des Briefes wird deutlich ...* *Wie der letzte Satz der Rede zeigt, ...*
erörtern	III	Du formulierst zu einer vorgegebenen These oder Problemstellung eine eigene Stellungnahme, nachdem du die Pro- und Kontra-Argumente miteinander verglichen hast.	*Dafür/Dagegen spricht ...* *Insgesamt gesehen ...*
gestalten		Du versetzt dich in eine Person hinein, die in der Vergangenheit gelebt hat. Überlege, wie die Person in ihrer Zeit vermutlich gedacht, gehandelt, gefühlt oder gesprochen haben könnte. Erstelle aus ihrer Sicht z. B. einen Brief, ein Flugblatt, eine Rede.	**Tipp:** Berücksichtige die Lebensumstände der Person, in die du dich hineinversetzt (Geschlecht, Alter, Wohnort, Beruf, arm/reich, frei/unfrei, gebildet/ohne Schulbildung).
herausarbeiten	II	Du entnimmst einem Material (Text, Abbildung) alle Informationen, die zu einer vorgegebenen Fragestellung passen. Manchmal musst du etwas nachschlagen oder berechnen.	*Zu den wichtigsten Ergebnissen gehörte ...* *Die Hauptaussage des Verfassers lässt sich so wiedergeben: ...*
interpretieren	I, II, III	Du analysierst einen historischen Sachverhalt und bewertest ihn auf der Grundlage deiner Ergebnisse.	

Arbeitsauftrag = Operator (alphabetisch)	AFB	Das tust du:	Tipps und Formulierungsvorschläge:
nennen	I	Du trägst in knapper Form und unkommentiert einzelne Begriffe und Informationen aus einem Material zusammen, z. B. als Liste oder in einer Tabelle.	*Folgende Gründe werden im Text genannt:* – – ...
recherchieren	III	Du suchst gezielt nach Informationen über ein historisches Ereignis oder einen Sachverhalt (Schulbuch, Sachbücher, Internet).	**Tipp:** Nutze die Methodenhinweise S. 200
ein Rollenspiel durchführen	III	Ihr spielt eine historische Situation in einer Szene nach und wertet sie aus.	
ein Standbild entwerfen	III	Ihr stellt einen historischen Sachverhalt in einem „lebendigen Bild" dar und wertet ihn aus.	
Stellung nehmen	III	Du formulierst deine eigene Position zu einem historischen Sachverhalt. Siehe auch **beurteilen** und **bewerten**.	*Ich finde, dass ... richtig/falsch gehandelt hat.* *Mich überzeugt (nicht) ...* *Meiner Meinung nach ...*
ein Streitgespräch entwerfen	III	Du versetzt dich in zwei historische Personen hinein, indem du ihre damaligen Möglichkeiten, Ziele, Rechte und Pflichten prüfst. Formuliere in direkter (= wörtlicher) Rede.	**Tipp:** Notiere zu Beginn die möglichen Argumente der Personen. *Was du sagst/was Sie sagen, überzeugt mich nicht, weil ...* *Da gebe ich dir/Ihnen Recht, aber ...*
überprüfen	III	Du stellst anhand eines Materials fest, ob eine Aussage oder eine Behauptung zu einem bestimmten historischen Sachverhalt passt oder nicht.	*Diese Behauptung widerspricht/passt zu der Aussage im Darstellungstext.*
untersuchen	II, III	siehe **analysieren**	
vergleichen	II	Du stellst Gemeinsamkeiten und Unterschiede gegenüber und formulierst ein Ergebnis. Wichtig: Nenne die Gesichtspunkte, unter denen du vergleichst.	**Tipp:** Du kannst eine Tabelle anlegen. *Im Vergleich mit ...* *Die Entwicklung verlief ähnlich wie/anders als in ...*
wiedergeben	I	Formuliere einen Sachtext oder eine Textquelle in deinen eigenen Worten. Berücksichtige alle wichtigen Textaussagen.	
zusammenfassen	I	Du gibst die wesentlichen Informationen aus einem Text knapp und mit eigenen Worten wieder.	*In dem Text geht es um ...* *Die wichtigsten Gründe waren ...* *Der Verfasser/die Verfasserin nennt ...*